LES ALSACIENS-LORRAINS
CONTRE L'ALLEMAGNE

L'ALSACE-LORRAINE PENDANT LA GUERRE

LES
ALSACIENS-LORRAINS
CONTRE
L'ALLEMAGNE

PAR

FLORENT-MATTER

AVEC UNE ANNEXE

COMPRENANT DES LISTES OFFICIELLES ALLEMANDES D'ALSACIENS-LORRAINS
CONDAMNÉS POUR HAUTE TRAHISON ET DÉLITS DE GERMANOPHOBIE
ET D'ALSACIENS-LORRAINS POURSUIVIS POUR DÉSERTION
ET DÉCHUS DE LEUR NATIONALITÉ ALLEMANDE

BERGER-LEVRAULT, LIBRAIRES-ÉDITEURS

PARIS | NANCY
5-7, RUE DES BEAUX-ARTS | RUE DES GLACIS, 18

1918

AVERTISSEMENT DE L'AUTEUR

On ne pourra écrire que plus tard, lorsqu'elle sera redevenue française, l'histoire de l'Alsace-Lorraine pendant la guerre. Trop d'éléments nous manquent, trop de choses que nous savons ne peuvent être dites. Tant que nos compatriotes arrachés à la France en 1871 restent sous la menace des persécutions et des représailles allemandes, par mesure de prudence, la plus grande réserve s'impose.

C'est assez dire que ce volume n'apprendra rien à l'ennemi. Il n'est pas un fait que nous ayons signalé qu'il ne sache, pas un nom que nous ayons cité qu'il ne connaisse déjà, et c'est pour en donner la certitude que nous avons multiplié au cours de cet ouvrage les citations les plus caractéristiques empruntées aux organes allemands eux-mêmes.

Diverses collaborations qui doivent rester anonymes nous ont permis de puiser nos renseignements aux meilleures sources et ont mis entre nos mains des documents officiels allemands, tels que les listes d'Alsaciens-Lorrains déchus, que nous nous sommes borné à reproduire. C'est uniquement sur des documents allemands qu'ont été relevés les autres noms. Des notes qui nous ont été confiées par des habitants de nos anciennes provinces, *restés encore longtemps là-bas après la déclaration de guerre, nous n'avons extrait que des faits d'ordre général, en dépit de l'intérêt qu'eût pu présenter, à cette heure historique, la révélation de certains faits démontrant éloquemment le patriotisme des annexés, mais dont la conséquence eût été d'en faire reconnaître immédiatement les auteurs.*

Habitué déjà avant la guerre, comme directeur de « L'Alsacien-Lorrain de Paris », à censurer nous-même nos informations d'Alsace-Lorraine, pour ne pas compromettre là-bas les fidèles champions de notre cause, nous demandons à la censure de vouloir bien en tenir compte et de croire à notre sagesse et à notre patriotisme.

Ce livre n'a qu'un but : opposer en pleine guerre à ceux qui, pour justifier quelque vague solution bâtarde de la question d'Alsace-Lorraine allèguent, ou osent mettre en doute les sentiments des annexés, non plus des affirmations sentimentales toujours suspectes de partialité à leurs yeux, mais des témoignages et des aveux allemands qui proclament par des faits formels, et de manière irréfutable, la fidélité française des Alsaciens-Lorrains après un demi-siècle de domination étrangère.

C'est à ces patriotes irréductibles que nous dédions aujourd'hui ce livre, en attendant que nous puissions demain, sans crainte pour eux des représailles et en un autre volume qui devra s'appeler : « Les Alsaciens-Lorrains au service de la France » leur rendre un solennel et public hommage.

AVANT-PROPOS

Voici plus de trois ans que l'Allemagne, en déchaînant la guerre, a déchiré le Traité de Francfort imposé à la France, le couteau sur la gorge, en des jours de tristesse et de deuil, et nous a rendu le droit d'espérer.

Pendant plus de quarante-trois ans, l'Alsace-Lorraine, rançon de la patrie mutilée et vaincue, a tenu fidèlement, vis-à-vis de l'Allemagne, la parole de la France.

Livrée malgré ses protestations ardentes, elle a su, sous le joug le plus odieux, la domination la plus brutale et la tyrannie la plus lourde, que connaissent maintenant, hélas! nos départements envahis et l'infortunée Belgique, ne rien faire qui pût être considéré par le vainqueur comme un geste de révolte et qui pût alarmer l'Europe.

Elle n'a point voulu servir de prétexte à déchaîner le plus terrible des conflits, et elle a attendu avec constance, comme la France elle-même le lui avait conseillé, l'heure de cette justice immanente qu'évoquait Gambetta et qui libérerait les peuples opprimés.

Se bornant à faire les gestes nécessaires pour affirmer son indéfectible attachement à la patrie perdue, car elle n'a pas l'âme théâtrale et n'aime ni les paroles inutiles ni les gestes vains, elle n'a point voulu que la France pût un jour la rendre responsable de la guerre et l'en accuser.

Certains Français s'y sont trompés, et interprétant son long silence comme un acquiescement au Traité de Francfort et son apparente résignation comme l'acceptation définitive du fait accompli, ils ont cru y voir — ou plutôt voulu souvent y trouver — la preuve de son oubli et de son abandon.

Et cependant, malgré les vicissitudes de la politique française, si éloignée parfois de la trouée des Vosges, l'Alsace-Lorraine restait fidèle. Elle espérait contre toute espérance, gardant intacte, au fond de son cœur, la petite flamme pieusement entretenue qu'aucun orage ne pouvait détruire, alors même que certains Français semblaient vouloir l'éteindre !

La France avait-elle donc tout oublié ? Les horreurs de Bazeilles, les crimes de Châteaudun, les massacres de Passavant, qui voulait encore s'en souvenir ? Ces scènes de rapine et de meurtre, de viol et d'épouvante n'avaient-elles pas été rayées de nos livres d'histoire, pour mieux être bannies de nos mémoires et afin que nos enfants entendissent, seule, la vieille chanson humanitaire que célébrerait avec nous, demain, la pacifique et laborieuse Allemagne ?

Alors que l'univers entier semblait s'extasier devant la force et le génie de l'organisation allemande, seule l'Alsace-Lorraine refusait de se laisser convaincre et restait rebelle à la Kultur : ce fut son mérite ; ce sera son éternel honneur.

En vain des voix de chez elle s'efforçaient-elles de mettre la France en garde contre le redoutable péril qui la menaçait ; qui donc ici voulait les écouter ?

AVANT-PROPOS

Trop de Français ne croyaient-ils pas, de très bonne foi, qu'il suffisait de toujours vouloir la paix pour n'avoir jamais plus la guerre ?...

Un geste brutal, le bruit d'un petit peuple qu'on viole et qu'on écrase, a tout détruit, sophismes et chimères, en donnant la parole au canon. Les Français se sont ressaisis. Mais, hélas! pendant ce long temps, qui, hormis l'inlassable voix de Déroulède qu'on ne voulait plus entendre, leur parla de l'Alsace-Lorraine, de son passé et de ses gloires, de ses souffrances et de son martyre, de ses revendications et de ses espérances ?

Comment alors s'étonner que les Alsaciens-Lorrains soient trop souvent ignorés ou méconnus ?

Et cependant, qu'on se rappelle, après plus de trois ans de guerre, le Traité de Francfort qui les livrait à l'Allemagne, eux et leur territoire, *à perpétuité,* qu'on relise les émouvantes protestations de leurs représentants à l'Assemblée nationale, qui traduisent leur foi inlassable et qui affirment leur ardent patriotisme, et surtout, faisons-les lire ou relire aux jeunes Français qui les ignorent ou à ceux qui les ont oubliées.

Le serment fait à Bordeaux a été tenu par l'Alsace-Lorraine pendant son long martyre; il est scellé maintenant de son sang, de ses douleurs et de ses larmes.

Combien de milliers de noms recueillis dans le volume que nous présentons aujourd'hui à nos lecteurs et qui s'ajoutent aux signatures des Teutsch et des Kablé, des Saglio et des Koechlin !

En effet, que disent-ils, tous ces « déserteurs » de l'armée allemande et avec eux tous ces Alsaciens-Lorrains que condamnent sans cesse les conseils de guerre de la terre d'Empire ou que déclarent « déchus de leur nationalité allemande » les tribunaux d'outre-Rhin? Que disent-ils, les noms de tous ceux qui luttent ou tombent au service de la France et qui ajoutent chaque jour une page glorieuse au Livre d'or de l'Alsace-Lorraine ? Qu'affirment-elles enfin, toutes ces listes allemandes, sinon la fidélité au souvenir et le culte du passé de tout un peuple, proclamés par l'oppresseur lui-même!

Quarante-trois, ans après le traité de Francfort, l'Alsace-Lorraine ratifie de son sang la protestation solennelle faite en son nom par ses représentants à l'Assemblée nationale de Bordeaux et renouvelée quelques années après au Reichstag de Berlin, en attendant que, demain, ses populations, enfin délivrées du joug et du bâillon qui les étouffe depuis un demi-siècle, puissent affirmer non moins solennellement, du haut d'une autre tribune, leur indicible joie de retrouver la France!

Florent-Matter.

LES ALSACIENS-LORRAINS
CONTRE L'ALLEMAGNE

L'ENTRÉE DES TROUPES FRANÇAISES EN ALSACE-LORRAINE
ET LES REPRÉSAILLES ALLEMANDES

Le premier mois de la guerre a vu se dérouler, au milieu de l'enthousiasme général, l'événement tant attendu en Alsace-Lorraine pendant plus de quarante-trois ans et qu'on n'osait presque plus espérer. Les soldats français, les « pantalons rouges », comme on les appelait là-bas, franchissent la frontière sur divers points sans rencontrer de résistance sérieuse, et, obéissant à un plan d'offensive longuement prémédité, pénètrent en Lorraine jusqu'à Sarrebourg, et en Alsace, après avoir occupé Thann, Altkirch, Guebwiller et Mulhouse, ils arrivent aux portes de Colmar. C'est la marche vers Strasbourg, vers le Rhin qui se dessine, et l'imagination ardente des patriotes français se donne libre cours.

Hélas! il faudra encore attendre de longs mois la délivrance que l'on croyait si prochaine; le général Pau, obéissant à des ordres supérieurs, doit ramener ses troupes en arrière, évacuer Mulhouse et ne conserver à la France que ce petit coin d'Alsace devenu depuis plus de trois ans tout à fait français.

Mais au moins l'heure tant attendue par les vieux Alsaciens-Lorrains a sonné, et ceux qui ne sont plus, qui sont morts sans que nous ayons répondu à leur appel, ont entendu tonner le canon libérateur sur les Vosges et dans les vallées d'Alsace. Ceux qui n'espéraient plus, las de nous attendre, ont repris confiance; ceux qui espéraient contre toute espérance — la France fut-elle jamais plus pacifiste qu'au cours des dix dernières années qui précédèrent la guerre? — ont repris courage.

Quel accueil vont-ils réserver à ces frères perdus depuis près d'un demi-siècle, qu'ils connaissent si mal à travers toutes les déformations de la presse allemande, qu'on voudrait si fâcheusement leur faire juger et dont on a pourchassé sans cesse la langue et tout ce qui rappelait leur souvenir, quel accueil feront-ils à cette France entrevue seulement depuis si longtemps au travers de l'atmosphère déconcertante de nos querelles sociales et de nos discordes politiques et religieuses, et trop souvent, hélas! de nos scandales et de nos désordres? Traqués, persécutés depuis l'annexion pour toute manifestation de leurs sentiments intimes, espionnés ou dénoncés au moindre geste ou parole imprudente, vont-ils enfin être libérés de la contrainte qui les oppresse, nos armes seront-elles assez victorieuses — nul mieux qu'eux ne connaît la force de notre adversaire — pour arracher le bâillon qui depuis quarante-trois ans les étouffe?

La patrie d'hier, qui trop souvent a pris leur réserve et leur silence pour de la résignation, comprendra-t-elle enfin qu'elle ne doit pas les abandonner, sous peine de les livrer aux plus atroces représailles, si elle leur permet de pouvoir enfin parler avec franchise et de laisser déborder la joie qui envahit leur âme?

Pour qui connaît bien la mentalité alsacienne-lorraine, repliée sur soi-même depuis la conquête allemande, remplie de méfiance par habitude et nécessité, la question qui dut aussitôt se présenter à elle, au milieu même de son allégresse, fut celle-ci : « Pourvu qu'ils restent! » Hélas! ils ne sont pas restés! Mais en dépit de toute prudence, les Alsaciens-Lorrains, n'écoutant que leur cœur et frémissant d'émotion et d'enthousiasme, ont eu le temps de proclamer hautement leur ardent amour pour la France et de recevoir nos soldats comme des libérateurs! Des légendes abominables ont été colportées depuis; certains ont osé prétendre même que des coups de feu avaient été tirés sur nos troupes par la population civile, qui eut tant à souffrir après notre départ! A ces mensonges et à ces infamies qui trop souvent parvinrent depuis quelques mois à nos oreilles sans qu'on en pût jamais préciser la source, nous allons opposer des faits, corroborés à la fois par des déclarations et des témoignages indiscutables provenant de trois origines différentes : 1° des soldats qui entrèrent les premiers en Alsace-Lorraine ; 2° des Alsaciens-Lorrains qui les reçurent ; 3° des Allemands qui en furent les témoins indignés.

Si après cette concordance de témoignages ainsi établie, on ose encore reparler de la légende aussi absurde qu'odieuse à laquelle nous faisons allusion, il ne nous restera plus qu'à nous demander quels intérêts peuvent bien servir ceux qui s'en font les propagateurs !

.˙.

« Le 31 juillet, à 9 heures du matin, écrit un officier ([1]), nous quittons Belfort pour aller prendre sur les rives de la Madeleine nos emplacements de couverture.

« D'après les ordres reçus, nous ne devions, sous aucun prétexte, traverser ce ruisseau qui se trouve à 8 kilomètres de l'Alsace. On espérait peut-être encore éviter le conflit ; en tout cas, on ne voulait pas que nos troupes rencontrent des détachements ennemis et passent la frontière les premières.

« Mais si de notre côté nous évitons toute violation de territoire, il n'en est pas de même chez les Allemands. Dès le 1ᵉʳ août, des patrouilles de dragons allemands se sont avancées jusqu'à Frais, et le 2, le premier prisonnier fait par nos avant-postes traverse notre cantonnement de Menoncourt entre quelques dragons français. Enfin, le 4 août, l'Allemagne se décide à nous déclarer la guerre et, le 5, nous entrons en Alsace.

« Les premiers villages alsaciens que nous rencontrons ignorent tout de la guerre : aussi grand est leur étonnement de voir les « culottes rouges ». Nous sommes cependant bien accueillis. De troupes allemandes, très peu : toutefois, nous rencontrons une première résistance à Burnhaupt-le-Bas. Ce devait être notre seul contact avant notre entrée à Mulhouse où nous arrivons le 8, à 5 heures du soir.

---

(1) Lettre du capitaine Dreyer, du 35ᵉ d'infanterie, à son père, organiste à Châtellerault, qui nous l'a communiquée.

« Notre entrée fut triomphale. Ma compagnie était la première du régiment. C'est donc derrière la musique, le drapeau et le colonel que je traverse la ville. La foule est énorme, les acclamations nombreuses; nous sommes couverts de fleurs; on donne à nos hommes cigares et cigarettes; aussi, malgré la fatigue et la chaleur, sont-ils radieux.

« Hélas! ce bonheur va être de courte durée. Mon bataillon reçoit l'ordre d'aller prendre les avant-postes à L'Isle-Napoléon, tout contre la forêt de Hart. Il est 6 heures : la nuit vient et nous savons que de très grosses forces ennemies sont rassemblées dans la forêt. Aussi, à peine sortis de Mulhouse, recevons-nous des coups de feu. La soirée promet d'être gaie. Enfin j'arrive sans encombre à 9 heures à L'Isle-Napoléon et je fais reconnaître le village par des patrouilles. Toutes ne devaient pas revenir, une d'entre elles fut tuée par un poste allemand derrière une barrière de chemin de fer.

« Dans la nuit, à 2 heures, le bataillon se retire sur Mulhouse et va s'établir sur les hauteurs de Riedisheim et de Rixheim. L'après-midi, nous sommes attaqués sur ces positions par une division allemande, environ 25.000 hommes, qui débouche de la forêt de Hart. Nous tenons sous une pluie de balles et d'obus jusqu'à minuit, puis nous nous retirons, accablés par le nombre, vers la frontière que nous atteignons le lundi 10, sans avoir été poursuivis.

« Cette première bataille de Mulhouse n'a pas été heureusement bien meurtrière, et je n'ai perdu pour mon compte qu'une dizaine d'hommes. A la suite de cette expédition rapide et peu heureuse, nous nous reformons à l'abri de la Madeleine et notre corps d'armée est mis sous les ordres du général Pau.

« Tous les hommes ont en lui la plus grande confiance, aussi est-ce avec joie que, le 16 août, nous nous mettons en route vers Mulhouse, bien certains cette fois d'y rester. A nouveau, nous ne rencontrons aucune résistance : les 16, 17 et 18 août, nous marchons sans voir un Allemand. Ils ont même abandonné des retranchements préparés par eux près d'Aspach. Ils nous attendaient à Dornach.

« Le 19, à 6 heures, nous quittons Pont-d'Aspach pour gagner Mulhouse. Dès 8 heures, les premiers coups de feu se font entendre : la bataille de Dornach est engagée.

« Le 42ᵉ, avant-garde de la division, attaque Dornach par le nord. Le 35ᵉ le tourne par le sud. Ce village est sérieusement occupé : presque toutes les maisons en bordure sont tenues, principalement celles surmontées du drapeau de la Croix-Rouge. Il est 10 heures, ma compagnie s'avance jusqu'à 800 mètres du village, je la précède d'environ 50 mètres. Déjà les balles et les obus commencent à tomber. De temps en temps je me lève pour essayer de voir d'où proviennent les projectiles : c'est en vain. Les hommes sont si bien abrités qu'il est impossible d'en apercevoir un seul. Mais dès que je me montre, la pluie de balles augmente tant et si bien qu'à la fin je finis par être atteint par une de ces charmantes demoiselles qui me sifflaient aux oreilles. Sensation : un grand coup de poing et une commotion générale qui a pour suite un certain abrutissement. Mes hommes me voient tomber : toute la compagnie se lève et me dépasse, promettant de me venger. Je pense qu'ils ont dû embrocher quelques-uns des défenseurs de Dornach.

« Je suis resté sur le terrain où j'étais tombé, pendant une bonne demi-heure, puis je me suis traîné à l'abri derrière un repli de terrain d'où, aidé par les brancardiers, je me rends à l'ambulance divisionnaire, à Niedermorschwiller.

« En route, je rencontre le médecin qui me fait un premier pansement et, le soir, je suis dirigé en automobile vers Belfort. »

C'est en ces termes qu'un officier français, blessé dès le début de la campagne, décrit en une lettre familiale, non destinée à la publicité, le récit de l'entrée triomphale des troupes françaises à Mulhouse, sous les acclamations et sous les fleurs !

« Comme moi, mes camarades faisant partie du 7ᵉ corps d'armée se rappellent l'enthousiasme de la population de Mulhouse lors de notre entrée dans cette ville, m'écrit cette fois un simple combattant (¹). Les vieillards pleuraient de joie et la foule bourrait de force nos poches et nos musettes avec du chocolat, des cigarettes, des petits billets de banque, etc. Le soir, c'est à qui nous aurait à loger,

---

(¹) Lettre du soldat Fernand Barberot au directeur de *L'Alsacien-Lorrain de Paris*, 11 juin 1916.

et c'est au milieu d'une véritable fête que l'ordre d'évacuer la ville vint nous trouver ; la tristesse de nos hôtes était inexprimable et, jusqu'au dernier moment, ils se prodiguèrent en gâteries et en bons conseils. Je fus un des derniers à quitter Mulhouse et j'affirme qu'il n'y eut aucune tentative faite contre les retardataires qui, par petits groupes ou même isolés, couraient plus de risques que tous les autres.

« A notre deuxième entrée à Mulhouse, le 19 août 1914, nous trouvâmes le même accueil, mais plus discret, par crainte des espions et des représailles. Je circulais souvent seul en automobile dans toute la région, et je puis dire qu'à la campagne comme à la ville je n'eus qu'à me louer de l'attitude des populations.

« A Dornach, Lutterbach, Dannemarie, Altkirch, Niedermorschwiller, Heimsprung, les habitants nous reçurent également à bras ouverts, couchant par terre pour nous donner leurs lits, et personnellement je n'ai jamais ouï dire que des soldats français aient eu à se plaindre de quoi que ce soit.

« Je reste donc convaincu de la fidélité et du profond patriotisme des populations alsaciennes. »

Mais voici un document hors de pair pour fixer mieux encore l'état d'esprit de la population alsacienne dans l'accueil qu'elle fit à nos troupes : c'est le bref mais exact carnet de route d'un officier de réserve, agrégé d'histoire, habitué aux bonnes méthodes critiques, en un mot d'un témoin qui s'est efforcé de bien voir. Nous suivrons avec lui l'entrée dans les petits villages depuis la frontière française jusqu'à Mulhouse. Nous ne donnerons que les passages essentiels de ce document émouvant que nos lecteurs trouveront dans la *Revue des Jeunes* qui l'a publié *in extenso*, il y a quelques mois ([1]) :

« *7 août*. — Ordre brusque de quitter Novillard... la frontière : minute tragique. Je fais présenter les armes.

« Le premier village alsacien : Bréchaumont. A la sortie du village, je m'arrête : on forme les faisceaux et on attend.

([1]) Numéro du 19 août 1916. M. Benjamin Vallotton l'a reproduit intégralement dans son beau volume : *On changera plutôt le cœur de place...*

« Les paysans commencent à se rassurer et à se montrer. On ne se bat pas chez eux. Le premier qui vient à nous *ne sait pas le français*, mais il apporte deux paniers de prunes, les distribue et, quand je lui montre de l'argent, il refuse et rit. Puis c'est toute une famille, avec du vin, du pain, du beurre. Ceux-ci sont heureux de parler français, les jeunes filles versent le vin aux hommes ; le père, un fermier d'allure aisée, s'ingénie à nous renseigner sur la topographie des environs et sur ce qu'il sait des mouvements allemands.

« On repart... Traubach-le-Bas. Cette fois, tout le monde est sur le pas des portes ; on salue, mais on reste silencieux. Une vieille paysanne à mon passage se signe et me dit : « Prenez garde, ils sont « si méchants ! » Sur la place, un groupe d'hommes applaudit. Un vieil homme, barbiche blanche à l'impériale, vient avec son fils se placer devant moi, salue militairement et crie : « Vive la France ! » Aux fenêtres, des femmes battent des mains.

« *Hecken*. — La confiance s'est établie ; on sent la joie chez tous ceux qui viennent au-devant de nous. Un groupe nombreux d'hommes jeunes et mûrs nous attend à l'entrée du village. Tous veulent me serrer la main. « Pensez, me dit l'un d'eux, le premier « officier français chez nous ! » Un autre, grand gaillard, avec un tablier de forgeron, dit : « Apportez-nous le Forstner ! » Tous de rire. Ils veulent encore distribuer du vin. Je dois les en empêcher.

« Tout à coup, des coups de feu. Enfin ! c'est presque un soulagement de les trouver. Ils sont là, tapis dans des tranchées, devant Burnhaupt-le-Haut. Fusillade. La première musique des balles. Puis un assaut brusque, violent. On ne sait pas, on ne voit pas. Et on se trouve, mêlés les uns aux autres, dans leurs tranchées. Ils ont filé, laissant quatre morts, les premiers que je vois.

« On entre dans le village. Le colonel veut un défilé « à hauteur ». Partout les habitants se montrent, les figures radieuses n'en reviennent pas d'avoir vu la fuite précipitée des Prussiens. Le drapeau passe : tous le saluent. Il fait chaud, clair et beau. Je suis éreinté et joyeux. Il y a vraiment de la fête, ici... »

Quel simple et émouvant récit ! Oui, comme le dit notre officier, il y a de la fête ici... Les visages sont radieux, peu à peu la confiance s'est établie, le cri de la vieille paysanne : « Prenez garde, ils sont si méchants ! » plein d'appréhension et d'effroi et qui voulait dire en soi-même : « Pourvu qu'ils ne reviennent pas ! » a traduit la crainte de tous ces braves gens, mais les Prussiens ont fui, ils ne reviendront pas brimer et terroriser notre population. Tout est à la joie et, plus les troupes françaises avanceront, plus les yeux brilleront, plus les langues se délieront et plus fort parleront les cœurs !

C'est ce que nous allons trouver et constater à chaque ligne dans ce carnet d'officier :

« *8 août.* — Déjeuner avec le capitaine chez le .... du pays. Il nous sert avec enthousiasme ; ses yeux se fixent sur nous avec une sorte d'adoration. Mais il *ne parle qu'allemand* et, à nous trois officiers, nous n'arrivons qu'à le parler très mal. Sa fille, heureusement, sait le français : une jolie Alsacienne qui nous dit : « Alors, « c'est fini ? On ne les verra plus ?... »

« Ordre brusque de partir pour attaquer Galfingen. Les habitants distribuent des fruits aux hommes... Quelques coups de feu, puis le silence. Quand nous débouchons dans Galfingen, les Allemands ont encore filé. Le capitaine et moi commençons à trouver cela drôle. Mais autour de nous, on trouve cela très naturel. D'ailleurs, des Alsaciens nous préviennent : « Ils ont évacué toute l'Alsace et se « retranchent derrière le Rhin (¹) ! » Brusque arrivée d'un officier d'état-major suivi de quatre dragons : la route de Mulhouse est libre ; on n'a plus qu'à aller de l'avant. L'un des dragons est si exalté par la nouvelle qu'il apporte, qu'il la vocifère à tout venant.

« Colonne par quatre, pas de route : on ne se croirait plus en guerre. Les hommes chantent gaiement ; devant toutes les maisons, les femmes offrent à boire, des enfants donnent ou jettent des fleurs. Quelle étonnante marche ! »

Et voici maintenant l'entrée des troupes françaises à Dornach, le faubourg ouvrier de Mulhouse. Est-il rien de plus impressionnant ?

« Une foule énorme rangée sur les trottoirs, enthousiaste et

---

(1) Heureuse illusion caressée par beaucoup d'Alsaciens-Lorrains confiants en la force française, mais qui, hélas ! ne s'est pas réalisée.

ardente; tous les ouvriers, tête nue; beaucoup s'empressent pour me serrer les mains. Sans arrêt, le cri de « Vive la France ! » ou bien de « Bravo ! ». Les enfants sifflent ou chantent la *Marseillaise*. Le capitaine, jusqu'ici si froid, a les larmes aux yeux. Un sergent me dit : « Dire qu'on est en pays ennemi ! » Et l'un de mes hommes, tout vibrant : « Tout de même, mon lieutenant, ça vaut la peine de se « faire casser la gueule pour ces gens-là ! » Voici que la musique joue, qu'on déploie le drapeau : le grand défilé rêvé ! Je pense aux entrées fameuses : Milan, les retours du triomphe, et aux rêves de chimères des vaincus de 1870. Du premier coup, assister à une telle réalisation, c'est trop beau et c'est trop formidable... On fait halte dans le faubourg. Ma section se trouve devant une charcuterie; le patron, gros homme réjoui, appelle mes hommes, leur distribue saucisses et jambon, refuse tout argent, mais, d'une voix puissante, réclame de l'ordre : « Chacun à son tour, tout le monde en aura ! » Et il crie encore : « C'est pour venger mes deux fils qui sont avec les « cochons (¹) ! » Une femme arrive, les bras remplis de boîtes de cigares et de cigarettes, et les distribue aux hommes ahuris et joyeux.

« Nous cantonnons dans un quartier ouvrier. Tous les habitants se précipitent, distribuent du vin, offrent mille choses. Cela devient trop ardent, je dois mettre le holà. Mais une jeune fille, les yeux brillants, vient à moi : « Laissez-nous donner à vos soldats, mon « lieutenant, depuis le temps qu'on les attend ! » C'est à qui logera les officiers. Nous prenons gîte chez une Française; elle tient à nous offrir à dîner et nous reçoit, les yeux en pleurs : « C'est trop beau, « répète-t-elle, je crois rêver ! » Mais, durant le repas, ce mot déjà entendu ailleurs : « Prenez garde, ils sont si méchants ! » Dans le cantonnement, malgré le silence prescrit, il y a une fièvre de fête...

« *9 août.* — C'est dimanche, et voici les Mulhousiens endimanchés qui viennent pour voir. On cause, on rit, beaucoup ont encore à donner quelque chose. C'est un beau dimanche de province ou bien Longchamp avant la revue. Partout alentour, les cloches sonnent. Il n'y a que de la joie.

(¹) Comment admettre que ces deux-là, même sous l'uniforme, soient de bons Allemands ?

« *5 heures.* — Ordre de départ. Toute la brigade se met en route vers le nord de Mulhouse. Il paraît que les Allemands reviennent. On fait presser l'allure ; une division est déjà engagée : il faut la soutenir. On entend le canon. Cette fois, c'est la bataille. Nous traversons Brunstatt, puis, de plus en plus vite, Mulhouse. Les gens sont en émoi. Sur tous les pas des portes, il y a du monde et toujours empressé à verser à boire aux soldats. Des jeunes filles suivent à la course, pour épuiser les bouteilles qu'elles portent. Beaucoup de figures anxieuses, surtout chez les femmes. Et sans cesse les mêmes mots : « Courage, confiance, prenez garde, revenez! » Et toujours la même ardeur à serrer les mains des officiers!...

« Près de la gare, une maison est déjà criblée d'éclats. Nous tournons dans Mulhouse. Dans la rue de Colmar des gens se hâtent, rentrant chez eux. L'artillerie nous coupe, filant à grande allure vers l'est. Tout à coup, un brave homme, courant à moi, me pousse sur le trottoir : « Attention, prenez garde! » me crie-t-il. A peine ai-je eu le temps de comprendre, qu'en m'engageant sur le pont du canal, je suis salué par les balles... »

Suit le récit de l'action très vive qui s'engage entre nos troupes et les Allemands installés dans la gare.

« Le jour baisse rapidement et la nuit tombe, très belle ; le ciel fourmille d'étoiles. Les trompettes tristes des Prussiens sonnent des signaux dont le mystère nous étreint le cœur, malgré nous. Vont-ils charger?... Il fait déjà bien noir, lorsque, de la maison voisine, une brave femme descend. Se couchant à terre, elle appelle un homme et lui tend un seau de café... »

Que dire de cette population qui, non contente d'accueillir nos soldats comme des libérateurs, les soutient jusque dans le combat, les prévient lorsqu'ils sont menacés et ont l'anxiété peinte sur le visage à la seule pensée qu'ils pourraient n'être pas victorieux!

Le lendemain, hélas! c'est la retraite...

« L'aube blanchit. Soudain on crie : « Qui vive? » Et, en réponse, de formidables salves de mitrailleuses, devant nous, à droite, à gauche. Sur nos têtes siffle un continuel vrillement ; le plâtre des maisons qui nous entourent s'écroule, des vitres se brisent. Je ne sais plus où est ma compagnie... Voici qu'une fusillade nourrie part sur notre gauche. Sommes-nous tournés ? J'ordonne le repliement. Bond par bond, sous les balles, nous arrivons au canal. Impossible de passer : partout on tire sur nous. Enfin, je trouve une issue, une rue étroite, et je découvre le bataillon, tapi dans un enfoncement de rue. Dans les maisons, les gens réveillés nous regardent curieusement; ils nous apportent du vin chaud. Ah! les braves gens ! »

Et voici encore les habitants qui interviennent pour guider nos soldats et les mettre hors de danger :

« Le commandant m'aperçoit et vient à moi : « Nous sommes « foutus », me dit-il. Et le capitaine : « Oui, je crois bien que nous « sommes cernés. Mais il faut attendre le jour. » Les obus balaient maintenant la rue sur laquelle donne le boyau où nous sommes tapis. Comment en sortir ? Mais je vois le capitaine en colloque avec deux civils. Il revient à nous. Ce sont deux Mulhousiens, qui déclarent la route libre vers le sud et s'offrent à nous guider. On décide de les suivre. Rasant les murs, nous suivons la route en bon ordre... »

Enfin, après une quarantaine de kilomètres, fourbus, harassés, nos soldats arrivent dans un village où ils vont trouver un repos réparateur. Est-ce donc lors de leur retraite que la population tira sur nos troupes ?

« On cantonne. Les habitants sont, comme la veille, aussi accueillants. Sont-ils renseignés ou non ? Pourtant ils voient bien que nous revenons vers l'est. Nulle marque de défiance ou de peur. On peut reprendre haleine tranquillement et la nuit se passe sans aucune crainte : « On est toujours chez nous, mon lieutenant », me dit mon sergent. »

Que retenir de ce récit fait au jour le jour par un témoin, sinon la preuve de l'accueil toujours bienveillant, chaleureux et cordial dans les campagnes, ardent et enthousiaste dans les faubourgs et les villes, réservé par les populations alsaciennes lors de notre entrée là-bas (¹)? N'y trouvons-nous pas aussi la certitude que les habitants ne parlant pas la langue française ne furent pas les moins empressés auprès de nos soldats? C'est encore un des points sur lesquels nous ne saurions trop insister pour mettre en garde beaucoup de Français tentés de juger des sentiments des Alsaciens-Lorrains sur les apparences, et notamment sur leur langage.

A-t-on suffisamment réfléchi aussi à la portée du geste des Mulhousiens s'offrant à guider nos troupes et réussissant à les mettre hors de danger? Combien d'entre eux ont payé depuis, de leur liberté ou de leur vie, de tels actes..., les condamnations prononcées, deux ans encore après notre entrée en Alsace, en témoignent!

Nous retracerons plus loin ce qui se passa à Mulhouse entre la première et la seconde arrivée des Français. Disons seulement que tandis que les brutes teutonnes pillent et détruisent dans la ville de nombreuses devantures de boutiques, ne respectant pas même l'Hôtel Central, qui appartient cependant à un Bavarois et où est logé le général von Huehne et l'état-major du XIVᵉ corps, des Alsaciens fidèles profitent de la nuit pour accompagner jusqu'à Brunstatt, et les mettre sur la route de Belfort restée libre, les derniers blessés français qu'ils ont cachés.

Et partout, encore au cours de la seconde offensive française, et au lendemain même des terribles représailles allemandes, nous verrons les populations témoigner aux troupes françaises le même accueil chaleureux, n'attendant plus que la certitude de la victoire pour manifester de nouveau leur enthousiasme et leur joie.

« La population qui accourait chaque jour à nos avant-postes, écrit le lieutenant de chasseurs alpins Margerin, dans son *Carnet de*

---

(1) Veut-on encore un autre témoignage ? « Trois jours après la déclaration de guerre, écrit le correspondant de guerre du *Times*, M. Gérald Campbell, au prix d'une perte totale de 150 hommes tués ou blessés, Altkirch, après quarante ans de rude domination germanique, redevint française. Cette délivrance si longtemps attendue fut saluée des habitants par tous les signes de la joie la plus enthousiaste. Les poteaux frontières arrachés furent portés en triomphe à travers les rues pavoisées, on fit pleuvoir des fleurs sur les troupes victorieuses, les vivats se mêlaient aux larmes d'émotion ; mais dans le tumulte causé par la joie et l'excitation générales, nul apparemment ne s'arrêtait à considérer avec quelle étonnante facilité cette victoire avait été obtenue, ni jusqu'à quel point cette retraite allemande ne dissimulait pas quelque piège. » (*De Verdun aux Vosges. Impressions de guerre.*)

route, n'attendait également que notre signal pour pavoiser et chanter à pleine voix sa délivrance.

« Dans son intérêt, il fallut, au contraire, nous abstenir et rester aux portes de la ville. Seules, nos patrouilles entrèrent dans Colmar. Je revois encore cette curiosité sympathique qui groupait sur notre passage une foule encore silencieuse, mais dont le cœur battait auprès du nôtre. L'âme alsacienne nous apparut ainsi toujours prudente, mais en lisant dans les yeux, on la sentait essentiellement française. Bien souvent nous la surprîmes dans un détail, et je ne sais rien de plus touchant que l'émotion des vieux combattants de 1870 qui nous tenaient les mains avec effusion et que les larmes de cette fillette de Turckheim pleurant, disait sa mère, parce qu'elle ne savait pas le français. »

Tout atteste donc en ces heures inoubliables, et que nous revivrons demain, le patriotisme français des Alsaciens-Lorrains, auquel le général Nivelle, hier encore généralissime, rendait, il y a quelques mois, un solennel hommage en écrivant ([1]) :

« Il y a juste deux ans, j'entrais avec le 7ᵉ corps d'armée en Alsace et je n'oublierai jamais l'enthousiasme des populations, des vieux surtout qui venaient, en pleurant, embrasser nos mains en s'écriant : « Enfin, enfin, il y a quarante-quatre ans que nous vous « attendons. »

« Votre fidélité aura bientôt sa récompense. »

*
* *

Nous avons vu précédemment, d'après des témoignages de soldats, ce que fut l'entrée des troupes françaises en Alsace lors de nos premiers succès d'août 1914.

Donnons maintenant la parole à ceux qui furent, non plus les témoins, mais les acteurs, les auteurs de ces manifestations spontanées de ferveur française.

---

(1) Lettre adressée à M. Roudolphi, président de la « Ligue patriotique des Alsaciens-Lorrains de Londres », 11 août 1916.

Écoutons un Mulhousien nous en retracer les péripéties [1] :

« Le 6 août 1914 avait vu partir les derniers mobilisés, déçus dans leur ferme espoir de voir venir tout de suite les Français pour les délivrer. A-t-on jamais compris, en France, ce qu'a été cette mobilisation en Alsace? Ces hommes, qui partaient se battre pour une cause qui n'était pas la leur, avaient l'intuition qu'ils allaient être mis devant et sacrifiés les premiers. Ils savaient que leur pays serait le théâtre de nouvelles batailles et que leurs familles seraient en danger. Il n'y a peut-être pas en Europe un coin de terre où tant de larmes aient coulé !

« Le 7 août, les troupes allemandes, sous la pression des Français ou selon peut-être un plan déterminé, évacuaient la ville. Tout uniforme avait disparu : agents de police, conducteurs de tramways, tous étaient en civil. La mairie avait créé une garde civile, non armée. La poste, la Banque d'Empire étaient fermées. Les autos, toutes réquisitionnées, étaient à Fribourg. Le téléphone coupé, Mulhouse était isolé du monde entier. Les journaux ne publiaient que des nouvelles locales. C'était l'angoisse, l'attente, l'inconnu.

« Le 8 au matin, le maire fit afficher un appel au calme.

« Il invita la population à rentrer dans les maisons et à s'abstenir de toute manifestation au cas où les Français occuperaient la ville. La tension des nerfs était au paroxysme, lorsque, à 1 heure de l'après-midi, une patrouille du 10ᵉ chasseurs à cheval, un lieutenant en tête, arriva par le faubourg d'Altkirch. Avec un calme superbe, ils passèrent la rue du Sauvage, se rendant à la mairie; la cigarette aux lèvres, crânement, le petit lieutenant monta à l'Hôtel de Ville. Reçu immédiatement par le maire, M. Cosmann, un Allemand né à Strasbourg, qui se tenait en permanence à la mairie, le lieutenant lui posa quelques questions en allemand. Le maire, invitant l'officier à parler le français, lui déclara que la ville était évacuée par les Allemands, qu'elle était considérée comme ville ouverte. Toutefois, il ne put lui dire à quelle distance de la ville ceux-ci s'étaient retirés. L'entretien avait duré dix minutes; tran-

---

[1] Récit des événements d'août 1914 à Mulhouse, par un témoin oculaire. Document privé mis entre nos mains.

quillement, la patrouille rebroussa chemin. Quelle émotion nous étreignait alors ! Oubliant toute prudence, quelques-uns crièrent : « Vive la France ! »; mais tous les yeux étaient pleins de larmes, tous saluaient des mains, du chapeau, et tous nous pensions en contemplant cette poignée de braves qui représentaient la France : « Si les autres revenaient... »

« Et en effet, les Français étaient à peine engagés dans le faubourg d'Altkirch, que des clameurs, des cris viennent de la Porte Jaune. Des cyclistes civils passent à toute vitesse. Un roulement de tambours. Eux ! 30 hommes, patrouille à pied. Un ordre sec et brutal : « Tout le monde dans les maisons ou nous faisons feu. » Un tramway de la ligne de Brunstatt est réquisitionné. Défonçant les vitres avec leurs baïonnettes, ils forcent le wattman à les conduire vers Brunstatt.

« Trop tard ! Les petits chasseurs, *prévenus par les cyclistes*, s'étaient mis au galop et avaient pu ainsi échapper à la poursuite. Le tramway ramène nos Boches furieux, mais ils quittent immédiatement la ville, car déjà des cris grondent : A mort !

« Le gros de l'armée française est signalé à Zillisheim, on l'attend avec impatience...

« Enfin, à 5 heures, ils entrent dans Mulhouse par la Porte Jaune, fusils fleuris, musique en tête. Ils défilent pendant plusieurs heures par la rue du Sauvage, qui est noire de monde. Toute retenue est bientôt oubliée : les femmes pleurent, les vieux, les yeux brillants d'émotion, sont incapables de dire un mot. Et c'est la foule du peuple venue des quartiers ouvriers qui crie à perdre haleine : « Vive la France ! » le seul mot qu'ils connaissent dans notre langue. Ce cri séditieux, pour lequel tant des nôtres ont été emprisonnés, vibre, sort de toutes les poitrines. Les officiers, particulièrement acclamés par cette multitude en délire, émus, saluent de l'épée. Et les cris redoublent, lorsque passe l'étendard, symbole de la France et de la liberté !... Tout le passé est oublié. Malheur à celui qui eût osé protester, il eût été lynché par la foule. Les Allemands immigrés l'ont sans doute compris, car je n'en vois aucun (¹).

---

(1) Hélas ! eux ont vu, car le lendemain, après le départ de nos troupes, ils ont dénoncé tous les malheureux Alsaciens qu'ils avaient pu reconnaître.

Les troupes prennent position, en partie au delà de la ville et dans les usines mises à leur disposition par les industriels alsaciens. C'est à qui emmènera un ou deux soldats souper chez soi.

« Le 9 août se lève. Une belle journée de dimanche. Personne n'a voulu faire la grasse matinée et très tôt déjà les civils déambulent bras dessus bras dessous avec les soldats. A 10 heures, on affiche à l'Hôtel de Ville la fameuse proclamation de Joffre (1). La mairie est assaillie de toutes parts par une foule enthousiaste, chacun veut la lire et on la compare aux proclamations allemandes qui ne parlent jamais que de châtiments.

« L'après-midi, vers 3 heures, un aéro survole la ville et lance une multitude de petits drapeaux tricolores. Qui donc songe encore aux Allemands?

« Et cependant... on avait malheureusement négligé toute mesure de prudence. Cette armée se croyait à l'abri de toute surprise. Des gens bien renseignés ont dit qu'on avait même poussé l'imprévoyance jusqu'à laisser à la poste des fonctionnaires allemands et à ne pas couper les communications télégraphiques avec le grand-duché de Bade. N'ayant pu contrôler moi-même ces faits, je ne puis être affirmatif, mais je dois bien constater que la ville n'ayant pas été suffisamment isolée, les agents allemands n'ont dû avoir aucune peine à faire parvenir leurs messages de l'autre côté du Rhin. Si parmi les nombreux Allemands qui sont restés à Mulhouse, lors de l'occupation française, certains ont fait métier d'espions — comment en aurait-il été autrement? — il faut en rendre responsables ceux qui n'ont pas su prendre les mesures indispensables pour couvrir le secret des opérations. C'est dans cette insouciance fu-

---

(1) Rappelons-la ici pour nos lecteurs :

« ENFANTS DE L'ALSACE,

« Après quarante-quatre années d'une douloureuse attente, des soldats français foulent à nouveau le sol de votre noble pays. Ils sont les premiers ouvriers de la grande œuvre de la revanche; Pour eux, quelle émotion et quelle fierté !

« Pour parfaire cette œuvre, ils ont fait le sacrifice de leur vie; la nation française unanimement les pousse, et dans les plis de leurs drapeaux sont inscrits les noms magiques du droit et de la liberté.

« Vive l'Alsace !

« Vive la France !

« Le Général en chef des Armées françaises,
« JOFFRE. »

neste que se trouve le point faible, la *faute grave*, que certains ont voulu déguiser en répandant la légende infâme de la trahison des Mulhousiens. »

Le témoin de ce récit se porte alors sur la hauteur du Jardin Zoologique et de là assiste, peu après 5 heures du soir, au commencement de la canonnade et de la bataille qui vont durer toute la nuit. Il rentre le soir non loin de Riedisheim où il doit s'abriter dans les caves.

« A 6 heures du matin, tout est fini, écrit-il. Je descends en ville pour voir ce qui s'est passé, et tout de suite j'apprends que M. Châtel, directeur des usines « Aviatik », a été tué par un éclat d'obus. Arrivant vers le Musée, je rencontre un petit détachement de soldats français. Quelle joie! Ils sont donc restés vainqueurs!

« J'atteins le nouveau quartier, lorsque à mon grand effroi, j'aperçois l'uniforme gris des Allemands. Un lieutenant qui les commande déclare que les Français ont été battus, qu'ils ont quitté la ville ce matin à 6 heures et que, s'ils ne l'avaient pas fait, la ville aurait été bombardée et ne serait plus qu'un amas de cendres. Il ajoute : « Quelques Français se sont battus comme des lions ! »

« A partir de ce moment, les Allemands se conduisent vis-à-vis de la population comme en pays ennemi. Des soldats logés chez moi ont constamment le fusil chargé. Ils prétendent que, dans les faubourgs, des civils leur ont tiré dans le dos. Un ordre est affiché, sommant la population, *sous peine de mort,* de remettre toutes les armes à la Kreisdirektion. »

Nous verrons plus loin comment, dès lors, les Allemands firent payer cher aux Alsaciens l'accueil réservé aux Français. Pour le moment, nous voulons laisser la parole à un autre Mulhousien qui a dépeint également d'une manière fort impressionnante l'entrée des troupes françaises à Mulhouse.

Le précédent témoin nous a parlé de l'arrivée à l'Hôtel de Ville de la patrouille française conduite par un lieutenant de dragons. Puisons, dans le nouveau récit qui nous est offert, d'autres détails qui corroborent le premier :

« L'officier remercie le maire, salue, puis sort.

« Pendant ce temps, les quatre dragons se tenaient sur la place de la Victoire (un nom prédestiné) où, sous une pluie de fleurs, la population les fête avec allégresse. Les femmes s'accrochent à leurs manteaux, les tirent par les bras, par les jambes, pour les faire descendre de cheval et les embrasser; d'autres leur baisent les mains, les bottes, le sabre, en pleurant; d'autres encore vident la pâtisserie du coin de la place pour leur offrir des gâteaux, du chocolat, des pastilles, cependant que les hommes leur versent de la bière, du sirop, les comblent de cigarettes, et que 10.000 personnes s'égosillent à crier : « Vive la France ! Vive Poincaré ! Vive « l'armée ! Vive Joffre ! »

« Cette action téméraire et la manifestation qui en résulte ont duré juste onze minutes. Et voilà nos braves cavaliers qui retournent au galop à leur point de départ, au milieu des cris et des applaudissements d'une foule enthousiaste et exubérante.

« L'écho en résonnait encore sur la place de la Mairie quand une compagnie de soldats allemands, précédée de deux tambours et d'un lieutenant, déboucha au pas gymnastique sur la place de la Victoire pour se diriger sur l'Hôtel de Ville qui fut aussitôt cerné. La foule qui n'était pas encore revenue de la surprise causée par l'arrivée des cinq soldats français accueillit les Allemands par des lazzis sans nombre, cependant que le lieutenant, aidé de deux sergents, fouille les locaux de l'Hôtel de Ville et ses alentours, s'informe à gauche, à droite, pour savoir ce que sont devenus les éclaireurs français. De son côté, la police rechercha les *individus* (*die Kerl's*) qu'elle supposait avoir fait le guet dans les environs de la caserne, pendant que les cinq dragons *étaient maîtres de la place.*

« La population quasi entière se tient maintenant sur la place et dans les rues adjacentes, où les railleries redoublent. Le lieutenant menace la foule d'un malheur si le silence ne se fait pas. L'accalmie qui suit la menace dure quelques secondes. Le lieutenant, en présence de l'hostilité croissante, écume de rage. Cinq fois, il fait coucher en joue la foule qui ne bouge pas. Finalement, le pourfendeur tudesque remet son sabre dans le fourreau et emmène ses hommes vers le faubourg de Bâle, où il croise une autre compagnie prête aux massacres. La foule suit bruyamment. Les deux officiers échangent quelques mots à voix basse, puis réquisitionnent les deux cars du tramway qui stationnent sous les fenêtres du casino des officiers à la Porte Jaune. Ils y empilent une quarantaine d'hommes, font sauter les vitres et leur commandent de se tenir prêts à tirer au premier signal.

« Les voitures ainsi chargées traversent les rues du Sauvage et de la Sinne, gagnent les faubourgs du Miroir et d'Altkirch et arrivent à la station terminus, près de Brunstatt. Les Allemands n'ont pas de but ; ils n'ont rien vu, rien entendu. Mais, dès l'instant où ils se disposaient à mettre pied à terre, ils sont assaillis par une vive fusillade. Plusieurs d'entre eux tombent. Les autres se hâtent de remonter dans les voitures, et les voilà qui rebroussent chemin aussitôt. Pas un n'avait tiré un coup de fusil. »

Suit le récit d'une échauffourée entre immigrés et Mulhousiens et au cours de laquelle des agents sont fort malmenés. Mais voici maintenant les Français qui arrivent :

« Vers 5 heures, un immense remous se produisit vers la chaussée de Dornach et le faubourg de Colmar. Un quart d'heure plus tard, un escadron de chasseurs à cheval débouche sur la place du Nouveau-Quartier.

« On ne se fait pas idée de l'impression que ces soldats français ont produite sur la population. Aucune parole ne rendrait la joie mêlée de douleur ressentie par ces milliers de braves gens venus là pour les accueillir. Pendant quelques secondes, la foule resta comme figée sur place. Pas le moindre geste, et pas un mot ne pouvait franchir les lèvres ; il semblait que tous les cœurs allaient éclater. Enfin, les larmes qui adoucissent les souffrances et donnent à l'âme sa libre expansion coulent, coulent abondamment, cependant que les accents de *Sambre-et-Meuse* retentissent dans la rue du Sauvage : le 35e, le 42e et le 271e de ligne, encadrés de 50.000 manifestants, avancent à leur tour sur la grande place. Une immense clameur les accueille. « Vive la France ! Vive l'armée ! Vive Joffre ! » se succèdent sans interruption. A toutes les fenêtres s'agitent des mouchoirs. Les dames, le visage inondé de larmes, jettent des fleurs, des gerbes, des couronnes à profusion sur les troupes qui passent. Les hommes lancent des paquets de cigares et de cigarettes par poignées ; les soldats les attrapent au vol. Sur les rebords des fenêtres sont empilés des paquets de chocolat, de tabac, de friandises, que la foule remet de main en main à *ses vieux amis*. Tout le long des trottoirs sont alignés des seaux remplis de sirops, de limonade, de thé que des dames et des jeunes filles offrent en pleurant de joie aux vainqueurs de Dannemarie et d'Altkirch, qui tous ont leur fusil fleuri d'une plante alsacienne.

« Toutes ces scènes se déroulent au milieu des cris de toutes sortes en l'honneur de la France et de sa belle armée ! Et les larmes qui coulaient partout, loin d'être des larmes d'attendrissement, étaient un hommage de notre émotion devant la grandeur de l'acte qui venait de s'accomplir : la libération de Mulhouse !...

« Mais voici maintenant l'artillerie. Les femmes se ruent sur les canonniers qu'elles forcent à descendre de leurs sièges pour les étreindre. Elles arrachent de leurs selles les cavaliers pour les serrer dans leurs bras, comme elles l'avaient fait pour les officiers montés de la ligne. Elles portent à leurs lèvres humides par les larmes tout ce qui est français... Les hommes prennent les chevaux autour du cou et leur plantent un petit drapeau aux couleurs alsaciennes entre les deux oreilles, cependant que les femmes leur piquent une fleur sur le frontail. Les « vieille-garde », dont la boutonnière est ornée du ruban d'espérance de 1870, montent sur les caissons, sur les canons, échangent leur coiffure contre le képi des braves artilleurs stupéfaits, troublés, étourdis par les cris de « Vive la France ! » qui ne cessent de retentir depuis trois heures que dure le défilé.

« Il est maintenant 9 heures ; le soleil se couche, le crépuscule tombe, enveloppant de noir le Tannenwald et le Rebberg qui s'endorment.

« Les soldats français sont au repos dans le faubourg de Bâle ; chacun profite de ce moment d'accalmie pour régler sa montre sur l'heure de l'Europe Centrale, qui est, comme on le sait, de cinquante-six minutes en avance sur celle de la France.

« Un bref commandement leur fait reprendre les armes, et les voilà partis pour le cantonnement ; la ligne s'installe dans les établissements industriels, et principalement dans les grands magasins

Schlumberger fils et C¹ᵉ ; à l'artillerie, on désigne les ateliers et les cours de la Société alsacienne de Constructions mécaniques. Et brusquement, c'est le règne de l'ombre, du silence, troublé seulement par le pas cadencé d'une sentinelle placée dans la rue de l'Espérance. La foule, excédée de fatigue, aphone mais heureuse, a déserté la rue.

« A 10ʰ 30 il se produit une vive alerte. Les troupes quittent leur cantonnement pour se porter dans la plaine toute palpitante, tout argentée de la lumière pâle d'une lune éclatante, située entre le Nouveau-Bassin et Modenheim. Les blés, les trèfles, les foins sont coupés, et de suaves senteurs imprègnent l'atmosphère; on se croirait au milieu d'une sorte de parc !

« Le général Bonneau arrive ventre à terre, suivi de ses officiers d'ordonnance. Il fait lever le camp, et l'armée part pour une destination inconnue.

« On juge de la surprise, du désappointement, du chagrin de la population quand, le lendemain matin, elle apprend que les Français sont partis dans la nuit ! ! !

« Ce départ a marqué pour Mulhouse une ère nouvelle : celle des représailles (¹). »

A de tels récits si vibrants d'émotion et dont les témoignages de soldats que nous avons cités au début de ce chapitre soulignent l'exactitude et la véracité, est-il besoin de longs commentaires ? Nous ne le croyons pas; aussi, nous bornerons-nous à reproduire par la suite ceux que provoquèrent chez les Allemands les événements auxquels nous venons d'assister en témoins.

Les Allemands ne se sont jamais fait illusion quant aux sentiments véritables des Alsaciens-Lorrains. Si, à certains moments, ils ont feint de croire aux progrès de la germanisation dans le pays d'Empire, ce fut plus pour tenter de démontrer aux autres nations la supériorité de la Kultur et justifier leur brutale annexion, que pour s'en con-

---

(¹) Récit publié dans l'*Écho de Paris*, sous la signature XX, par un Mulhousien de notre connaissance dont il serait dangereux de citer le nom actuellement.

vaincre eux-mêmes. Mulhouse, où jamais Guillaume II n'osa venir, Mulhouse, républicaine et socialiste, passe toujours pour un foyer d'influence française. Pas plus les ouvriers que les « notables » n'étaient disposés à se laisser gagner par les conquérants et si, par la force même des choses, après quarante-trois ans d'annexion, les relations entre indigènes et immigrés, les rapports entre la population et les autorités étaient devenus corrects, voire même courtois, les cœurs ne se livraient pas.

Et encore s'en tiraient-ils avec élégance dans les circonstances où ils n'étaient pas strictement obligés de maintenir le contact. C'est ainsi que certain jour on fut inquiet et très perplexe, au sujet d'une fête officielle à laquelle les indigènes étaient dans l'obligation absolue d'inviter les officiers de la garnison. Que feront les jeunes filles ? Telle est la question qui se pose.

Les pères de famille s'assemblent, on se consulte, on discute. Le verdict est rendu. S'*ils* viennent en uniforme, il faudra danser. Les refuser en bloc serait une manifestation périlleuse.

— Et s'*ils* sont en civil ? interrogent les jeunes Mulhousiennes.

— Vous ferez comme vous voudrez, répondent-ils.

Du côté officiers, consultation pareille. Vaut-il mieux aller en uniforme ou en habit ? Les sentiments de la ville sont connus. Il ne faut pas les heurter de face. En uniforme, on risquerait trop de faire tapisserie, et ce serait humiliant. Va pour l'habit.

Résultat : au terme de la soirée, pas un de ces messieurs n'a fait un tour de valse avec une Alsacienne.

C'est cet état d'esprit, que devait bien être obligé de constater, même en pleine guerre, l'organe socialiste du député vieil-allemand (¹) Emmel, dont tous les rédacteurs sont Allemands, lorsqu'il résumait en ces termes la situation, telle qu'elle apparaissait aux yeux des Allemands avant 1914 :

« La sympathie des capitalistes pour la France, écrivait-il, persistait ; ils allaient chercher à Paris ou à Nice leurs agréments et leurs plaisirs ; l'Allemagne restait pour eux un terme géographique, un

---

(1) *Mulhauser Volkszeitung*, octobre 1915.

pays inconnu. Les autres classes de la société se conformaient à cette mode, soit volontairement, soit par nécessité.

« En première ligne, quiconque avait un emploi privé, quiconque dépendait d'un maître, tout salarié enfin, savait que pour obtenir un avancement, il lui fallait fournir la preuve de sentiments non allemands. Il en était de même pour les commerçants et les artisans. Un coiffeur, par exemple, devait avoir travaillé à Paris comme patron ou comme apprenti, s'il voulait ouvrir boutique : quelques jours passés chez le plus grand charlatan parisien le servaient plus qu'un long séjour dans les meilleures maisons de Francfort ou de Berlin.

« Une sensible amélioration se produisit lorsque le mouvement socialiste et la propagande syndicale eurent, à partir de 1905, réalisé des progrès avec leurs méthodes empruntées aux organisations allemandes. L'agitation en faveur des syndicats chrétiens, d'esprit allemand eux aussi, suivit de près. Tous les partis furent alors obligés de se plier aux circonstances allemandes. Cependant les catholiques eurent un « centre alsacien-lorrain », parce qu'ils craignaient, en parlant de « centre allemand », de faire de mauvaises affaires. Les libéraux ne se hasardèrent pas davantage à s'affilier officiellement aux partis similaires allemands; ils redoutaient de se trouver, s'ils l'eussent fait, dans un état d'infériorité trop manifeste vis-à-vis du centre.

« Là-dessus survint la guerre qui bouleversa tout, comme un vent de tempête; elle annula les efforts passés. L'occupation à deux reprises par les Français d'importants districts d'Alsace-Lorraine, rendit la situation plus pénible encore. Le manque d'une opinion nationale fortement assise, le mélange sur notre territoire des Allemands authentiques avec tant d'étrangers et de demi-Allemands, les liens étroits qui rattachent à nos ennemis beaucoup de familles alsaciennes, tout cela entraîna un trouble de l'opinion, qui trouve son triste écho *dans les condamnations nombreuses et ont pour suite lamentable des désertions en masse.* »

Ainsi donc, de l'aveu même du journal allemand, il a suffi que les « pantalons rouges » parussent sur les sommets des Vosges et dans les vallées d'Alsace pour qu'en un seul jour soient détruits les résultats soi-disant obtenus par la germanisation, et rendus vains tous les efforts tentés dans ce but pendant quarante-trois ans!

Cette constatation faite en pleine guerre, alors que plus que jamais l'Alsace-Lorraine est courbée sous le joug et que fonctionnent en permanence les conseils de guerre, est le plus bel hommage qu'on puisse rendre à nos malheureuses populations.

Les Allemands d'ailleurs, par les représailles mêmes auxquelles ils se sont livrés sans mesure contre celles-ci, n'ont-ils pas démontré clairement qu'ils ne croyaient pas au patriotisme allemand des « frères reconquis »? Écoutons-les juger les événements de Mulhouse :

« *Les Français*, écrit un journal badois (1) d'après son correspondant de Mulhouse, *furent accueillis avec des transports de joie, et le drapeau tricolore arboré sur notre Hôtel de Ville fut salué par des cris de Vive la France! ou Vive la République!* Une partie de notre population se comporta comme les pensionnaires d'un asile d'aliénés. On se mit à pourchasser les Vieux-Allemands; on les dénonça aux Français qui les arrêtèrent. Lors du second départ des Français, on trouva à l'Hôtel de Ville deux cents lettres de dénonciation qui n'avaient pas encore été ouvertes. Beaucoup de ces dénonciateurs ne croyaient pas travailler à leur propre perte. On était alors dans la persuasion que les Français resteraient. *Même aujourd'hui, bien des gens croient à la victoire de la France, parce qu'en secret ils la désirent,* c'est la cause de nombreuses manifestations anti-allemandes qui se produisent en paroles ou par écrit, et dont une partie seulement est connue et punie par les conseils de guerre. Quant aux désertions et aux faits de haute trahison, il en a déjà été question à cette place... »

Il ne s'agit donc plus pour les Allemands de nier la persistance des sentiments français en Alsace-Lorraine, c'est, cette fois, l'aveu formel, par la seule constatation des faits qui se sont déroulés au début de la guerre, de la faillite de la germanisation.

Le procès du député Brogly, poursuivi par les autorités militaires

---

(1) La *Bresgauer Zeitung*, 10 octobre 1915.

allemandes pour haute trahison et où trente-cinq témoins furent entendus, fournit d'ailleurs à la *Strassburger Post* (¹) d'*intéressants éclaircissements*, comme l'écrivait elle-même la feuille boche, « sur l'assistance que prêta en général la population alsacienne aux troupes françaises, lors de leurs incursions.

« Un officier d'état-major, cité à la barre, a donné de curieux détails à ce sujet, ajouta-t-elle. D'après les déclarations de soldats et d'officiers prisonniers ainsi que d'après les notes trouvées sur les soldats tués, *il est indéniable que la population mulhousienne a prêté son concours à l'armée française,* et cela *dans de grandes proportions...* ».

Que pourrions-nous ajouter de plus? Rapprochons ces déclarations des récits que nous avons publiés au commencement de ce chapitre et émanant, les uns, des officiers ou soldats français entrés en Alsace, les autres, des Alsaciens qui les ont reçus, et dites-nous ce qu'il reste désormais de la stupide et odieuse légende que nous avons cru devoir rappeler en écrivant ce chapitre.

*
* *

Ce n'est pas seulement en Alsace, on le sait, que les troupes françaises eurent, dès la déclaration de guerre, la joie de franchir la frontière et de rentrer en pays annexé. Dès le 6 août, tandis que notre infanterie tient tous les hauts cols des Hautes-Vosges, des fractions de cavalerie occupent Vic et Moyenvic. Le 14, nos troupes entrent à Château-Salins et Saales, elles occupent, au sud de Sarrebourg, toute la région des étangs jusque vers l'ouest de Fénétrange. Dans la vallée de la Bruche, après avoir remporté une brillante victoire à Saint-Blaise, où le 10ᵉ bataillon de chasseurs enlève le premier drapeau allemand, nous continuons, fortement appuyés sur le Donon, à nous avancer dans la direction de Strasbourg et nous tenons la ligne des hauteurs qui passe par Abreschwiller, Lorquin, Azoudange et Marsal. Le 18, nos troupes occupent Schirmeck et notre cavalerie pousse jusqu'à Lutzelhausen et Mulheim, sur la route

---

(1) 27 juillet 1915.

de Molsheim à Strasbourg. Enfin, le 19, malgré les organisations fortifiées et solidement défendues par l'ennemi, l'armée française débouche sur la Seille, occupe Château-Salins et Dieuze, et, en fin de journée, atteint Delme d'un côté et Morhange de l'autre. C'est là, hélas! que le lendemain, après une sanglante bataille, nos troupes qui se battent depuis six jours, écrasées par la supériorité numérique de l'ennemi, sont rejetées au delà de la frontière.

Il n'entre pas dans le cadre de ces chapitres de raconter au lecteur les événements de guerre qui se déroulèrent en Lorraine. Pas plus qu'en Alsace, nous ne nous attarderons à en retracer les émouvantes péripéties ni à souligner les fautes qui y furent commises. Mais davantage peut-être qu'en Alsace, il apparaît bien que l'ennemi, à l'abri d'un formidable système de retranchements dû en grande partie au vieux général von Haeseler, et réuni en forces considérablement supérieures, attendait ardemment l'armée française devant Morhange et Sarrebourg. « Ce fut le destin de l'armée de Lorraine, d'être la première des armées françaises à faire l'amère expérience du grand enseignement stratégique de cette guerre, à savoir qu'il n'est pas de troupe qui puisse tenir contre l'armement moderne aux mains de soldats convenablement disciplinés et solidement retranchés [1]. »

La retraite du 15e corps qui, trop en avant des 20e et 21e corps et de l'artillerie qui devait le soutenir, lâcha pied, vint aggraver le désastre et rendre la retraite plus pénible encore. Une nouvelle voie s'ouvrait dès lors devant les armées allemandes, pour l'invasion ; la retraite de Lorraine dicta celle d'Alsace. La France devait, provisoirement du moins, renoncer encore à réaliser ses plus chères espérances pour ne songer qu'à défendre son territoire.

*
* *

Les Lorrains ne furent pas moins enthousiastes que les Alsaciens à saluer le retour des troupes françaises attendues depuis quarante-trois ans. Partout où apparurent les « pantalons rouges » ils furent acclamés et fêtés. « Une rue se dessine, avec des êtres humains

---

[1] Gérald CAMPBELL, *De Verdun aux Vosges*.

devant les portes, écrit un combattant dans son carnet de campagne, à la date du 19 août (¹). L'écho des applaudissements nous arrive...

« Nous traversons Château-Salins sous des acclamations françaises. Fleurs et boîtes de cigares sont jetées aux soldats. Tous les fusils se fleurissent, et les petits enfants de Lorraine font cortège à la coloniale, avec des drapeaux tricolores et des refrains de la *Marseillaise*. Ah! pouvoir s'arrêter un instant, étreindre ces mains fraternelles, embrasser tous les petits qui ne peuvent plus suivre et qui nous appellent!... Mais les dernières maisons s'enfuient et il ne nous reste plus de Château-Salins que la vision très belle d'une autre France retrouvée... »

C'est le même accueil, chaleureux et enthousiaste, qu'en Alsace, et cependant on a dit aussi que des Lorrains avaient tiré sur nos troupes. N'est-ce pas à croire que certaines gens sont intéressés à creuser un fossé entre la France et l'Alsace et la Lorraine, à la veille d'être réunies?

Citons donc d'autres témoignages de soldats :

« Je tiens à vous faire savoir que pendant notre marche sur Morhange et pendant notre retraite, je n'ai vu aucun civil tirer sur nos troupes, nous écrit un combattant. Au contraire, nous avons été admirablement reçus par la population. Les jeunes filles nous saluaient en agitant leur mouchoir et l'émotion étreignait les vieillards qui nous regardaient passer. Tous les habitants, ou presque tous, nous apportaient de l'eau sur le bord de la route, car il faisait une chaleur accablante.

« Quand nous avons battu en retraite, j'ai vu de nombreux habitants les yeux pleins de larmes en nous voyant partir.

« Donc, Monsieur le Directeur, il est impossible que ces braves Lorrains aient tiré sur nous. Je ne croirai jamais qu'ils fussent capables d'une telle lâcheté. Leur joie de nous voir était presque aussi grande que la nôtre de passer la frontière. Je crains au contraire que les Allemands ne leur aient fait payer cher l'accueil émouvant qu'ils nous avaient fait (²). »

---

(1) R. Christian-Frogé, *Morhange et les Marsouins en Lorraine*, p. 38, Berger-Levrault, éditeurs.
(2) Lettre adressée au directeur de *L'Alsacien-Lorrain de Paris*.

« J'ai pris part à toute la campagne de Lorraine pendant laquelle nous avons été jusqu'à Sarrebourg, m'écrit un sergent d'un autre régiment ; je dois reconnaître que les habitants nous ont toujours accueillis d'une façon très courtoise, en mettant tout ce dont nous avions besoin à notre disposition. Si ces derniers l'ont fait à contre-cœur, ce ne pouvaient être que des immigrés. Je ne peux croire que ces mêmes gens aient tiré sur mes camarades.

« A mon avis, le fait peut s'expliquer ainsi :

« Dans la matinée du 20 août, nous avions occupé les villages aux environs de Sarrebourg, mais, quelques heures après, nous étions obligés de les évacuer.

« A peine étions-nous sortis, que nous recevions des coups de feu partis des cours et des maisons. Beaucoup croyaient que c'étaient les civils. Erreur ! Les coups de feu étaient tirés par des soldats qui avaient réussi à se cacher et que, dans notre avance précipitée, nous n'avions pas eu le temps de dénicher. Ce fait s'est passé à mon bataillon et a certainement dû se produire dans d'autres... »

Il résulte de ce récit que des coups de feu ont bien été tirés sur nos troupes, comme on l'a dit, mais qu'ils l'ont été, non par des Lorrains comme on voudrait le faire croire, mais par des soldats allemands ou par des immigrés. Comment d'ailleurs pourrait-on s'en étonner ? De même qu'à Mulhouse, il semble bien qu'aucune mesure de précaution n'ait été prise par nos troupes lors de l'occupation des villes et des villages de nos provinces annexées. Grisés par les manifestations enthousiastes par lesquelles nous accueillirent les véritables populations de Lorraine et d'Alsace, nous oubliâmes tout à fait, qu'à côté des Alsaciens et des Lorrains authentiques qui peuplaient nos anciennes cités retrouvées, de nombreux Allemands s'y étaient fixés depuis quarante ans, qu'ils y avaient fait souche et que le fait même d'être nés à Mulhouse ou à Sarrebourg ne leur impliquait pas nécessairement la qualité d'Alsacien-Lorrain. Nous négligeâmes donc les mesures de la plus élémentaire prudence. Comme à Mulhouse, lors de notre première occupation, les immigrés furent partout les témoins attentifs de nos moindres faits et gestes ; ils purent pratiquer librement l'espionnage pour lequel chacun d'eux semble né et, après avoir renseigné l'ennemi sur nos intentions et nos actes, nous tirer dans le dos par surcroît lors de la retraite. Les agents de police avaient quitté leur uniforme, les instituteurs, les gardes forestiers et autres fonctionnaires, recrutés principalement parmi les fils d'Allemands immigrés dont beaucoup parlent le français, n'avaient pas été inquiétés, de telle sorte qu'un formidable réseau d'espionnage put entourer partout nos troupes.

Nos officiers, peu renseignés sur ces faits, alors qu'ils eussent dû être choisis de préférence parmi les si nombreux officiers originaires de l'Alsace-Lorraine qui servent dans l'armée française, et qui eussent tôt fait de démasquer ces pseudo-compatriotes tout prêts à nous trahir, prirent pour des Alsaciens-Lorrains des individus des deux sexes parlant un français très convenable et qui se donnèrent comme tels. Tel, par exemple, cet employé des Contributions directes allemandes, à..., qui, répondant aux questions que lui posait un sous-lieutenant, lui donnait du « mon lieutenant » long comme le bras et, deux heures plus tard, lui tirait dessus du haut de son balcon ([1]).

Lors de la reprise de Mulhouse par les Allemands, les soldats opérant dans le faubourg de Dornach ont eu l'ordre — le fait est prouvé — d'emprunter des vêtements civils en occupant les maisons du faubourg; cette mesure avait précisément pour but de faire croire aux Français que la population leur était hostile. Du reste, cette ruse a resservi quand il s'est agi de provoquer des représailles contre les Mulhousiens. A Mulhouse, des officiers coiffés d'un melon, vêtus d'un pardessus hâtivement endossé sur leur uniforme, ont tiré des coups de revolver par les fenêtres; de cette façon, on a pu faire croire aux troupes allemandes qu'elles aussi étaient attaquées par des francs-tireurs, et c'est ainsi qu'on a fait payer cher aux Mulhousiens l'accueil qui a été fait aux troupes françaises — cet accueil dont ceux qui en ont été témoins ne peuvent parler sans émotion intense.

Sans doute en fut-il de même à Sarrebourg et Morhange, où aucune précaution n'avait été prise contre les nombreux Allemands

---

[1] Cité par le *Temps*.

qui habitaient ces deux villes de garnison (¹). C'est là, d'ailleurs, semble-t-il, une ruse de guerre dont les Boches sont coutumiers, même sur le champ de bataille, si l'on en croit le récit de ce blessé de Douaumont, fait il y a quelques mois au *Figaro* :

« ... Blessé, j'attends, seulement étourdi. Des heures je demeure là. En fermant les yeux je revis tout le tableau.

« Les canons tirent à 200, 300 mètres, et les boîtes à mitraille éclatent avec un bruit sourd en fauchant.

« Les nôtres tirent, nos mitrailleuses marchent : ils avancent pourtant.

« Près de moi, couché dans la boue, un géant couvert de notre capote, le casque d'acier sur la tête, semble tué, tant son insensibilité est absolue.

« A un moment donné, les Boches sont tout près de nous. Malgré le bruit du canon, on entend les jurons et les cris de ceux qui cognent.

« Alors mon voisin le géant se dresse, et d'une voix de stentor hurle : « *Hier da! Hier da!* »

« Mécaniquement, à quelques-uns, nous nous levons (ma blessure

---

(1) Les combats qui précédèrent Dieuze et la bataille de Dieuze furent aussi glorieux que meurtriers : glorieux par la valeur de nos soldats, meurtriers en raison des espions qui pullulaient partout.

Un officier qui prit part à ces rencontres a fait le récit curieux que voici :

« Nous nous engagions sur un terrain où l'ennemi avait tout prévu. Depuis longtemps, il avait imposé aux vaillantes populations lorraines la présence de fonctionnaires dont le rôle, en temps de guerre, était défini à l'avance. Lorsque nous arrivions dans le village où ils se trouvaient, ceux-ci nous accueillaient en sauveurs, se jetant à notre cou. Quand nous avions pris nos positions, ils s'en allaient, d'un air innocent, accrocher ici ou là, dans les arbres, un drapeau français, étendre des draps sur tel ou tel buisson. C'étaient des signaux convenus pour indiquer les endroits précis où nous nous trouvions. L'ennemi ouvrait aussitôt le feu, à coup sûr, contre nos régiments ou nos bataillons. Un maire, pendant un duel d'artillerie, dériva au profit de l'ennemi nos lignes téléphoniques, après nous avoir offert une salle de son hôtel de ville pour les y installer ; un instituteur rectifiait le tir des pièces allemandes, en faisant mouvoir les aiguilles d'une grande horloge placée au sommet d'un clocher d'église.

« A Dieuze, on parvint à nous convaincre que notre marche en avant, le 20 août, ne serait pas gênée.

« Nous tombâmes sur des tranchées en ciment armé, toutes remplies d'hommes et de mitrailleuses. Et lorsque nous les eûmes emportées à la baïonnette, nous perçûmes tout à coup, au loin, les premiers accents de la *Marche funèbre*, de Chopin, jouée par plusieurs musiques militaires allemandes.

« Cette odieuse facétie servit de prélude à une rafale terrible d'artillerie. » (Extrait d'un récit de l'offensive française en Alsace-Lorraine, publié par la revue *La Renaissance*, août 1917.)

pansée me laisse toute mon activité, je n'y pense plus), et l'homme tombe la tête fracassée. Je n'avais plus d'arme, j'ai frappé avec mon casque.

« Un officier témoin du fait passe, écarte la capote. Dessous, sans autre, l'uniforme boche.

« D'où venait cet espion, comment était-il venu... (¹)??? »

Si les espions se glissent jusque sur le champ de bataille et sous notre uniforme, comment ne pas croire que ce furent des soldats allemands habillés en civils ou, plus simplement peut-être, des immigrés habitant les localités reconquises, qui tirèrent sur nos troupes, plutôt que les véritables Alsaciens-Lorrains auxquels les Allemands allaient faire payer cher leur patriotisme français, patriotisme que, par une cruelle ironie, quelques-uns d'ici semblent être les seuls à contester !

* * *

Et maintenant, voyons ce que pensent les Allemands des événements qui se déroulèrent en Lorraine, lors de l'entrée des troupes françaises en août 1914. Doutent-ils, comme certains de chez nous, des sentiments que professent pour notre pays les indigènes de là-bas ? Qu'on lise ces lignes écrites par un Allemand, un publiciste de Munich, M. Joseph Jurineck, à propos de la visite qu'il fit, en août 1915, à l'occasion de l'anniversaire de la bataille de Morhange, sur le champ de bataille de Metz à Sarrebourg :

« A tous ces indices, écrit-il, après avoir montré combien la population s'est montrée rebelle à tout esprit d'outre-Rhin, vint s'ajouter, au début de la guerre, l'immense émotion qui secoue ce pays. Pour ceux qui crurent alors qu'ils pouvaient afficher leurs sentiments français, pour ceux qui, personne ne le conteste, trahirent la cause allemande, pour ceux qui ne pouvaient pas s'imaginer qu'en un seul jour, nos uniformes gris chasseraient les pantalons rouges, *il*

---

(1) Dans un très bel article publié en février 1916 par le *Bulletin de l'Association des Nouvellistes parisiens* sur la prise du fort de Douaumont, le lieutenant P... raconte de son côté comment des soldats brandebourgeois, ceux dont Guillaume II a célébré en termes pompeux la bravoure et l'héroïsme, essayèrent par traîtrise, déguisés en zouaves français, et en criant des appels et en agitant les bras au-devant de nos troupes, de jeter chez nous le désarroi et la panique.

a fallu que paient de temps à autre, même des innocents. Qu'il y ait en Lorraine des indignes et des traîtres, des lettres du front nous en ont fourni la preuve : Souvent elles nous disaient : « Dans les « villages lorrains, des habitants amis de la France ont fait feu sur « nous. Un homme de Nuremberg, le lendemain du terrible combat « de Morhange, écrivait à sa famille : « La population n'a pas une « goutte d'eau pour les Allemands, en particulier pour nos camarades « blessés, tandis qu'aux soldats français on fait tout le bien possible. » Cette défection sournoise n'a servi de rien. Comme un avertissement durable se dressent vers le ciel les débris noircis des maisons bombardées de Rodalbe et de Dalhain. La force et l'honneur allemands ont poursuivi leur chemin triomphant. »

Ce que glorifie notre publiciste au nom de la force et de l'honneur allemands, c'est un des épisodes les plus atroces de la bataille de Morhange :

Une compagnie d'un régiment français qui occupait le village de Dalhain tiraillait ferme sur un assez fort contingent bavarois; il fut presque entièrement anéanti. A la reprise du village par les Allemands, ceux-ci ne manquèrent pas d'exercer leur vengeance. Ils commencèrent par rassembler tous les infirmiers et brancardiers français (23ᵉ section, 20ᵉ corps), les rangèrent en rang, et en fusillèrent environ 50 à 60.

Les habitants, accusés d'avoir, eux aussi, tiré sur les troupes allemandes, n'échappèrent pas à la « furia teutonica ». Tout ce que le petit village comptait d'hommes fut arrêté, depuis les vieillards jusqu'aux enfants. Au nombre d'environ 80, ils furent dirigés sur Morhange. Arrivés à l'entrée du bourg, les Boches les firent coucher dans un fossé, au bord de la route, avec défense de lever la tête, sous peine d'être fusillés : cela dura environ cinq à six heures. De là, ces malheureux furent évacués à pied sur Faulquemont, d'où ils furent dirigés sur le Palatinat, à Deux-Ponts. Durant le trajet de Dalhain à Faulquemont, ces pauvres gens durent endurer toutes les privations et les pires outrages, surtout les vieillards : coups de pied, de crosse de fusil et crachats habituels, rien ne leur fut épargné. Défense de se retourner, sinon la mort.

Et leur supplice, hélas ! n'est pas encore terminé. Le 7 décembre 1915, un an et demi après ces douloureux événements, la *Forbacher Zeitung* publiait cette petite note que nous livrons aux méditations de nos lecteurs :

« Depuis le premier mois de guerre, environ 80 hommes habitant le village de Dalhain (Dalheim) en Lorraine annexée, étaient internés à Deux-Ponts (Palatinat) à la prison régionale ; ils étaient accusés d'avoir tiré sur les troupes allemandes qui traversaient leur village lors de la bataille de Morhange.

« Quelques-uns de ces hommes ont été envoyés « en permission » chez eux. Les autres ont été conduits, le 6 décembre, sous escorte militaire, à Stettin et Kreuznach, pour être incorporés dans l'armée allemande. »

Pauvre Lorraine !... Pauvre Alsace !... Éternelles victimes qui des deux côtés reçoivent les injures et les coups...

⁎

Lors des événements de Saverne qui eurent un si grand retentissement en France et en Allemagne, M. de Jagow, secrétaire d'État impérial aux Affaires étrangères, ne craignit pas de déclarer au Reichstag : « En Alsace-Lorraine, les troupes allemandes se trouvent comme en pays ennemi, *in Feindesland* », propos que le Kronprinz lui-même avait confirmé par son fameux télégramme : « *Nur feste drauflos.* » (Frappez dur sur les Alsaciens.) Aveu significatif sans doute, mais qui, hélas ! allait servir de mot d'ordre aux troupes allemandes dès la déclaration de guerre et qui devait justifier, au lendemain de la retraite des troupes françaises, les épouvantables atrocités dont les populations allaient être les victimes.

Car ce n'est pas seulement à Dalhain, à Rodalbe, en Lorraine, à Mulhouse, à Bourtzwiller, en Alsace, que celles-ci durent subir les monstrueux attentats accomplis froidement et sans aucune nécessité militaire, par un raffinement inconcevable de barbarie, mais partout où passèrent et séjournèrent nos ennemis.

Les hordes teutonnes suivirent à la lettre la proclamation de ce général allemand qui, au moment où les troupes du grand-duché de Bade passaient en Alsace, déclara : « Vous êtes dès maintenant en pays ennemi et n'avez plus à ménager la population civile », et elles se conformèrent au sermon du pasteur protestant de Vieux-Brisach qui, au commencement de 1914, disait aux troupes allemandes se rendant à Colmar : « Soyez prévenues que dès que vous aurez traversé le Rhin, vous serez en pays ennemi ! »

L'heure n'est pas encore venue d'établir le bilan des horreurs commises par eux, de dresser la liste de leurs forfaits et de livrer à la justice les noms des suppliciés et des bourreaux, mais il est permis dès maintenant d'entr'ouvrir le dossier où s'accumulent les récits des crimes dont leur mémoire est à jamais souillée et d'en livrer quelques traits à la malédiction publique.

Nous ne nous attarderons pas sur les scènes de vol et de pillage auxquelles se livrèrent les troupes allemandes. La méthode a été appliquée parfaitement déjà en France et nos populations des départements envahis ont assisté au déménagement, dans des fourgons réquisitionnés pour la circonstance, de tous les trésors de nos villes et de nos châteaux, voire même du simple mobilier de leurs demeures. Comment dès lors pourrions-nous caresser l'espoir que nos châteaux et nos musées d'Alsace seront épargnés lorsqu'ils auront la certitude de n'y plus revenir !

Comment n'auraient-ils pas « déménagé » dès maintenant de l'autre côté du Rhin les richesses et les œuvres d'art des châteaux dont les propriétaires sont considérés comme « suspects » ? Ceux d'Offwiller et d'Issenheim, notamment, en savent quelque chose !

N'ont-ils pas déjà transporté à Munich l'admirable autel d'Issenheim, de Grünewald, un des joyaux du musée de Colmar, et la *Vierge au buisson de roses*, de Schongauer, la perle de la cathédrale.

Nous ne voulons parler que des crimes qui semblent justifier le mot de Goethe disant un jour : « Le Prussien est né cruel ; la civilisation le rendra féroce ! » Veut-on quelques faits ?

Après l'occupation par les Français de S...-M..., un bataillon s'avança beaucoup plus loin et occupa un instant certaines fermes, qu'il évacua presque aussitôt, devant l'arrivée de forces supérieures. Les soldats allemands furieux, pour punir les innocents fermiers, incendièrent les fermes. On put voir dans les étables le bétail carbonisé encore attaché à ses chaînes. Un homme du pays, d'une cachette, assista à la scène suivante : le fermier B..., quand sa ferme fut en flammes, sortit de sa cave. Il fut saisi, lié au tronc d'un arbre et fusillé séance tenante. Sa fille, quinze ou seize ans, sortit après lui de la maison en flammes et « fut tuée par un officier qui lui traversa la poitrine de son sabre » (ce sont les termes du témoin). Le fils, quatorze ans, fut emmené à pied, en savates, vers B..., où se trouvait l'état-major allemand. L'enfant était à bout de forces ; ses pieds saignants étaient fendus, il suppliait qu'on le laissât se reposer un moment. Les soldats l'adossèrent à un arbre et l'abattirent à coups de fusil. Les gens de B..., plusieurs heures après, vinrent relever la victime et l'inhumèrent. Le cadavre de la jeune fille resta longtemps sans sépulture.

Il ne reste plus, de cette honorable famille, que la mère, devenue folle, et un tout petit enfant.

A B..., lors de l'occupation française, un vieillard avait porté un pli pour un officier. Quand les Allemands revinrent, ils prirent l'homme, l'obligèrent à creuser une fosse, à s'y étendre, et l'y fusillèrent couché, à bout portant.

A W..., les Français en passant avaient acheté (et payé) les vivres que contenaient les magasins. Les Allemands, à leur retour, ne trouvant aucune provision, ordonnèrent qu'on leur livrât tous les vivres que pouvaient receler les maisons particulières, sous peine d'incendier le village entier. Les livraisons faites, ils perquisitionnèrent et ayant trouvé quatre œufs, qu'un pauvre vieux avait réservés pour sa faim, ils le fusillèrent séance tenante.

Après la bataille de Mulhouse, le curé et le maire d'un village voisin sont attachés à l'affût d'un canon, traînés sur la ligne de feu pendant vingt-quatre heures et fusillés après. Le fonctionnaire allemand qui raconte la chose à un Alsacien ajoute avec un gros rire : *Die Leute sollen geheult haben vor Angst*. L'Alsacien fait remarquer que le procédé est barbare. L'autre lui répond : « Non, ce n'est que juste. » On avait sonné la cloche pour annoncer aux Français l'approche des Allemands : donc, le maire et le curé devaient payer pour le village [1].

---

[1] Dossier privé feuilleté par un rédacteur du *Journal des Débats*.

Après le récit, appuyé sur des témoignages irréfutables, de tels crimes commis froidement, la plupart du temps sans le moindre prétexte, on conçoit comment pourra se manifester la fureur des Allemands rentrant de nouveau à Mulhouse évacué par les Français auxquels la population tout entière vient de faire un accueil si enthousiaste !

Les représailles furent donc terribles et, à l'heure actuelle, de nombreux Alsaciens, condamnés à des années de forteresse, expient encore dans quelque ville d'outre-Rhin l'heure d'ivresse et d'abandon que connut leur âme de Français, tandis que d'autres payèrent de leur vie des imprudences que les Allemands ne pouvaient qu'appeler crimes de haute trahison. Dénoncés par les immigrés qui étaient restés à Mulhouse lors de l'entrée des troupes françaises, 77 habitants furent mis en état d'arrestation, dès le premier jour, pour être traduits ensuite devant des conseils de guerre, et chaque journée qui vint, fournit désormais son contingent de victimes. La délation fit son œuvre et la suspicion, le reste. Enfin, dans la nuit même qui suivit leur rentrée à Mulhouse, se déroula la sanglante tragédie de Bourtzwiller, un faubourg de la ville.

Sous le faux prétexte que les habitants avaient tiré sur eux, les Allemands, ivres des beuveries qui fêtèrent leur retour, mettent le feu à 80 maisons qu'ils arrosent de pétrole, allumant dans le village cinquante foyers d'incendie différents, brûlent trois usines, dont la filature Jules Kuneyl, contenant à elle seule pour plusieurs millions de marchandises et menacent de tout détruire. Dans leur fureur un malheureux gardien d'usine est massacré sur le seuil de la porte par un lieutenant, tandis que deux soldats plantent encore leur baïonnette dans la gorge du moribond.

Un sujet suisse, M. Schott, et son fils âgé de quatorze ans, auxquels on adjoint deux autres habitants, dont un septuagénaire, déclarés coupables de l'assassinat d'un uhlan — alors que personne dans le village n'en avait jusqu'alors entendu parler — sont sans aucun jugement passés par les armes, sans avoir obtenu même de leurs bourreaux la permission de faire à leur famille de suprêmes adieux.

Des femmes voulant sauver de leurs demeures incendiées quelques habits ou quelques pieux souvenirs de famille sont brutalement repoussées et menacées d'être jetées dans les flammes.

Quatre-vingts civils, dont un vieillard de quatre-vingts ans, et certains à peine vêtus, car les brutes les ont arrachés de leur lit, sont rassemblés à coups de crosse de fusil et emmenés par la route jusqu'à la prison de Mulhouse, sous les injures et les coups des soldats qui les y conduisent.

Justice est faite, la vengeance allemande est satisfaite.

Il ne reste plus rien du village de Bourtzwiller; seules ont été épargnées l'usine « Aviatik » et une auberge où les bandits iront ensuite faire ripaille (¹).

Mêmes mesures de représailles à Dalhain, en Lorraine, complètement détruit; à Lauterbach-Sengern, où trente-cinq maisons brûlées ne paraissant pas un châtiment suffisant, les officiers ordonnèrent encore d'incendier l'église.

De tels faits prouvent douloureusement que les Alsaciens-Lorrains ont payé cher leur attachement à la France, depuis le commencement de la guerre. Aussi, après de tels crimes, n'est-elle pas véritablement sublime, cette réponse faite par un Strasbourgeois réfugié à Belfort, à un journaliste qui lui répétait le propos prêté à Guillaume II après la prise de Thann par les troupes françaises : « Si je devais rendre l'Alsace-Lorraine à la France, je la rendrais chauve comme ma main » et qui répliquait : « Eh bien ! en ce cas, périsse l'Alsace, et vive la France ! »

(¹) Par une fourberie sans nom les Allemands s'efforcent, depuis, d'accréditer la légende de Bourtzwiller incendié par les Français, et déjà dans les écoles d'Alsace et du grand-duché de Bade les enfants ont reçu ce sujet de composition : « *Wie Burzweiler von den Franzosen verbrannt wurde* » (Comment Bourtzwiller a été brûlé par les Français). Un Alsacien éminent, M. Paul-Albert Helmer, qui a saisi lui-même à la mairie de Mulhouse, lors de la seconde occupation de la ville par les troupes françaises, le dossier contenant tous les témoignages et les pièces à conviction recueillis au cours d'une enquête ordonnée par le maire allemand Cosman, se réserve heureusement de publier un jour, lorsque les témoins seront hors de l'atteinte des représailles allemandes, le récit de ces atrocités allemandes d'après cette enquête allemande elle-même. La vérité sera ainsi rétablie.

LES ALSACIENS-LORRAINS SOUS LES ARMES PENDANT LA GUERRE

Peu de provinces ont certainement donné à la France, au cours de son histoire, autant de soldats glorieux que l'Alsace et la Lorraine. De tout temps, elles furent une véritable pépinière de guerriers.

Il suffit de consulter leurs annales militaires pour constater que Metz, à elle seule, a donné plus de 100 généraux à la France et Strasbourg 85, tandis que s'inscrivent sur la liste qu'elles fournissent, Thionville avec 23 généraux, Colmar 15, Wissembourg 12, Belfort 11, Sarrelouis 10, Sarreguemines 8, Saint-Avold 8, Schlestadt 7, Mulhouse 4, Haguenau 4, Dieuze 4, Thann 2, et même de simples petites villes comme Phalsbourg et Bitche qui donnent chacune à la patrie 11 généraux !

Et parmi cette pléiade de soldats, quelques noms n'évoquent-ils pas à eux seuls toutes les plus belles pages de notre histoire nationale?... Kléber, de Strasbourg, au pied de la statue duquel les étudiants alsaciens-lorrains ont affirmé chaque année, en un monôme muet et recueilli, quand sonnait minuit et sous l'œil de la police attentive, leur fidélité et leur espérance; Kellermann, de Strasbourg, qui sauva la France à Valmy; Ney, de Sarrelouis, « le brave des braves »; Fabert, de Metz, dont les fières paroles inscrites sur le socle du monument élevé à ce héros dans sa ville natale attestent les hautes vertus civiques : « Si pour empêcher qu'une place que le Roi m'aurait confiée tombât au pouvoir de l'ennemi, il fallait mettre à la brèche ma personne, ma famille et tout mon bien, je ne balancerais pas un moment à le faire »; Lefebvre, de Rouffach, l'ancien sergent aux gardes-françaises devenu duc de Dantzig; Rapp, de Colmar, engagé volontaire à dix-sept ans, vingt-quatre fois blessé; Westermann, de Molsheim, le soldat selon le cœur de Danton :

intrépide au combat, sans peur devant l'échafaud; Éblé, de Saint-Jean-Rorbach, le héros de la Bérésina; Custine, Richepanse, de Metz; Mouton, comte de Lobau; Molitor, de Hayange; l'amiral Bruat, de Colmar; Houchard, de Forbach, et combien d'autres encore, figures de légende et d'épopée! Rien que pendant les guerres de la République et de l'Empire, soixante-deux généraux alsaciens — dont quatorze étaient de Strasbourg — s'illustrèrent par leurs brillants faits d'armes, et le nom de vingt-huit d'entre eux est gravé en lettres d'or sur l'Arc de Triomphe de la place de l'Étoile. Les citerons-nous? *Sur le pilier ouest:* Scherer, Wehrlé, Beurmann, Castex, Lasalle; *sur le pilier sud :* Kellermann, Strolz, Kléber, Schauenbourg, Becker, Stengel; *sur le pilier nord :* Lefebvre, Kellermann fils, Amey, Hatry, Dorsner, Schramm, Boyer, Schneider; *sur le pilier est :* de Berckheim, Chouard, Schaal, Bourcier, Rapp, Walther, Schramm fils, de Coehorn, Dahlmann. Quels plus beaux titres que ceux-là pourraient avoir la Lorraine et l'Alsace à la reconnaissance française (¹)?

En 1912, plus de quarante ans après la perte de l'Alsace et de la Lorraine, l'armée française comptait encore, d'après une liste établie alors par *La France militaire*, 398 officiers de l'armée active nés dans nos deux anciennes provinces et se décomposant comme suit : 12 généraux de division, 18 généraux de brigade, 20 colonels, 26 lieutenants-colonels, 78 chefs de bataillon, 187 capitaines, 53 lieutenants, 3 sous-lieutenants et un chef de musique, et elle évaluait à plus de 1.200 le nombre des officiers français d'origine alsacienne-lorraine. Que l'Allemagne oppose donc à un tel bilan les 12 Alsaciens-Lorrains officiers dans son armée, qui pour la plupart sont des fils de fonctionnaires!

Citerons-nous encore les généraux alsaciens-lorrains tués à l'en-

---

(1) Ce fut aussi un Alsacien, le colonel Schwarz, dont le petit-fils est actuellement capitaine de réserve de cavalerie, qui fut chargé par Lasalle d'aller à la tête de son régiment de cavalerie légère sommer de se rendre la place de Stettin, qui capitula aussitôt avec 160 pièces de canon. Ce fait d'armes unique dans l'histoire lui valut sa promotion au généralat; celle-ci lui fut annoncée par Murat avec la suscription suivante :

A Monsieur le Colonel du 5ᵉ hussards,

à son passage à Berlin.

(*Historique du Régiment*, p. 80.)

nemi ou morts des suites de leurs blessures depuis le commencement de la guerre? La liste en est déjà longue : Stirn, de Mutzig, un admirable soldat doublé d'un savant; Sibille, de Sarreguemines, atteint en plein cœur à la tête d'un de ses régiments; Dupuis, de Metz, tué par un obus en pleine bataille de la Marne, en donnant, dit la citation dont il fut l'objet au lendemain de sa mort, « le plus bel exemple d'énergie à sa troupe »; Diou, de Saint-Julien-lès-Metz, un vétéran des campagnes d'Algérie, du Tonkin, de Tunisie et du Maroc; Caudrelier, de Strasbourg, tué « après avoir, au cours de la campagne, exposé cent fois sa vie avec un absolu mépris du danger »; Trumelet-Faber, de Bitche, grièvement blessé sur l'Yser, amputé d'un bras, mort des suites de ses blessures; Henri Micheler, de Phalsbourg, dont le frère commande encore une armée sur le front, mort également des suites de ses blessures après avoir été blessé en 1916 devant Verdun et grièvement déjà en Belgique dès le commencement de la campagne, et le brillant général Baratier, l'ancien compagnon du commandant Marchand, mort face à l'ennemi.

Que de noms à citer aussi parmi les officiers de tous grades et les soldats alsaciens-lorrains tués au service de la France, depuis l'héroïque commandant Nicolaÿ, de Saint-Avold, qui reprit le fort de Douaumont aux Allemands, jusqu'au simple soldat Henri Collignon, de Metz, conseiller d'État, ancien secrétaire général de la présidence de la République, officier de la Légion d'honneur, engagé volontaire à cinquante-deux ans, mort au champ d'honneur!

Et parmi les vivants qui chaque jour contribuent à la victoire prochaine : le glorieux général Mangin, de Sarrebourg, le héros de Marrakech et de Douaumont; le général Micheler, de Phalsbourg, Leblois, de Strasbourg, qui rentra à la tête des troupes françaises à Monastir; de Maud'huy, de Metz, le vainqueur d'Arras en 1914; Armau de Pouydraguin, de Schlestadt; Hirschauer, de Saint-Avold; Taufflieb, de Strasbourg; Camille Lévi, d'Ingwiller; Mauger, Poline, de Metz; Dubail, de Belfort; Burckhardt, de Guebwiller; Putz, Hennocque, de Metz; Reibel, de Strasbourg; Schmidt, de Hochfelden; Dantant, Faes, de Strasbourg; Bizot, de Bitche; Blondin, de Volkrange; de Vassart d'Andernay, de Lardemelle, de Metz; Galon, de Hægen; Lecomte, de Sanry-sur-Nied; d'Urbal, de Sarreguemines; Dubois, de Lauterbourg; Duport, de Haguenau; Bourgeois, de Sainte-Marie-aux-Mines; de Dartein, d'Ottrott; Ebener, de Wissembourg, et combien d'autres généraux, pour ne parler que de ceux-là, qui ajoutent chaque jour une page de gloire au Livre d'or de l'Alsace-Lorraine!

Lorsque de semblables provinces ont fourni à la France un tel contingent de défenseurs, comment leurs enfants, même séparés par la frontière de 1870, eussent-ils hésité à répondre à son appel lors de la déclaration de la guerre? Aussi, les Alsaciens-Lorrains, et il n'en pouvait être autrement, vinrent-ils en foule s'enrôler sous ses drapeaux. Tous ceux qui habitaient en France avant la guerre se précipitèrent, dès la mobilisation, vers les bureaux de recrutement, où, hélas! rien n'avait été prévu pour eux. Il fallut que le Parlement, par la loi du 5 août 1914, les autorisât à s'engager dans l'armée française pour la durée de la guerre et dans nos régiments métropolitains, les anciennes lois ne permettant leur enrôlement que dans la légion étrangère, et pour un engagement de cinq années [1]. Dès lors, ils accoururent de toutes parts. Sur tous les points de la frontière, à Belfort, à Nancy, à Besançon, ils encombrèrent à tel point les bureaux de recrutement qu'il fallut improviser en hâte des services spéciaux et communiquer partout des instructions les concernant. On publiera plus tard le nombre de ceux qui ainsi, spontanément, vinrent se ranger sous nos drapeaux. Disons seulement qu'à leur tête prirent place tous les porte-drapeaux de la cause française aux pays annexés avant la guerre et qui avaient pu passer à temps la frontière : le Dr Bucher, directeur de la *Revue Alsacienne* et fondateur du *Musée Alsacien*, de Strasbourg; J.-P. Jean, de Metz, le président du *Souvenir Français* et du *Souvenir Alsacien-Lorrain* en Lorraine, auquel nous devons le monument de Noisseville; Aug. Spinner, le promoteur du monument de Wissembourg; Hansi

---

[1] Certains bureaux de recrutement de province, mal renseignés, continuèrent pendant quelque temps à exiger des Alsaciens-Lorrains ces conditions draconiennes. Les Alsaciens-Lorrains furent d'ailleurs bientôt si nombreux dans l'armée française qu'il fallut créer pour eux un statut spécial réglant leur situation si délicate et si complexe. Signalons en passant les efforts faits dans ce sens par le lieutenant-colonel Albert Carré, chargé du service des Alsaciens-Lorrains au ministère de la Guerre, et les heureuses initiatives qu'il sut inspirer aux autorités militaires françaises en faveur de ses compatriotes.

et Zislin, les deux dessinateurs dont le crayon fut une arme si redoutable contre les Allemands; Georges Weill, député de Metz, etc., pour ne citer que ceux que les Allemands connaissent, et qu'à Paris plus de 5.000 recrues firent leur instruction militaire à l'École Alsacienne, transformée en caserne. Rien que dans le faubourg Saint-Antoine, où nombre d'Alsaciens-Lorrains travaillaient dans l'industrie du meuble, l'armée française trouva plus de 500 volontaires; à Nancy, plusieurs trains composés uniquement d'Alsaciens-Lorrains, dont beaucoup ne savaient même pas parler notre langue, partirent vers les dépôts d'instruction, au milieu de l'enthousiasme des populations qui les acclamèrent et les fêtèrent.

Et chaque jour, ce splendide mouvement fait de patriotisme et de joie s'accrut de tous ceux qui, souvent au péril de leur vie, avaient réussi à franchir la frontière pour venir servir sous les drapeaux de leurs aïeux et auxquels devaient se joindre dès l'entrée des troupes françaises en Lorraine et en Alsace, les Alsaciens-Lorrains des pays délivrés et que la mobilisation allemande n'avait pu encore atteindre. Comme ils l'attendaient avec impatience, cette venue de nos soldats. Dans beaucoup de villages, hélas! nous arrivâmes trop tard.

Dès lors, il en vint de partout, de tous les points du territoire, de l'étranger et des colonies les plus éloignées. Des enfants venaient tenir le serment fait jadis au chevet d'un agonisant, des hommes, dégagés par leur âge de toute obligation militaire, s'enrôlaient avec leurs fils pour contribuer à cette « revanche » tant attendue, et tous ou presque tous, on ne saurait trop le souligner, laissaient là-bas, de l'autre côté des Vosges, une famille aimée dont ils seraient désormais privés de toute nouvelle, de tout secours, des parents, des amis chers incorporés par l'ennemi et que le hasard des combats pourrait peut-être brusquement un jour placer en face d'eux. Tous enfin du même geste devenaient des réfractaires et des déserteurs de l'armée allemande, encourant dès lors tous les risques et tous les périls attachés en temps de guerre à ces deux noms. Ce seront des exilés qui désormais n'ont plus de famille et qui, dans l'intérêt même des êtres qui leur sont chers, devront s'abstenir de donner de leurs nouvelles ou d'en recevoir. Toute imprudence de leur part exposera leurs parents aux représailles allemandes; ils n'entendront plus parler de leur vieille mère ou de leur femme, de leur foyer ou de leurs enfants, que le jour de la victoire libératrice, et cela durera plus de trois années. Les retrouveront-ils? Jamais une lettre consolatrice ne les rejoindra dans la tranchée, ni là-bas, plus tard, sous le dur climat des sables de l'Atlas ou le soleil brûlant des Dardanelles ou du Tonkin; jamais un colis ne viendra adoucir leur misère ni réconforter leur cœur. Et quelle épouvantable tragédie que celle qui placera si souvent dans les deux armées opposées, deux frères l'un contre l'autre, un fils contre son père, bien qu'animés du même patriotisme et de la même ferveur française! Dieu veuille qu'au moins leur douloureuse situation soit comprise par leurs camarades et par leurs chefs, que leur nom ou que leur accent, s'ils savent suffisamment s'exprimer en français — et ce n'est pas le cas pour tous — ne les exposent pas encore aux railleries cruelles ou aux soupçons injustes des imbéciles ou des ignorants et qu'on n'aille pas jusqu'à leur reprocher, un jour, d'avoir servi dans cette armée allemande dont ils sont déserteurs!

Les Français se rendent-ils suffisamment compte de la situation exceptionnelle créée à ces braves gens par leur engagement dans l'armée française et de l'étendue de leur sacrifice? Il semble bien que non, puisque, après trois ans de guerre, malgré nos efforts, le Gouvernement n'a pas encore assimilé les soldats alsaciens-lorrains aux soldats originaires des pays envahis et ne leur accorde pas la moindre allocation mensuelle ou bi-mensuelle qu'il alloue à ceux-ci.

L'Alsace-Lorraine est-elle cependant autre chose à nos yeux qu'un pays envahi depuis quarante-trois ans, et est-ce donc leur faute s'ils n'ont pu servir avant la guerre dans l'armée française?

Sans doute, on peut estimer que ceux qui vivaient chez nous depuis de longues années et qui n'avaient pas demandé leur réintégration dans la nationalité française pour pouvoir de temps en temps retourner au pays et y garder leurs attaches et leurs biens[1],

---

[1] On sait qu'en violation formelle du traité de Francfort, les Allemands soumettaient à un régime spécial les Alsaciens-Lorrains redevenus Français et leur imposaient, même pour de simples visites au pays natal, des formalités sans nombre. Ce fut en vain que les Alsaciens-Lorrains réclamèrent au Gouvernement français, pour faire cesser ce déplorable et intolérable état de choses, des mesures de représailles contre les innombrables Allemands qui séjournaient chez nous! Jamais ils n'obtinrent satisfaction.

ne font que leur devoir en servant la patrie de leur cœur, où ils avaient trouvé asile, mais comment qualifierons-nous alors l'acte qu'ont accompli des milliers de jeunes Alsaciens-Lorrains qui, ne connaissant la France que de nom, n'ont pas hésité à quitter patrie, foyer, famille, pour venir, souvent au péril de leur vie, servir sous ses armes et qui ont osé même se joindre à l'armée française battant en retraite quelques semaines après son entrée triomphale et replaçant leur pays, qu'il nous faut délivrer, sous la férule allemande?

N'eussent-ils pas cependant été en droit, sans rien renier de leur origine française, de nous dire : « C'est la France qui, en 1871, malgré nos protestations et nos supplications, nous a livrés à l'Allemagne comme rançon ; qu'a-t-elle fait depuis pour nous racheter ou nous reprendre? »

N'eussent-ils pu aussi ajouter : « Ne pas se battre contre la France, n'est-ce point encore la servir? »

Paroles sévères sans doute, mais justes, qui n'ont cependant pas été prononcées, mais que prévoyait déjà, dès 1885, Paul Déroulède, lorsque, protestant contre une politique de renonciation qu'il considérait comme un véritable abandon du devoir, il s'écriait avec une douloureuse clairvoyance, en s'adressant à la jeunesse française des écoles : « ...Et quatorze ans ont passé depuis ce supplice et dans cette attente, et quinze ans passeront, et vingt ans, et le siècle passera, si on laisse faire.

« Que répondre bientôt aux jeunes gens de Metz et de Strasbourg, de Mulhouse et de Colmar, lorsqu'ils nous diront :

« De quelle fidélité nous parlez-vous et à quel titre? Par votre
« faute, notre naissance a été inscrite sur les registres de l'état civil
« allemand ; par votre abandon, la conscription nous a mis la main
« au collet ; nos pères ont pu patienter et protester en souvenir de
« leur ancienne patrie, qui ne fut jamais la nôtre ; il vous a plu de
« ne pas interrompre la prescription, eh bien ! elle a couru et elle a
« supprimé le Droit qu'avait primé la Force. Passez au large, Fran-
« çais, vous êtes l'ennemi... »

Quelle réponse que celle de ce grand ami de l'Alsace-Lorraine aux trop nombreux Français qui reprochent aux Alsaciens-Lorrains de ne pas s'être fait « réintégrer » avant la guerre, et comme elle nous dicte la reconnaissance sans borne que nous devons vouer à ces jeunes gens de là-bas, servant aujourd'hui dans nos armées et pour qui la prescription est restée lettre morte, tant la France vivait dans leur cœur !

Oui, en vérité, quarante-trois ans après l'annexion, les jeunes générations d'Alsace-Lorraine sont restées dignes de celles qui, au lendemain de la conquête, désertaient en foule le drapeau allemand.

Rappelons-nous quelques chiffres qui, tout nus, ont une éloquence particulière : sur 33.475 jeunes gens inscrits sur les rôles par la conscription allemande en 1872, 7.454 seulement se présentèrent ; 695 durent être libérés, comme ayant servi déjà dans l'armée française : c'était la seule concession faite par le Gouvernement allemand. Parmi le reste, 3.119 seulement furent reconnus propres au service ; tous les autres pouvaient exhiber quelque tare protectrice. Ce chiffre prodigieux de plus de 26.000 réfractaires, dans une population connue comme d'humeur assez guerrière, ne se retrouva plus naturellement dans la suite, mais (pour ne citer que quelques chiffres seulement), il manquait encore 9.580 conscrits sur 40.800 en 1878 et 10.101 sur 40.850 en 1879. Depuis, le nombre des « déserteurs » a diminué, sans doute, mais l'*Annuaire Statistique* de 1902 en signale encore, comme condamnés par les tribunaux, 4.125 en 1884 ; 3.760 en 1890 ; 3.450 en 1894 ; 2.889 en 1899, etc... (¹).

Et quel accueil avons-nous réservé à ces enfants qui venaient réclamer leur nationalité et auxquels l'Allemagne, impitoyable, refusera encore, vingt ans après, une loi d'amnistie ou même une simple autorisation leur permettant de venir s'incliner au chevet des vieux parents mourants? Nous les avons incorporés dans la légion étrangère, sans même former pour eux des bataillons spéciaux...

Il a fallu dix-huit ans de réclamations et de protestations pour qu'une loi, dite loi Keller, du nom de l'ancien député du Haut-

---

(¹) RODOLPHE REUSS, *Histoire d'Alsace*.

Rhin qui en fut le promoteur, permit enfin aux Alsaciens-Lorrains de servir en France, et encore doit-on constater qu'elle ne fut presque jamais appliquée, tant les formalités administratives étaient longues et compliquées.

Et cependant, nous l'avons vu plus haut, la liste est longue de ceux qui vinrent servir chez nous et qui, à l'heure actuelle, versent leur sang sur tous les champs de bataille, au service de la France (1).

Plaignons ceux qui, pour maintenir là-bas un esprit grâce auquel l'Alsace-Lorraine sera demain aussi française qu'elle l'était avant l'annexion, ont dû subir l'inévitable, et, comme le volontaire Paul Ehrmann de Maurice Barrès, accepter les « honnêtes hypocrisies nécessaires ».

Plaignons ceux qui, n'ayant pu dépouiller la défroque allemande dont le traité de Francfort les a affublés avec notre consentement et malgré leurs plaintes, servent dans l'armée allemande et tombent sans foi et sans gloire sous les balles de nos soldats ou de nos alliés.

∗ ∗ ∗

C'est à Strasbourg même, en novembre 1913, que s'adressant à un régiment composé en grande partie de réservistes alsaciens-lorrains, le général allemand von Deimling, commandant le XV⁰ corps, prononça la harangue belliqueuse dans laquelle il disait :

« Notre patrie allemande est entourée d'envieux et d'adversaires qui n'attendent que le moment propice pour s'abattre sur nous. Au moment décisif, il vous faudra marcher avec ardeur et courage contre le « pantalon rouge », comme vous venez de marcher contre l'ennemi figuré. »

Paroles auxquelles, moins d'un an après, les événements allaient demander de répondre (2).

---

(1) On peut estimer à environ 160.000 le nombre des Alsaciens-Lorrains qui, depuis 1871, se sont enrôlés dans la légion étrangère.

(2) Rappelons, à ce propos, que, quelques années auparavant, pour une simple allusion à la revanche faite à Nancy par le général Bailloud, commandant le 20⁰ corps, à l'occasion des adieux adressés à son régiment par un Alsacien le colonel Goepp, qui avait exprimé le regret de ne pouvoir être rentré dans son pays à la tête de ses troupes, le général Bailloud avait été déplacé.

Mobilisés avant même la déclaration de guerre, les soldats alsaciens-lorrains durent, hélas! rejoindre ces troupes allemandes. Se représente-t-on le cruel déchirement que furent les adieux, dans ces milliers de foyers d'Alsace et de Lorraine, où chaque famille compte plusieurs de ses membres en France? Conçoit-on la douleur de ces mères, de ces épouses et de ces sœurs laissant partir l'être cher qu'elles ne reverront peut-être plus, pour aller combattre sous un drapeau maudit par leurs pères?

Peut-on pénétrer l'état d'âme de ces hommes pour qui la désertion — l'acte le plus vil qu'un soldat puisse commettre — se transforme en un devoir, s'il obéit à son cœur, et son trouble de conscience s'il songe aux conséquences que pourra avoir son acte pour ceux qu'il laisse à la maison, femmes ou vieux parents, livrés seuls et sans défense aux vengeances et aux représailles qui poursuivent les déserteurs?

Quelle perplexité et quelle inquiétude sur le sort auquel il les destine, sur l'accueil que lui-même recevra là-bas..., en France! Le croira-t-on sur parole si, au péril de sa vie et sous les balles françaises qui sifflent dans sa direction et malgré la surveillance sévère de ses officiers et sous-officiers, rendue plus étroite encore parce qu'on le sait Alsacien-Lorrain, il réussit à gagner nos lignes? La plupart du temps, il ne parle qu'allemand, car la langue française est pourchassée et proscrite, surtout à l'école, depuis plus de quarante ans. Pourra-t-il se faire comprendre et que pensera-t-on de ce singulier Français qui ne cause qu'allemand? Et s'il s'agit de se rendre aux Anglais ou aux Russes? Et puis, dans cette armée si fortement disciplinée, courbée dès le temps de paix sous l'impérieuse tyrannie des officiers, est-il donc si facile de déserter?

Et c'est qu'il faut songer surtout aux vieux parents qui restent là-bas et que leur acte peut livrer brutalement aux vengeances allemandes. Il ne leur suffit pas de « se faire faire prisonnier »; il faut que les Allemands les considèrent comme tels et non point comme des traîtres, s'ils veulent que leur famille ne soit point inquiétée. Et puis, ne doit-on pas tenir compte de la délicatesse morale de ces Alsaciens-Lorrains et du sentiment très scrupuleux qu'ils ont de l'équivoque aspect de cet acte? L'un d'entre eux confiait à un officier de nos amis qu'il rougissait constamment en parlant de sa propre conduite et que, bien que sa résolution de déserter ait été prise dès longtemps, seule la vue des ravages systématiques accomplis par les barbares dans le nord de la France avait pu le décider.

Que les Français y songent avant de s'étonner — quand même ils ne s'en indignent pas ! — que les Alsaciens-Lorrains puissent encore servir dans l'armée allemande !

Et cependant, combien d'entre eux ont réussi à rentrer chez nous et ont troqué l'uniforme exécré contre le nôtre, au risque d'être fusillés s'ils étaient pris de nouveau. Que d'exploits héroïques pourra-t-on raconter, la guerre finie, sur ces désertions qui ne durent presque toujours de pouvoir réussir qu'au prix du plus grand sang-froid, du plus magnifique courage ! Combien sont morts depuis au service de la France !

Ne peut-on parler dès maintenant de la mort héroïque de Charles Braun ([1]), un jeune industriel de Massevaux, dont les trois sœurs, infirmières dans un hôpital depuis le commencement de la guerre, prodiguent à nos soldats atteints de maladies contagieuses leur inlassable dévouement ?

Lors de la déclaration de guerre, Charles Braun rejoignit son corps à Mulheim-sur-Rhin, n'ayant pu à temps franchir la frontière ; il y faisait fonction de sous-officier instructeur. Sa mission un jour le conduisit avec ses recrues à Mulhouse où il s'arrêta quelques heures. Rencontrant un ami, il apprit à celui-ci la victoire de la Marne dont il avait eu connaissance et se plaignit du métier qu'on lui faisait faire. Des oreilles peu sûres écoutaient sans doute, car lorsque Braun descendit du train à Mulheim, des soldats l'attendaient, baïonnette au canon. Il fit quinze jours de cellule en attendant d'être traduit devant le Conseil de guerre de Fribourg. A une seule voix de majorité il fut déclaré non coupable d'avoir trahi l'Allemagne dans ses paroles. Il eut, grâce à cela, la vie sauve et le tribunal se borna à lui infliger un mois de cachot au dur régime du pain et de l'eau.

([1]) Les Allemands connaissent l'odyssée et la fin glorieuse de notre héros alsacien et la famille de celui-ci nous a autorisé à publier son nom, en nous confirmant la véracité de ce récit.

Obéissant à une ligne de conduite bien déterminée, il demande, dès sa sortie de prison, à être envoyé au front. Sa demande est agréée et il part pour La Bassée. Huit jours après son arrivée, il tente de ramper la nuit jusqu'à la tranchée adverse pour mettre son plan à exécution, mais, hélas ! à 7 mètres du but il est accueilli par une grêle de balles et doit regagner péniblement son bataillon.

Les officiers allemands le surveillent de près, et si le lieutenant qui commande sa compagnie n'avait été tué la veille, nul doute qu'il ait été exécuté d'un coup de revolver avant de se rendre, au retour de son exploit. Un hasard miraculeux aurait donc pu seul lui permettre d'échapper aux balles qui le cherchaient des deux côtés.

Or, vers la fin octobre, Braun se trouvait un matin dans une tranchée de première ligne avec sa compagnie, commandée par un jeune lieutenant de dix-huit ans. Bien résolu à renouveler sa tentative, il risque cette fois un coup d'audace. D'accord avec un autre Alsacien, il somme son lieutenant de se rendre à l'ennemi et avec une telle autorité que celui-ci proteste, puis hésite, fléchit et déclare textuellement : « Soit ! si j'ai la vie sauve... mais est-ce bien compatible avec mon honneur d'officier allemand ? » Un ou deux sergents résistent, mais Braun braque son revolver sur quiconque refuse d'obtempérer à ses ordres et décide les hommes à déposer leurs armes.

Les Anglais qui occupent la tranchée d'en face et qui se disposaient à attaquer, voient alors, non sans étonnement, une masse d'Allemands arriver vers eux, décimés sous leur feu. Des 250 hommes qu'il avait entraînés, il en arriva 97 avec 3 mitrailleuses ! Charles Braun s'avance alors vers l'officier anglais qui arrivait avec 45 soldats hindous et, lui tendant son sabre, lui crie joyeusement : *Good evening, Sir !*

Conduit au quartier général anglais, auprès du général Mac Donald, puis du maréchal French qui le propose *de plano* pour la Victoria Cross, Charles Braun est dirigé auprès du général de Maud'huy auquel il fournit, en un long entretien, des renseignements des plus précieux pour notre état-major, recueillis par lui depuis longtemps dans cette intention. Pour toute récompense, Braun sollicite la faveur d'être autorisé à contracter un engagement dans l'armée française, ce qui lui est aussitôt accordé.

Quelques mois après, hélas! devenu officier — promu sous-lieutenant le jour même de sa mort — il tombait mortellement frappé, à la tête de ses hommes, en enlevant une tranchée allemande. Tragique destin de ce héros qui mourut en servant la France!

Quelle autre navrante odyssée que celle de ces vingt-six Alsaciens qui réussissent à se rendre à nos troupes autour d'Ypres, seuls survivants d'un nombreux groupe d'Alsaciens-Lorrains qui, au cours d'un combat livré en Belgique, fut presque anéanti en courant vers nos lignes, les mains levées, tandis que nos soldats, redoutant un subterfuge si souvent employé par les Allemands, croyaient à un nouveau piège et tiraient sur ces malheureux!

Citerons-nous également ces cinq Alsaciens de Saverne qui, après avoir participé pendant plus de deux mois, sous l'uniforme prussien, aux divers combats de Mulhouse, Cirey, Sarrebourg, réussissaient, le 27 septembre au soir, à quitter leur régiment et, feignant d'être en patrouille, gagnaient Saverne où leurs parents prévenus leur procuraient des vêtements civils grâce auxquels, après de multiples incidents et après avoir franchi en vingt-quatre heures plus de 65 kilomètres à travers bois et, dans la montagne, ils réussissaient à rejoindre les lignes françaises ([1])?

Oublierons-nous de parler de ces automobilistes lorrains qui, choisis spécialement par certains états-majors, en raison de leur connaissance parfaite des lieux et des routes menant vers la France, surent inspirer confiance aux officiers allemands jusqu'au jour où, égarés par hasard, ils se faisaient faire prisonniers avec eux?

Un Alsacien, M. Clossmann, industriel d'une vallée d'Alsace, mobilisé au début de la guerre avec le grade de sous-officier comme automobiliste, se présente un jour avec sa voiture devant les lignes françaises et s'engage. Il y a une mission de confiance à remplir. Il réendosse son uniforme allemand et retourne chez l'ennemi d'où il rapporte à diverses reprises de précieux renseignements, jusqu'au jour où, reconnu et surpris, il est pris par les Allemands qui le fusillent à Strasbourg (décembre 1915).

---

(1) *Les Alsaciens-Lorrains en France pendant la guerre*, p. 64. (Collection des *Pages d'Histoire 1914-1917*. Berger-Levrault, éditeurs).

Que ce soit en rase campagne ou au cours d'un combat de tranchée, les soldats alsaciens-lorrains, malgré toute la répugnance instinctive que leur inspire leur acte, se rendent, s'ils le peuvent, à nos soldats. Le Gouvernement allemand évaluait, en décembre dernier, à 30.000 le nombre des déserteurs alsaciens-lorrains.

Le 22 août 1914, lisons-nous dans le carnet de campagne d'un combattant [1], un dragon ennemi parut, qui galopait seul vers nos lignes. On le laissa approcher, car il criait de toutes ses forces : « Ami! ami! » Mettant pied à terre aux avant-postes, il réclama le général, disant que, Alsacien de race, il fuyait le camp des oppresseurs de sa patrie. On le conduisit au commandant, à qui il remit un pli destiné à un chef d'état-major bavarois... »

A Verdun, en septembre dernier, au plus fort de la bataille, nous a raconté un officier qui en fut témoin, on entendit soudain, le soir, chanter la *Marseillaise* : c'étaient une trentaine de soldats alsaciens-lorrains qui, profitant d'un moment de désarroi de l'ennemi, venaient se rendre dans nos lignes.

Mais il serait facile de multiplier ces exemples, de citer des noms à l'appui de ces affirmations et de préciser des faits, de donner des chiffres, si nous ne craignions pas de livrer en même temps aux représailles allemandes les familles restées là-bas des si nombreux Alsaciens-Lorrains qui purent tromper la surveillance de leurs chefs et venir parmi nous.

Qu'on jette un coup d'œil sur les listes que nous publions dans la seconde partie de cet ouvrage et où s'alignent les noms de milliers d'Alsaciens-Lorrains poursuivis pour désertion et haute trahison, qu'on consulte tout le tableau des condamnations prononcées contre des familles entières pour avoir aidé et favorisé la désertion d'un fils ou d'un frère, et qu'on songe aux dangers courus par celui qui part et aux épreuves qui attendent ceux qui restent! Quelle plus éloquente preuve de patriotisme étions-nous donc en droit d'espérer d'eux, nous qui, depuis quarante-cinq ans, n'avions rien tenté pour les reprendre!

*
* *

---

[1] R. Christian-Frogé, *Morhange et les Marsouins en Lorraine*, p. 88.

A côté des Alsaciens-Lorrains qui ont réussi à quitter les rangs de l'armée allemande, saura-t-on jamais seulement le nombre de ceux, hélas! qui, moins heureux que ceux-là, ont échoué dans leurs tentatives de désertion et ont été surpris ou repris et aussitôt fusillés!

Qu'on lise ce simple fait divers, cueilli au hasard dans les journaux alsaciens du mois de juillet 1917 :

« Deux jeunes gens de dix-huit ans, de Villé, près d'Altkirch, résolus à se soustraire au service militaire allemand, tentèrent de s'enfuir en Suisse près de la Birgmatte, aux abords de Luxdorf. Un premier fil du barrage céda sous leurs ciseaux, mais en voulant couper le second, ils furent tués par le courant de haute tension. »

Et celui-ci : « Deux jeunes gens de Mulhouse ont tenté de passer le barrage en fil de fer près de Schönenbuch, afin de se soustraire à leurs obligations militaires. Une patrouille montée les surprit. L'un d'eux avait déjà atteint la barrière de fils de fer de la frontière suisse. Frappé de deux coups de feu, il roula à terre; son compagnon rendit son arme et les deux réfractaires furent arrêtés. Par ordre du général commandant la ...ᵉ division, ces faits sont portés à la connaissance de la population pour servir d'avertissement. »

Oublierons-nous davantage ceux qui expient dans les geôles prussiennes le crime de n'avoir pas voulu porter les armes contre leur ancienne patrie? Un Alsacien évadé du camp de Friedrichsfeld, près Wesel, et qui sert aujourd'hui dans l'armée française, a vu dans ce camp, dès le mois de décembre 1914, plus de 200 de ses compatriotes punis de forteresse pour avoir refusé de marcher contre les Français. En mars 1915, d'après le même témoin, la prison militaire de Dortmund, transformée en prison préventive, car les soldats y restaient juste le temps de passer en jugement, regorgeait d'Alsaciens-Lorrains qui, pour avoir essayé de passer en Hollande ou en Suisse, étaient condamnés à sept ou huit années de forteresse, quelquefois même davantage.

Là, un vieux gardien qui exigeait qu'on l'appelât « Herr Rittmeister » se chargeait de torturer et de faire souffrir les déserteurs en prévention de conseil de guerre. « J'ai vu, ajoutait notre correspondant, des Alsaciens-Lorrains y rentrer forts et bien portants et en ressortir dans un état squelettique, faute de nourriture. Je me souviens d'avoir eu à côté de ma cellule un nommé S..., originaire de M..., âgé de vingt-cinq à vingt-six ans, et qui eut la franchise de dire aux juges boches qu'il avait voulu déserter pour rejoindre l'armée française, car son plus grand désir était de pouvoir combattre contre les Allemands aux côtés de son frère, adjudant dans notre armée. L'avocat général demandait contre lui la peine capitale ; mais il en fut quitte avec *quatorze ans* de forteresse qu'il purge actuellement dans le Zuchthaus de Munster. Il me chargea d'en aviser son frère, et quelques heures avant son transfert là-bas, il me répéta de bien dire à celui-ci qu'il ne regrettait qu'une chose : ne pas être dans les rangs français, mais qu'il était bien résolu à continuer à affirmer ses sentiments français, malgré toutes les peines qu'on lui appliquerait... »

Nous possédons le nom de ce vaillant et même celui de l'avocat général ; mais nos lecteurs comprendront, dans les circonstances actuelles, notre réserve et notre discrétion ; nous en ferons usage quand il y aura lieu.

Un autre Alsacien-Lorrain, B..., habitant non loin d'Avricourt, appelé comme *unausgebildeter Landsturmmann*, refusa dès le premier jour d'endosser l'uniforme allemand et persista dans ses idées, en disant aux juges que, fils de Français, il ne servirait pas l'Allemagne, même à l'intérieur. Il eut cinq ans de prison.

A côté de ces ardents protestataires, restent ceux qui, obligés de subir le joug, attendent une occasion favorable pour suivre l'exemple des premiers ou qui, redoutant pour leurs familles les pires vengeances des Allemands, se résignent, la mort dans l'âme, à subir l'implacable destin.

Tenus sans cesse sous la surveillance et la menace de leurs officiers, ils attendent la mort d'une balle amie et souvent, à la moindre défaillance, la reçoivent du revolver de leurs bourreaux.

M. l'abbé Wetterlé a raconté l'authentique et émouvante histoire d'un de ses jeunes amis, Alsacien né en 1892 à Colmar — nous ne le désignerons comme lui que sous son seul nom de baptême Jean —

qui, surpris à Dresde lors de la déclaration de guerre, fut incorporé dans un régiment saxon :

« J'ai la mort dans l'âme et les plus noirs pressentiments m'assaillent, écrivait-il alors à son père. Nous partons demain pour la frontière. Tu connais mes sentiments et tu apprécieras ma douleur et ma honte. Sois tranquille d'ailleurs, je te jure que je ne tirerai pas sur les troupes françaises. Plutôt mourir que de m'exposer à d'éternels remords. »

Jean tint parole. Sa mort fut tragique. Un de ses camarades, Alsacien comme lui, se trouvait dans sa compagnie. Les deux jeunes gens échangeaient journellement leurs impressions. Au soir de la bataille de Charleroi, Jean pleura : « Allons-nous donc assister à la répétition de la guerre de 1870 ? » dit-il à son ami. Pendant la retraite de l'armée française il ne décolérait plus. A Châlons, la bataille s'engagea de nouveau. Jean se trouvait dans une tranchée de première ligne. Un lieutenant se tenait à ses côtés : « Sergent, dit-il, votre tir est bien défectueux. Toutes vos balles vont s'enfoncer à terre à 100 mètres devant nous. Prenez garde ! »

Jean ne desserrant plus les dents, continua à tirer trop bas. « Je comprends, s'écria tout à coup l'officier. Vous êtes tous des traîtres, vous autres, chiens d'Alsaciens. Il est temps de faire un exemple. » Et tirant son revolver, il abattit Jean d'une balle à la tête. Mon pauvre ami tomba comme une masse, tandis que le lieutenant disait à ses hommes : « Voilà comment meurent les amis des Français ! »

Quelques jours plus tard, le père de Jean recevait du front cette lettre émouvante :

« Monsieur, votre fils est mort de son amour pour la France. Grièvement atteint par la balle d'un officier qui l'accusait d'épargner les Français, contre lesquels nous combattions, il a survécu quelques heures à peine à sa blessure. C'est dans mes bras qu'il a rendu son dernier soupir, après avoir pieusement reçu les secours de la religion. Avant de fermer les yeux, il m'a chargé d'une mission auprès de vous. « Tu écriras à mon père, m'a-t-il dit, que j'ai tenu fidèle-
« ment mon engagement. Pas une goutte de sang français n'a taché
« mes mains. J'ai eu la joie, avant de mourir, de voir l'armée française

« se ressaisir. » Un instant il se recueillit, puis un sourire glissa sur ses lèvres et, réunissant ses dernières forces, il s'écria : « Vive la « France ! »

De notre côté, nous recevions, il y a quelques mois, d'un Lorrain, actuellement missionnaire en Chine, cette lettre émouvante que nous avons publiée alors dans *L'Alsacien-Lorrain de Paris* et que nous livrons aujourd'hui à la méditation de nos lecteurs :

« Mon frère qui était soldat en Allemagne lors de la déclaration de guerre, où il faisait ses deux ans de service, n'a pu fuir comme il se l'était promis de longtemps. Il était en garnison non loin de la frontière de Hollande avec des Lorrains, et les Boches avaient poussé l'hypocrisie jusqu'à condescendre à nos compatriotes la liberté de parler français ; le capitaine même, dans l'espoir de mieux les tenir sans doute, voulait être en cette langue le confident de tous ses hommes.

« Mon frère ne fut envoyé contre la France que lorsque la Belgique était déjà sous la botte. Il arriva sous les murs de Maubeuge vers le 2 septembre 1914 et, le lendemain, on l'envoya faire son premier coup de feu contre des hommes qui avaient le même sang que lui. Mais arrivé dans la tranchée, au commandement de tirer, il refusa net. Son affaire ne fut pas longue et un « surhomme » lui tira une balle dans le ventre. Transporté dans une ambulance il rédigea son carnet qui nous fut fidèlement transmis par un de ses camarades et, le 3 ou 4 septembre, il mourut pour la France. »

Voici ce que nous trouvons dans ce carnet :

« J'ai traversé toute la Belgique, je n'ai vu qu'incendies, pillages, assassinats et viols ; soyez sans crainte, chers parents, je n'ai pas trempé mes mains là dedans. Je connais trop la Belgique où mes frères et moi avons été éduqués, et puis nous autres, nous ne communions pas à la Kultur.

« En passant à Charleroi j'y ai trouvé un camarade de Plappeville et nous avons causé du cher pays. Sous les murs de Maubeuge, nous arrivons en contact avec les pauvres Français, et j'ai supplié Dieu de venir à mon aide : « Oui, mon Dieu, plutôt mourir que de « tirer sur eux, ce serait commettre un assassinat. » J'ai refusé de tirer, donc je n'ai jamais fait usage de mes armes ; pour ce motif j'ai reçu une balle dans le ventre et, transporté dans une ambulance, me voilà maintenant à vous avertir que c'est fini pour moi...... Oh ! ne me pleurez pas, je meurs si content, oui, je meurs pour les idées de la famille, je meurs pour la F..., mon cher pays ! »

Saluons bien bas ces martyrs de la patrie, héros obscurs que la France ignore et qui, quarante-trois ans après, meurent victimes du traité qui, en la mutilant, les livra au vainqueur.

. *.

Il semble bien d'ailleurs que les Allemands n'aient jamais guère compté sur le patriotisme des soldats alsaciens-lorrains obligés de servir dans leur armée. Tandis que l'armée française, en 1914, comptait encore, comme nous l'avons déjà montré, des centaines et des centaines d'officiers d'origine alsacienne-lorraine, à tous les échelons de la hiérarchie militaire, l'Allemagne, malgré ses efforts, ne réussissait à aligner, plus de quarante ans après sa conquête, qu'une douzaine de noms à peine d'Alsaciens-Lorrains devenus officiers dans son armée active, plus une autre douzaine d'officiers de réserve ou de landwehr; encore ceux-ci étaient-ils pour la plupart des fonctionnaires qui, dans l'espoir de pouvoir obtenir de l'avancement, avaient dû accepter cette qualité de *Reserve-Onkel*.

Les autres fils de la bourgeoisie de Lorraine ou d'Alsace, après leur « volontariat » s'empressaient de décliner ce grade d'officier de réserve que tout Allemand se fait un devoir d'acquérir. Si, dans les villages, les Alsaciens-Lorrains, après l'accomplissement de leur service militaire, acceptaient parfois de faire partie du *Kriegsverein*, ils n'obéissaient qu'au désir de se retrouver entre camarades pour rappeler les souvenirs de la vie de garnison et s'efforçaient d'attirer parmi eux les vieux vétérans français, médaillés d'Italie, de Crimée ou de 1870, qui ne manquaient pas d'évoquer, pour leurs jeunes compatriotes, leurs campagnes glorieuses au service de la France !

Toujours est-il que, depuis l'annexion, les recrues alsaciennes-lorraines avaient été envoyées dans des garnisons lointaines, sans obtenir, comme les soldats des autres pays de l'Empire, d'être incorporés dans leur propre pays. Ce n'est qu'en 1903 que les autorités militaires se décideront à leur accorder cette satisfaction. Faut-il en conclure pour cela qu'à cette époque elles estimèrent que les Alsaciens-Lorrains des jeunes générations avaient suffisamment donné de preuves de leur patriotisme allemand pour qu'elles n'aient plus à redouter les désertions qu'on voulait rendre impossibles en les incorporant loin de leurs foyers? Nous ne le croyons pas. C'est parce qu'au contraire les hommes des générations nouvelles, conscients des devoirs qui leur incombaient, s'ils voulaient opposer au flot germanique tentant de submerger leur pays une digue à l'abri de laquelle ils pourraient vivre en maintenant le patriotisme des aïeux, acceptaient d'eux-mêmes, non sans douleur mais avec résignation, et afin de pouvoir revendiquer le droit de se gouverner eux-mêmes et de se choisir librement leurs représentants, la dure contrainte que leur avait imposée le traité de Francfort en faisant d'eux, dès leur naissance, des citoyens allemands.

Ils avaient accepté dès lors de servir, non point de gaieté de cœur pour servir l'Allemagne, mais par patriotisme alsacien-lorrain pour servir leur propre pays. Au lendemain des événements de Saverne qui passionnèrent tout l'Empire et révélèrent au monde entier les véritables sentiments de la population alsacienne, les autorités militaires décidèrent de nouveau que les recrues alsaciennes-lorraines seraient à l'avenir incorporées hors de leur pays. Elles témoignaient également de leur méfiance vis-à-vis des Alsaciens-Lorrains servant dans les armées, en édictant certains ordres éloignant ceux-ci des postes de confiance où ils auraient pu avoir connaissance de renseignements relatifs à la mobilisation. En juillet 1913, le commandant du XVIe corps, à Metz, le général von Mudra, ordonnait d'exclure les Alsaciens-Lorrains des bureaux de télégraphe, téléphone, services des chemins de fer, exclusion qui fut bientôt étendue au XVe corps et qui, à la suite des incidents qu'elle provoqua, se révéla comme une mesure émanant directement du ministère de la Guerre à Berlin.

C'est à ce moment qu'on apprit qu'en 1912, au moment de la crise balkanique, les Alsaciens-Lorrains avaient été écartés déjà des batteries d'artillerie où des expériences étaient tentées avec de nouveaux canons.

On fit remarquer aussi à ce propos que, sur les listes de contrôle au Bezirkskommando, les noms des soldats alsaciens-lorrains étaient suivis de l'indication de leur nationalité, alors que rien de semblable n'est marqué pour les soldats des autres États.

Dans une circulaire lue dans les différents régiments de la garnison de Metz, par les feldwebels (sergents-majors) à leurs compagnies, transmise par le général commandant d'armée et demandant des hommes choisis de préférence parmi ceux prochainement libérables, pour exécuter des travaux de fortification, on avait ajouté cette phrase bien significative : *Aber nur Altdeutsch* (mais seulement des Vieux-Allemands). Si, dès le temps de paix, les Allemands prenaient ainsi des mesures spéciales pour écarter les Alsaciens-Lorrains, comment dès lors n'eussent-ils pas manifesté vis-à-vis d'eux, aussitôt la déclaration de guerre, les mêmes défiances ?

Il semble bien qu'ils s'efforcèrent d'abord de faire appel à leurs sentiments de loyalisme pour leur permettre de réaliser la tactique qu'ils avaient résolu depuis longtemps d'adopter à leur égard : faire marcher en première ligne les Alsaciens-Lorrains, afin que les Français fassent parmi eux les premières victimes et les dressent ainsi eux-mêmes contre la patrie de leurs aïeux.

Si nous en croyons donc ce qui se passa à Metz, les officiers, après avoir réuni les soldats alsaciens-lorrains dans les casernes, s'efforcèrent de leur démontrer qu'en combattant pour l'Allemagne ils combattaient pour une juste cause et que d'ailleurs la France se conduisait très mal vis-à-vis de leurs frères restés chez elle : « Vous avez peut-être conservé quelques mauvais souvenirs de votre passage à la caserne. Nous vous avons quelquefois menés un peu durement. C'était dans l'intérêt de la discipline.

« Aujourd'hui, il n'y a plus de distance entre nous. Il n'y a plus ni officiers ni soldats; il n'y a plus que des camarades qui vont combattre côte à côte avec Dieu, pour l'Empereur et la Patrie.

« Quelques-uns d'entre vous ont pu conserver des sympathies pour la France aujourd'hui notre ennemie; or savez-vous comment elle traite vos frères alsaciens-lorrains, cette France qui, malgré les traités, continue à revendiquer la propriété de l'Alsace-Lorraine?

« Elle les oblige à prendre les armes contre nous, contre vous; ceux qui s'y refusent sont emprisonnés, tandis que ceux qui se font distinguer par leur accent national sont traités en espions. Des centaines ont déjà été fusillés. Des milliers meurent de faim dans les camps de concentration où ils sont dévorés par la vermine.

« Voilà, camarades, comment la France traite vos frères. Vous nous aiderez à les venger. »

Tel est le langage que, sinon dans sa forme, du moins dans son esprit, les officiers allemands auraient tenu aux soldats alsaciens-lorrains [1]; après quoi, il ne restait plus, pour les officiers, qu'à les envoyer sous les balles françaises aux endroits les plus exposés, afin d'extirper de leur cerveau et de leur cœur toute sympathie ou toute mansuétude vis-à-vis de leurs anciens compatriotes.

Il n'en fut sans doute pas de même partout, car dès la déclaration de guerre, dans d'autres régions, les soldats alsaciens-lorrains furent aussitôt les victimes de la brutalité et des vengeances allemandes, en attendant que, comme les premiers, ils soient sacrifiés aux postes les plus dangereux.

« J'ai été versé à Cologne, dans un régiment où se trouvaient déjà des Alsaciens-Lorrains, a raconté l'un deux. Notre vie n'a été qu'un long martyre. Il n'est pas de mauvais traitements, de vexations et de cruautés que les Allemands ne nous aient infligés. On n'ignorait pas que notre cœur battait pour la France. On nous fit payer cher notre attachement à notre ancienne patrie. En passant près de nous, les officiers nous criaient : « Ah ! voilà les Wackes ! On vous crèvera tous, chiens de Français ! » Et ils nous cravachaient. Pendant neuf jours, on ne nous donna à manger que des croûtons desséchés. Nous n'avions même pas à boire. Enfin, le dixième jour, on nous servit un peu de soupe et un peu de viande. Après cet unique repas, nous fûmes envoyés au front. Nous reçûmes le baptême du feu à Huy. Tous les Alsaciens-Lorrains avaient été placés au premier rang. Le feu des Belges les délivra. Sur 135 incorporés dans le même régiment, nous restâmes 47, et encore dans ce nombre deux furent fusillés sous le prétexte qu'ils avaient fait des signaux à l'ennemi. Le soir de la bataille, un officier nous déclara que, dans tous les

---

[1] « Choses vues à Metz pendant la guerre » (*Revue hebdomadaire*).

combats, il en serait ainsi jusqu'à ce qu'il ne reste plus un seul d'entre nous..... »

Un publiciste américain, M. Th. Custin, a, dans le *Times*, à la suite d'une visite qu'il fit à Strasbourg, au commencement de cette année, confirmé implicitement ces dires.

« Mon ami le socialiste-démocrate m'a appris, écrivait-il, que dès la déclaration de guerre, le Gouvernement allemand avait résolu de supprimer toute velléité de réveiller la question d'Alsace-Lorraine dans l'avenir. Le Gouvernement a donc dirigé les soldats fournis par ces deux provinces aux endroits les plus dangereux sur les différents fronts. En novembre 1914, pendant la bataille de l'Yser, un régiment alsacien fut maintenu contre l'armée anglaise jusqu'à ce qu'il n'en restât plus que trois officiers et six soldats. Quelques-unes des positions les plus dangereuses à Verdun furent délibérément confiées aux Alsaciens-Lorrains. Les autorités prussiennes retiennent arbitrairement sous les drapeaux des Alsaciens et des Lorrains qui ne sont pas aptes au service militaire, et les blessés n'ont pas le droit de rentrer chez eux.

« Dans le cercle restreint où je fus introduit à Strasbourg, j'eus l'occasion de m'entretenir avec une malheureuse femme qui me dit que son fils, atteint gravement de la tuberculose, avait été appelé malgré ses protestations. Il était mort trois semaines après. Un autre jeune Alsacien, souffrant d'une hémorragie des intestins, avait été également appelé. Il fut condamné à se tenir pendant vingt-quatre heures dans la neige. En moins de deux mois, une mort clémente, survenue dans un hôpital militaire, l'arrachait de la griffe prussienne. »

Mais voici un précieux témoignage qui nous est fourni par un Alsacien actuellement au service de la France et qui, enrôlé au début de la guerre dans l'armée allemande, a bien voulu rappeler pour nous ses impressions et ses souvenirs. Nous les transcrivons fidèlement :

« Ce qui sembla frapper surtout l'opinion publique d'outre-Rhin, nous écrit-il, ce fut surtout la froide indifférence que manifestait la masse des Alsaciens-Lorrains à côté de la bruyante exaltation qui régnait dans toutes les villes allemandes et en particulier chez les mobilisés boches assoiffés de conquêtes.

« A mon arrivée, avec un fort groupe de compatriotes, au camp de Küstin où nous devions rejoindre, notre cohue suscitait le plus profond étonnement dans la population et tout le monde se demandait avec anxiété qui nous étions. Les uns disaient : « *Das sind sicher Civilgefangene.* » Les autres, apprenant qu'il s'agissait d'Alsaciens, supposaient que nous étions des « gens suspects internés par mesure de sécurité ». Aucun ne semblait croire que nous étions tout simplement des soldats allemands appelés par la mobilisation.

« L'habitant chez lequel nous étions logés, ne comprenant pas notre dialecte, le prenait pour du bon français, ce qui nous valait à tout propos le reproche de nous servir entre nous de la langue de l'ennemie de la Prusse. C'étaient surtout les sous-offs qui péroraient contre notre langue, et c'était alors un spectacle des plus comiques de voir nos bons paysans de chez nous faire des efforts pour prononcer le *Hochdeutsch* qu'on nous forçait en vain de parler pendant l'instruction.

« Ces sarcasmes et les vexations sans nombre que nous avons dû subir du fait même que notre langage dévoilait notre origine, ont été des plus rudes à supporter. Des propos comme : « Parlez donc comme des gens civilisés... Finissez avec votre jargon de brigands des Vosges », prononcés sur un ton de colère, étaient entendus journellement. Au quartier, à l'exercice, partout, on nous considérait comme des êtres de qualité inférieure, et nous étions la cible des outrages les plus grotesques de la part des officiers et des sous-officiers instructeurs.

« Ces derniers qui, en général, représentaient le type du tyran de caserne boche et qui avaient dû être choisis et instruits spécialement pour le contingent des Alsaciens, nous traitaient avec une telle impudence que nous en étions arrivés à nous demander si nous étions décidément leurs esclaves attitrés.

« Ils savaient cacher leurs brutalités sous le voile du service, en nous faisant exécuter de leur propre chef, bien entendu, pour la moindre faute et surtout pour satisfaire *leur animosité manifeste*, des *Strafexerciren* si violents et si continus, qu'ils ne cessaient qu'au moment où il y avait défaillance par exténuation complète.

« Et où, à quel saint aurions-nous pu nous plaindre ?

« Si l'un ou l'autre, malade, allait trouver le médecin-major qui ne manquait jamais de demander l'origine du patient, il était sûr d'être renvoyé avec la mention « Sinnlos » dès qu'il avait répondu : « Alsacien ».

« Au front oriental, où nous avons rejoint par petits détachements les régiments auxquels on nous avait affectés, nous avons été dispersés et plutôt isolés dans les compagnies où la plupart étaient l'objet d'une surveillance de suspicion qui provenait de ce que les Alsaciens passaient pour des « délateurs et déserteurs », opinion ou vérité qui nous ont toujours été lancées à tout propos ([1]). »

D'autres lettres écrites également par des soldats alsaciens-lorrains encore sous le joug et qu'on nous a communiquées témoignent, elles aussi, des mauvais traitements et de l'hostilité dont ils continuent à être l'objet dans l'armée allemande.

« Nous ne sommes plus en Russie, écrit l'un d'eux, on nous a sortis de notre bataillon, *nous autres pauvres Alsaciens*, et nous sommes à Thorn, nous jouons aux recrues avec de jeunes hommes de dix-sept ans. J'aime mieux ne pas parler de la nourriture. C'est le cas de dire : mange ou crève... »

« Toute la batterie est malade, écrit un artilleur, tout ce qui n'est pas mort au feu a été tué par les revues et la bonne nourriture. Mais il ne faut pas l'écrire. Le capitaine fait ouvrir les lettres, lit les cartes, et les paquets sont ouverts, *mais seulement pour les Alsaciens*. Nous devons remettre aussi les lettres que nous écrivons. »

Un autre écrit : « Dans les garnisons, tous obtiennent des congés, *sauf les Alsaciens*. »

Disons à ce propos, qu'en temps de paix déjà, les permissions

---

([1]) De nombreux Alsaciens-Lorrains nous ont confirmé cette attitude prise à leur égard par les officiers et sous-officiers allemands ; il était bien recommandé à ceux-ci notamment de ne jamais envoyer en patrouille ou en reconnaissance, des soldats alsaciens-lorrains sans qu'ils soient accompagnés de « Vieux-Allemands ».

n'étaient souvent accordées aux soldats alsaciens-lorrains qu'après avis du maire de leur localité, auprès duquel les autorités militaires se renseignaient au préalable pour connaître leurs sentiments et ceux de leur famille.

Ce n'est, depuis le début de la guerre, qu'à la suite d'une enquête très sérieuse, que des permissions sont accordées aux soldats alsaciens-lorrains, encore obtiennent-ils très rarement de pouvoir rentrer chez eux. Elles ne leur sont accordées presque toujours qu'à condition qu'ils aillent passer ces quelques jours dans une ville badoise où leurs parents les retrouveront. Ce que les autorités militaires redoutent, c'est que leur état d'esprit n'influe encore sur celui de la population restée ironique et frondeuse et qui, malgré tous les efforts faits pour l'entretenir dans une confiance aveugle en la victoire de la plus grande Allemagne, persiste à demeurer sceptique et indifférente. Combien sont suggestives les lettres adressées à leurs familles par les soldats alsaciens-lorrains servant de l'autre côté du Rhin et qui, par des allusions pleines de ruse et de malice, réussissent à exprimer les sentiments intimes ancrés au fond de leur cœur.

« Quand je serai rentré, écrit l'un d'eux, nous boirons du vin rouge, tu me comprends... »

Et un autre : « J'aimerais chasser aussi avec les nouveaux chasseurs. Mais je crois qu'après la guerre on n'aura plus besoin de se cacher et qu'on pourra acheter des permis de chasse... » Pour des Alsaciens, cela veut dire tout simplement que du vin rouge en Alsace c'est toujours du vin français, tandis que l'histoire des permis de chasse signifie qu'après la guerre, on vivra sous des lois françaises !

Bien que les Allemands ne saisissent pas souvent le sens de ces allusions si transparentes pour notre imagination, ils ne se dissimulent pas les véritables sentiments de ceux qu'ils tiennent sous leur lourde discipline.

Pour que la censure allemande laisse un organe pangermaniste publier des lignes comme celles que nous reproduisons ci-dessous, il faut que l'état d'esprit dont sont animés les soldats alsaciens-lorrains ne fasse aucun doute pour personne :

« Il est malheureusement trop vrai qu'un grand nombre de

familles de soldats alsaciens-lorrains, écrivait la *Strassburger Post* (août 1915), ne réussissent pas à considérer comme leur la cause des armées allemandes ; leurs fils eux-mêmes, obligés de servir dans cette armée, n'y parviennent pas davantage. »

Il est vrai qu'elle ajoutait, comme correctif à cette constatation : « Mais ceux-là appartiennent surtout aux couches supérieures de la société. Le bon sens et la droite raison ne sont choses naturelles qu'aux classes moyennes et inférieures », ce qui est manifestement faux, ainsi qu'en témoignent les nombreuses listes de désertions et condamnations publiées dans ses propres colonnes. A consulter celles-ci on remarque au contraire que le plus souvent les délinquants sont des gens du peuple, et nos lecteurs pourront s'en convaincre en feuilletant les pages de cet ouvrage, où nous avons recueilli les plus significatives. Enfin, après un plaidoyer pour démontrer que les soldats alsaciens-lorrains pris dans l'ensemble pouvaient supporter la comparaison avec les autres guerriers allemands, la *Strassburger Post* était obligée cependant d'avouer qu'il « s'est passé des choses regrettables » et que le lecteur allemand ne manquera pas de lui opposer, ajoutait-elle, « les nombreux cas de désertion et de trahison et l'attitude indigne des Alsaciens-Lorrains prisonniers » (¹). D'ailleurs, même si elle persistait, après cet aveu significatif, à nier les faits les plus évidents, des documents incontestables émanant des plus hautes autorités militaires de l'Empire viendraient aussitôt lui apporter le plus éclatant démenti.

Le document officiel, que nous reproduisons ci-après *in extenso* et qui nous vient de Berlin, nous renseigne d'une façon éloquente

---

(1) Qu'on lise à ce propos le fier serment prêté — et tenu — par des Lorrains faits prisonniers par les Russes et revenus ensuite en France où, comme tant d'autres, ils s'engagèrent dans l'armée française :

« Nous soussignés, enfants de la Lorraine, jurons devant Dieu, sur le drapeau et l'épée, qu'une fois débarqués en France, nous nous engagerons de suite dans l'armée pour le front.

« Nous voulons de notre mieux aider la France à délivrer du joug infâme ceux qui souffrent de la séparation.

« Nous voulons venger les crimes sans nom et sans nombre commis par les envahisseurs.

« Nous voulons donner notre obole pour l'agrandissement de la patrie qui est nôtre. »

Chacun signe en mettant auprès de son nom : « Je veux. Vive la France ! » Et l'officier du bord certifie le tout en écrivant : « Ce serment fut prêté à bord du *Gear*, le 14 juillet 1917, en ma présence. — L. DE BUSSY. »

sur le caractère des manifestations auxquelles ont pu se livrer, malgré la rigoureuse et étroite surveillance dont nous avons parlé déjà, les soldats alsaciens-lorrains au service de l'Allemagne sur le front de France, et sur les mesures qu'elles ont rendu nécessaires.

MINISTÈRE DE LA GUERRE.   Berlin W. 66-11/1/1916.
M. J. N° 26447/15 A
Secret

AU SUJET DU RETRAIT DES MILITAIRES ALSACIENS-LORRAINS DU FRONT OUEST

On a proposé, à la suite de nombreuses manifestations de tendance anti-allemandes constatées chez les Alsaciens-Lorrains, de transférer tous les militaires alsaciens-lorrains vers l'intérieur de l'Allemagne ou vers le front oriental, sans tenir compte de la réputation ou des antécédents de ces militaires ni des témoignages de leurs supérieurs. Après examen approfondi de la question, et d'accord avec le haut commandement, le ministre de la Guerre estime suffisantes les mesures qu'il a prises au sujet du retrait du front ouest des Alsaciens-Lorrains mobilisables. Par suite, il renonce à transférer indistinctement tous les militaires alsaciens-lorrains, soit dans l'intérieur, soit sur le front occidental. Par contre, il semble opportun d'éloigner les Alsaciens-Lorrains des services et de tous les postes de l'arrière où ils pourraient prendre connaissance de l'organisation de l'armée et des mesures d'ordre militaire. De même, il conviendrait de relever les Alsaciens-Lorrains employés par des officiers supérieurs ou des états-majors comme ordonnances, hommes de liaison ou secrétaires. Les mesures d'exécution sont laissées à votre appréciation.

Par délégation.
VON WANDEL.

Quelques semaines après, un nouvel ordre secret venu du ministère de la Guerre prussien confirmant le premier et soulignant la suspicion dans laquelle étaient tenus les soldats alsaciens-lorrains placés près des officiers ou dans des postes de bureau, était transmis par le général commandant par intérim le XIV° corps d'armée, dans les termes suivants :

STELLVERTR. GENERALKOMMANDO   Février 1916.
du XIV° A. E.

Il est indispensable de se conformer à la décision ministérielle. Tous les Alsaciens-Lorrains employés comme secrétaires, ordonnances, etc., doivent être relevés de leurs fonctions et envoyés sur le front. A l'avenir, il y aura lieu d'envoyer tous les Alsaciens-Lorrains en état de porter les armes au Generalkommando qui les dirigera ensuite sur le front est. Prière de rendre compte avant le 1er avril 1916.

Pour le Stellvertr. Generalkommando,
(S) Radecke, major.

Enfin, un ordre de brigade d'infanterie de la LVIIe région précisait plus encore la surveillance spéciale dont ils devaient être l'objet :

Prière de porter à la connaissance de toutes les unités de dépôt et attirer l'attention sur la décision Generalkommando. Il serait utile également que les Alsaciens-Lorrains soient passés en revue de temps en temps par les officiers et *surveillés*. Prière de rendre compte avant le 15 mai 1916.
Mars 1916.

(S) Illisible.

Un an après, nous retrouvons la même note dans l'ordre régimentaire que nous reproduisons ci-dessous :

ORDRE DU RÉGIMENT (REGIMENTSBEFEHL)
du 3/e Régiment de réserve

Ouest, 25 janvier 1917.

Comme dans ces derniers jours trois Alsaciens-Lorrains ont passé à l'ennemi, tous les Alsaciens-Lorrains sont déclarés suspects.

Tous les Alsaciens-Lorrains seront retirés des compagnies du régiment cette nuit-ci. Ils seront cantonnés par bataillons et employés aux travaux sur la position élevée.

Défense sévère de fumer pendant le travail. Toute conversation avec des civils et d'autres camarades du régiment est rigoureusement interdite.

Les hommes d'Alsace-Lorraine seront privés de tous les avantages dont jouissent les autres hommes de la compagnie.

Toute allusion au sujet de ces mesures dans les lettres sera considérée comme infraction à la loi sur l'observation des secrets du service.

Signé : von Bibra,
Colonel et chef du régiment.

En vain les Allemands s'efforceront-ils de donner le change pour démontrer à l'opinion publique et aux neutres que les soldats alsaciens-lorrains se conduisent en vaillants et zélés défenseurs de la cause germanique; en vain, par une autre tactique, leur prodigueront-ils dans d'autres unités des « croix de fer » pour témoigner de leur patriotisme allemand, de semblables circulaires confidentielles montrent ce qu'il faut penser de ce prétendu loyalisme.

N'oublions pas non plus que depuis quarante-trois ans et après le formidable exode de 1871 qui enleva déjà à la cause indigène ses principaux éléments de force et de richesse et par cela même de résistance à la germanisation, l'émigration vers la France a continué sans interruption, tandis qu'au contraire, l'afflux de l'élément immigré amenait chaque jour en Alsace-Lorraine, surtout dans les grandes villes et dans les régions industrielles, des milliers et des milliers d'Allemands dont tous les enfants, nés dans le pays, ont été imperturbablement inscrits comme « Alsaciens-Lorrains ».

Notons enfin qu'en droit allemand, ainsi que l'a fort justement rappelé M. Maxime Leroy, juge de paix du XVIIe arrondissement de Paris, dans une précieuse étude de législation, « sont Alsaciens-Lorrains, d'après les règles déterminées par la loi du 1er juin 1870, modifiée par la loi d'introduction au Code civil et par la loi du 22 juillet 1912, non seulement les indigènes et leur descendance, mais encore les *Allemands immigrés* qui ont fixé leur domicile dans la terre d'Empire et qui y ont été naturalisés, soit par un acte administratif spécial, soit comme conséquence de leur nomination à des fonctions publiques quelconques » (¹).

C'est ainsi qu'à peine installé dans nos provinces, n'importe quel fonctionnaire des bords de la Sprée devenait automatiquement « Alsacien-Lorrain ».

Lors du dernier recensement de décembre 1910, la population civile de l'Alsace-Lorraine était de 1.791.000 habitants, ainsi répartis, selon la statistique allemande : Alsaciens-Lorrains, 1.495.000 ; Allemands, 220.000 ; étrangers, 76.000. L'effectif de l'armée était de plus de 80.000 hommes.

On peut donc évaluer à environ 300.000 le nombre de ces « indésirables » compatriotes, dont beaucoup, d'âge mobilisable, ont été appelés à prendre les armes depuis la déclaration de guerre.

Les Français feront donc bien, lorsqu'ils entendront vanter devant eux les prouesses ou célébrer les exploits dans l'armée allemande des

---

(1) « Le statut des Alsaciens-Lorrains. » (Extrait de la revue *Les Lois Nouvelles*.)

soldats alsaciens-lorrains — si jamais cela doit se produire un jour — de ne pas se contenter de savoir que ces fidèles et loyaux Allemands habitaient bien l'Alsace-Lorraine ou d'obtenir même la preuve qu'ils y sont nés, pour être édifiés sur leur véritable nationalité.

Il faudra surtout qu'après la guerre, — les Alsaciens-Lorrains s'en chargeront chez eux! — ils soient mis à même, par l'établissement d'un statut spécial, de faire la distinction entre un fils d'Allemand né depuis l'annexion à Metz ou à Strasbourg et un véritable Alsacien-Lorrain dont l'origine française pourra donner seule, en France, droit de cité et de reconnaissance!

Ils devront aussi toujours se souvenir qu'il ne dépendait pas des Alsaciens-Lorrains de redevenir Français, mais que c'est de la France seule que dépendait leur libération, pour ne pas oublier enfin que s'ils eurent la douleur et la honte de revêtir l'uniforme allemand, la responsabilité en incombe, non pas aux Alsaciens-Lorrains qui protestèrent à la face du monde, mais aux Français qui, mal préparés à subir une guerre que déjà alors ils n'avaient pas su prévoir, les sacrifièrent en holocauste sur l'autel de la patrie vaincue, en des jours de douleur et d'épreuves, pour la sauver en les perdant !

L'ALSACE-LORRAINE SOUS LE JOUG ALLEMAND

La déclaration de guerre ne fut connue en Alsace-Lorraine que par les mesures d'arbitraire et de rigueur qu'aussitôt elle y provoqua. Pendant plusieurs jours les populations habituées depuis si longtemps aux alertes avec lesquelles on alarmait fréquemment les troupes, crurent, ainsi d'ailleurs qu'on le leur assurait, qu'il s'agissait une fois encore de grandes manœuvres. Cependant, le 28 juillet, un avis officiel proclamant l'état de siège est affiché dans toutes les localités d'Alsace-Lorraine. Voici, à titre de document, le texte de celui qui le fit connaître aux habitants de la petite ville de Vic-sur-Seille, en Lorraine :

Par ordre de S. M. l'Empereur, la ville de Vic est mise par l'autorité militaire en état de siège.

Il est par conséquent expressément défendu aux habitants de sortir de la ville avant le lever du soleil et après son coucher.

Sont seuls autorisés à sortir de la ville les habitants qui auraient besoin de faire leurs provisions dans leurs jardins et pour leur nourriture. A condition toutefois que ces jardins ne se trouvent pas éloignés de plus de 200 mètres de la ville, il ne leur sera accordé qu'une heure tous les jours, de 8 à 9 heures du matin.

Quiconque enfreindrait cette ordonnance serait menacé d'être fusillé.

Le Maire, D' LUTTWIG.

Le jour même, tous les hommes jeunes sont mis en demeure de rejoindre les armées et, dès le lendemain, on procède à l'arrestation des « suspects ». Toutes les armes doivent être déposées à la mairie. — Comment, dès lors, les indigènes, plus particulièrement visés par cette ordonnance, eussent-ils pu tirer sur les troupes françaises? — Et lorsque, dans les premiers jours d'août, les Allemands, obéissant à une tactique longuement préméditée, se replient sur Château-Salins, les habitants sont informés qu'ils s'exposeront à de terribles représailles s'ils réservent bon accueil, aide ou assistance aux troupes françaises. S'étonnera-t-on encore que dans certains villages les Lorrains ainsi prévenus aient eu une attitude pleine de réserve et de prudence lors de l'entrée de nos troupes?

Dès le 31 juillet commence à fonctionner le régime de délation et de terreur sous lequel n'ont pas cessé de vivre nos malheureuses populations. Les fameuses « listes noires », dont le commissaire de police de Strasbourg Stephany révéla jadis l'existence, malgré les dénégations réitérées du Gouvernement d'Alsace-Lorraine, provoquent l'arrestation et la déportation des personnalités suspectées pour leurs sympathies ou leurs attaches françaises.

« Chaque sous-préfecture et chaque direction de police, avait affirmé M. Stephany [1] dans sa brochure *Les Scandales*, tient à jour :

1° Une liste confidentielle des Alsaciens-Lorrains qui doivent être expulsés en cas de mobilisation ;

2° Une liste confidentielle des Alsaciens-Lorrains qui, en cas de mobilisation, doivent être enfermés dans les casemates d'une forteresse.

« Ces listes de proscription sont mises à jour, éventuellement complétées deux fois par an ; elles sont adressées, contre quittance et sous enveloppe pourvue de cinq cachets, aux commissaires de police. Je déclare formellement que les susdites listes n'ont pas été annulées par la suppression du paragraphe de la dictature et que, jusqu'en ces derniers temps, elles ont été tenues à jour et qu'elles le seront par la suite. »

On les vit fonctionner avant même la mobilisation ; dans toutes les villes et les villages d'Alsace-Lorraine, les autorités militaires et la police procèdent à l'arrestation de tous les « suspects », tandis que, d'un trait de plume, sont supprimés tous les journaux de langue ou d'influence française : le *Messin*, le *Lorrain*, le *Courrier de Metz*, le *Patriote Lorrain*, à Metz ; le *Journal d'Alsace-Lorraine*, à Strasbourg ; le *Nouvelliste d'Alsace-Lorraine*, à Colmar. Leurs

---

[1] M. Stephany est lui-même maintenu depuis le commencement de la guerre en détention préventive, dans le Wurtemberg.

rédacteurs sont immédiatement incarcérés et déportés, la plupart en la forteresse d'Ehrenbreitstein.

C'est le système des arrestations en masse : il faut avant tout se débarrasser de tous les individus dont les sentiments sont douteux et terroriser ainsi les autres. Ceux qui sont en âge d'être mobilisés sont cueillis par la police à leur bureau, à leur magasin ou à leur atelier, et aussitôt équipés et mis en route, et parmi eux et les premiers, les membres du *Souvenir Français* ou *Alsacien-Lorrain* et de la *Lorraine Sportive* ou *Jeunesse Lorraine* (¹).

Sur simple dénonciation, même anonyme, des perquisitions ont lieu à domicile et, sous le moindre prétexte, les Alsaciens-Lorrains sont arrêtés et maintenus en détention préventive, sans même savoir ce qui leur est reproché.

Certains y resteront de si longs mois qu'à la date du 21 septembre 1916, nous apprenions de source privée, absolument sûre, que par simple mesure administrative 150 Alsaciens se trouvaient encore en prison depuis août et septembre 1914, sans même jamais avoir été jugés !

Le Gouvernement procède de telle façon à l'égard des « suspects » qu'il provoquera plus tard l'indignation des Allemands eux-mêmes. Un député, membre du Comité central du parti social-démocrate, M. Hermann Wendel, pourra écrire à ce sujet les lignes suivantes :

« On a agi avec eux dans les premiers temps, comme on n'aurait pas eu le droit d'agir avec des malfaiteurs reconnus. Si le cadenas de l'état de siège nous était ôté des lèvres et s'il nous était permis de nous exprimer ouvertement sur toutes ces choses, la honte devrait monter au front de tout Allemand pour qui l'honneur allemand n'est pas un vain mot...(²). »

Et il citait cette anecdote bien suggestive :

L'agent de police Lehmann apprend par hasard du barbier Muller que l'aubergiste Dupont a dit qu'il croyait que les Français reviendraient à Mulhouse. L'agent Lehmann fait part de la chose au com-

---

(1) Dans un volume intitulé *Les Martyrs d'Alsace et de Lorraine*, publié l'année dernière, et dont la documentation est empruntée pour une large part à *L'Alsacien-Lorrain de Paris*, M. André Fribourg a recueilli de nombreux noms et a fort bien résumé les faits. Nous n'y reviendrons donc pas.

(2) *Chemnitzer Volksstimme*, 14 novembre 1915.

missaire de police Meyer, lequel met Dupont sur la liste des suspects. Le général X... signe l'ordre d'arrestation. Et voilà...; le jour suivant, Dupont se trouve dans un sombre cachot pour la raison qu'il avait, quelque temps auparavant, chassé de son auberge le barbier Muller en état d'ivresse !

Et résumant les procédés mis en œuvre par les autorités militaires « parce que, dit-il, l'on voulait par ce moyen décapiter la population d'Alsace-Lorraine dès le début des hostilités », — procédés se traduisant par la mise en détention préventive, sans plus de façon et sans beaucoup de raison, de tous ceux qui par leur nom ou leur situation exerçaient quelque influence autour d'eux, — M. Hermann Wendel concluait : « Il suffit d'une *lettre de cachet* du général commandant la région : l'indésirable disparaît aussitôt comme si la terre l'avait avalé. »

Hélas ! ce fut par centaines, par milliers que disparurent les habitants jugés « indésirables ». Et comme, sans doute, les listes de suspects établies à l'avance ne suffisaient pas, après qu'elles furent épuisées, on en établit de nouvelles où furent inscrites toutes les personnes ayant des attaches en France ou notées autrefois pour être allées à Nancy ou à Belfort le 14 juillet, à Mars-la-Tour ou même plus simplement au cimetière de Chambières le 7 septembre. Mais comme cela sans doute ne suffisait pas encore, les autorités font alors appel au concours des « Vieux-Allemands » pour surveiller la population indigène et les invite à lui dénoncer les habitants coupables de professer d'autres sentiments que ceux de la nation allemande.

On devine avec quel empressement et quel zèle ils assument dès lors cette collaboration. Dans toutes les villes où sont nombreux les immigrés, les Alsaciens-Lorrains sont véritablement traqués et en butte à tous les guets-apens et à tous les pièges.

En pleine audience judiciaire, une ancienne fille de brasserie, qui par une singulière ironie fut arrêtée elle-même un jour comme suspecte, s'est vantée d'avoir, comme représentante du Comité pangermaniste de Strasbourg, fait opérer l'arrestation de 128 personnes [1].

---

[1] Faits révélés par M. Hauss, député d'Alsace, à la tribune du Reichstag, le 28 octobre 1916.

Et d'un bout à l'autre de l'Alsace-Lorraine c'est le même régime de délation et de déportation qui sévit. A Wissembourg, à 10 kilomètres de la frontière bavaroise, dans une région où les grandes entreprises industrielles ont amené un afflux d'immigrés, on arrête tous les habitants connus pour leurs sentiments français, trois jours avant la déclaration de guerre, et on les enferme dans la forteresse de Bitche. Un vieillard qui réunissait parfois chez lui de vieux camarades ayant servi comme lui dans l'armée française, est traîné en prison comme un malfaiteur.

A Metz, en un après-midi, 200 personnes sont arrêtées et écrouées à la prison militaire du quai de la Haute-Seille; chacune d'elles (on a appris cela plus tard) subit de la part de l'officier un interrogatoire d'identité à l'issue duquel l'officier leur annonce *qu'elles seront fusillées au petit jour.*

Tout ce monde passe donc en cellule la nuit du condamné à mort; à 3ʰ30, on prévient chacun qu'il ait *à se préparer.* A 4 heures, on les fait descendre dans la cour, s'aligner en carré, avec défense de parler au voisin. A 7 heures seulement, par rangées de quatre et séparés les uns des autres par un soldat en armes, on les fait sortir de la prison pour les acheminer vers la gare. Alors seulement ces malheureux se rendent compte que la menace de l'officier était une sinistre plaisanterie !

Ils sont entassés dans un train spécial qui les emmène au lieu de leur internement : la plupart à la forteresse d'Ehrenbreitstein, sur le Rhin, quelques autres à Bitche et à Magdebourg.

Et c'est ainsi que chaque jour qui suit la déclaration de guerre, parqués dans des wagons de quatrième classe ou dans des trains à bestiaux, des centaines de malheureux sont déportés en Allemagne, salués sur tout leur passage par les injures et les cris de la populace surexcitée par les premières victoires allemandes.

Rien ne saurait mieux d'ailleurs donner une idée de ce qui se passa en Alsace-Lorraine que ces passages extraits d'un journal tenu par un Lorrain habitant un petit village des environs de Metz et qu'il a bien voulu nous communiquer ([1]). Ouvrons-le pour nos lecteurs.

([1]) « De Metz à Nancy par la Hollande, l'Angleterre et Le Havre », document inédit.

L'ordre de mobilisation est parvenu à 10 heures du soir et, dès 2 heures du matin, passent les premiers détachements se rendant à pied à Metz. Le village est barré par des chaînes, on ne peut plus ni y entrer ni en sortir. De vieux territoriaux, réquisitionnés de suite, en assurent la garde. Le tambour bat jour et nuit, on nous proclame l'*état de siège*. Je souligne « état de siège », car j'ai appris, plusieurs jours après, qu'il avait été défendu de nous dire que nous étions en état de guerre.

Nous devons avoir, devant nos portes : le jour, de l'eau potable constamment renouvelée, dans des marmites, baquets, etc. ; la nuit, du café chaud et les fenêtres éclairées. Tout cela en prévision du passage des troupes.

La réquisition des bêtes se fait admirablement ; à 2 heures de l'après-midi tout est terminé ainsi que dans deux villages voisins. Nous logeons des troupes dont plusieurs officiers ; ils nous disent que ce sont « de grandes manœuvres ». Nous entendons le canon.

15 août. — 5 heures du soir. Une dépêche arrive, l'avis suivant est affiché :

AVIS

Tous les Français, Russes, Anglais, Belges, Serbes et Monténégrins, domiciliés dans l'arrondissement de Metz et dans les cantons de Boulay et de Faulquemont, ont à quitter le rayon de la forteresse de Metz et des environs. Pour cela, il sera mis à leur disposition le train qui quitte, le 17 août à 3 heures de l'après-midi, la grande gare de Metz, allant dans la direction de Novéant.

Les intéressés devront se réunir dans le vestibule d'entrée de la grande gare, une heure avant le départ du train. Celui qui sera rencontré, après le départ de ce train, dans le rayon de la forteresse, sera traité en prisonnier de guerre.

Il est recommandé aux passagers du train d'agiter des mouchoirs blancs à l'approche des lignes françaises, afin de se faire connaître comme non-combattants.

Les personnes malades et infirmes, les dames seules qui sont approvisionnées pour six mois, tant pour elles que pour leur ménage, sont autorisées à rester ici. Les industriels, médecins, infirmiers et autres personnes, dont la profession est utile au bien public, ont à m'adresser des demandes motivées, si elles désirent continuer leur séjour ici.

Metz, le 13 août 1914.

Le Chef de la police militaire,
Freiherr V. Bodenhausen,
Général-major.

Nous faisons en hâte nos préparatifs.

Notre compatriote constate en passant que les bagages des trois officiers qu'il a dû loger sont déjà marqués pour Nancy, où ils comptent être dans trois jours. Certaines voitures même sont indiquées comme ne devant être ouvertes qu'à Paris, où ils seront dans sept jours !

Dans six semaines, deux mois au plus, affirment-ils, la guerre sera terminée... Cette illusion semble chez eux avoir été tenace, ainsi que l'entrée prochaine de leurs troupes à Nancy et Paris.

Dans les premiers jours de septembre, alors que les communiqués allemands annonçaient : *L'Empereur devant Nancy*, puis *Nancy bombardée* et encore *Nanzig vor dem Fall* (Chute imminente de Nancy), les Lorrains n'ont-ils pas vu défiler (le 4 septembre) dans les rues de Metz, se dirigeant vers la gare, le fameux régiment de cuirassiers blancs dont Bismarck affectionnait tout particulièrement l'uniforme, qu'il portait dans les grandes circonstances ? Les cuirasses et les casques étaient à nu, brillants, astiqués, reluisant au soleil, les hommes rasés fraîchement, contrairement aux autres soldats qui avaient des barbes de quinze jours et même davantage. Ce beau régiment fut embarqué par chemin de fer pour Delme, localité située à 26 kilomètres de Metz, où il resta cantonné pendant plusieurs jours sans prendre part à aucune action. C'était le régiment de parade à la tête duquel le Kaiser comptait faire son entrée triomphale à Nancy ([1]) !

Mais reprenons le journal de notre évacué messin :

17 août. — Metz. A 2 heures, des ordres brefs, les soldats envahissent la gare, baïonnette au canon.

Nous montons sur les quais, nous changeons deux ou trois fois de quai, enfin, alignement devant un train formé de wagons à bestiaux. On s'y entasse en hâte, sous les baïonnettes menaçantes. Des sentinelles se placent dans les wagons. La foule est assez gaie... Dans peu de temps ne serons-nous pas à Novéant ?

Le train s'ébranle, mais à la stupéfaction générale, il part dans la direction de Thionville...

La gaieté est tombée... le silence est lugubre. Nous avons compris, mais on veut douter encore et espérer que l'on nous conduit vers la frontière belge.

([1]) « Choses vues à Metz pendant la guerre. » (*Revue hebdomadaire.*)

Thionville. Sur le quai, un officier crie : « Surtout, ne laissez descendre personne ! » Par les interstices du wagon, je vois le train prendre la direction de Trèves... Nous sommes bien prisonniers !...

Avant de poursuivre la lecture de ce carnet de route si impressionnant, qu'on nous permette de souligner l'hypocrisie et la fourberie des procédés allemands en la circonstance. « Munissez-vous de mouchoirs blancs, pour agiter devant les lignes françaises », a-t-on recommandé à cette foule de braves gens qui se croient seulement expulsés et en mesure de regagner leur pays d'origine. Or, la preuve qu'il n'a jamais pu être dans l'intention des Allemands de les diriger sur la frontière française, c'est qu'il n'y a pas seulement, dans cette foule, des Français, des Anglais, des Russes, des Belges, des Italiens, etc., comme le mentionne l'avis en question que nous avons reproduit, mais aussi des indigènes lorrains de nationalité allemande, traités en suspects et inscrits sur les fameuses listes noires dressées avant la guerre !

A qui fera-t-on croire que les autorités militaires allemandes aient pu un seul instant songer à rendre ceux-là à la France ? Mais il fallait endormir les défiances, dissiper les soupçons, maintenir l'ordre, et une fois de plus on aura recours pour cela à la supercherie et à la ruse !

Il y a dans notre train, dit notre évacué, douze à quinze cents personnes, des propriétaires, des familles en vacances, des Parisiens venus dans leur famille en Lorraine, de pauvres diables, beaucoup d'Italiens, des enfants de tous les âges...

La nuit vient, nous passons à Trèves ; on s'arrête, mais loin de la gare. Il pleut.

A nos questions, la sentinelle reste muette. Le train roule lentement sans jamais s'arrêter dans une gare. Nous ignorons la direction. La nuit se passe épouvantable.

18 août. — Cologne, 9 heures du matin. Le train fait la manœuvre plusieurs fois, en avant, en arrière ; il s'arrête enfin. On ouvre les wagons et on reçoit l'ordre de descendre. Formation d'une colonne, police à pied, police à cheval, soldats armés, et en marche à travers la ville avec nos colis qui, après une telle nuit, nous semblent si lourds !

La foule qui semble nous attendre, hurle, crie, vocifère ; des projectiles de toutes sortes nous arrivent ; les femmes nous crachent à la figure. Les soldats et la police ont grand'peine à repousser les assaillants ; enfin, après une heure et demie de marche lente, — car on nous exhibe, — nous arrivons devant une salle de bal où entre une partie de notre colonne.

Il y a des tables et des chaises; nous mourons de faim...

On nous autorise à manger nos provisions et à acheter quelques vivres au buffet.

Dans la soirée, on nous apporte de la paille. Nous avons pu retrouver des figures de connaissance de Boulay, Varize, Metz. Il y a du monde de toutes les catégories, même une vingtaine de filles publiques ramassées dans les bouges de Metz et à peine vêtues.

19 août. — La foule entoure la salle, avide de contempler les francs-tireurs de la Moselle — c'est ainsi qu'on nous nomme — et les sentinelles ont du mal à l'empêcher de l'envahir; les photographes s'emparent de nous... N'avons-nous pas commis les premiers crimes autour de Metz, assassiné les sentinelles, etc.?

La *Gazette de Cologne* annonce une grande victoire : 1.600 prisonniers... (C'est nous!)

20 août, 6 heures du matin. — Départ, on nous reforme en colonne. Une heure après, on nous embarque dans une gare de marchandises. Le train part pour une nouvelle destination inconnue. Inquiétude, anxiété. Les gares se succèdent. Dusseldorf, nous traversons le Rhin. On nous arrête dans une petite gare, mais où croisent une vingtaine de voies ferrées. On nous fait descendre; distribution de soupe.

Au bord de la première voie sont construits de grands baraquements parfaitement installés, pour pouvoir donner à manger aux troupes de passage.

Celui où nous sommes peut avoir 250 mètres de long, ouvert d'un côté; des bancs et des tables sont installés avec des assiettes et tasses pour le café. Une vaste marmite posée sur un réchaud est au bout de chaque table où peuvent s'asseoir une trentaine d'hommes. Le long du baraquement, un chariot, roulant sur rails, peut distribuer la soupe aux marmites de chaque table. Sitôt un train signalé, un nombreux personnel, hommes et femmes, se précipite et en quelques minutes tout le monde est servi!

Nous remontons dans notre train qui repart aussitôt.

21 août. — Nous arrivons à Hanovre où nous sommes dirigés sur une école de filles. Nous nous couchons, harassés, sur les planchers. On nous donne de la paille pour passer la nuit.

22 août. — Notre journée se passe dans la cour de l'école. Des *Herr Professor* sont autorisés à venir nous faire la morale. Pauvre peuple de Français vaincus de tous côtés, etc. On leur ricane au nez.

Dans l'après-midi, alerte. Tout le monde dans la cour! On nous compte : Français, hommes, femmes et enfants; Belges, de même; les Italiens nous ont quittés la veille. Départ avec nos colis à travers la ville. Nous arrivons à un enclos — ancienne poudrière abandonnée — entouré de soldats, revolver au poing.

Des cris, des ordres brefs, des brutalités de toutes sortes et on nous divise par sexe et nationalité. Sous l'œil des policiers en civil, ayant dans une main une trique, dans l'autre un revolver, derrière eux, un chien, nous devons vider nos poches tandis que les bandits ricanent...

A ce moment, des scènes navrantes se produisent, des femmes se trouvent mal, des enfants pleurent... et la rage au cœur, nous restons impuissants... Quelle nuit ! La terreur règne. Où sont nos femmes, nos enfants, la famille? Que va-t-on en faire? On nous a séparés; d'un côté, les hommes ; de l'autre, les femmes.

La nuit est longue... Nous entendons plusieurs coups de fusil et de revolver. Que se passe-t-il? Et toujours cette idée fixe : que va-t-on faire de nous?

23 août. — Le jour se lève; nous pouvons sortir de notre demeure et revoir notre famille, on s'embrasse !

Deux femmes, à demi mortes d'émotion, ont accouché prématurément, entourées de soldats armés et porteurs de lanternes et sous l'œil ricaneur des sentinelles. Ce n'est que grâce à une femme qui avait oublié de donner ses ciseaux que ces malheureuses ont été délivrées. On les transporte le matin à l'hôpital; j'ai appris plus tard que l'une est morte avec l'enfant.

Ordre de s'aligner, distribution d'un morceau de pain noir et d'un peu d'eau chaude appelée café.

Nous voyons alors une immense troupe d'hommes et de femmes au nombre de 800 environ : ce sont des Russes, ouvriers d'usines, avec leurs femmes. Défense absolue de nous mêler à eux.

Les policiers sont avec eux d'une brutalité inouïe : les coups de trique tombent dru et des coups de revolver, tirés en l'air, accentuent la cadence. Nous en sommes effrayés. On regarde autour de soi, c'est une vraie tour de Babel. A midi, on distribue dans des récipients de toutes sortes une soupe immangeable, infecte. Nous n'avons plus rien, plus de linge, plus d'argent. Défense de fumer; d'ailleurs, on nous a tout enlevé : tabac, papier, cigarettes, allumettes, etc.

Nous sommes ici, à Linden, 140 hommes et femmes, de nationalité française ou Lorrains : des propriétaires, des commerçants, des fermiers. Un de ces derniers, riche cultivateur des environs de Metz, a été arrêté, loin de sa maison, alors qu'il était occupé à décharger une voiture de blé. Ils ont arrêté son domestique, saisi la voiture et les chevaux, et sa femme ignore encore ce qu'il est devenu !

Nous ne suivrons pas plus loin, au jour le jour, le carnet de ce Lorrain qui, parce que resté Français, réussit après maintes péripéties qu'il serait trop long de narrer tout au long, à être rapatrié en France par la Hollande et par l'Angleterre, mais nous songerons à ces milliers d'Alsaciens-Lorrains devenus Allemands par la force et qui, moins heureux, arrêtés comme « suspects », sont encore en prison ou en exil.

Car lorsque le « suspect » alsacien-lorrain, après souvent de longs mois de prison préventive dont il ignore le motif, obtient enfin sa libération, il n'a pas pour cela terminé son douloureux calvaire.

Il ne retourne pas chez lui, on lui assigne un domicile obligatoire et on le chasse d'un endroit à l'autre sans qu'aucune loi lui accorde même une assistance matérielle quelconque.

C'est ainsi qu'on a pu voir à Ludenscheid, en Westphalie, un malheureux sans pain et sans gîte, en train de balayer les rues après avoir perdu un membre dans une usine où il avait été employé.

Au camp de concentration de Holzminden se trouve une Alsacienne âgée de soixante-dix ans. Elle avait été acquittée dans un procès politique, mais, comme suspecte, fut néanmoins maintenue en état d'arrestation. Deux fils de la pauvre femme sont tombés dans les rangs allemands, et cette mère alsacienne en est réduite à accepter l'aumône de femmes du demi-monde international, internées dans le même camp qu'elle.

« Les mères allemandes, s'écriait M. Hauss, député d'Alsace-Lorraine, en portant ces faits à la connaissance du Reichstag, ne rougiront-elles point en apprenant de tels faits ? »

Hélas ! Éloignés de chez eux depuis bientôt trois années, surveillés sans cesse dans une ville allemande, en proie aux tortures morales les plus grandes, auxquelles viennent s'ajouter encore les souffrances physiques causées par la pénurie des vivres et la difficulté du ravitaillement, ils expient durement leur fidélité à la patrie de leur cœur, tandis qu'aggravant leur martyre, leurs fils servent dans l'armée exécrée, en butte à toutes les suspicions et les défiances, quand ils n'ont pas été tués par leurs propres frères de chez nous !

Des centaines et des centaines d'Alsaciens-Lorrains ont été ainsi, dès la déclaration de guerre, arrêtés et jetés en prison. Combien d'entre eux n'ont pu supporter le régime atroce auquel ils sont soumis et, comme Jacques Preiss, de Colmar, ou le D⁰ Hauth, de Sarreguemines, sont morts de misère et de chagrin, avant que sonne l'heure tant attendue de la délivrance !

Cela, hélas ! nous ne le saurons que demain...

Par la suppression de tous les organes de langue française et la mainmise des autorités sur toutes les autres feuilles allemandes susceptibles d'un peu d'indépendance, l'Alsace-Lorraine ne sut de la guerre que ce que les communiqués officiels voulurent bien lui apprendre.

Témoin depuis de si longues années de la formidable organisation militaire de nos ennemis, elle attendit avec angoisse les premiers événements, assistant au passage des hordes germaniques déchaînées sur la France, écoutant leurs cris de triomphe et de victoire et se demandant avec anxiété si leur ruée vers Paris, où ils comptaient entrer dans quinze jours, allait rencontrer devant elle un obstacle assez puissant pour leur en interdire le chemin.

Ignorant tout ou presque tout des conditions dans lesquelles cette guerre avait été déclarée — les Allemands, pour motiver leur occupation du Luxembourg, ne racontaient-ils pas que 600 cavaliers français avaient traversé le grand-duché pour s'emparer de Trèves ! — les Alsaciens-Lorrains comprirent cependant que leur élan avait été brisé, lorsque, à la folle allégresse saluant les victoires de Belgique, succéda un jour ce communiqué laconique :

« Pour des raisons stratégiques, nous avons retiré notre aile droite. L'ennemi n'a pas poursuivi. Nous avons fait quelques milliers de prisonniers. »

Car c'est en ces termes que, le matin du 13 septembre, la population eut connaissance de la bataille de la Marne !

Si elle ne put à ce moment en deviner toute l'importance ni connaître toute la portée de la victoire française — toujours niée par les Allemands — elle comprit cependant que les événements ne marchaient pas au gré de ses maîtres, et les nouvelles mesures prises contre elle vinrent encore la confirmer dans cette idée.

On cria à la trahison, de nouvelles fournées de suspects furent ramassées dans les villes et les villages, on doubla la police secrète, et aux maires, qui, avec l'ordre de mobilisation avaient reçu l'ordre de recueillir et de conserver toutes les armes en possession des habitants de leurs communes, furent délégués des officiers inspecteurs chargés de s'assurer que la consigne avait bien été exécutée.

De ce jour aussi les conseils de guerre siégèrent en permanence pour réprimer impitoyablement le moindre geste, le moindre écart de langage; les condamnations pour propos séditieux ou pour propagande de fausses nouvelles ne se comptèrent plus et, dans le but d'impressionner la population, les journaux durent accueillir les longues listes de mois de prison et de marks d'amende infligés à tous ceux qui avaient osé douter des victoires allemandes ou souhaiter la défaite des armées impériales. Malheur à celui qui trahissait par un geste ou par une parole imprudente ses sentiments intimes !

La moindre boutade, le moindre propos, interprété aussitôt par les immigrés mués en espions et en délateurs comme une injure ou une menace à la grandeur ou à la sécurité de l'Empire, valait à son auteur de comparaître immédiatement devant les tribunaux militaires qui ne chômèrent point.

Une Strasbourgeoise ayant bien voulu recueillir pour nous ses souvenirs, quelques extraits donneront à nos lecteurs un aperçu de l'état d'esprit qui régnait alors en Alsace :

Lors de la déclaration de guerre de l'Angleterre, mentionne-t-elle, les Allemands sont profondément abattus. Leur haine se tourne alors contre elle, et le fameux : *Gott strafe England !* fait son apparition.

A la retraite de Morhange, leur arrogance, un instant atténuée, reprend plus que jamais. On ne voit et on n'entend que les Boches dans les rues. Ils s'abordent en commentant leurs *Siege* dont ils ont plein la bouche. Dans les cafés, les stratèges de *Stammtisch* partagent l'Europe comme un gâteau. Les cloches de toutes les églises sont en branle ; les édifices publics se pavoisent tous à la fois d'une manière automatique, et les particuliers sont invités à suivre cet exemple. Ceux des Alsaciens qui ne se hâtent pas assez — car une invitation en ce moment est un ordre — sont dénoncés par les voisins boches. Cette comédie se répète à chaque nouveau *Sieg*, vrai ou non. Certaines victoires, comme la prise de Belfort par exemple, ont été annoncées en Allemagne, mais pas en Alsace. Nous remarquons, à tort ou à raison, que très souvent leurs victoires sont annoncées le vendredi, jour de marché, afin d'impressionner les gens de la campagne. Nous passons tous là d'affreux moments de découragement que nous n'arrivons pas à dissimuler. Aussi les Boches nous lancent-ils des regards pleins de haine ! Leurs journaux parlent de l'allure glaciale de nos visages à l'annonce de leurs victoires (*Die eisigen Gesichter der Elsässer bei der Nachricht unserer Siege*). Ils nous promettent un régime plus rigoureux encore lorsque la guerre sera terminée (1).

Nous voyons avec désespoir l'ennemi avancer vers Paris. Les porteurs de journaux annoncent à grands cris la fuite du Gouvernement français à Bordeaux. Une Allemande nous affirme qu'on est à une portée de fusil de Paris (*nur noch ein Büchsenschuss von Paris*). Il nous faut subir ce triomphe sans sourciller, et malheur à ceux qui trahissent leur chagrin !

La victoire de la Marne, dont la nouvelle circule clandestinement, ranime l'espoir abandonné par beaucoup d'entre nous. Mais de là commencent nos vraies misères. Vient la défense de parler français. Nous nous servons tous alors du dialecte alsacien avec ostentation, et les Boches sont furieux d'entendre ce dialogue *ungebildet* parlé par la bourgeoisie elle-même. Ils se rendent compte, une fois de plus, qu'on ne veut pas de leur « allemand » !

Les enseignes françaises et anglaises disparaissent par ordre, les cafés boches qui avaient abusé des titres anglais se rebaptisent de noms bien germaniques. Exemple : le café Piccadilly devient *Wittelsbach*.

Tous les jours surgissent de nouvelles interdictions placardées sur les murs et qu'il n'est pas permis d'ignorer ; certains journaux suisses de langue allemande, jusqu'ici tolérés, sont interdits. De temps en temps nous parviennent néanmoins des journaux français autorisés en Allemagne. Maint Alsacien prétexte un voyage d'affaires pour aller les lire, les plus hardis les rapportent. On se jette alors avidement sur ces nouvelles vieilles presque toujours d'une dizaine de jours et plus, et chacun s'empresse d'en parler aux amis. Les journaux se passent sous le manteau de main en main et le dernier lecteur a mission de les brûler.

La délation et les perquisitions sont à l'ordre du jour. Des quantités de personnes sont arrêtées journellement ; celles contre qui sont insuffisantes les charges pour les emprisonner, reçoivent l'ordre de partir, dans un très court délai, pour une ville d'Allemagne. Les prisons sont à ce point bondées que certains condamnés de moindre importance attendent leur tour pour y entrer. En dépit de la tristesse, l'humour alsacien reste le

---

(1) Ce langage concorde bien avec la campagne menée depuis quelques mois par les journaux allemands pour obtenir le dépècement de l'Alsace-Lorraine et son partage entre la Prusse et la Bavière. Le correspondant de la *Tägliche Rundschau* écrivait à ce propos : « C'est en Alsace-Lorraine, avant tout, qu'il faudra établir un ordre nouveau et, pour y réussir, il conviendra d'employer un « balai de fer. »

même ; on surnomme la prison de la rue du Fil le « Casino français », et
« Hôtel du Lac » la prison centrale située au bord de l'eau (¹).

Tous ces condamnés subissent le même régime que les prisonniers de
droit commun ; ils sont, comme ceux-ci, aux travaux forcés et portent la
livrée de la prison. Il est superflu de dire que leurs familles sont en butte
aux pires vexations.

Deux Alsaciens ne peuvent pas causer dans la rue sans être espionnés.
Deux dames se rencontrent, l'une d'elles est de R... et ne sait pas l'allemand, aussi chuchotent-elles en français. Une gamine d'une dizaine d'années qui les épiait — une petite Allemande, bien entendu — leur annonce
triomphalement qu'elle va faire sa déclaration à la police. La dame alsacienne se rend chez la mère et la supplie pour son amie d'empêcher cette
dénonciation, mais la mère répond qu'elle n'y peut rien, l'ordre venant de
l'*école*.

De nombreuses personnes vont à la gare pour pouvoir, au passage des
trains sanitaires, glisser quelques douceurs aux blessés français, mais ce
qui nous attriste le plus, même les moins ardents d'entre nous, c'est le
défilé des prisonniers français, fait comme une véritable exhibition, par les
rues les plus fréquentées de Strasbourg !

Assister au passage de ces hommes, hués par la foule boche, et ne pas
pouvoir, même par un mot, par un geste, leur témoigner notre sympathie,
conçoit-on notre souffrance ? C'est la même crainte qui, jeunes ou vieux,
nous obsède : ne vont-ils pas croire, ignorant notre peine, que ce sont les
Strasbourgeois qui leur font cet accueil ?

Et notre correspondante relate ce trait bien peu à l'honneur du
statthalter d'Alsace-Lorraine :

Place de la Gare, de pauvres soldats français, grièvement blessés, attendent, étendus sur des brancards, l'arrivée de voitures d'ambulance
bien lentes à venir. Le statthalter von Dallwitz et sa sœur passent devant
eux sans même les regarder et montent dans leur auto. Ce même Dallwitz,
en visitant les hôpitaux, s'informe devant chaque lit si le malade est un

---

(¹) Il en est de même à Mulhouse, où plusieurs habitants très honorables attendent ainsi
qu'une place soit vacante pour eux à la prison, qu'ils appellent l' « Hôtel de France ».
C'est le dernier salon où l'on cause... français, disent ironiquement les Alsaciens et les
Lorrains, tandis que chez eux, ils épinglent contre la glace, bien en vue à côté des photographies, des souvenirs, des cartes d'invitation, l'ordre d'écrou motivé par une manifestation
francophile. Les prisons d'Alsace-Lorraine, après trois ans de guerre, continuent à être de
plus en plus fréquentées et les condamnés politiques y ont obtenu même de payer leur
pension ! Moyennant 1,80 mark par journée de détention, ils ont l'autorisation d'apporter
oreiller et couverture et ont un droit de priorité. Les nouveaux condamnés reçoivent un
numéro d'attente !

Français ou un Allemand. Il offre des cigarettes à ces derniers et passe devant les autres sans s'arrêter.

Qu'en pense le colonel de Winterfeld, qui, pour remercier la France de l'avoir si bien soigné lors de son accident aux grandes manœuvres et décoré de la Légion d'honneur, organisa l'espionnage contre elle en pays neutre ?

Mais que de condamnations prononcées contre la population d'Alsace-Lorraine pour « contact illicite » avec des prisonniers ou des blessés dans les ambulances ou hôpitaux ! Ne va-t-elle pas parfois jusqu'à favoriser leur évasion ?

L'avis suivant émanant du Kreisdirektor de Sarrebourg nous le laisse croire :

Du procès-verbal d'arrestation de plusieurs prisonniers de guerre repris après évasion, il ressort que ceux-ci ont maintes fois trouvé appui auprès de la population d'Alsace-Lorraine ; il est arrivé que la population agricole les occupe comme ouvriers à l'heure, pour les travaux des champs ; en quelques cas on leur a même assuré un logement pour la nuit.

Je me vois ainsi obligé de rappeler à tous l'ordonnance suivante de M. le général commandant le XXI° corps d'armée, 5° division, n° 1589 du 3 mai 1916.

Suit le texte de cette ordonnance déférant aux Conseils de guerre, pour y être puni de peines sévères :

Quiconque recevra chez lui sans autorisation un prisonnier de guerre ou un prisonnier civil russe, français ou autre, ou toute personne que l'autorité allemande poursuit à fin d'arrestation.

Non seulement les habitants ne devront ni recevoir ni héberger ces suspects, mais ils auront le devoir, sous peine d'être frappés eux-mêmes, de dénoncer les faits dont ils ont pu avoir connaissance :

1° Quiconque, après mûr examen, a des raisons de croire qu'un militaire ou un homme en sursis se propose de déserter, et qu'il peut encore empêcher l'exécution de ce crime, est tenu de donner sans retard avis à l'autorité militaire ou policière la plus voisine ;

2° Quiconque apprend de source digne de foi le séjour d'un homme qui demeure éloigné sans permission de son poste de service et qui se dérobe au contrôle militaire, est tenu d'en donner avis sans retard à l'autorité militaire ou policière la plus voisine ;

3° Les infractions sont punies d'après le paragraphe 93 de la loi sur l'état de siège, si le crime a été commis ou s'il y a eu tentative de le commettre.

Sarrebrück, 14 mars.

Le Général commandant de région,
von Mossner.

On ne s'étonnera plus, dans ces conditions, que très peu de prisonniers français, en dehors des blessés en traitement dans les hôpitaux, soient internés en Alsace-Lorraine. Ce sont des prisonniers russes qu'on emploie aux travaux des champs ou des voies ferrées, ce qui n'empêche point encore que les évasions y soient fréquentes !

Mais les Allemands accusent la population d'actes encore plus graves que l'évasion des prisonniers.

En maintes circonstances, affirment-ils, des « traîtres » ont saboté les fils télégraphiques et téléphoniques, et les menaces de toutes sortes n'ont jamais arrêté les auteurs dans l'exécution de leur œuvre ni permis d'en découvrir les coupables.

Aussi tout récemment un avis du général d'Elsa rappelait-il les peines édictées par le Code pénal allemand contre ceux qui détériorent au profit de l'ennemi les voies ferrées, les lignes télégraphiques et les moyens de transport, ainsi que contre ceux qui, connaissant les auteurs de pareils méfaits, ne les dénoncent pas en temps utile. L'avis ajoutait qu'à l'avenir, lorsque les coupables ne pourront pas être découverts, les habitants des localités avoisinantes seront déportés ou arrêtés, ou ceux, tout au moins, qui seront suspectés soit d'avoir commis l'attentat, soit d'en avoir connu le projet.

Ce qui ne nous empêchait pas de lire quelque temps après, dans les journaux allemands d'Alsace-Lorraine, qu'au mois de mai dernier, des inconnus, dont on n'avait pu découvrir la trace, avaient coupé le fil télégraphique entre Éblange et Florange, en Lorraine !

On y annonçait aussi qu'en raison de la répétition de tels actes commis contre la défense nationale et de l'impossibilité d'en frapper les auteurs, « le gouverneur militaire de Strasbourg a décidé la construction de plusieurs lignes télégraphiques souterraines, dont les travaux sont mis aussitôt en soumission, lignes télégraphiques destinées à relier Strasbourg aux vallées vosgiennes, afin d'éviter toute interruption des communications des armées qui s'y trouvent avec la forteresse ».

L'autorité militaire se venge de son impuissance sur la population paisible, en lui infligeant, par ses conseils de guerre siégeant en permanence, une pluie de condamnations pour les motifs les plus futiles et pour les infractions les plus légères aux arrêtés qu'elle édicte.

Il suffira au lecteur de jeter un coup d'œil sur les quelques condamnations que nous avons réunies dans cet ouvrage pour voir comment les Allemands ne se contentent pas d'être odieux, mais combien ils savent parfois se rendre grotesques et se couvrir de ridicule.

Il n'en fallait pas davantage pour que, dans un pays où le rire est aussi gaulois qu'en Alsace-Lorraine et où l'humour sait devenir une arme, l'esprit frondeur de la population, malgré les persécutions et les menaces, reprît aussitôt le dessus.

Un tribunal de Colmar ne condamna-t-il pas gravement à 100 marks d'amende un représentant de commerce qui s'était permis la plaisanterie suivante : il avait raconté qu'étant arrivé dans une localité de Prusse, il avait commandé au buffet de la gare un sandwich et qu'au lieu du sandwich demandé on lui avait apporté une carte de viande entre deux cartes de pain !

La publication de telles condamnations, loin d'intimider la population, ne fit qu'accroître donc le nombre des délinquants en excitant la verve et la malice populaires.

Comme à la suite de toutes les mesures de rigueur prises sans motif contre les habitants, les autorités militaires se bornaient à répondre froidement : *Aus höherem Befehl* (ordre du haut commandement), le mot fit fortune. Tous les Alsaciens l'employèrent désormais pour tourner en dérision tout ce qui arrive de fâcheux aux Allemands.

A Ingersheim, près de Colmar, au moment où l'Allemagne s'apprêtait à appeler de nouveaux contingents, des billets de banque furent mis en circulation portant en surcharge, à la machine à écrire, une parodie de la fameuse *Wacht am Rhein* :

> Lieb' Frankreich, magst ruhig sein,
> Deutschland zieht die letzten Kruppel ein.
> (Chère France, tu peux être tranquille,
> L'Allemagne appelle ses derniers infirmes.)

A Strasbourg, un matin, a raconté le *Démocrate* de Délémont, on trouva le chef auguste de l'effigie de l'Empereur recouvert d'un chapeau « melon », tandis que de la main droite tendue vers l'horizon elle tenait une affiche où on lisait ces mots : *Brotkarte, Fleischkarte, Kaffeekarte, Butterkarte*. De la main gauche, elle tenait une sonnette. Il y eut naturellement *Majestäts-Beleidigung* et la police promit une prime de 1.000 marks à qui ferait connaître l'auteur de cette irrévérencieuse farce.

Le lendemain matin, le même auguste chef était encore recouvert d'un « melon », mais l'auguste dextre tendait une pancarte, évidemment adressée aux autorités, et qui disait :

A moi la prime, MAIS EN OR ! Apportez votre or !

C'est ainsi que sous un régime de terreur et d'oppression où, d'après un calcul fait par la *Gazette de Lausanne*, plus de *trois mille années* de prison ont été depuis le commencement de la guerre infligées à sa population pour manifestation de sentiments français, l'Alsace-Lorraine sait encore protester par le rire !

Mais à côté de ces condamnations prononcées sans interruption depuis trois années de guerre contre les Alsaciens-Lorrains, et devenues si nombreuses que les Allemands ont dû en interdire la publicité, s'est poursuivie plus que jamais la lutte contre tout ce qui peut rappeler à la population le passé français.

Les enseignes tolérées en deux langues avant la guerre — à condition que le nom en allemand précédât le français — ont été interdites, les prénoms eux-mêmes ont dû suivre la règle commune et un décret impérial du 2 septembre 1915, suivi de nombreuses ordonnances, a imposé aux lieux et communes de la Lorraine, dont le nom français avait été jusqu'ici respecté, un nouveau nom germanisé :

Jouy-aux-Arches est devenu *Gaudach ;* Maizières, *Macheren ;* Verny, *Werningen ;* Jallaucourt, *Gellshofen ;* Woippy, *Wappingen*, etc., etc.

Les municipalités ont dû suivre l'exemple, et les noms des rues ont été également débaptisés. Pour s'être exprimé en français, pour avoir utilisé du papier à lettre français, des centaines de condamnations sont prononcées chaque jour dans toute l'Alsace-Lorraine, et un volume ne suffirait pas à en publier la liste.

On a voulu aussi atteindre et frapper durement ceux qui, séjournant à l'étranger lors de la déclaration de guerre ou ayant réussi à quitter le pays pendant les quelques jours qui précédèrent celle-ci, ne sont pas rentrés depuis. A défaut de leurs personnes, les tribunaux et les lois de l'Empire devaient pouvoir les frapper dans leurs propriétés et leurs biens.

Le 31 janvier 1916, une ordonnance impériale a donc été rendue, sommant tous les Alsaciens-Lorrains qui avaient leur domicile momentané ou durable, le 30 juin 1914, sur le territoire de l'Empire et l'ont quitté, de rentrer immédiatement dans le pays.

Les circonstances particulières, telles qu'elles se sont révélées en Alsace-Lorraine rendent cette ordonnance nécessaire, écrivait à ce propos le journal de M. de Bethmann-Hollweg, la *Norddeutsche Allgemeine Zeitung*.

Un certain nombre d'Allemands, résidant en Alsace-Lorraine, ont en effet abandonné leur pays quand, après l'assassinat du prince héritier d'Autriche, le danger d'une guerre se présenta. Quelques-uns n'ont pas honte de se livrer, à l'étranger, à une activité qu'il faut bien qualifier d'antigermanique ou même de haute trahison. Ces personnes ont par là perdu le droit d'appartenir à une communauté nationale, qu'oublieuses de leurs devoirs, elles ont abandonnée. La nouvelle ordonnance impériale donne aux autorités du pays d'Empire la possibilité de déclarer les éléments (*sic*) indiqués plus haut, comme aussi les personnes qui n'obéiraient pas à l'ordre de revenir en Allemagne, déchus de leur nationalité.

Cette ordonnance n'avait qu'un but, non pas de faire rentrer en Alsace-Lorraine les nombreux annexés qui s'étaient rendus en Suisse ou en France, soit pour se soustraire à l'obligation de servir dans l'armée allemande, soit, pour ceux ayant dépassé l'âge d'être mobilisables, afin d'épargner à leurs familles les dangers et les privations de la guerre, mais bien de permettre aux autorités allemandes de procéder à la mise sous séquestre, à la confiscation et à la saisie, voire même à la vente, de tous les biens et de toutes les fortunes appartenant à des Alsaciens-Lorrains.

Combien d'entre ceux-ci, n'ignorant rien du danger auquel ils s'exposaient en quittant leur pays natal, ont abandonné cependant, dès le mois de juillet 1914, tout ce qu'ils possédaient, sans avoir même trouvé le temps d'emporter leurs valeurs ou leurs objets les plus précieux, et qui, réfugiés ici depuis trois ans, vivent presque misérablement ou ont été contraints d'occuper des situations inférieures, pour pouvoir attendre leur retour dans le pays délivré !

Combien ne retrouveront plus là-bas que la fabrique détruite et l'industrie anéantie, alors que leur présence seule eût suffi peut-être à les sauvegarder et à les préserver des représailles allemandes ! Que les Français y songent !

C'est surtout en effet en Alsace-Lorraine, s'ils doivent jamais l'abandonner, que les Allemands appliqueront à tout détruire la même sauvagerie dont ils ont fait déjà preuve dans l'évacuation de nos départements envahis.

On a prêté à Guillaume II un propos selon lequel il aurait déclaré que si jamais l'Allemagne devait, un jour, rendre l'Alsace-Lorraine, elle la raserait complètement. Doit-on en voir une confirmation dans ce passage extrait d'un article que la *Strassburger Post* consacrait le 11 avril dernier à l'emprunt allemand ?

Les titres alsaciens sont actuellement payés à des cours considérablement supérieurs à ceux des valeurs allemandes de la même espèce, écrivait l'organe pangermaniste. Ceux qui préfèrent acheter ces titres à des prix si élevés, dans la pensée rassurante qu'il ne peut rien leur arriver, puisque les titres alsaciens seront, en tous les cas, quoi qu'il arrive, des valeurs du vainqueur, oublient que la belle Alsace, avant de tomber aux mains de l'ennemi, serait rasée et nivelée, tels les territoires abandonnés de la Somme. Ainsi s'évanouiraient les raisons de cette plus-value des valeurs alsaciennes.

En attendant, toutes les armes et tous les prétextes sont bons pour tracasser et persécuter les habitants qui restent, dans l'espoir de vaincre la résistance sourde mais tenace que rencontrent partout les Allemands dans l'exécution de leurs mesures dites de guerre. Les anciennes ordonnances françaises, dont certaines sont vieilles de plus de deux cents ans et qu'ils exhumaient déjà avant la guerre pour compléter l'arsenal de leurs lois et répondre aux Alsaciens-

Lorrains qui s'en plaignaient : « Mais ce sont des souvenirs que votre chère France vous a laissés », sont mises plus que jamais en vigueur.

Et c'est ainsi qu'une ordonnance du grand quartier général établi en Alsace, en date du 13 octobre 1916, roule sur une loi française du 3 mai 1841 et dont les paragraphes vermoulus ont depuis longtemps été oubliés en France!

Grâce à cela et à toutes les mesures prises chaque jour par l'autorité militaire, en vertu de l'état de siège, l'Alsace-Lorraine est soumise à un véritable régime de fer où le caporalisme allemand courbe plus que jamais sous sa rude férule les populations dont la voix ne peut plus même retentir ni au Parlement d'Alsace-Lorraine ni au Reichstag.

Lors d'une des rares interpellations des élus d'Alsace-Lorraine qui ait pu être discutée (juin 1916), l'un de ceux-ci, M. Emmel, député socialiste de Mulhouse — un Allemand — dépeignait en ces propres termes à la tribune du Reichstag la situation actuelle dans nos malheureuses provinces :

« Nous sommes, en Alsace-Lorraine, dans une situation particulièrement défavorable, disait-il ; nous nous trouvons dans le voisinage immédiat de la zone des opérations et, presque sans exception, les indigènes sont en outre considérés par l'élément militaire comme des particularistes dangereux, stigmatisés comme des ennemis de l'Empire et traités en conséquence.

« Le Landtag n'a pu se réunir que sur l'engagement des partis de ne pas aborder des sujets militaires ou politiques.

« Les conseils généraux ont été réunis, il est vrai, par arrêté impérial, mais le préfet a informé les conseillers que le général en chef lui avait enjoint de dissoudre aussitôt l'assemblée si l'on venait à y traiter quelque sujet politique ou militaire...

« La police militaire s'exerce en terre d'Empire d'une façon particulièrement douloureuse : le nombre de ses victimes y est en effet beaucoup plus considérable que dans le reste de l'Empire. Très fréquemment, la plupart des personnes ignorent le motif des mesures prises contre elles et n'ont aucun moyen de se défendre.

« Le régime des passeports, en raison du danger d'espionnage, est une entrave sérieuse à la circulation, frappant durement la vie économique...

« L'Alsace-Lorraine souffre aussi terriblement de la censure des lettres et des télégrammes. Le secret de la correspondance n'existe absolument plus pour nous. Les lettres doivent nous être remises ouvertes, nous ne les recevons qu'avec deux à cinq jours de retard pour la censure...

« Des envois postaux sont toujours de plus en plus simplement soustraits par les autorités militaires ([1]). »

Retenons cet aveu que le Parlement d'Alsace-Lorraine n'a été autorisé à se réunir que « sur l'engagement des partis de ne pas aborder des sujets militaires ou politiques », et étonnons-nous, après cela, de ne pas entendre s'élever de Strasbourg des protestations contre le langage tenu par quelques renégats comme les Ricklin, les Hoeffel, ou les Pétri?

Et comment des lettres nous apporteraient-elles souvent les doléances et les plaintes de nos compatriotes de là-bas, quand on sait de quelle surveillance est l'objet, non seulement aux frontières de l'Empire, en Suisse et en Hollande, mais dans le pays même, la correspondance des Alsaciens-Lorrains? En veut-on une idée? Qu'on lise alors cette note publiée récemment par l'*Elsässer Tageblatt* et portée à la connaissance des habitants :

Ne sont pas acheminées les lettres ou cartes donnant des renseignements d'ordre militaire (déplacements de troupes, cantonnements, évacuations de localités, résultats d'attaque ou de bombardements ennemis, attaques aériennes, travaux de défense), les lettres contenant des plaintes sur la situation économique (cherté, pénurie ou mauvaise qualité des vivres, arrêt partiel des usines, défaut de main-d'œuvre, aspirations modérées à la paix), etc.

Toutes les lettres, celles du front y compris, doivent être remises OUVERTES, sauf celles qui sont adressées aux autorités allemandes. Les lettres habillées d'une enveloppe de papier de soie ne sont pas admises. Il est interdit d'écrire en travers des lignes et dans les marges. L'omission du nom et de l'adresse de l'expéditeur, ou l'obscurité du texte entraînent un retard dans la transmission. Les lettres de plus de quatre pages du

---

[1] Cette phrase du discours de M. Emmel valut à l'interpellateur un rappel à l'ordre du président du Reichstag.

format ordinaire ne sont pas admises. Celles qui n'ont que deux pages sont acheminées plus rapidement. Les lettres doivent être écrites en langue allemande et non en dialecte. La sténographie, les écritures secrètes, le langage chiffré, les signes inintelligibles, les abréviations, les allusions sont interdits. Il est interdit de faire des communications manuscrites ou des annotations sur des journaux ou des imprimés. Est punissable le fait de donner à l'étranger des renseignements concernant des militaires ou des choses militaires de toute espèce, ainsi que le fait de favoriser la correspondance des prisonniers de guerre. Les cartes postales avec vues ou images ne doivent pas être expédiées à l'étranger.

Toutes les infractions à ces règles et prescriptions sont punies d'amende et, en cas de récidive, réprimées très sévèrement.

L'Alsace-Lorraine est maintenue ainsi sous le régime du silence, et l'autorité militaire y gouverne tellement selon son bon plaisir que les lois allemandes appliquées dans le reste de l'Empire ne trouvent même pas toujours grâce devant elle.

Au mois de décembre dernier, le Reichstag proposait et votait une loi aux termes de laquelle les civils allemands ainsi que les nombreux Alsaciens-Lorrains mis en arrestation préventive depuis le début de la guerre obtenaient le droit de réclamer leur libération en demandant à connaître les motifs pour lesquels ils avaient été déclarés « suspects ». (Trois ans après!)

Bien que le Conseil fédéral eût ratifié la loi et que l'Empereur y ait apposé sa signature, elle est cependant restée lettre morte au Reichsland. En vain le Reichstag, saisi par quelques députés de la violation des mesures édictées par l'Assemblée, voulut-il émettre une désapprobation, le secrétaire d'État Helfferich justifia l'attitude du pouvoir militaire en laissant à l'appréciation de celui-ci la mise en vigueur de la loi en question.

Et c'est ainsi qu'après trois années de guerre, un député lorrain, M. Lévêque, est encore sous le coup de son arrestation, malgré de nombreuses réclamations, et que l'adjoint au maire d'une petite ville d'Alsace, arrêté au commencement des hostilités, traîné déjà par deux fois en conseil de guerre où on n'a pu le condamner par défaut de preuves, reste en prison!

Toutes ces mesures d'exception sont justifiées aux yeux des Allemands par le manque de patriotisme des Alsaciens-Lorrains contre lesquels on ne saurait trop prendre de précautions. C'est par mesure de sécurité nationale que les droits dont jouissent les autres États ne doivent pas être appliqués en terre d'Empire :

> Pour qui réfléchit sur la politique, les conditions d'existence de la terre d'Empire ne se laissent pas tout bonnement mesurer à la même aune que celles des autres États confédérés, n'hésitait pas à écrire, à propos de l'ajournement de la session du Landtag, le *Schwäbischer Mercur* (11 mai 1917).
>
> Il existe, en Alsace-Lorraine, des sympathies françaises, non seulement dans les milieux parlementaires, mais encore dans certains milieux de fonctionnaires. C'est ce que prouvent les condamnations relativement nombreuses de fonctionnaires, pour manifestations anti-allemandes. Et c'est sous ce jour-là qu'il faut aussi comprendre l'ajournement du Landtag. Ne fut-il pas insensé qu'à quelques lieues du front, dans une assemblée élue de la terre d'Empire, un francophile tel que Preiss soit glorifié par un long discours (1) et que des menaces mal voilées contre l'autorité militaire osassent se faire publiquement jour au Conseil général de Colmar? Il faut parer à une répétition de tels scandales, dans l'intérêt du prestige de l'Empire, dans l'intérêt de la discipline et aussi — que l'on n'oublie pas que des traîtres comme Broglie, Laugel, Wetterlé, Blumenthal, étaient membres au Parlement d'Alsace-Lorraine — dans l'intérêt de la sécurité de nos troupes qui combattent sur le front, en admettant même que tels ou tels droits garantis pour le temps de paix doivent se trouver, par là, temporairement suspendus.

Ces sentiments français des pays annexés ne peuvent d'ailleurs être contestés, et c'est toujours dans des journaux allemands que, pour les Français qui douteraient encore, nous en puiserons une nouvelle preuve.

Il est impossible de fermer les yeux devant le grand nombre de mandats d'arrêt qui ont dû être lancés pour cause de haute trahison, non seulement contre des traîtres de profession, mais encore contre beaucoup d'autres personnes, écrit la *Kölnische Zeitung* (février 1915). Il est impossible de fermer les yeux devant des cas comme celui du pasteur strasbourgeois Gérold, qui, après avoir joué un rôle important dans la société

---

(1) Encore faut-il noter que le discours auquel fait allusion le journal boche fut prononcé par le président de la seconde Chambre de Strasbourg, M. Ricklin, un rallié de la première heure!

des protestants d'Allemagne et avoir été nommé docteur honoraire par la Faculté de Théologie de Strasbourg pour sa collaboration au nouveau livre de cantiques d'Alsace-Lorraine, n'a pas craint de donner libre cours à ses sentiments anti-allemands du haut de sa chaire et dans les hôpitaux, et cela d'une manière si ostensible que les conseils de guerre ont dû le condamner à un mois de prison.

Il y a lieu de déplorer davantage le cas du D' Goebrs, juge au tribunal de Mulhouse, qui fut destitué de ses fonctions par un tribunal disciplinaire à la suite d'une manifestation d'hostilité publique contre l'Allemagne.

Le véritable esprit du peuple nous a été révélé, sans parler d'autres événements, par l'accueil que la population de Guebwiller fit aux prisonniers français pendant qu'ils traversaient la ville. Cet accueil fut tel que le commandant de place et le préfet de Colmar furent obligés de se rendre personnellement devant le Conseil municipal, réuni d'office à cet effet, sous la présence du maire, le Vieil-Allemand Freyseng, pour y présenter leur protestation et menacer la population des pires représailles en cas de récidive.

Enfin, à Ribeauvillé, le centre électoral de l'abbé Wetterlé, il se produisit des faits tellement graves au sein du Conseil que le maire dut y faire lecture d'une admonestation très sévère de la part du préfet.

Mais ce n'est pas seulement à Ribeauvillé et à Guebwiller que se manifestent ainsi publiquement les sympathies françaises.

A Colmar, le maire allemand, M. Dieffenbach, ne peut que constater en une proclamation officielle l'abstention de ses concitoyens, en les menaçant des pires représailles s'ils persistent dans cette attitude indigne de bons et loyaux Allemands.

A l'occasion, dit-il, des victoires allemandes sur le front occidental, j'avais invité tous les habitants bien pensants à pavoiser leurs maisons.

C'était une invitation formelle faite dans la limite de mes attributions. J'ai le regret de constater qu'elle n'a été suivie d'aucun effet. Dans les classes dites supérieures, l'abstention a pris un caractère de véritable manifestation. Tous mes efforts pour représenter la population de Colmar comme une population loyale et foncièrement attachée à l'Allemagne échouent ainsi de la façon la plus complète, et j'ai le devoir d'attirer l'attention des habitants sur les conséquences rigoureuses qu'une telle attitude ne peut manquer d'avoir pour leur ville et pour eux-mêmes.

Malgré ces exhortations et ces menaces, l'état d'esprit de la population n'a guère changé, si nous en croyons le texte de cette nouvelle affiche du même Dieffenbach, fonctionnaire prussien ayant le titre de conseiller intime de justice et qui a arraché à son Conseil municipal une adresse félicitant l'Empereur de poursuivre la lutte jusqu'à la victoire et protestant contre la France qui prétend délivrer les Alsaciens-Lorrains :

> Citoyens, des mains de coquins ont arraché et souillé toutes les affiches officielles par lesquelles le maire et le Conseil municipal de Colmar invitaient le public à souscrire à l'emprunt. Cette attitude d'une partie des populations, voisine de la haute trahison, ne saurait être suffisamment mise au pilori. Je sais que la grande majorité des populations est écœurée des agissements de ces Francillons. La seule réponse possible, pour réparer le mal, est que chacun disposant de 5 marks aille les verser à l'emprunt.

Mais les Alsaciens n'ont sans doute pas oublié qu'à Saverne jadis le lieutenant von Forstner et le colonel von Reuter offraient aussi quelques marks de la peau de chaque *Wackes* d'Alsace !

Les hauts fonctionnaires de l'Église doivent également intervenir pour tenter de ranimer le zèle défaillant de leurs subordonnés.

Mᵍʳ Benzler, l'évêque allemand de Metz, après avoir fait enlever des églises les statues de la bienheureuse Jeanne d'Arc, doit exhorter son clergé, formé cependant pour la plupart dans des universités catholiques allemandes, à pavoiser à l'occasion des victoires allemandes et à secouer un peu son apathie en sortant d'une réserve qui pourrait être mal interprétée, tandis que l'évêque de Strasbourg, Mᵍʳ Fritzen, prélat d'humeur tolérante et de mœurs douces et vraiment pieuses, est invité par le Gouvernement impérial à recommander aux prêtres de son diocèse d'avoir en toutes circonstances à manifester leur loyalisme.

> Notre clergé a été souvent accusé de sentiments anti-allemands, mande donc l'évêque par une circulaire en date du 10 juillet 1915, et durant l'époque troublée des premiers mois, ce préjugé a été la cause d'incidents regrettables. On ne peut malheureusement pas nier que quelques hommes se soient permis des expressions qui, dans une situation aussi tendue, auraient dû être évitées à tout prix. Ces préjugés ont, Dieu merci, disparu en partie. Mais il serait impardonnable que par ses propos ou son

attitude quelque prêtre provoquât des doutes sur son loyalisme et compromît ainsi non seulement sa propre personne mais tout le clergé. J'invite donc MM. les Prêtres, non seulement — ce qui est tout naturel — à éviter soigneusement dans leurs paroles ou dans leur attitude tout ce qui pourrait être interprété comme anti-allemand, mais encore de s'abstenir de tout ce qui pourrait créer une équivoque sur leurs sentiments. Je ne veux rappeler ici que l'emploi de la langue française en public, la propagation de nouvelles de guerre non contrôlées, etc. Jusqu'ici, par égard pour les prêtres qui ont blanchi au service de l'Église, j'ai renoncé à prescrire formellement la prononciation du latin, telle qu'elle est adoptée dans la cathédrale et au séminaire. Mais j'espère que cette prononciation sera maintenant introduite partout. De même, j'estime qu'il est temps de faire disparaître le rabat qui ne fait pas partie du véritable costume ecclésiastique, et qu'à sa place on doit porter le col romain. Il s'agit ainsi, sans doute, de choses de minime importance, mais l'expérience a prouvé qu'elles peuvent donner lieu à toutes sortes de malentendus.

J'ai annoncé que mon clergé réfutera par des faits toutes les accusations et tous les préjugés dont il est l'objet, et ne laissera subsister aucun doute sur son loyalisme envers l'Empereur et l'Empire.

Il s'agit du « dominus » et du rabat, signes populaires de la tradition française que le clergé indigène a fidèlement maintenus en Alsace-Lorraine. Et cependant, le Gouvernement impérial, pour vaincre l'hostilité non dissimulée qu'il rencontra parmi les membres du clergé — le séminaire de Strasbourg était jadis le foyer de la protestation — avait obtenu la création d'une université de théologie catholique dont les jeunes prêtres durent désormais suivre les cours. Toutes ces mesures n'empêchèrent pas le clergé de tous les cultes de rester pour la plupart rebelle à la germanisation.

La Lorraine est-elle moins fidèle ? Qu'on lise cet extrait de la *Metzer Zeitung* (11 juillet 1917), qui est un véritable aveu de l'échec de la germanisation :

... Le paysan lorrain des localités frontières serait devenu depuis longtemps un bon Allemand dans le vrai sens du mot, si deux facteurs n'avaient pas constamment agi à l'encontre : d'abord, les *mariages nombreux* qui se contractaient *au delà de la frontière*, et, ensuite, le *travail de taupe* qui s'opérait *par un clergé sans conscience*. J'ai entendu souvent, moi-même, de la bouche de quelques habitants de ces contrées, que tel ou tel curé était « tout à fait Français » et que le fameux *Lorrain* d'un chanoine de Metz (il faut entendre par là le bien connu et fugitif abbé Collin), qui, maintenant en France, discourt contre nous de la façon la plus venimeuse, avait accablé de ses railleries la manière d'être allemande et les institutions allemandes.....

Pareille semence empoisonnée ne pouvait que produire les fruits qu'elle a réellement produits.

Sans cette influence systématique, le paysan lorrain se serait accommodé à la nouvelle situation, à laquelle, d'ailleurs, il trouve mieux son compte. Il y a des gens, dans la contrée, qui, en dépit de leur langue maternelle, qui est le français, ont une mentalité tout à fait allemande et ne veulent rien savoir d'une incorporation à la France, *mais ce sont des exceptions.*

Demandons-le encore à un Allemand éminent, revenu de Lorraine et d'Alsace au mois de novembre dernier, S. Exc. M. Hermann Bozzel, prélat de l'Église évangélique bavaroise, et qui a confié, à son retour de voyage, ses impressions à l'*Allgemeine Evang. Luther. Kirchenzeitung* :

Un regard rapide jeté sur Metz, dit-il, croirait y reconnaître la vie allemande ; mais, en réalité, le cœur et la vie, les goûts et les sympathies des vieux habitants sont tournés vers la France. Ce qui a été perdu il y a deux cent soixante-dix ans n'a pas encore été reconquis.

Les liens que trois siècles ont tissés sont si puissants que quarante ans d'occupation n'ont pu les rompre. Les familles aisées continuent à envoyer leurs filles dans les couvents de l'autre côté de la frontière, les jeunes gens se soustraient au service militaire, les mariages nouent de nouveaux liens avec l'ancienne patrie...

Décidément, conclut Son Excellence, l'Allemagne peut conquérir, mais non pas gagner les cœurs... Une semaine à travers l'Alsace et la Lorraine (y compris la partie allemande) m'a appris, à ma vive souffrance, que si dans ces pays on s'accommode volontiers des bienfaits de la culture allemande, en particulier des avantageuses lois sur l'assistance publique, on n'y reste pas moins Français de cœur.

Écoutons après lui le général von Lochow, commandant la place de Thionville, réitérer son ordonnance sur l'emploi de la langue française, en insistant sur « la façon provocante » dont la parlent les annexés :

Ces populations ne parlent la langue française que d'une façon provocante, dans les rues, les établissements publics, partout où se trouvent des personnes à entraîner ou à scandaliser. Le général est décidé à sévir. Tout Lorrain qui parlera français, alors qu'il peut se faire comprendre en allemand, sera condamné pour manifestation de sentiments anti-allemands.

N'est-ce pas une nouvelle preuve que la guerre a profondément déçu les Allemands qui, sur la foi de leurs journaux, croyaient à la germanisation des provinces volées en 1871 ? Ils n'hésiteront d'ailleurs pas à le reconnaître eux-mêmes, et la *Kreuz-Zeitung* (16 octobre 1915) traduira leur déconvenue en ces termes :

Mille incidents profondément tristes, les trahisons des Wetterlé, des Weill et des Blumenthal, les centaines de condamnations prononcées par les conseils de guerre pour sentiments anti-allemands, les nombreux cas de désertion et d'espionnage et, ce qui est le plus triste de tout, les sentiments anti-allemands de fonctionnaires tels que ces employés de Contributions qui récemment encore furent condamnés à des peines sévères d'emprisonnement, tout cela pourrait amener la nation allemande à penser — comme à plusieurs reprises on a tenté de le lui faire croire — que, dans cette guerre, le peuple alsacien tout entier nous a déçus et que ce fut *la plus grande désillusion de cette guerre...*

Comment, dès lors, ce qui, et de leur aveu même, est pour les Allemands « la plus grande désillusion de cette guerre » ne serait-elle pas pour les Français et les neutres la preuve la plus convaincante du patriotisme et de la fidélité des Alsaciens-Lorrains ?

Les mesures de rigueur prises contre les Alsaciens-Lorrains dès la mobilisation allemande furent encore aggravées du fait même de la marche des opérations militaires. L'entrée des troupes françaises en Lorraine et en Alsace aussitôt après la déclaration de guerre et qui provoqua après le départ de celles-ci les terribles représailles de Bourtzwiller et de Dalhain dont nous avons parlé, amena l'évacuation des villages alsaciens et lorrains de la frontière dès que se fixèrent les fronts de bataille des deux armées.

Que se passa-t-il du côté allemand? La censure impériale a tout fait pour nous empêcher de le savoir et ce n'est que par le carnet d'un Suisse qui, établi depuis longtemps en Alsace, en avait été évacué dans un camp d'internement, que nous pourrons apprendre l'odyssée lamentable de tous ces pauvres gens « obligés de quitter leur foyer en n'emportant que quelques hardes et quelques objets, et d'abandonner leur village ».

A côté de la Prusse Orientale, qui a été très éprouvée au commencement des hostilités, écrivait cet interné de retour dans son pays, il est bien certain que c'est l'Alsace-Lorraine qui a le plus souffert de la formidable tourmente; en Lorraine, la contrée de Sarrebourg—Château-Salins; dans la Basse-Alsace, Saales; en Haute-Alsace, la vallée de Munster jusqu'à Urbeis et la contrée du Lac Blanc et du Lac Noir; plus loin encore, le long des Vosges, de Soultz à Cernay, autour d'Altkirch, et jusqu'aux contreforts du Jura, le torrent dévastateur a tout emporté. Ce n'est plus que ruines et cendres.

Chassés par le canon, les habitants de ces localités s'enfuirent tout d'abord dans leurs environs immédiats. Plus tard, ils furent, de l'autre côté du Rhin, transportés dans le grand-duché de Bade et au Wurtemberg. Les uns purent emporter une parcelle de leur bien; d'autres furent contraints de s'éloigner les mains vides.

La petite ville de Wattwiller eut le triste honneur d'ouvrir la marche de ce lamentable exode. C'était le 21 décembre 1914, par une neigeuse journée d'hiver. Vingt-quatre heures après l'affichage de l'ordre d'évacuation, toute la population, municipalité en tête, dut quitter la localité, emportant quelques objets de première nécessité. Le spectacle était navrant. A l'heure fixée pour le départ — 6 heures du soir — la ville était remplie de cris et d'appels déchirants. L'obscurité était profonde et la neige tombait en rafales. Affolé par le vacarme, le jeune bétail se refusait à quitter les étables, et les femmes, les larmes aux yeux, imploraient les soldats du landsturm de les aider à charger sur des charrettes leur misérable avoir et à mettre sur le chemin les veaux récalcitrants. Un agonisant fut porté hors de sa maison. Les brancardiers le déposèrent sur une civière. Il gisait là, atone, sur le dur coussin, exposé aux morsures du vent et de la neige, lorsque sa femme, folle d'angoisse, se mit à crier : « Il meurt! Il meurt! » Mais toute plainte est vaine : la guerre est dure; émus cependant par le triste spectacle, quelques soldats allèrent chercher une vieille couverture et des linges qu'ils étendirent sur le moribond.

Enfin le cortège s'ébranla, morne et lent. Ici, un vieillard débile conduisait un maigre attelage de bœufs; là, une pauvre vieille, tremblante de peur, poussait sa petite voiture contenant quelques hardes. Des enfants pleuraient, suspendus aux jupes maternelles. Des bébés gémissaient, transis de froid sous les châles impuissants à les réchauffer. Et le moribond, hoquetant, suivait aussi, cahoté sur l'horrible brancard.

Quelques jours après l'évacuation de Wattwiller, plusieurs autres localités subirent le même sort : Cernay, Uffholtz, Steinbach, Schweighouse, les deux Burnhaupt, Aspach et Hartmannswiller. En plusieurs endroits la fuite eut lieu sous les obus.

L'année suivante, ce fut le tour de l'arrondissement d'Altkirch. Ici, du moins, des précautions avaient été prises pour éviter la panique : les habitants eurent plusieurs jours pour se préparer au départ. C'est alors que la population abandonna Carspach, Hirtzbach, Bisel, Moos, Niederlarg, Spechbach-le-Haut et Spechbach-le-Bas, Enschingen, Brinighoffen, Bernwiller, Heidwiller, Aspach (sur Altkirch) et la petite ville d'Altkirch elle-même.

Le 7 décembre, je me trouvais à Bisel, ayant conduit dans la journée des meubles à Roppentzwiller. Le 8, à 5 heures du matin, je dus repartir pour Altkirch avec des camarades ; nous poussions cette fois devant nous un troupeau de porcs. Le même jour, les gens de Bisel transférèrent aussi leur gros bétail à Altkirch. Plusieurs d'entre eux l'avaient abattu.

Le 10 décembre, nous dûmes quitter Bisel pour la seconde fois : nous conduisions des jeunes porcs et des veaux à Ferrette. Là étaient aussi arrivées des vaches laitières qui furent embarquées et expédiées vers l'est. L'après-midi, nous transportâmes encore des meubles de Bisel à Durmenach. Le 12 décembre, j'entrepris encore un voyage à Roppentzwiller. Enfin, comme le terme fixé pour l'évacuation complète tombait le 15 décembre, je me réfugiai ce jour-là avec ma famille à Brunstatt. Les autres habitants de Bisel furent internés à Ferrette.

Quelques jours plus tard, ce fut le tour de Tagsdorff, Walheim, Illfurt et Zillisheim. Le 10 février, Feldbach, Heimersdorff et Hirsingue suivirent. L'ordre d'évacuation fut affiché le 9 février, après dîner, pour être exécuté le lendemain à midi. Vu le peu de délai, les habitants de Feldbach durent partir avec un simple bagage à main. Et moi, qui avais tant sauvé pour les autres, je dus me contenter d'émigrer avec un simple mouchoir de poche bourré de linge. Nous fûmes conduits à Waldighofen et de là à Mosbach, où nous arrivâmes le lendemain. Tout le long de la route, nous fûmes éclairés par la lueur d'un incendie : sept maisons de Mœrnach, allumées par les obus, flambèrent cette nuit-là. Mœrnach et Durlinsdorff furent abandonnés le même jour.

Nous fûmes pour la plupart internés dans la vallée du Neckar, à Heidelberg, à Mosbach, à Wurzbourg et dans l'Odenwald, jusqu'à Mudau. Quelques-uns furent logés chez l'habitant, d'autres, plus favorisés, s'établirent eux-mêmes par leurs propres moyens [1].

---

[1] *Tribune de Genève*, 6 décembre 1916.

Bien d'autres évacuations ont eu lieu, hélas ! depuis trois ans, dans les nombreux villages alsaciens placés directement dans la zone de tir des canons français, malgré la mansuétude de notre artillerie qui ne se résout à les bombarder que lorsqu'ils sont manifestement le repaire d'importants groupements ennemis ou le centre d'attaques dirigées contre nos lignes. Un rapport officiel allemand publié récemment estimait, en effet, à environ 50.000 personnes provenant de 52 villages le nombre des évacués alsaciens, sur lesquels 20.000 seulement ont pu rester en Alsace-Lorraine où ils ont trouvé du travail dans d'autres communes.

Le reste de ces pauvres gens, transférés de l'autre côté du Rhin, en Prusse, en Bade et Bavière par l'autorité militaire, où ils se heurtèrent presque toujours à l'hostilité et au mauvais accueil des populations, vit péniblement d'allocations et de secours dont leurs communes obtiennent de plus en plus difficilement de l'État le remboursement.

De nombreuses difficultés se dressent chaque jour pour les municipalités qui ne peuvent plus faire face à ces trop fortes dépenses pour leur maigre budget et qui s'épuisent en de vaines réclamations auprès des pouvoirs publics.

Toutes ces mesures ont accru la misère publique que le rationnement et la pénurie des vivres ont rendue déjà si profonde. Nos malheureuses provinces incorporées de force et malgré leurs protestations à l'Allemagne doivent subir encore, par une cruelle ironie, le blocus sévère que les Alliés veulent infliger à ses bourreaux pour mieux les vaincre.

Car c'est en Alsace-Lorraine, plus encore peut-être qu'en Allemagne, que fonctionne dans toute sa rigueur le régime des réquisitions.

Peu à peu, avec une progression systématique, les meubles sont devenus l'un après l'autre matière à saisie et les habitants ont vu s'en aller successivement ainsi tous leurs droits de jouir librement des objets les plus nécessaires à la vie quotidienne. Nous ne parlerons pas des réquisitions de cloches, de tuyaux d'orgue, de poignées et de boutons de porte, d'alambics et d'ustensiles de cuivre de toutes sortes, qui n'entraînaient, en somme, que des privations ne portant pas préjudice à la santé. Mais les réquisitions de bétail, accompagnées de la défense d'en abattre la moindre pièce, furent pour les Alsaciens le commencement de la misère. Après le bétail c'est sur les provisions de ménage que l'on fit main basse : viande fumée, fruits séchés, pommes de terre, légumes, blé, farine. Les cultivateurs qui constituent la masse de la population se virent réduits au même régime que les ouvriers des villes : cartes de pain, cartes de viande, etc. Mais il restait encore à ces malheureux un important privilège : la jouissance de leur lait et de leurs produits de basse-cour. Il est à présent supprimé : ce sont les soldats allemands qui traient les vaches et récoltent les œufs. Les enfants en bas âge, les malades et les vieillards sont seuls à recevoir encore une faible ration de lait, que les réquisitions de bétail, qui se font maintenant en grand, ont aussi contribué à raréfier notablement. Certains propriétaires se sont rejetés sur la chèvre, « cette vache du pauvre », dont la valeur a bientôt atteint des prix inconnus jusqu'à ce jour. C'est ainsi qu'on a vu récemment un habitant de Ferrette payer une chèvre 250 marks ! Il va sans dire que, faute de lait, le beurre est introuvable. Il en est de même, d'autre part, pour l'huile et le café. On peut encore se procurer du thé à raison de 40 marks le kilo. Pour le chocolat, il se paie 30 marks, quand on en trouve. Le vin, de très mauvaise qualité, revient à 4 marks le litre. Un morceau de savon minuscule se vend couramment de 6 à 7 marks.

Les Alsaciens-Lorrains sont en outre condamnés véritablement aux travaux forcés, et la liberté individuelle n'y est plus qu'un vain mot. Astreints par la mobilisation civile à travailler pour le roi de Prusse — les femmes des fabriques de Mulhouse n'ont-elles pas été déportées en Allemagne — ils doivent se plier aux ordonnances les plus draconiennes.

Qu'on lise cette ordonnance du général von Oven, gouverneur de Metz, en date du 16 avril 1917 et applicable aux arrondissements de Metz-Ville et de Metz-Campagne, ainsi qu'à celui de Boulay, canton de Bouzonville excepté. Aux termes de cette ordonnance, datée du 9 avril :

1° Il est interdit aux personnes des deux sexes employées à la culture ou à l'exploitation forestière de se consacrer à une autre occupation sans l'autorisation du sous-préfet ou du maire de Metz, pour l'arrondissement de Metz-Ville.

Il est interdit aux jeunes campagnards n'ayant pas encore travaillé, d'embrasser, sans la même autorisation, une autre profession que celle d'agriculteur ou de forestier ;

2° Toute personne de l'un ou de l'autre sexe est tenue d'accepter les occupations agricoles ou forestières qui lui seront assignées par les autorités compétentes, soit dans la localité de sa résidence ou dans l'une des localités de son voisinage ;

3° Le maire ou le sous-préfet ne peuvent prescrire une telle mesure que si elle est nécessaire à l'ensemencement des champs ou à la rentrée des récoltes.

Les Allemands aggravent encore cette situation si pénible, par la sévérité avec laquelle ils répriment toute infraction aux innombrables décrets et arrêtés pris par eux pour réglementer la vie économique et tenter d'enrayer la crise alimentaire.

C'est une véritable grêle de contraventions qui pleut sur les populations et dont les plus communément appliquées sont les suivantes :

Parler français, 25 marks ; réunion de plus de trois personnes, 20 marks ; omission de demander un permis de libre circulation, 50 marks, sans oublier les jours de prison pour qui récidive ou est sensé agir par provocation.

Au régime des réquisitions s'est ajouté encore le régime des perquisitions, et il suffit d'une simple dénonciation, même anonyme, d'une vengeance quelconque, pour qu'un représentant de l'État, flanqué la plupart du temps d'un chien policier, vienne fureter dans les habitations et les jardins, essayant d'y découvrir les provisions qui ont pu y être dissimulées ou l'or qui n'a pas été versé au Trésor national. Après quoi, sans même la moindre excuse si les recherches sont restées infructueuses, il se retire pour recommencer demain si bon lui semble, ou en confisquant tous les objets qui n'ont pas été présentés par omission ou par fraude à la réquisition ordonnée et en infligeant en outre aux délinquants une amende sévère. Que de familles ont été pour ce motif privées du droit de pourvoir à leur subsistance !

On devine combien ces vexations et ces tracasseries journalières rendent insupportable l'existence des Alsaciens-Lorrains déjà certains d'avance que toutes leurs doléances ou leurs plaintes seront sans résultat et que leurs inquisiteurs, quoi qu'ils fassent, sont assurés de l'impunité la plus scandaleuse.

C'est le règne du gendarme dans ce qu'il a de plus odieux et de plus brutal qui triomphe. Malheur à celui qui tente de secouer son joug ! Une bonne petite dénonciation pour sentiments anti-germaniques viendra modérer son ardeur, en l'envoyant méditer dans une geôle, sur les inconvénients qu'il peut y avoir à manifester sa pensée dans le territoire de l'Empire !

Au cours d'un débat qui a eu lieu au mois de mars dernier à la Commission municipale du Reichstag et où l'on entendit le ministre de la Guerre, von Stein, deux députés allemands, le centriste Groeber et le socialiste Hermann Wendel, soulignèrent toute la beauté de ce régime inqualifiable dont la détention préventive et l'interdiction de séjour forment la base principale.

On a arrêté en Alsace-Lorraine, déclara M. Wendel, des centaines de personnes qui n'avaient jamais même déployé la moindre activité anti-allemande. Parmi elles, il se trouve même deux chevaliers de l'Aigle Rouge. Sur la simple suggestion que quelqu'un était membre du « Souvenir Français », on l'a fait tomber sous le coup de la loi d'arrestation arbitraire. Or si cette association n'a assurément pas propagé des sentiments allemands, cela ne suffit pas néanmoins pour qu'on ait le droit de traiter chacun de ses membres, ou présumé tel, comme une sorte de traître... En outre, on a poursuivi de nombreuses personnes qui avaient des parents en France, ou qui jadis avaient fait en France plusieurs voyages d'affaires ou d'agrément ; finalement, tous les Alsaciens-Lorrains fortunés ou influents. Ces gens se sont vus traiter comme des criminels. S'ils peuvent un jour conter leur destin, ce sera par le monde un cri d'indignation, d'autant plus que les conditions d'incarcération ont été inouïes, surtout dans la forteresse d'Ehrenbreitstein qui, dès le temps de paix, était spécialement aménagée pour la détention des suspects. Aujourd'hui encore persiste un régime d'extrêmes rigueurs : interdiction de séjour, obligation de se présenter quotidiennement à la police, refus de permissions, même dans les cas pressants, etc. La nouvelle loi est très fréquemment tournée. Tout ce que le Reichstag a fait jusqu'ici pour en assurer le respect n'a pas eu le succès qu'il faudrait.

Hermann Wendel passa ensuite aux actions exercées contre la langue française :

> L'invraisemblable état de choses, déclara-t-il, est encore tel aujourd'hui que l'on verbalise contre l'usage de la langue française, même dans les régions où la grande majorité de la population — jusqu'à 70 °/₀ des habitants — ne parle que français et où vivent encore des vieillards qui, bien que n'ayant jamais fréquenté une école allemande, n'en doivent pas moins, eux aussi, être punis s'ils s'expriment en français dans les rues ou dans les lieux publics. En cela se distingue tout spécialement le général von Oven, le gouverneur de Metz. Il sévit de la façon la plus mesquine contre l'usage de termes français, comme si ses employés n'avaient rien de mieux à faire. Il a même chargé des délateurs de noter les personnes qui, dans les localités de langue française, assistent au service divin célébré en français. *L'Alsace-Lorraine vit, en effet, sous un régime de terreur.*
>
> Nul n'est assuré qu'il ne sera pas accusé, sans ombre de motif, par un voyou quelconque, de sentiments anti-allemands, et condamné par suite à la détention préventive ou à l'interdiction de séjour. L'absurde chicane et la persécution sont à l'ordre du jour en Alsace-Lorraine. Un militaire qui agit ainsi, au mépris de ses réels devoirs, est un être malfaisant. Il ne travaille guère qu'au profit des Français qui exploitent de tels procédés pour augmenter le crédit de cette illusion que l'Alsace-Lorraine a besoin d'être délivrée. Tous les efforts en vue d'éveiller la sympathie pour la culture allemande sont ainsi mis en échec. *Après la guerre actuelle, il sera beaucoup plus difficile qu'en 1871 de regagner le cœur de la population d'Alsace-Lorraine.* A quel point l'état de choses est présentement mauvais en terre d'Empire, la meilleure preuve en est que le plus haut fonctionnaire d'Alsace-Lorraine, le préfet de Metz, von Gemmingen, a épanché son indignation en déclarant que le système dominant aujourd'hui en Alsace-Lorraine est une *barbarie*. La délation y fleurit comme aux pires jours de l'Empire romain. Il est grandement temps de mettre un terme à ces abus [1] !

Et cette condamnation formelle du régime appliqué à l'Alsace-Lorraine et prononcée par un Allemand n'est pas justifiée seulement par des mesures arbitraires prises au lendemain de la déclaration de guerre, comme on serait tenté de le croire, et que pourrait expliquer, sinon excuser, la nécessité de terroriser une population que l'Allé-

---

[1] *Chemnitzer Volksstimme*, 24 mars 1917.

magne devinait hostile, mais elle vise, on l'a vu, des faits qui durent depuis plus de trois ans et qui se répètent chaque jour !

Quelle excuse invoquera par exemple l'Allemagne, pour maintenir en captivité à Fulda, depuis trois années, un vieillard âgé de soixante-quinze ans, médaillé de 1870, M. l'abbé Étienne, curé de Lorry-lès-Metz, sous ce simple prétexte, sans doute, qu'il était vice-président du « Souvenir Français » de cette localité ?

Un tel régime de barbarie, pour employer l'expression de ce fonctionnaire allemand, n'a servi qu'à dessiller les yeux aux rares Alsaciens-Lorrains qu'une communauté d'intérêts — le désir bien souvent de préparer la carrière de leurs fils ou de maintenir leurs affaires — avait quelque peu rapprochés des Allemands, et à les faire revenir à leurs véritables sentiments.

Aussi l'on peut dire aujourd'hui que, depuis que l'espoir de redevenir Français se précise de plus en plus, l'unanimité s'est faite peu à peu entre tous les Alsaciens-Lorrains en dehors de la poignée de renégats occupant des postes officiels et qui sentent bien qu'ils devront fuir de l'autre côté du Rhin pour échapper à la vindicte publique et à la colère populaire, pour souhaiter la victoire de nos armes. En vain, des ralliés de la première heure, comme ne pouvaient manquer d'être les présidents des deux Chambres d'Alsace-Lorraine — tout autre choix, surtout en temps de guerre, n'eût-il pas provoqué des représailles terribles contre la représentation nationale et contre le pays lui-même ? — le Dr Ricklin, un Alsacien fils d'une mère allemande et qui, ayant perdu son père très jeune, fit son éducation en Bavière, — sa figure balafrée en témoigne, — et le Dr Hoeffel, plus honorablement connu, essayèrent-ils, obéissant aux injonctions du Gouvernement allemand, d'arracher au Parlement d'Alsace-Lorraine une déclaration ou un acte de fidélité et d'attachement dont l'Allemagne aurait pu se servir à la face du monde, ils ne réussirent à obtenir que de rares applaudissements aux discours d'ouverture des sessions, discours dans lesquels ils affirmaient le loyalisme des populations d'Alsace-Lorraine, tandis que le plus grand nombre des représentants de celles-ci quittaient la salle au moment du vote pour ne pas avoir à se livrer à une manifestation anti-nationale dont leurs mandants pourraient être les victimes. N'affirme-t-on pas que même à la première Chambre d'Alsace-Lorraine, où, on le sait, une partie des membres est nommée directement par l'Empereur, l'évêque de Metz et l'évêque de Strasbourg prirent la parole pour déclarer que « leur conscience leur interdisait de réclamer au nom du peuple le rattachement de l'Alsace-Lorraine à l'Allemagne ».

N'assure-t-on pas aussi qu'en juin dernier, le socialiste Sudekum, arrivé à Strasbourg en même temps que le chancelier, dans l'espoir de pouvoir exhiber triomphalement à la Conférence internationale de Stockholm un document attestant les sentiments germanophiles de l'Alsace-Lorraine, pour lequel il pensait recueillir parmi les membres de la seconde Chambre une soixantaine de signatures, dut renoncer à son projet devant le peu d'empressement qu'il rencontra partout.

Mais il faut à tout prix impressionner les neutres et leur démontrer que l'Alsace-Lorraine désire rester allemande. C'est dans ce but qu'on se prépare à provoquer dans la terre d'Empire un plébiscite dont les feldwebels tiendront les urnes. Les municipalités, les corps constitués et les chambres de commerce seront mis en demeure de déclarer leur attachement à l'Allemagne ; comment, sous le régime de terreur qu'ils subissent, pourraient-ils s'y dérober ?

Attendons-nous donc à ce que nos ennemis invoquent quelque jour, pour prétendre conserver leur conquête de 1871, les vœux mêmes des Alsaciens-Lorrains. Les Français ne se laisseront pas prendre à cette nouvelle manœuvre allemande que la publication de ce volume, nous l'espérons, contribuera à déjouer.

La vérité, c'est qu'au contraire, par ses procédés mis en œuvre depuis le commencement de la guerre, l'Allemagne n'a réussi qu'à s'aliéner le peu de sympathies — intéressées presque toujours — qu'elle possédait en Alsace-Lorraine.

C'est à tel point que, dans la *Nouvelle Gazette de Zurich*, un Alsacien non suspect, puisqu'il y témoigne d'une extrême sympathie pour le peuple allemand, pourra écrire : « Plus rien de commun avec l'Allemagne ! Tel est le mot d'ordre pour nous, même pour ceux — et je suis de ce nombre — qui éprouvent les plus vives sympathies pour le malheureux peuple allemand si odieusement trompé par ses dirigeants. Il n'y a qu'une alternative possible à nos yeux, c'est notre retour à la France. »

C'est le même langage que tenait d'ailleurs précédemment la *National Zeitung*, journal badois de langue allemande et de tendance germanophile (8 février 1916) en déclarant :

Ainsi la guerre, avec tous les événements qui la composent, événements tout particulièrement pénibles pour les Alsaciens, n'a fait que creuser davantage le fossé qui, en terre d'Empire, sépare les deux éléments. La conséquence fatale en est que les regards se tournent de plus en plus vers la France et cela jusque dans les milieux qui, avant la guerre, se disposaient à prendre leur parti des faits historiques.

Et désapprouvant ceux qui prétendent le contraire en croyant ainsi servir les Alsaciens et leur rendre plus légère leur pénible situation, le journaliste concluait :

En présence de ces effets, il convient d'avoir le courage de dire la vérité ouvertement et carrément. Et la vérité, c'est que le peuple alsacien, pris en bloc, abstention faite des exceptions, accueillerait le retour à la France comme une délivrance mettant fin à une situation devenue intolérable.

C'est parce que les Allemands se rendent compte de cet état d'esprit et c'est parce qu'ils ne conservent plus aucun espoir de ramener à eux, même victorieux, un peuple que quarante-cinq années d'annexion n'ont pu ni assimiler ni dompter, qu'ils ne gardent plus aucun ménagement à l'égard de nos compatriotes.

Dans les premiers jours du mois d'août 1915, le prince Henri de Prusse vint en Flandre pour inspecter les fortifications côtières. A Mariakerke, il apprit, au cours d'une harangue qu'il adressait aux troupes, que ces soldats étaient pour la plupart des Alsaciens-Lorrains, et voici qu'aussitôt le ton change. A cette sollicitude doucereuse qu'affectait de témoigner aux hommes le royal visiteur succède un accès de fureur indicible : « Vous n'avez pas fait votre devoir, leur dit-il; en reconnaissance de tous les bienfaits de notre Kultur pour votre pays, vous nous avez trahis. Après la guerre, vous pouvez l'écrire là-bas à vos parents, vous paierez cher cette infidélité ! » Hélas ! c'est déjà pendant la guerre qu'ils paient cher cette « infidélité »...

Nulle part davantage qu'en Alsace-Lorraine, l'Allemagne n'a procédé aussi rigoureusement à la levée de ses soldats. Le régime de terreur qui emplit les prisons et où succombent tant des siens, de privations ou de chagrin, se complique de la conscription implacable qui vide le pays et décime sa population masculine.

Tous les hommes de dix-sept à cinquante-cinq ans, même les malingres et les malades, ont été incorporés, et ceux qui ont dépassé l'âge d'être mobilisés ont été requis et astreints aux travaux de fortifications les plus pénibles et les plus durs.

Des vieillards et des femmes doivent eux-mêmes enterrer les morts, creuser la terre et casser les pierres sur les routes. Les belles forêts d'Alsace tombent sous la hache des vandales, les châteaux et les musées sont dépouillés de leurs trésors, les cloches sont jetées du haut des clochers et, brisées, envoyées à la fonte. Depuis trois ans, systématiquement, avec la méthode qui la caractérise, l'Allemagne s'applique ainsi à sacrifier l'Alsace-Lorraine dans le but de mieux pouvoir l'assujettir demain si elle est victorieuse, ou de ne plus en rien laisser subsister si elle doit nous la rendre.

C'est dans ce dessein et par ordre que ses officiers désignent, aux armées, les Alsaciens-Lorrains pour occuper les postes les plus périlleux, — ce n'est point tant par haine, on le voit, que par calcul, — c'est pour cela, hélas! que nulle liste de pertes n'est aussi longue dans aucun pays confédéré qu'en Alsace-Lorraine. Et l'on oserait encore, après une telle hécatombe, parler de plébiscite pour nous la rendre!

Le douloureux calvaire que gravit sa malheureuse population depuis l'annexion, fait de tant de deuils et de larmes, de tant d'humiliations et de sacrifices, se termine dans le sang, et nul plus que le sien n'aura coulé.

Elle sera la plus grande victime d'une guerre dont certains la rendent responsable et que cependant, quoi qu'on dise — et on le prouvera un jour — elle n'a ni voulue ni cherchée.

Puisse-t-elle bientôt, dans l'apothéose de sa délivrance, retrouver, à l'ombre de nos drapeaux victorieux, la place glorieuse qu'elle y occupait jadis et que la France de demain lui réservera dans son Histoire!

ANNEXES

ALSACIENS-LORRAINS

POURSUIVIS ET CONDAMNÉS PAR LES CONSEILS DE GUERRE ET TRIBUNAUX ALLEMANDS

Ces listes constituent à elles seules une éloquente affirmation des sentiments des Alsaciens-Lorrains, encore n'avons-nous fait figurer, parmi les condamnations que nous avons pu relever d'après le compte rendu des tribunaux allemands, que celles qui nous ont paru les plus significatives. On y remarquera que les accusés appartiennent à tous les milieux et à toutes les classes sociales du pays, ceci pour répondre à ceux qui seraient tentés de croire, comme certains l'ont répété trop souvent par erreur, que seule la bourgeoisie a maintenu aux pays annexés le culte du Passé et de la fidélité au Souvenir. C'est en réalité toute l'Alsace-Lorraine, de Metz à Wissembourg et de Mulhouse à Thionville, depuis l'ouvrier jusqu'au bourgeois et du paysan au riche industriel, qui manifeste chaque jour, même sous l'état de siège proclamé dès la déclaration de guerre, son hostilité au germanisme et sa ferveur française.

On trouvera ci-dessous des noms et des motifs de condamnation que la censure voudra bien, nous l'espérons, laisser subsister intégralement, puisque les Allemands les connaissent et que ce sont dans les jugements de leurs propres conseils de guerre que nous les avons recueillis. A côté de ceux-ci il convient aussi d'enregistrer les poursuites pour haute trahison, avec confiscation de biens, intentées aux Alsaciens-Lorrains notoires qui ont réussi à mettre la frontière entre eux et leurs persécuteurs.

C'est ainsi que des mandats d'amener ont été lancés notamment contre l'abbé Wetterlé, Daniel Blumenthal, Paul-Albert Helmer, chanoine Collin, Georges Weill, Dʳ Bucher, Zislin, Dʳ Boeckel, Hansi, etc., pour ne citer que ceux-là, et leur tête mise à prix.

Il ne saurait être certes meilleure préface à ces listes que ce spécimen du texte des arrêtés notifiant aux populations ces trahisons méritoires :

Le peintre Jacques Waltz, dit Hansi, l'avocat Helmer et le dentiste Krug, les trois de Colmar, qui se sont enrôlés dans les troupes françaises, sont déclarés traîtres à la patrie. Quiconque leur donnera asile ou cachera leur présence, sera fusillé, selon les usages de la guerre.
Septembre 1914.
Le Commandant de place de Colmar,
Lieutenant-colonel DE MOELLENKLEIN.

La tête de Hansi est mise à prix :

Waltz, dit Hansi, dessinateur, haute trahison, prime d'arrestation : 5.000 marks.

Voici le texte d'un mandat d'amener :

Le Dr Jules Boeckel, né le 26 octobre 1848, à Strasbourg, médecin, domicilié en dernier lieu à Strasbourg, présentement en France, hauteur environ 1m65 à 1m70, taille moyenne, cheveux mêlés de gris, de même la barbe, est à arrêter pour haute trahison, et à remettre à la prison de prévention de Strasbourg. Avis sous n° 6537.
Strasbourg, le 25 janvier 1916.
Le Rapporteur du Conseil de guerre extraordinaire.

I

POUR HAUTE TRAHISON

Kielholz, Arnold, condamné à mort pour espionnage au profit des Français, par le tribunal de l'Etappen-Kommandantur de Colmar, le 4 novembre 1915. FUSILLÉ LE 10.

Bolts, Joseph, domestique, né à Soultzmatt, le 4 octobre 1878, canton de Rouffach, convaincu par les Allemands d'espionnage sur le champ de bataille au service de la France. Condamné à mort par le Conseil de guerre de Mulhouse le 25 mars 1916. FUSILLÉ LE 28.

Bender, Victor, à Oderen, près Saint-Amarin, père de cinq enfants. Arrêté à Cernay au mois de septembre 1914 et condamné à mort comme espion français par le Conseil de guerre de Mulhouse, le 10 décembre 1915. Fusillé le 13.

Lettermann, Gustave, serrurier à Guebwiller, cinquante-trois ans. Accusé de s'être rendu, en septembre 1914, de Guebwiller dans les lignes françaises, d'y avoir amené son fils, ancien soldat allemand, et d'avoir transmis à l'ennemi des renseignements concernant les forces et les positions allemandes. Condamné à mort le 4 décembre 1915, après cinq jours de débats au cours desquels son co-accusé, le maître tisserand Wegerich, fut acquitté. Fusillé le 9.

Meyer, Alfred, expéditeur à Mulhouse. Accusé de favoriser par la Suisse des correspondances clandestines avec l'ennemi et de se livrer à l'espionnage au profit de la France. Arrêté et déféré devant le 1ᵉʳ Conseil de guerre de Mulhouse, ses juges lui ayant promis la vie sauve s'il entrait dans la voie des aveux, il reconnut certains faits et fut condamné aux travaux forcés à perpétuité. Mais Meyer ayant été obligé d'emballer pour l'Allemagne les meubles du château de Bollwiller mis au pillage par quelques officiers allemands, avait noté les adresses de ces voleurs galonnés et avait commis l'imprudence de s'en ouvrir devant plusieurs personnes de sa connaissance. Il devait donc disparaître. Par une odieuse fourberie, les Allemands réussirent à persuader Alfred Meyer d'interjeter appel du verdict qui le frappait. Traduit devant de nouveaux juges militaires qui déclarèrent n'être pas liés par l'engagement pris par leurs prédécesseurs, ceux-là condamnèrent sans scrupule l'accusé à la peine de mort. Alfred Meyer, qui laissait une veuve et trois enfants, fut fusillé, le 13 septembre 1915, à Mulhouse ; il se banda lui-même les yeux et, avant de tomber sous les balles ennemies, poussa par trois fois le cri de : « Vive la France ! » Le Gouvernement français a décerné la Croix de guerre à Alfred Meyer.

Bloch, David, de Guebwiller, né le 20 novembre 1895. Bien que soumis aux obligations militaires en Allemagne, s'est engagé dans l'armée française et s'est fait déposer par un avion français en Alsace, pour y organiser un service de renseignements. Arrêté par les Allemands au cours de cette mission, il est condamné à mort le 29 juillet et fusillé à Mulhouse le 2 août 1916, pour haute trahison et espionnage au service de la France.

Bichler, Adolphe, serrurier, né à Bourbach-le-Bas en 1891. Arrêté pour désertion, a pu s'évader de la prison où il était enfermé et est poursuivi et condamné à mort pour désertion et haute trahison. 1ᵉʳ mai 1916.

Derflinger, coureur et voyageur de commerce de Mulhouse. Arrêté pour espionnage au service de la France. Travaux forcés a perpétuité.

Adam, Jules-Théophile, instituteur en retraite à Reguisheim, ancien instituteur à Issenheim et Guebwiller. Arrêté le 30 juillet 1915 et condamné à la peine de mort pour haute trahison. Fusillé à Mulhouse.

Kröpfle, Xavier, ferblantier, originaire de Soultz, ouvrier dans une usine de Belfort. Condamné à mort et fusillé.

Craincourt, Hippolyte, commerçant lorrain, déserteur de l'armée allemande; fait prisonnier aux Éparges dans les rangs français. Condamné à mort et fusillé.

Lazare, commerçant à Barr. Travaux forcés a perpétuité;

Oberlé, commerçant à Barr. Travaux forcés a perpétuité;

Au cours de leurs voyages commerciaux accomplis ensemble, recueillaient des renseignements destinés aux Français, signalant à ceux-ci des mouvements de troupes, des travaux de fortifications et des établissements industriels travaillant pour l'armée. Leurs agissements criminels, dit le jugement, ont été vraisemblablement cause, en août 1916, d'une attaque d'aéroplanes français sur une grande entreprise d'outre-Rhin. Les condamnés, constate-t-il encore, ont fait montre d'une absence complète de patriotisme!

Keufling, du Logelbach. Pour avoir renseigné les troupes françaises et leur avoir dit notamment : « Méfiez-vous des boys-scouts allemands, ils sont capables de tirer sur vous. » (Cons. de guerre de Colmar.) Condamné a mort.

Lowenguth, Charles, né à Thann, le 14 juin 1870. Condamné à mort comme espion, le 23 août, par le tribunal de l'Etappen-Kommandantur de Colmar. Le jugement dit qu'il s'était engagé dans le service de renseignements français et que « pour 30 marks il a vendu sa patrie »! Fusillé à Mulhouse le 28 août 1916.

Kessler, E., de Colmar, réserviste engagé dans l'armée française, à Besançon, fait prisonnier par les Allemands et livré à la justice militaire. Le tribunal a motivé la rigueur de cette condamnation en considérant que « l'accusé est né dans un district dont la population est depuis des années excitée criminellement contre l'Allemagne ». Onze ans de travaux forcés.

Faul, Émile, directeur de l'usine à gaz et électricité de Sarrebourg. Arrêté une première fois pour haute trahison, il avait été acquitté. Après de nouveaux débats qui durèrent trois jours, il fut reconnu coupable de haute trahison dans quatre cas et condamné (sept. 1915). Onze ans de travaux forcés et cinq ans de privation de droits civiques.

Wagner, Théodore, marchand, né à Soultzbach, dans la vallée de Munster, habitant à Strasbourg. A fait, le 16 août 1914, à Wisch, des signes à une patrouille française avec un mouchoir blanc (Jugem. du 23 avril 1915). Dix ans de travaux forcés et dix ans de perte de droits civiques.

Hoenmer, Antoine, menuisier à Winkel. Réserviste, a cherché, avec quatre de ses camarades, à déserter; ils ont été arrêtés par une patrouille; comme instigateur, Hoenmer a été condamné sévèrement (Cons. de guerre de Fribourg, 14 juin 1915). QUINZE ANS DE TRAVAUX FORCÉS.

Vogel, Joseph, né à Strasbourg et habitant Belfort avant la guerre. Engagé dans l'armée française sous le nom de Jean Loison, est fait prisonnier le 3 septembre, dans les Vosges, par les Allemands. Son identité révélée, il fut reconnu comme soumis au service du landsturm. Un premier jugement, lui accordant les circonstances atténuantes, le condamna à cinq ans de forteresse. Le commissaire du Gouvernement ayant fait appel, Vogel a été condamné à HUIT ANS DE FORTERESSE en seconde instance.

Klein, Charles, à Ribeauvillé. Pour désertion. S'est fait naturaliser en France quelques années avant la guerre; était marié à une Française à Lunéville. Servait au 37ᵉ de ligne français, a été fait prisonnier le 25 août 1915. UN AN ET DEMI DE PRISON.

Blaise, Marguerite, à Hohrod, canton de Munster. Pour espionnage et haute trahison (7 août 1915). DIX ANS DE RÉCLUSION ET CINQ ANS DE PRIVATION DE DROITS CIVIQUES.

Peter, Joseph, bûcheron à Sondernach, canton de Colmar. QUINZE ANS DE TRAVAUX FORCÉS ;

Munsch, journalier à Sondernach, canton de Colmar. DIX ANS DE TRAVAUX FORCÉS ;

Jaeglé, voiturier à Sondernach, canton de Colmar. DEUX ANS DE PRISON ;

Ancel, Martin, tisserand à Sondernach, canton de Munster. QUATRE MOIS DE PRISON ;

Pour haute trahison : accusés d'avoir indiqué à un officier français le chemin de Kahlenwasen (13 sept. 1915).

Brogly, professeur à l'École réale supérieure de Mulhouse, membre de la seconde Chambre du Parlement d'Alsace-Lorraine. Pour haute trahison : communications et renseignements militaires à des officiers français. Le jugement dit notamment :

Dans la nuit du 9 au 10 août, il aurait fait : 1° à des officiers français des communications sur la forteresse Istein ; 2° une communication de l'état de la forêt de la Hart ; 3° dans la même nuit, il aurait renseigné des officiers français séparés de leurs troupes avec vingt hommes, en disant que le gros de l'armée française était parti dans la direction de Dornach, dont il aurait indiqué le chemin.

M. Brogly, qui assistait à la session de la Diète d'Alsace-Lorraine à Strasbourg, a été arrêté avant l'ouverture d'une des dernières séances.

A la seconde Chambre de la Diète, M. Brogly représentait depuis

1912 la circonscription de Habsheim-Landser, en Haute-Alsace. Il est né à Rixheim, en 1878. DIX ANS DE PRISON.

Haumesser, Joseph, teinturier à Grussenheim, arrondissement de Colmar. Pour avoir signalé aux Français, au mois d'août 1914, un employé de la mine de potasse « Théodore » à Wittenheim, qu'ils emmenèrent comme otage (Cons. de guerre de Mulhouse, 18 mars 1916). DIX ANS DE RÉCLUSION.

Ehrhardt, K., à Colmar. Pour désertion préméditée (18 avril 1916). Se trouvant en convalescence à Colmar à la suite d'une blessure reçue sur le front français, s'est caché chez ses parents, une fois guéri, au lieu de rejoindre son corps. DIX ANS DE PRISON.

Haefflinger, à Colmar. Pour désertion devant l'ennemi (6 mai 1916). DIX ANS DE PRISON.

Hönner, Antoine, menuisier à Winkel. Pour avoir poussé quatre territoriaux à la désertion (22 juin 1916). QUINZE ANS DE TRAVAUX FORCÉS.

Kuttler, Jules, soldat, de Galfingen. Pour tentative de désertion. DOUZE ANS DE TRAVAUX FORCÉS.

Rosenblatt, Albert, de Hésingue. Pour avoir manifesté des sentiments anti-allemands sous les armes. DIX ANS ET SIX MOIS DE PRISON.

Marchal, Joseph, à Labroque, près Schirmeck. Pour haute trahison (9 déc. 1915). DIX ANS DE RÉCLUSION ET DIX ANS DE PRIVATION DE DROITS CIVIQUES.

Nagel, Anne, rentière à Grandfontaine. Pour avoir donné de novembre 1914 à septembre 1915, dans ses correspondances à destination de la Suisse, des nouvelles et des renseignements sur les opérations militaires et les fortifications du Donon. Sa fortune a été confisquée (Cons. de guerre de Strasbourg, 6 mai 1916). DIX ANS ET UN MOIS DE RÉCLUSION ET DIX ANS DE PRIVATION DE DROITS CIVIQUES.

Sœur Valentine, née Berthe Jüdlin, religieuse de la maison mère de Niederbronn, établie à Riedisheim, près Mulhouse. Inculpée de tentative de trahison et comparaissant devant le tribunal militaire extraordinaire de Mulhouse. On a reproché à l'accusée d'avoir chassé du couvent un soldat allemand grièvement blessé, tandis que les lits n'étaient occupés que par des Français non blessés et qu'il y avait encore des places libres. Le traitement et l'alimentation des blessés allemands auraient beaucoup laissé à désirer. Lorsque les Allemands occupèrent le couvent, l'accusée voulut s'enfuir avec les Français, mais elle fut retenue et mise en état d'arrestation.

Au cours de l'interrogatoire, des témoins de Riedisheim ont prétendu que l'accusée avait tiré du couvent sur les Allemands; le tribunal a laissé tomber cette accusation comme trop peu fondée. Mais il a déclaré l'accusée coupable dans deux cas de tentative de trahison. CINQ ANS DE RÉCLUSION ET CINQ ANS DE PRIVATION DE DROITS CIVIQUES.

Ancel, Jean, agriculteur à Wasserbourg, soixante-sept ans. Accusé d'avoir dénoncé aux Français l'instituteur allemand Faschauer, qui fut emmené en captivité en France, et bien que Ancel ait toujours protesté de son innocence (Cons. de guerre de Colmar). DOUZE ANS DE TRAVAUX FORCÉS ET DIX ANS DE PRIVATION DE DROITS CIVIQUES.

Wagner, directeur de fabrique à Mulhouse. Pour avoir remis à un officier français une carte de la région en lui expliquant le plan (Cons. de guerre de Neuf-Brisach). TROIS ANS DE TRAVAUX FORCÉS.

Ortschist, ouvrier à Mulhouse. Pour avoir dénoncé aux Français un ouvrier, espion allemand (Cons. de guerre de Neuf-Brisach). TRENTE MOIS DE TRAVAUX FORCÉS.

Daugel, Rausch, Munsch, tous trois Alsaciens. Pour avoir dénoncé un agent de police allemand qui se cachait à Mulhouse pendant l'occupation française (Cons. de guerre de Neuf-Brisach). QUATRE ANS DE TRAVAUX FORCÉS.

Fischer, maire de la commune de Battenheim, a été traduit devant le Conseil de guerre de Mulhouse sous l'inculpation d'avoir offert des services aux troupes françaises lors de leur entrée, le 24 août 1914; en particulier, il leur avait livré une carte d'Alsace-Lorraine, leur avait donné des explications et montré le chemin à une patrouille française. L'accusé réussit à rendre les dépositions des témoins tellement contradictoires que force fut au tribunal de prononcer un acquittement à l'encontre du procureur qui avait demandé cinq ans de travaux forcés. Mais le président constata expressément dans le jugement que le tribunal ne considère pas le maire comme innocent, seulement il n'est pas à même d'établir les preuves strictes pour fonder solidement une condamnation.

Kleine, Charles, de Desseling, réserviste au 97ᵉ régiment d'infanterie, se trouvant, au mois d'août 1914, cantonné à Niederlinder, quitta son corps et se tint caché jusqu'au mois de mai 1915, tantôt sous le toit de ses parents, tantôt dans des bois. Il fut arrêté le 27 mai dernier au domicile paternel. Le Conseil de guerre l'a condamné, pour désertion en campagne, et l'a classé « dans la deuxième catégorie de l'état militaire ». SEPT ANS DE PRISON.

Fenus, Georges, soldat de la landwehr. HUIT ANS ET DEMI DE PRISON;
Goehl, Édouard, soldat de la landwehr. HUIT ANS ET DEMI DE PRISON;
Heitzmann, Charles, réserviste. HUIT ANS ET DEMI DE PRISON;

A la fin d'août 1914, désertèrent leurs unités et errèrent dans les montagnes, entre Ribeauvillé et le Donon; ils ne furent arrêtés que le 4 février 1916.

Seckinger, de Saint-Louis. Pour n'avoir pas donné suite immédiatement à l'appel du landsturm et s'être caché (Ch. corr. de Colmar). CINQ ANS DE PRISON.

Rohrbach, ouvrier mineur à Wittenheim. Pour désertion (24 mars 1916). Cinq ans de prison.

Urbain, Louis, couvreur, originaire de Metz. Soldat du génie, pour désertion devant l'ennemi. Cinq ans de prison.

Acker, juge au tribunal de première instance de Cernay, pour tentative de trahison. D'après l'acte d'accusation, au moment où les Français venaient de quitter Cernay, M. Acker fit comparaître devant lui une famille connue pour ses sentiments germanophiles et qui passait pour avoir dressé une liste de personnes suspectes de sympathies françaises (Cons. de guerre de Mulhouse). Trois ans de travaux forcés.

II

POUR AIDE ET INCITATION A LA DÉSERTION

Mme **Nicolas, Louis**, née Clémentine Marchal, vingt-six ans, habitant Lorry-lès-Metz. Trois mois de prison ;

Sœur infirmière Joseph, née Élisabeth Müller, habitant le couvent des Sœurs de la Maternité. Six mois de prison ;

Pour avoir incité à la désertion le soldat allemand Nicolas. Celui-ci, blessé dès le début de la guerre, fut en traitement pendant quelque temps dans un hôpital de Metz, où il était soigné par la sœur Élise. Après sa guérison, il a rejoint son régiment, qui se trouvait sur l'arrière-front. Au mois de septembre 1916, il revint en permission ; il profita de cette occasion pour aller remercier, avec sa femme, la sœur Élise, qui, d'accord avec celle-ci, lui donna le conseil de déserter plutôt que de se faire tuer. Nicolas, avant de repartir sur le front, dut promettre formellement à sa femme de déserter, et, aussitôt arrivé sur le front russe, il trouva moyen de filer. Entre temps, sa femme lui avait adressé une lettre dans laquelle elle insistait qu'il fasse « comme la sœur Élise lui avait conseillé ». Cette lettre, qui arriva après la fuite de son destinataire, fut ouverte au régiment et fit découvrir tout le secret de la désertion (Cons. de guerre extraord. de Metz, 18 janv. 1917).

Pilla, terrassier à Woippy. Ayant déjà un de ses fils prisonnier en Russie, a engagé son second fils à déserter, ce qu'il fit le 19 avril 1916, cinq mois après son appel sous les drapeaux. Reconnu coupable de l'avoir par ses lettres incité à la désertion, étant prouvé d'autre part que toute sa famille a des sentiments français et qu'on ne parle chez lui que le français, de telle sorte qu'une de ses filles, âgée de vingt-deux ans, n'a pu même dire au tribunal en allemand ses noms, âge et profession, il est condamné par le Tribunal de guerre de Metz du 1er février 1917. Quatre mois de prison.

Kleine, Hippolyte, de Desseling, et sa fille, âgée de vingt-quatre ans. Pour avoir donné asile à leur fils et frère, déserteur, au lieu de le dénoncer (Trib. corr. de Saverne, 30 mai 1916). Huit mois et quatre mois de prison.

Les époux Schweitzer, ouvriers de fabrique à Colmar. Pour avoir favorisé la désertion du réserviste Haefflinger. Huit mois et six mois de prison.

Lehmann, Alphonse, aubergiste à Liepvre, et sa femme **Justine,** née **Hauck.** Pour avoir en commun favorisé la désertion de deux hommes de la landwehr et d'un réserviste (Ch. corr. de Colmar, 28 sept. 1916). Un an et six mois de prison.

La femme Seckinger, de Saint-Louis. Pour avoir facilité la désertion de son mari. Deux mois de prison.

Dettwiller, Henri, aubergiste à Mulhouse (rue de la Harpe), réserviste au 40ᵉ régiment d'infanterie. Pour désertion : deux policiers le découvrent le 15 avril 1915. Six ans de prison.

Sa femme, quatre mois de prison, et sa mère, **Vᵛᵉ Dettwiller, Catherine,** quatre mois de prison, pour complicité.

Hausknecht père et Mᵐᵉ Hausknecht, à Strasbourg. Pour avoir incité leur fils à la désertion ; circonstance aggravante : manifestations continuelles de sentiments hostiles à l'Allemagne dans les correspondances de la famille Hausknecht. Sept mois et neuf mois de prison.

Hausknecht, aide-major à Strasbourg. Pour incitation à la désertion de son père ; rayé en outre de l'Université de Strasbourg où il fréquentait les cours de médecine (28 mars 1916). Deux ans de prison.

Tschora, Albert, à Pfastatt. Pour incitation à la désertion du jeune Heitz (27 avril 1916). Six mois de prison.

Heitz, Camille, de Pfastatt, et **Mᵐᵉ Marbacher,** née **Vogelsberger.** Pour avoir caché et nourri chez soi son fils déserteur. Trois mois de prison.

Les époux Émile et Sophie Stoll, de Mulhouse, et leur fille **Emma,** accusés d'avoir favorisé la désertion de leur fils et frère. Malgré que celui-ci ne réussit pas à s'évader, les parents furent condamnés chacun à trois mois de prison, et la fille à un an de prison. Le tribunal de guerre a infligé au fils **Stoll** six ans de prison (24 déc. 1915).

Bloch, Salomon, commerçant à Mulhouse. Pour encouragement à la désertion de son fils (4 mai 1916). Trois mois de prison.

Lallement, André, employé de bureau à Mulhouse. Pour n'avoir pas répondu à la sommation qui lui était faite de venir remplir ses obligations militaires ; il se tint caché pendant un an et réussit à passer en Suisse, mais la police bâloise le remit aux autorités allemandes (4 mai 1916). Un an de prison.

Marbacher, Théobald, ouvrier d'usine, et sa femme, née **Marie Vo-**

gelsberger, à Pfastatt. Pour encouragement à la désertion de leur fils (20 avril 1916). Chacun TROIS MOIS DE PRISON.

Seckinger, Émilie, née Hugenschmidt, trente et un ans, tisseuse de soie à Saint-Louis. Pour avoir, à Soultz, facilité, vers fin 1914, la désertion de son mari, soldat du landsturm. Ce dernier avait été condamné le 10 avril 1915 à CINQ ANS DE PRISON (6 juill. 1916). DEUX MOIS DE PRISON.

Kœnig, Édouard, dix-huit ans, de Wœrth. DIX-HUIT MOIS DE PRISON;

Meyer, Paul, dix-sept ans, apprenti boucher, de Kintzheim. SIX MOIS DE PRISON;

Pour essai de désertion ; ils furent aperçus et arrêtés au moment où ils tentaient de franchir le réseau de fils de fer qui sépare la Suisse de l'Allemagne (1ᵉʳ sept. 1916).

Klein, Hyppolyte, et sa fille **Amélie**, de Saverne. Pour avoir favorisé la désertion de Charles Klein (28 sept. 1916). HUIT MOIS ET QUATRE MOIS DE PRISON.

Mᵐᵉ Dappler, Léonie, à Bartenheim. Pour avoir caché et nourri dans sa maison, du 11 janvier 1916 au 4 mai 1916, le soldat du train Daues, déserteur (13 juin 1916). NEUF MOIS DE PRISON.

Mᵐᵉ Chappuch, Élisabeth, née Keiflin, à Bartenheim. Pour avoir incité à la désertion en Suisse, le soldat du train Daues. NEUF MOIS DE PRISON.

Libolt, Joseph, représentant de commerce à Mulhouse. SIX MOIS DE PRISON;

Mᵐᵉ Libolt, née Reibel, à Mulhouse. TROIS MOIS DE PRISON;

Pour avoir caché et nourri chez eux leur fils déserteur et pour l'avoir incité à la désertion (22 mars 1916).

Rohrbach, Auguste, de Wittelsheim, ancien garde champêtre. SIX MOIS DE PRISON;

Mᵐᵉ Rohrbach, de Wittelsheim. QUATRE MOIS DE PRISON;

Rohrbach fils, de Wittelsheim. CINQ ANS DE PRISON;

Pour avoir caché chez eux leur fils déserteur et celui-ci pour avoir quitté le régiment dans l'intention de déserter (Ch. corr. de Colmar, 9 mai 1916).

Baysang, Joseph, scieur à Bendorf. Pour avoir nourri et logé des déserteurs alsaciens (16 oct. 1915). SIX MOIS DE PRISON.

Mᵐᵉ Schlegel, née Stollmein, de Westhalten. Pour avoir écrit à son fils au front allemand de se mutiler soi-même (12 janv. 1916). QUATRE MOIS DE PRISON.

Estermann, Émile, de Guebwiller. Pour avoir essayé de passer les lignes allemandes pour se rendre aux Français (15 déc. 1915). SIX MOIS DE PRISON.

Kempf, André, chimiste à Mulhouse. Pour avoir secouru trois déserteurs. UN AN ET SIX MOIS DE PRISON.

Boess, Charles, de Mulhouse. Six mois de prison ;

M⁽ᵉ⁾ Boess, de Mulhouse. Six mois de prison ;

M⁽ᵐᵉ⁾ Hoffmann, Marie, née Kœnig, de Mulhouse. Six mois de prison ;

Kuntzer, Charles, de Mulhouse. Neuf mois de prison ;
Pour avoir secouru un déserteur.

Schmitt, Joseph, cultivateur à Lutterbach, six mois de prison, et sa femme, condamnée à trois mois. Pour avoir encouragé leurs deux fils à aller rejoindre les Français le 25 août 1914.

Wirth, Joseph, cultivateur à Galfingen. Six semaines de prison ;

Kuttler, Cécile, à Galfingen. Trois semaines de prison ;
Pour avoir secouru un déserteur, le soldat Kuttler, lequel est condamné à douze ans de travaux forcés.

Schmitt, Joseph, cultivateur, **et sa femme,** condamnés l'un à six mois, l'autre à trois mois de prison, pour excitation et assistance à la désertion. Ont poussé leurs deux fils, qui font partie du landsturm, à suivre les troupes françaises qui se retiraient, et à se faire arrêter par elles, dans le but de se soustraire au service dans l'armée allemande. Les deux fils, qui se trouvent actuellement en France, sont poursuivis pour désertion, et un mandat d'arrêt a été lancé contre eux (Cons. de guerre extraord. de Mulhouse, 21 août).

Kuttler, Joséphine, et le cultivateur **Wirth, Joseph,** tous deux de Galfingen, l'une à quatre semaines et l'autre à six mois de prison. Accusés d'avoir donné asile et nourriture à Jules Kuttler, grenadier à la 110ᵉ compagnie de mitrailleuses, lequel, ayant obtenu une permission pour Mannheim, l'a falsifiée pour Mulhouse, afin d'atteindre Galfingen, son pays d'origine, dans l'espoir de pouvoir de là passer la frontière.

Alors qu'il essayait, en effet, de se glisser entre les postes, le déserteur a été blessé et fait prisonnier. Il a depuis été condamné par le tribunal de campagne, à douze ans de travaux forcés et à l'exclusion de l'armée, pour désertion en temps de guerre et falsification d'écriture.

Le tribunal reproche à Wirth d'avoir eu connaissance de la présence de Kuttler, dans sa grange, de s'être même entretenu avec lui et de ne l'avoir pas dénoncé à l'autorité militaire. La sœur de Kuttler est condamnée pour lui avoir procuré des habillements (Trib. région. de Mulhouse, 15 juill. 1915).

Kapfer, Joseph, journalier à Mulhouse. A conseillé par lettre à son fils, soldat, de déserter et souhaité la défaite de l'Allemagne (Cons. de guerre extraord. de Mulhouse, 19 juin 1915) ; le journalier Philippe Gross, qui avait écrit la lettre, est condamné à trois mois. Le fils Kapfer ayant écrit à son père une lettre offensante pour le Kaiser, a été condamné à un an de prison, par le tribunal militaire de Glatz. Deux ans de prison.

Schweitzer, de Colmar. Huit mois de prison ;

Mme Schweitzer, de Colmar. Six mois de prison ;
Pour avoir favorisé la désertion du soldat Haeffinger, lequel a été condamné à dix ans de prison, en lui donnant pendant quelque temps asile et nourriture.

La famille Ehrhardt, de Colmar. Huit, six, quatre et trois mois de prison infligés aux quatre membres de la famille pour avoir caché chez eux le fils qui, en sortant de l'hôpital, s'est réfugié dans sa famille au lieu de rejoindre son régiment. Le fils a été condamné lui-même à dix ans de prison (17 avril 1916).

III

POUR DÉLITS DE GERMANOPHOBIE

Abbé Schaal, Isidore, vicaire à Sainte-Marie-aux-Mines. Pour avoir commis l'imprudence de faire certaines allusions désobligeantes pour les Allemands, dans des lettres adressées à des parents de France. Six semaines de prison.

Wonner, Eugène, directeur de tannerie à Florange. Pour manifestation de sentiments français. Six semaines de prison.

Kimmel, Victor, droguiste à Knutange. Pour manifestation de sentiments français. Deux mois de prison.

Abbé Kaspar, de Natzwiller. Pour avoir tracé en chaire un parallèle entre le sort de la cathédrale de Reims, bombardée par les Allemands, et la cathédrale de Strasbourg laissée intacte par Louis XIV en la prenant (Ch. corr. de Saverne). Six semaines de forteresse.

Pasteur Gérold, de Strasbourg. Pour avoir « négligé les blessés allemands, porté des cadeaux aux blessés catholiques français, blâmé dans deux sermons l'attitude du peuple allemand à propos de la guerre et blessé les sentiments de ses ouailles, en qualifiant de violentes les mesures prises pendant les hostilités par les Allemands ». M. Gérold ne doit qu'à son grand âge — soixante-dix-huit ans — de n'avoir pas été frappé d'une peine plus sévère (Cons. de guerre de Strasbourg). Un mois de prison.

Abbé Weber, curé de Remelange, frère du député lorrain. Pour délit de germanophobie. Ce prêtre était accusé d'avoir, après la bataille de Dalhain, photographié les vases sacrés de son église brûlée par les Allemands et d'avoir utilisé ces photographies pour en faire des cartes postales qui devaient être vendues en guise de souvenir. Sur ces cartes, il avait fait mettre la date de la bataille (19 et 20 août 1914). Il avait en outre édité une autre carte postale représentant deux chiens qui attendent en vain leur pitance quotidienne avec cette explication : « Après la réquisition. » Enfin, l'ecclésiastique aurait tenu des propos « imprudents. »

Pour motiver la sévérité du jugement, le tribunal a tenu compte du degré de culture de l'inculpé et du fait qu'en sa « qualité de prêtre », il aurait dû travailler à la paix plutôt que de semer la discorde. NEUF MOIS DE PRISON.

Hossenlopp, Alphonse, valet de ferme à Schweighausen. Pour avoir — sans aucun motif, ajoute la *Strassburger Post* — accusé les soldats allemands d'avoir commis des vols et des pillages. QUATRE MOIS DE PRISON.

Rosse, Eugène, ouvrier à Mulhouse, âgé de vingt ans. Pour avoir dit qu'en Belgique les soldats allemands avaient pillé et même maltraité des femmes et des enfants. SIX SEMAINES DE PRISON.

Ochsenbein, Charles, de Zondrange, employé des Chemins de fer. Pour avoir dit que les Bavarois devraient depuis longtemps ne plus avoir à manger. « Aussi longtemps, avait-il ajouté, que Guillaume et son rejeton ne seront pas prisonniers, il n'y aura pas de repos. Il faut que l'Allemagne soit écrasée. » SIX MOIS DE PRISON.

Burger, avocat à Colmar. Pour manifestation de sentiments français et pour avoir déclaré, par exemple, qu'un peuple dont le chancelier a affirmé que nécessité ne connaît pas de loi, que les traités sont des chiffons de papier, n'a pas à qualifier les autres nations. M. Burger, loin de se disculper, ayant avoué n'avoir jamais caché ses sympathies pour la France à laquelle le rattachent des liens de parenté, abstraction faite de tous autres. HUIT MOIS DE PRISON.

Weber, René, ingénieur à Mulhouse. Pour avoir émis des doutes sur les victoires allemandes en Russie et avoir déclaré, parlant de l'emprunt, que les intérêts ne seraient payés que pendant la durée de la guerre et qu'après l'argent serait perdu, mais qu'on ne s'y était pas laissé prendre. SIX MOIS DE PRISON.

Herzog, ouvrier à Mulhouse. Pour avoir dit, en présence de soldats allemands : « La France est bien loin d'être vaincue, elle vaincra », et, s'adressant à une dame : « Vous êtes Allemande, moi, je suis Alsacien, et je tiens pour la France ! » SIX MOIS DE PRISON.

Wagner, archiprêtre de Thionville. Pour avoir justifié les plaintes de plusieurs catholiques qui s'étaient plaints auprès de l'évêque de Metz de son attitude peu germanophile : jamais un mot des victoires allemandes n'a effleuré ses lèvres au cours de ses sermons, l'anniversaire de la guerre a été également passé sous silence. Plusieurs fidèles lui en ayant fait grief, a répondu : « J'ai la mission en chaire d'annoncer la parole de Dieu et non pas les victoires allemandes. » EXPULSÉ par le commandant de la forteresse (Cons. de guerre de Thionville). Trois ans de prison.

Stœssel, secrétaire à Altkirch. Pour avoir écrit que tous les soldats alsaciens étaient envoyés en Russie, mais qu'auparavant on leur retirait leurs armes et leurs munitions, en ajoutant qu'il y avait eu déjà parmi eux des révoltés. De plus, pour avoir été trouvé porteur d'une copie faite par lui d'une parodie du *Pater*, offensante pour le Kaiser. Six mois de prison.

Gerger, Georges, entrepreneur à Ruelisheim. Pour avoir dit en février que les Allemands, en Belgique et dans le nord de la France, pillaient les églises, volaient les cloches, et que les récits des journaux allemands n'étaient que des mensonges. Six mois de prison.

Haunel, Georges, de Colmar. Pour avoir conservé chez lui deux drapeaux français, dans la chambre de son fils décédé. A été expulsé en Saxe. Six mois de prison.

Schmutz, Joséphine, de Rosheim. Pour avoir raconté à Strasbourg avec quelle joie, étant en place à Cernay lors de l'arrivée et du départ des Français dans cette ville, elle avait accueilli ceux-ci, tandis que tout le monde se cachait dans les caves au retour des Allemands. Devant le Conseil de guerre, elle proclama sans ambage son amour pour la France. Mais le Conseil jugea à propos de retenir le manque d'intelligence (*sic*) de l'accusée, à laquelle il accorda des circonstances atténuantes. Deux mois de prison.

Dochen, Victor, agriculteur, maire de la commune de Bionville-sur-N. (Bingen). Accusé de manifestations anti-allemandes pour avoir dit, à l'occasion d'une discussion dans un café, et plusieurs fois en élevant la voix : « Je suis maire de Bionville, mais Français dans l'âme. » Deux mois de prison.

Lambert, Jean, brigadier de gendarmerie en retraite à Metz. Un mois de prison.

Mᵐᵉ Vincler, née Étienne, à Courcelles, près Metz. Deux mois de prison.

Cottier, Paul, employé de banque à Saint-Louis. Pour introduction clandestine de journaux étrangers en Alsace et pour avoir écrit en français, le 16 mai, une lettre contenant de graves injures à l'adresse de l'Allemagne, qu'il avait remise à un collègue afin de la faire passer en Suisse (saisie à la douane allemande). Un an de prison.

Schwarz, Jeanne, de Lapoutroie. Deux semaines de prison.

Gerber, Émile, restaurateur à Colmar. Une semaine de prison.

Gerber, Joseph, son fils. Un mois de prison.

Mᵐᵉ Lorrain, soixante-douze ans, de Metz, ancienne porteuse de journaux. Six semaines de prison.

Hardy, de Metz, imprimeur. Pour avoir réimprimé le sermon « Debout les Morts », prononcé à Paris par M. le chanoine Collin. UN AN DE PRISON. — Pendant la perquisition opérée chez lui un drapeau français ayant été découvert dans son matelas : DOUZE JOURS DE PRISON, en supplément.

Mme André, Café Central, à Metz. Arrêtée pour avoir été trouvée porteuse du sermon séditieux et pour avoir refusé énergiquement de dénoncer la ou les personnes de qui elle le tenait. QUATRE MOIS DE PRISON. — Son mari est en outre envoyé sur le front russe.

Mme Lanternier, née Œltemeyer, de Metz, tourneur, rue Mazelle. Pour le même fait que ci-dessus. QUATRE MOIS DE PRISON.

Wendel, Conrad, commissaire des Contributions, de Hayange, né à Waldhouse. Pour propos anti-allemands tenus publiquement à l'auberge Hennequin, à Hayange. Circonstance aggravante : est fonctionnaire (1er déc. 1915). UN AN DE PRISON.

Staub, J.-B., vigneron à Ammerschwihr. Pour avoir chanté dans la rue une chanson française et ensuite avoir dit : « Ce ne sont pas les Français qui ont déchaîné la guerre, mais c'est le voyou de Berlin, oui, le voyou qui habite Berlin ! » TROIS MOIS DE PRISON.

Bauer, Charles, tapissier, de Schiltigheim, artificier dans les ateliers militaires. Pour s'être exprimé d'une manière désobligeante sur les Allemands, avoir déclaré ses sympathies pour la France et répandu des bruits défavorables sur les opérations de guerre (Son fils est soldat en France et lui-même est un ancien zouave). UN AN DE PRISON.

Walker, François, employé municipal à Mulhouse. Pour avoir critiqué ce qui est allemand et menacé de son balai un passant, en lui disant qu'on devrait chasser tous les Prussiens de l'autre côté du Rhin. NEUF MOIS DE PRISON.

Grillinger, maître charpentier à Truchtersheim. Pour n'avoir pas cessé de répandre de graves injures contre l'Allemagne et surtout contre l'Empereur, qui fait massacrer les jeunes gens et qui fait annoncer des victoires quand il a besoin d'argent. L'accusé avait aussi écrit des pamphlets contre l'Empereur et sur les atrocités des soldats prussiens en Belgique et dans les Vosges. En outre, il avait gardé son revolver en disant qu'il tirerait sur les Allemands si les Français revenaient. VINGT MOIS DE PRISON.

Weber, ouvrier, de Frœschwiller. Regardait, dans une cantine militaire, les images de l'Empereur, de l'Impératrice et du Konprinz, quelques instants, et il dit alors : « Il faut retourner tout cela complètement. » Aux soldats qui lui demandèrent des explications, il répondit : « Il faut absolument qu'on extirpe cette vermine. » UN AN DE PRISON.

Zeller, coiffeur à Haguenau. Pour avoir manifesté sa joie lors de la reprise des forts de Vaux et de Douaumont par les troupes françaises. MIS EN ÉTAT D'ARRESTATION.

Bodard, D., ouvrier mineur à Ottange. Pour manifestations anti-allemandes et résistance à la force armée. Un an de prison.

Mme **Blind, Florentine**, de Sondersdorf. Deux semaines de prison.

Busch, Ludovic, menuisier à Mulhouse. Pour avoir injurié l'État-major allemand et promis qu'il sacrifierait un cochon pour fêter l'entrée des Français en Alsace. Huit mois de prison.

Mlle **Stern**, la fille du pasteur en chef Stern, à Mulhouse. Accusée pour toute une série de manifestations anti-allemandes :

Elle n'a pas cessé de critiquer l'Empereur et le Kronprinz comme auteurs de la guerre. Elle a flétri, à chaque occasion, la conduite des Allemands en Belgique et la brutalité des soldats allemands en général, elle s'est réjouie de leurs nombreuses pertes, elle a empêché sa femme de chambre de donner à boire aux soldats en marche, elle a caché de la vaisselle en cuivre, en disant qu'elle ne voulait pas livrer de la matière pour tuer les Français.

La famille Stern elle-même a refusé aux soldats tout ce qu'elle pouvait. Malgré la gravité des délits, le Conseil n'infligea à Mlle Stern qu'Un mois de prison.

Mme **Heitz**, femme du fonctionnaire municipal de Mulhouse. N'a pas cessé de déclarer en public que les nouvelles de victoires allemandes ne sont pas réelles et que l'on ne doit plus croire ce qu'ils disent, car ils ne font que mentir. Ils n'osent pas annoncer une victoire dans les Vosges, car il nous est trop facile de contrôler s'ils disent la vérité. En outre, elle a fait des reproches à une femme qui a donné à manger aux soldats. Elle a également plaint les prisonniers français obligés de manger du pain noir allemand. Six mois de prison.

Schmitt, maire de Didenheim, près Mulhouse, qui a été destitué entre temps. Pour avoir dit : « Maintenant, ce sont les Français qui tirent, dans quinze jours, Joffre sera ici. Les cochons de Boches n'ont plus d'hommes, ils crèveront de faim s'ils ne finissent pas la guerre. » Deux semaines de prison.

Bonnemain, Jean, de Jœuf, travaillant à Sainte-Marie-aux-Chênes. Quinze jours de prison.

Conrad, Ernest, étudiant à Schlestadt. Deux semaines de prison.

Lœmmel, Antoine, journalier à Schlestadt. Deux mois de prison.

Binsegger, Marie, journalière à Schlestadt. Deux mois de prison.

Weber, Aloys, aubergiste à Saverne. Quatre mois de prison.

Diebold, Juliette, à Furchhausen. Un mois de prison.

Ochsenbein, Charles, employé du chemin de fer de Zarnhof, à Monswiller. Six mois de prison.

Abbé Rœhren, curé de Scheinheim, près Marmoutier. Pour avoir écrit à son neveu, soldat au front russe, des cartes postales contenant des

POUR DÉLITS DE GERMANOPHOBIE

propos nettement anti-allemands (16 juin 1915). Quatre mois de prison.

Hartmann, Émile, charpentier à Hohengöft. Trois mois de prison.

Vre Graf, de Saar-Union. Pour avoir crié : « Vive la France ! et M... pour la Prusse ! » (19 oct. 1915.) Six mois de prison.

Ebersol, G., menuisier à Bouxwiller. Trois mois de prison.

Fuchs, Jacques, boucher à Grussenheim. Six mois de prison.

Bösch, Sébastian, installateur à Colmar. Un mois de prison.

Scherb, Daniel, boucher à Soultz. Pour avoir manifesté à diverses reprises sa haine contre l'Allemagne (29 janv. 1916). Six mois de prison.

Mlle Gœpfert, A., à Mulhouse. Trois mois de prison.

Chrétien, Joseph-Alexis, de Château-Salins. Deux mois de prison.

Le Père Bonicho, François-Joseph, de Sarrebourg. Pour ses tendances anti-allemandes (19 avril 1916). Six mois de prison.

Mengert, Catherine, née à Differdange, domiciliée à Ars-sur-Moselle. Deux mois de prison.

Rémy, Victor, ancien commis des postes à Insming. Deux mois de prison.

Bugmann, Auguste, journalier, dix-neuf ans, à Colmar. Six semaines de prison.

Flamand, agent de police à Manom, près Thionville. Deux mois de prison.

Mme Flamand, à Manom, près Thionville. Deux mois de prison.

Mlle Becker, professeur de piano à Mulhouse. Pour avoir été trouvée en possession du livre « J'accuse ». Neuf mois de prison.

Paulus, Jacques, conducteur de locomotive à Clouange. Huit mois de prison.

Chauby, Louis, de Rosselange. Un mois de prison.

Mme Huber, Émile, née Jeanty, de Sarreguemines. Pour insultes au sous-préfet et au commissaire d'arrondissement (oct. 1916). Six semaines de prison et 2.000 marks d'amende.

Jung, Léon, cultivateur à Bernolsheim. Trois mois de prison.

Busch, Louis, de Gerstheim. Pour manifestation de sentiments français et anti-allemands. Trois mois de prison.

Pour avoir offensé l'État-major allemand (24 juill. 1915). Huit mois de prison.

Sanjer, Émile, employé à l'usine de Grafenstaden. Deux mois de prison.

Tauffenburger, Charles, employé à l'usine de Grafenstaden. Trois mois de prison.

Muttener, Lina, à Lingolsheim. Deux mois de prison.

Galler, à Lingolsheim, ouvrier de fabrique. Quatre mois de prison.

Menninger, Charles, à Gerstheim. Deux mois de prison.

Martin, Joseph, à Wittersheim, près Haguenau. Pour avoir crié : « Vive la France ! » UNE SEMAINE DE PRISON.

Kœnig, Joseph, journalier à Bischwiller. SIX MOIS DE PRISON.

Haas, Pierre, instituteur à Soufflenheim. SEPT MOIS DE PRISON.

Jösel, J., journalier à Wolschheim. Pour avoir crié : « Vive la France ! » ; a déjà fait un mois de prison pour le même délit (17 août 1915). NEUF MOIS DE PRISON.

Schmutz, Joséphine, à Rosheim. SIX MOIS DE PRISON.

Gonkel, Charles, ouvrier de carrières à Ottrott. DEUX MOIS DE PRISON.

Humbert, maire de Labroque, près Schirmeck. Pour avoir manifesté à plusieurs reprises des sentiments anti-allemands et pour avoir parlé le français en lieu public ; circonstance aggravante : Humbert aurait dû donner comme maire le bon exemple (31 oct. 1915). TROIS MOIS DE PRISON.

Charlier, aubergiste à Labroque. UNE SEMAINE DE PRISON.

Marchal, Marie, à Labroque. QUATRE MOIS DE PRISON.

Mlle Humbert, fille du maire de Labroque. Pour avoir parlé le français d'une manière provocante en présence de soldats allemands (19 oct. 1915). QUATORZE JOURS DE PRISON.

Blum, Salomon, boucher à Westhofen. DEUX MOIS DE PRISON.

Schauner, Joseph, tanneur à Schlestadt. Pour avoir critiqué d'une manière peu élogieuse les communiqués allemands. Sortait de prison où il venait de purger une peine de six mois pour sentiments anti-allemands (29 déc. 1915). NEUF MOIS DE PRISON.

Martin, Jacques, voyageur de commerce à Schlestadt. TROIS MOIS DE PRISON.

Messer, Antoine, à Dambach, près Barr. QUATRE MOIS DE PRISON.

Pfliegersdœrfer, Marie, à Markolsheim. UN MOIS DE PRISON.

Bechtel, François, à Mulhouse. TROIS MOIS DE PRISON.

Weber, Paul, technicien à Mulhouse. Pour avoir dit que toutes les nouvelles lancées par les Allemands étaient des mensonges et que l'argent versé à l'emprunt de guerre serait de l'argent perdu. SIX MOIS DE PRISON.

Schwenck, Léontine, à Mulhouse. DEUX MOIS DE PRISON.

Mme Lang, Marie, à Mulhouse. UN MOIS DE PRISON.

Mlle Schultz, Eugénie, à Mulhouse. UN MOIS DE PRISON.

Megel, Charles, dessinateur à Mulhouse. QUATRE MOIS DE PRISON.

Mme Niedergang, Eugénie, née Jenny, à Mulhouse. QUATRE MOIS DE PRISON.

Papierer, Xavier, de Lutterbach. TROIS MOIS DE PRISON.

Mme Papierer, de Lutterbach. UN MOIS DE PRISON ;
   Pour avoir souhaité l'arrivée des Français.

Schmitt, Joseph, ouvrier à Pfastatt. UN MOIS DE PRISON.

Kunegel, Florent, journalier à Richwiller. DEUX SEMAINES DE PRISON.

M⁽ᵐᵉ⁾ Bilger, Madeleine, de Wittenheim. UNE SEMAINE DE PRISON.

Higy, Jean, à Saint-Louis. QUATRE MOIS DE PRISON.

Feundt, Clément, commissaire de douane à Saint-Louis. Pour avoir manifesté des sentiments anti-patriotiques; circonstance aggravante : est fonctionnaire. TROIS MOIS DE PRISON.

Siebold, Albert, à Brunstatt. Pour avoir crié dans la rue : « Cochons de Schwobes. » TROIS MOIS DE PRISON.

Christ, Charles, à Brunstatt. UN MOIS DE PRISON.

Meyer, Eugène, cultivateur à Riedisheim. DEUX SEMAINES DE PRISON.

Wuestner, Charles, cultivateur à Riedisheim. DEUX SEMAINES DE PRISON.

Muller, Xavier-Jules, journalier à Huningue. UN MOIS DE PRISON.

M⁽ᵐᵉ⁾ Hohser, née Fischbach, à Strasbourg. Pour outrages à l'armée allemande, à l'Empereur et au peuple allemand (29 janv. 1916). TROIS MOIS DE PRISON.

Arnold, Geoffroy, serrurier à Mittelhausen. UN MOIS DE PRISON.

Rhein, Gustave, rentier à Schiltigheim. Pour avoir chanté la *Marseillaise* devant la maison du général Falkenhausen (9 déc. 1913). QUATRE MOIS DE PRISON.

Wernert, Charles, journalier à Hochfelden. Pour avoir chanté la *Marseillaise.* SIX SEMAINES DE PRISON.

Mueller, Philippe, tonnelier à Brumath. Pour avoir dit à plusieurs personnes qu'il faudrait se mettre ensemble et chasser les Allemands (16 juin 1915). DEUX MOIS DE PRISON.

Colin, Léon, ferblantier à Sultzern. SIX MOIS DE PRISON.

Blanchi, Henri, maçon à Wintzenheim. UNE SEMAINE DE PRISON.

Wiederkehr, ouvrier de fabrique à Wintzenheim. SIX MOIS DE PRISON.

Abbé Horber, vicaire à l'église Saint-Étienne, à Mulhouse. Pour manifestations et propos anti-allemands; circonstance aggravante : sa situation de fonctionnaire. Circonstance atténuante : « Ce n'est pas lui le vrai coupable, dit le jugement, mais l'esprit qui règne dans la paroisse... » CINQ MOIS DE PRISON.

Abbé Clad, François-Xavier, curé de Heidwiller, près Altkirch. SIX SEMAINES DE PRISON.

Abbé Seiller, Théophile, curé de Lévoncourt. Pour avoir manifesté des sentiments français; il aurait dit notamment que « les Allemands ont volé en Belgique... » et que si l'Alsace devait rester allemande, il irait en Suisse. On lui reproche en outre de n'avoir pas prononcé la prière officielle ordonnée par l'évêché et d'avoir célébré des services en français, malgré la défense (15 déc. 1915). SIX MOIS DE PRISON.

Willig, Charles, pensionnaire à Durlinsdorf. UN MOIS DE PRISON.

Lang, Louis, domestique à Berentzwiller. CINQ SEMAINES DE PRISON.

Meister, Isidore, marchand à Durlingsdorf. DEUX SEMAINES DE PRISON.

Schellinger, Léon, apprenti à Guebwiller. Pour avoir manifesté des sentiments français et pour avoir dit qu'au retour des Français, il les conduirait de maison en maison pour leur montrer où demeurent les « Schwobes » (3 oct. 1915). UN AN DE PRISON.

Vogel, Joseph, tailleur à Guebwiller. UNE SEMAINE DE PRISON.

Saudmann, Casimir, journalier à Reguisheim. Pour avoir crié : « Vive la France! » DEUX SEMAINES DE PRISON.

Frantz, Joseph, journalier à Guebwiller. TROIS SEMAINES DE PRISON.

Karrer, Joseph, journalier à Guebwiller. TROIS SEMAINES DE PRISON.

Muser, Laurent, journalier à Guebwiller. TROIS SEMAINES DE PRISON.

Fretz, Henri, journalier à Guebwiller. Pour avoir crié : « Vive la France! » TROIS SEMAINES DE PRISON.

Mme Weigel, Dominique, à Linthal. QUINZE JOURS DE PRISON.

Bucher, Thiele, cultivateur à Biltzheim. DEUX SEMAINES DE PRISON.

Muller, Émile, ouvrier à Mulhouse. QUATRE MOIS DE PRISON.

Hamm, Émile, serrurier à Mulhouse. DEUX MOIS DE PRISON.

Reutenauer, Émile, chauffeur à Mulhouse. UN MOIS DE PRISON.

Schermesser, Marie, modiste à Mulhouse. DEUX MOIS DE PRISON.

Arbar, Eugène, apprenti à Mulhouse. QUINZE JOURS DE PRISON.

Gradt, Marthe, vendeuse à Mulhouse. QUINZE JOURS DE PRISON.

Mme Wittwer, Eugénie, née Sommer, à Colmar. UNE SEMAINE DE PRISON.

Heimendinger, Émile, viticulteur à Colmar. DEUX SEMAINES DE PRISON.

Heibinger, Georges, employé de bureau à Colmar. UN MOIS DE PRISON.

Kanigini, maçon à Colmar. UN MOIS DE PRISON.

Mme Bernauer, Marie, à Colmar. Pour avoir chanté la *Marseillaise* avec ses six enfants et crié : « Vive la France! » au passage des troupes allemandes (7 sept. 1915). TROIS MOIS DE PRISON.

Sittler, Michel, peintre à Colmar. Pour avoir manifesté constamment des sentiments français ; en outre, avait caché des cartouches et a fait, en 1915, des reliefs en plâtre de Napoléon Ier. UN AN ET TROIS MOIS DE PRISON.

Rémond, Xavier, à Colmar. TROIS MOIS DE PRISON.

Mme Habertsetzer, Julie, de Colmar. DEUX SEMAINES DE PRISON.

Füssel, Théophile, de Colmar. SIX MOIS DE PRISON.

Tossait, Hyronimus, jardinier à Colmar. UNE SEMAINE DE PRISON.

Estermann, Émile, maçon à Colmar. Pour tentative de désertion. SIX MOIS DE PRISON.

Mlle Richard, Marguerite, à Colmar. Pour tentative d'approcher des prisonniers français. CINQ JOURS DE PRISON.

Wessfeldt, Jules, élève de l'École communale, à Colmar. QUATRE MOIS DE PRISON.

Reiss, Eugène, élève de l'École communale, à Colmar. Pour avoir sifflé la *Marseillaise* à l'école. Trois semaines de prison.

Bachman, Clémentine, à Wihr-au-Val. Six semaines de prison.

Stœcklin, Jacques, charpentier à Gunsbach. Trois jours de prison.

Mlle Sieffert, Eugénie, à Wettolsheim. Huit jours de prison.

Muller, Philippe, viticulteur à Turckheim. Une semaine de prison.

Sœur Seel, Madeleine, religieuse à Colmar. Pour avoir manifesté des sentiments hostiles à l'Allemagne (3 mai 1916). Neuf mois de prison.

Zeller, Victor, voiturier à Colmar. Six semaines de prison.

Wenk, Auguste, horloger à Wihr-au-Val. Trois mois de prison.

Sœur Ludwina et Sœur Emerentia, religieuses à Guebwiller. Pour avoir manifesté d'une façon continuelle des sentiments hostiles à l'Allemagne (30 mars 1916). Chacune : Six mois de prison.

Extrait du réquisitoire prononcé par M. le procureur militaire Schott dans ce procès :

« Les sœurs sorties de la maison de Ribeauvillé sont tout ce qu'on voudra, sauf des éducatrices pour la jeunesse allemande. On n'en revient pas lorsqu'on apprend que, tout près de l'endroit où les soldats allemands versent leur sang, se récitaient des prières ayant pour refrain : « Dieu sauve la France ! » De telles circonstances ne sont propres qu'à empoisonner l'âme des enfants. On en peut malheureusement dire autant de bien des sermons. Il est nécessaire que nous chassions les éléments gangrenés. Dans ce qu'on appelle « la bonne société » de Mulhouse cet état d'esprit n'a certes rien de nouveau, mais il s'y manifestait dans des cercles fermés. Ici, au contraire, malgré tous les avertissements, les accusées ont agi publiquement. Leurs sentiments n'avaient, il est vrai, rien de surprenant à Guebwiller, si l'on songe que, lors d'une fête de gymnastique, tous les drapeaux furent admis dans l'église, même le drapeau tricolore. Seul, par égard pour les sentiments des Alsaciens, le drapeau allemand resta dehors, avec l'assentiment des autorités. »

Motsch, Antoine, à Sainte-Marie-aux-Mines. Trois mois et une semaine de prison.

Mme Probst, à Cernay. Deux mois de prison.

Stoltz, Louis, jardinier à Mulhouse. Pour avoir crié : « Vive la France ! » Un mois de prison.

Schoch, Isidore, secrétaire de la mairie à Mulhouse ;

Schoch, Marie, née Frey, à Mulhouse ;

Eichholzer, Mélanie, née Schoch, à Mulhouse ;

Schoch, J.-B., employé de caisse à Mulhouse ;

Schoch, Albert, employé de caisse à Mulhouse ;

Trois mois de prison.

Mangold, Joseph, forgeron à Mulhouse. Un an de prison.
Marath, colporteur à Mulhouse. Une semaine de prison.
David, Charles, paveur à Mulhouse. Quatre semaines de prison.
Ingold, Robert, quinze ans, élève à la « Realschule » à Mulhouse. A dessiné des drapeaux tricolores avec l'inscription « Vive la France ! » et tenu des propos anti-allemands à ses camarades. Un mois de prison.
Klaster, Ernest, à Mulhouse. Un mois de prison.
Sigmund, Auguste, à Mulhouse. Une semaine de prison.
Diehl, Louis, à Mulhouse. Deux semaines de prison.
Kraml, Jean, serrurier à Mulhouse. Trois semaines de prison.
M⁰ˡᵉ Kreder, Marie, à Mulhouse. Un mois de prison.
Spröndle, Édouard, à Mulhouse, seize ans. Six mois de prison.
Mˡˡᵉ Bohrer, Madeleine, à Mulhouse. Deux mois de prison.
Holthausen, ancien restaurateur à Mulhouse. Un mois de prison.
Martin, député socialiste de Mulhouse;
Wicky, secrétaire de l'Association ouvrière de Mulhouse;
 Pour avoir manifesté des sentiments anti-allemands. Chacun : Trois mois de prison.
Meyer, Jean-Jacques, boucher. Pour outrage à l'armée allemande. Un mois de prison.
Daum, Henri, agent d'affaires à Mulhouse. Une semaine de prison.
Gastner, Martin, à Mulhouse. Trois semaines de prison.
Herzog, Laurent, journalier à Mulhouse. Six semaines de prison.
Schmitt, Xavier, fondé de pouvoirs à Mulhouse. Deux mois de prison.
Fischer, Joséphine, cuisinière à Mulhouse. Trois mois de prison.
 Pour avoir glorifié la France, l'abbé Wetterlé et le général Joffre.
Hammerer, Bernard, sculpteur en bois à Lautenbach-Zell. Un mois de prison.
Richon, Joseph, coiffeur à Mulhouse. Deux semaines de prison.
Kart, Marie, à Thionville. Un mois de prison.
Brennion, Charles, ouvrier mineur, ancien légionnaire, à Thionville. Un mois de prison.
Deck, ouvrier charron à Kaysersberg. A chanté une chanson française sur l'air de la *Marseillaise* et a exprimé aux soldats des sentiments anti-allemands (16 juin 1915). Six semaines de prison.
Weinberg, Moritz, à Audun-le-Tiche. Un mois de prison.
Schambacher, Eugénie, de Guebwiller. Six mois de prison.
Wanner, de Lautenbach-Zell. Un mois de prison.
Elsæsser, Frédéric, de Saint-Louis. Un mois de prison.
Femme Say, de Kœstlach. Deux mois de prison.
Fischer, Joseph, de Mulhouse. Quinze jours de prison.
Mᵐᵉ Thomann, de Mulhouse. Quinze jours de prison.

Gœpfer, de Mulhouse. Écrivant à son fils sous les drapeaux en Allemagne, lui conseilla de déserter ; son co-accusé Gass, qui a traduit la lettre en français : Quatre mois de prison. Six mois de prison.

Kastler, Guillaume, de Mulhouse. En examinant un paquet de fécule s'est écrié : « Jetez cela dans les yeux du Kaiser pour qu'il en crève. » Six mois de prison.

V⁵⁶ Kroll, Catherine, de Mulhouse. A crié : « Si seulement le Kaiser allait crever ! » Un mois de prison.

Riebert, Charles, conducteur de chemin de fer à Phalsbourg. Quatre mois de prison.

Heihmann, Joseph, aubergiste à Sainte-Marie-aux-Mines. Deux mois de prison.

Schubert, Charles, marchand de vin à Sainte-Croix-aux-Mines. Deux semaines de prison.

M⁵⁶ Schubert, née Kuntz, à Sainte-Croix-aux-Mines. Six semaines de prison.

M⁵⁶ Dontenville, Louise, et sa fille Louise, de Sainte-Marie-aux-Mines. Chacune : Un mois de prison.

Staub, J.-B., viticulteur à Ammerschwihr. Pour avoir dit : « Ce ne sont pas les Français qui ont provoqué la guerre, mais les wackes de Berlin » (9 nov. 1915). Trois mois de prison.

Kœchelé, Chrétien, journalier à Sainte-Croix-aux-Mines. Cinq semaines de prison.

Grandgeorge, Joseph, cuisinier à Liepvre. Pour avoir manifesté des sentiments anti-allemands en présence de soldats bavarois (28 sept. 1915). Six mois de prison.

Burger, G., avocat à Colmar. Pour avoir manifesté des sentiments français (24 sept. 1915). Huit mois de prison.

Jocosel, Joseph, de Wolxheim. Déjà condamné une fois à un mois de prison pour ses sentiments anti-allemands, il est condamné pour le même délit. Parlant à des soldats allemands, il leur dit : « Si seulement ces bons Français venaient bientôt ! » Aussitôt arrêté, pendant son trajet au poste, il cria à plusieurs reprises : « Vive la France ! » (Cons. de guerre de Strasbourg, 11 août 1915.) Neuf mois de prison.

Binsegger, Marie, servante de brasserie à Schlestadt. Deux mois de prison.

Pfliegersdœrfer, Marie, de Markolsheim. Un mois de prison.

Busch, Louis, menuisier à Gerstheim. Accable l'État-major allemand d'épithètes qu'il serait malséant de reproduire, dit le jugement. De plus, il menace si son frère actuellement au front est tué, de demander à son tour à être soldat, mais ce sera pour retourner son fusil et tirer sur les Prussiens. Pour l'entrée des troupes françaises, il saignera un porc. Huit mois de prison.

Bollmann, Jean, journalier à Strasbourg. Un mois de prison.

Mutterer, Lina, de Lingolsheim. Deux mois de prison.

Mme Rorca Trévisan, de Strasbourg. Trois semaines de prison.

Muller, Anna, couturière au Neudorf. Pour avoir osé, en allant avec un parent à l'hôpital de Strasbourg, lier connaissance avec un blessé français. Trois mois de prison.

Heitz, Charles, propriétaire de cinéma à Strasbourg. Un mois de prison.

Heisser, Antoine, tailleur à Dambach. Quatre mois de prison.

Mme A. Weyl, femme du marchand de Strasbourg, rue du Jeu-des-Enfants. Un jour de prison.

Abbé Rœren, curé de Schwenheim. A écrit à son neveu, sous-officier, sur le front oriental, une carte postale où apparaissaient très clairement les sentiments anti-allemands du signataire. (Cons. de guerre extraord. du 10 juin 1915.) Quatre mois de prison.

Blum, Salomon, boucher à Westhofen. Deux mois de prison.

André, Jean, ouvrier à Mulhouse. A crié dans une auberge, étant ivre : « Vive la France ! » Une semaine de prison.

Weinzorn, conseiller municipal de Mulhouse. Deux mois de prison.

Glanzmann, secrétaire de syndicat, à Mulhouse. Quatorze jours de prison.

Ebrard, Jean, de Saint-Louis. Six mois de prison.

Stiller, Jean-Baptiste, à Mulhouse. Deux semaines de prison.

Lévy, Daniel, marchand à Durmenach. Deux semaines de prison.

Husser, Émile, ouvrier à Mulhouse. Six mois de prison.

Laissure, Alfred, garçon boucher à Saint-Louis. A traité plusieurs soldats de *Damme Sa...chwooben* et crié dans la rue : « Vive la France ! » Deux mois de prison.

Ostermann, Eugénie, de Mulhouse. Trois jours de prison.

Blind, Florentine, de Sondershof. Deux semaines de prison.

Sitter, Jean-Baptiste, journalier à Mulhouse. Deux semaines de prison.

Mme Brogne, Rose, de Wittersdorf. A eu des écarts de langage contre l'Allemagne ! Deux jours de prison.

Bader, Catherine, de Mulhouse. Une semaine de prison.

Gunther, Maria, laitière à Blotzheim. Un mois de prison.

Glaster, Ernest, journalier à Mulhouse. A chanté la *Marseillaise* dans la rue. Un mois de prison.

Sigmund, Auguste, ouvrier à Mulhouse. Une semaine de prison.

Nibert, Anna, modiste à Mulhouse. A ouvertement parlé français dans le tramway. Une semaine de prison.

Bloch, Victor, ouvrier à Mulhouse. Une semaine de prison.

Koch, Jean, ouvrier à Mulhouse, dix-sept ans. Trois mois de prison.

Miltgen, Christophe, hôtelier à Rosslingen. Six mois de prison.

Ley, Émilie, de Kœstlach. Deux mois de prison.

Cottier, Paul, employé de banque à Saint-Louis. Pour avoir écrit des outrages pour l'Allemagne dans une lettre qu'il voulait faire passer par la Suisse, et avoir reçu des journaux étrangers. Un an de prison.

Schlumpf, Émile, employé de banque à Saint-Louis. Un mois de prison.

Strub, Joseph, laboureur à Bernwiller. Trois jours de prison.

Ehrhard, Jean, journalier à Huningue. A crié : « Vive la République ! » et a déclaré que l'Allemagne était responsable de la guerre. Six mois de prison.

Mlle Brunetta, J., de Puttelange. Trois jours de prison.

Ferber, Frédéric, marchand à Strasbourg. A souhaité que les Français arrivent le plus tôt possible à Strasbourg. Quatre mois de prison.

Muller, Philippe, tonnelier à Brumath. A dit que si tous s'unissaient et tombaient sur les Allemands, on serait tranquille. Deux mois de prison.

Heyl, Charles, colporteur à Strasbourg. A traité un soldat dans la rue de « sale Schwob » et de « Schwob immonde ». Six mois de prison.

Kreder, Marie, de Strasbourg. Un mois de prison.

Gnædig, Thérèse, de Strasbourg. Un mois de prison.

Perrin, Émile, ouvrier à Metz. Une semaine de prison.

Keller, Émile, ouvrier paveur à Metz. Quatre mois de prison.

Quien, Louis, ouvrier à Metz. Une semaine de prison.

Bour, Denis, ouvrier à Metz. Trois jours de prison.

Mannes, Léopold, batelier à Metz. Six semaines de prison.

Schmitt, Élise, à Metz. Une semaine de prison.

Muller, Émile, ouvrier municipal à Mulhouse. A dit que toutes les victoires allemandes étaient de la « blague », qu'il n'était pas possible que les Allemands soient victorieux et que les Français reviendraient bientôt à Mulhouse (Cons. de guerre extraord. du 28 juin 1915). Quatre mois de prison.

Hamm, Émile, serrurier à Mulhouse. Deux mois de prison.

Reutenauer, Émile, chauffeur à Mulhouse. Un mois de prison.

Kauer, Joseph, de Mulhouse ;

Muller, Lorenz, de Mulhouse ;

Pour avoir crié : « Vive la France ! » Chacun : Trois semaines de prison.

Kraml, Joseph, serrurier à Mulhouse. A dit : « Les Boches auront quand même leur compte. » Trois semaines de prison.

Higy, Jean, de Saint-Louis. A dit notamment : « Ces cochons de Prussiens viennent, mais on finira bien par les jeter hors de l'Alsace. » (Cons. de guerre extraord. de Mulhouse, 1er juill. 1915.) Quatre mois de prison.

Baumann, Camille, de Guebwiller. Quinze jours de prison.

Diehl, Louis, de Kaiserslautern. Quinze jours de prison.

Lejeune, Joseph-Martin, de Mulhouse. A crié : « Vive la France ! » Huit jours de prison.

Holthausen, gérant de la brasserie du Burgerbraü à Mulhouse. Un mois de prison.

Zinner, Nicolas, garçon coiffeur à Mulhofen, près Thionville, seize ans. Quinze jours de prison.

M⁰ᵉ Thomann, Émile, d'Urban. Deux mois de prison.

Mellinger, Marie, marchande de beurre à Odern. A dit notamment : « Aucun enfer ne sera assez grand pour l'Empereur ; je ne crains aucune condamnation. » (Cons. de guerre extraord. de Thionville, 30 juin 1915.) Deux mois de prison.

Schwartz, Jacques, ouvrier tisseur à Strasbourg. Sentiments anti-allemands compliqués de lèse-majesté. Dix mois de prison.

Meister, Isidore, commerçant à Durlinsdorf. Annonçait dans une auberge l'arrivée des Français et criait : « A bas la Prusse ! » Quinze jours de prison.

Mangold, Joseph, forgeron à Mulhouse. A dit à ses camarades que son corps seul est allemand, que son cœur est français et que si on l'envoie sur le front, il ne tirera pas sur ses compatriotes les Français. (Cons. de guerre extraord. de Mulhouse, 30 juin 1915.) Un an de prison.

Schreyer, Auguste, retraité à Heimersdorf. Quinze jours de prison.

Loirot, Pierre, retraité à Mulhouse. Deux mois de prison.

Schweitzer, Émile, de Mulhouse. Trois mois de prison ;
Sa femme est condamnée à deux mois de prison.

Helm, Eugénie, de Mulhouse. Quatre semaines de prison.

Koch, Auguste, domestique à Guebviller. Quatre semaines de prison.

Lang, Louis, domestique à Baronviller. Venant de recevoir son ordre d'appel, s'est écrié : « J'em..... les Schwobes, je ne veux pas servir chez eux et je n'irai pas à la revision. » (Cons. de guerre extraord. de Mulhouse, 8 juill. 1915.) Cinq mois de prison.

Schermesser, Marie, de Mulhouse. Deux mois de prison.

Stolz, Louis, jardinier à Mulhouse. A crié : « Vive la France ! », a parlé de « sales Schwobes ». Un mois de prison.

Gradt, Marthe, marchande à Mulhouse. Quinze jours de prison.

Kuntz, Joseph, journalier à Strasbourg. Souhaite l'arrivée prochaine des Français. Trois mois de prison.

Zollner, Charles, cheminot à Strasbourg. Huit mois de prison.

Bierot, Marie, à Strasbourg. Quatre mois de prison.

Schlotz, Édouard, à Strasbourg. A dit à un fonctionnaire, « qu'il sera le premier que l'on jettera dehors le jour où cela changera, c'est-à-dire quand l'Alsace redeviendra française ». (Cons. de guerre extraord. du 2 juill. 1915.) Dix jours de prison.

Lotter, Jérôme, aubergiste à Bernhardswiller. Un jour de prison.

Sanger, Émile, ouvrier à la Société de construction à Grafenstaden. TROIS MOIS DE PRISON.
Lauffenberger, Charles, ouvrier à la Société de construction à Grafenstaden. DEUX MOIS DE PRISON.
Hartmann, Émile, de Hohengœft, menuisier. TROIS MOIS DE PRISON.
Weber, Aloïse, aubergiste à Saverne. QUATRE MOIS DE PRISON.
Crovisier, Albert, de Rothau;
Caquelin, Jules, de Rothau;
Chiavazzo, Maurice, de Rothau;
Concrada, Joseph, de Rothau;
Poirot, Ernest, de Rothau;
    Ces cinq jeunes gens eurent « l'audace inouïe, dit le jugement, dans une auberge, où des soldats allemands chantaient *Deutschland über Alles*, d'entonner la *Marseillaise*, d'une façon provocante... » (Cons. de guerre extraord. du 27 août 1915.) Chacun : UN AN DE PRISON.
Kayser, Anna, de Strasbourg. UN MOIS DE PRISON.
Diebold, Julienne, de Furchhausen. UN MOIS DE PRISON.
Schmidt, Ferdinand, sculpteur à Strasbourg. DEUX MOIS DE PRISON.
Lammel, Antoine, journalier de Schlestadt. DEUX MOIS DE PRISON.
Zimmermann, Eugène, tailleur de pierres, de Stockfeld. Exprime le vœu en pleine rue que les « Sauschwobes » soient, le plus tôt possible, expulsés du pays. TROIS MOIS DE PRISON.
Motsch, Antoine, menuisier à Sainte-Marie-aux-Mines. (Cons. de guerre extraord. de Colmar, 12 août 1915.) TROIS MOIS DE PRISON.
Fischer, Frédéric, menuisier à Mulhouse. A chanté la *Marseillaise* dans une auberge. QUINZE JOURS DE PRISON.
Willig, Charles, ouvrier retraité, de Durlinsdorf. UN MOIS DE PRISON.
Riebel, Jacques, de Mulhouse. TROIS JOURS DE PRISON.
Grentzinger, Léon, de Mulhouse. UN JOUR DE PRISON.
Didier, Jean-Baptiste, de Mulhouse. UN JOUR DE PRISON.
Muller, Richard, voiturier à Guebwiller. Pour avoir appelé une femme qui avait bien traité des soldats allemands « Schwobemensch » et souhaité de voir les « Schwobes » s'en aller bientôt. (Cons. de guerre extraord. de Mulhouse, 17 août 1915.) QUATRE SEMAINES DE PRISON.
Baffrey, rentier à Guebwiller. Condamné pour avoir tenu un journal de guerre, dans lequel il notait ses impressions ainsi que ses entretiens avec certaines personnes qui venaient lui rendre visite, ce vieillard, âgé de soixante-quatorze ans, est mort en captivité, à la prison de Colmar, en août 1915. QUATRE MOIS DE PRISON.
Herrmann, commerçant à Mulhouse. TROIS MOIS DE PRISON.
Doyen, Victor, cultivateur, maire de Bionville. « Je suis maire de Bion-

ville, mais Français dans l'âme. » (Cons. de guerre extraord. de Metz, 7 oct. 1915.) Deux mois de prison.

Lambert, Jean, sous-officier en retraite à Gorze. Un mois de prison.

Femme Vincler, Eugène, née Étienne, de Courcelles. Deux semaines de prison.

Abbé Moreau, curé de la Vancelle, près Châtenois. Pour manifestations répétées de sentiments anti-allemands. Deux chefs d'accusation avaient été retenus : « Discours tendancieux à l'église, et le cri de Vive la France ! à la réunion du conseil de fabrique. (Cons. de guerre extraord. de Strasbourg, 1er oct. 1915.) Un an et six mois de prison.

Gonckel, Charles, casseur de pierres à Ottrott. Deux mois et un jour de prison.

Abbé Clad, François-Xavier, curé de Heidweiler. Comme on sonnait les cloches à l'occasion d'une victoire, il déclara en public : « Nous n'avons pas la permission de sonner les cloches pour annoncer que le service divin va commencer et voilà qu'elles sonnent une grande heure pour un mensonge. Que le diable emporte tout le militarisme ! C'est du pur esclavage ; je ne peux pas même sortir du village et je crois que j'ai le droit de mon côté. Vos soldats sont accoutumés au joug. » (Cons. de guerre extraord. de Mulhouse, 7 oct. 1915.) Six semaines de prison.

Bucher, Théobald, cultivateur à Diltzheim. Deux semaines de prison.

Barthel, Gabrielle, âgée de vingt ans et demi, de Rombas, près Metz. Pour avoir violé la défense de communiquer avec les prisonniers et avoir outragé par le mot « Boche » l'armée prussienne. (Première Chambre correct. du tribunal de Dessau, 28 sept. 1915.) Cinq mois de prison.

Gessner, Fritz, maître tailleur à Strasbourg. (Cons. de guerre extraord. de Strasbourg, 24 sept.) Six mois de prison.

Grandgeorge, Joseph, de Liepvre, cuisinier à Strasbourg. Six mois de prison.

Meyer, François, journalier à Strasbourg. Six semaines de prison.

Grasse, Marie, de Strasbourg. Une semaine de prison.

Förster, Georges, meunier à Strasbourg. Une semaine de prison.

Hills, Eugénie, libraire à Barr. Trois jours de prison.

Laucher, Émile, secrétaire des contributions à Strasbourg. Six mois de prison.

Meyer, Charles, secrétaire des contributions à Strasbourg. Un an de prison.

Glentzinger, Auguste, secrétaire des contributions à Strasbourg. Six mois de prison.

Weymann, Louis, inspecteur des contributions à Strasbourg (Cons. de guerre extraord. du 27 août). Un an de prison.

Ces condamnations furent particulièrement sévères en raison de ce que les délinquants, tous des fonctionnaires, avaient prêté serment de fidélité.

Fichter, Valerie, vendeuse, de Mulhouse (Cons. de guerre extraord. de Mulhouse, 3 nov. 1915). Deux mois de prison.

Veuve Striby, Louise, de Neudorf (Cons. de guerre extraord. de Mulhouse, 3 nov. 1915). Trois jours de prison.

Reichert, Thérèse, et sa fille, de Mulhouse (Cons. de guerre extraord. de Mulhouse, 3 nov. 1915). Quinze jours de prison.

Schwert, Léontine, de Mulhouse. A notamment chanté des chansons françaises, dont la *Marseillaise*. (Cons. de guerre extraord. de Mulhouse, 3 nov. 1915.) Deux mois de prison.

Bode, Pierre, de Mulhouse. « Les sales Schwobes, là-bas, chassent les gens de leur village afin de pouvoir tout voler; ils chipent alors l'argent. » Un mois de prison.

Femme Habersetzger, née Julie Kirchhoff, femme du coiffeur à Colmar. (Cons. de guerre extraord. de Colmar, 3 nov.) Quinze jours de prison.

Fässel, Théophile, de Colmar, ouvrier de la ville. En entendant la fusillade dans la vallée de Munster : « Oui, oui, ils reçoivent maintenant leur salaire. » Six mois de prison.

Calamine, Émile, peintre à Metz. En raison de la gravité de ses propos anti-allemands, le tribunal ordonne son arrestation immédiate et lui tient compte comme circonstances atténuantes de ce qu'il a un fils dans l'armée allemande et qu'il est obligé de travailler pour gagner son pain. Un an de prison.

Pagnel, Charlotte, née Pricot, ouvrière à Metz (30 septembre 1915). Deux semaines de prison.

Collignon, Émile, ouvrier, de Sillers. « Si je tenais le dernier Allemand, je l'embrocherais. » Trois mois de prison.

Lang, Marie, de Mulhouse. « C'est demain le 14 juillet, nous boirons du vin rouge ce jour-là, si les Français viennent. » (5 oct. 1915.) Un mois de prison.

La jeune Schultz, Eugénie, de Mulhouse. « Si seulement les Français revenaient, je les attends avec impatience. » Un mois de prison.

Kæmmerlin, René, employé, de Mulhouse. « Si seulement les Français revenaient. Si je savais faire campagne, je me ferais plutôt faire prisonnier, et je me tirerais moi-même une balle dans le pied. J'ai roulé les Schwobes, lorsque le médecin m'a saisi le bras, j'ai crié, mais je n'ai pas eu de mal... » Six mois de prison.

Schreiber, François, boucher à Mulhouse. « Je ch... sur les médailles allemandes. » Deux semaines de prison.

Meyer, Eugène, cultivateur à Riedisheim. Deux semaines de prison.

Abbé Heiligenstein, curé d'Urmatt. Pour avoir dit dans un sermon que la faute de la guerre doit être imputée à l'Allemagne. Deux mois de prison.

Georges, Jean-Baptiste, paysan. Pour avoir crié : « Mon cœur était français et j'en suis fier », et pour avoir appelé « canaille » le curé de son village, qui avait demandé dans son sermon, que l'on priât pour la patrie allemande. Deux ans de prison.

Lacour, Nicolas, de Folkling, près Forbach. Six mois de prison.

Gœpfert, Albertine, vingt-sept ans, ouvrière de fabrique à Mulhouse. Pour n'avoir pas cessé, lors de la première entrée des Français à Mulhouse, le soir du 8 août 1914, de hurler (*entgegengebrüllt*) avec insistance vers les soldats français qui s'avançaient par la rue de Dornach : « Vive la France ! » (Chambre correct. de Mulhouse, 10 août 1916.) Trois mois de prison.

Welter, pharmacien, de Rodemack, près Thionville. Pour essai de trahison, manifestation de sentiments anti-allemands et communication clandestine de nouvelles (17 août 1916). Cinq semaines de forteresse et 20 marks d'amende

Fontan, Mélanie, de Hayange. Trois mois de prison.

Beaugrant, seize ans, ouvrier mineur à Grand-Moyeuvre. Six mois de prison ;

Cassau, dix-neuf ans, ouvrier mineur à Grand-Moyeuvre. Douze mois de prison ;

Pour propagande anti-allemande : leur jeunesse seule les a préservés d'un châtiment plus sévère.

Wagner, ouvrier mineur au Grand-Moyeuvre. Cinq mois de prison.

Closson (J.), ouvrier mineur à Hayange. Un mois de prison.

Bousset (J.), homme d'équipe à Hayange. Quinze jours de prison.

Veuve Bemer, Élisabeth, née Wolsdorff, d'Algrange. Neuf mois de prison.

Watteyne, Désiré, à Clouange. Pour manifestation répétée de sentiments anti-allemands (Cons. de guerre de Thionville, avril 1917). Quatorze mois de prison.

Seltz, Camille, agent d'affaires à Soultz. Six mois de prison.

Mme Muller, Marguerite, de Thionville. Neuf mois de prison.

IV

POUR DÉSERTION

Les Allemands évaluaient eux-mêmes à plus de trente mille le chiffre des déserteurs alsaciens-lorrains, à la fin de l'année 1915. C'est assez dire que ces listes sont incomplètes, mais elles sont suffisantes pour démontrer au public français que les Alsaciens-Lorrains qui ont fui les drapeaux allemands dès le début de la guerre appartiennent à toutes les classes de la société, que les ouvriers et les paysans y sont largement représentés, et pour permettre aussi aux nombreux originaires des pays annexés, réfugiés en France, d'y retrouver des compatriotes, des parents et des amis.

A

Abeaucourt, Alfred, domestique, né à Jallaucourt.
Achille, August, sellier, né à Erlenbach.
Acker, Georges, maçon, né à Waagenbourg.
Acker, Paul-Pierre, cultivateur, de Wantzenau.
Ackerer, Jean, cultivateur, né à Breitenbach.
Adam, Alfred, commis, né à Muttersholz.
Adam, Ferdinand, boulanger, né à Rhinau.
Adam, Léon, éditeur, né à Hobatzenheim.
Adam, Lucien, garçon de café, né à Dieuze.
Adèle, Paul-Victor, serrurier, né à Dieuze.
Adolf, Jos., territ., cuisinier, de Bindernheim.
Adolphe, Émile, réserviste, instituteur, de Bindernheim, cercle de Schlestadt.
Advokat, Léon, né à Muhlbach.
Albisser, Alphonse, né à Issenheim.
Albrecht, Émile, boulanger, né à Fessenheim.
Altorffer, Alfred-Henri, négociant, de Woerth.
Ambiehl, Joseph, terrassier, né à Strasbourg.
Amiet, Louis-Paul, ingénieur, de Molsheim.
Ancel, Charles-Auguste, né à Donnelay.
Ancel, Eugène, réserviste, cultivateur, d'Orbey (Ribeauvillé).
André, Franç.-Édouard, tailleur, né à Kerprich.
Andres, Louis, serrurier, d'Erstein.
Andres, Marie-Alph., tailleur, de Schlestadt.
Andres, Marie-Alph., tailleur, né à Erstein.
Andrès, Victor-Aloys, rés., boulanger, d'Erstein.
Anna, Alfred, confiseur, né à Schlestadt.
Anselm, Jacques, territ. II, boucher, d'Obernai.
Anstett, Auguste, boulanger, né à Dettwiller.
Anstett, Gustave, maçon, de Bischheim.
Anstett, Joseph, cordonnier, né à Dettwiller.
Antoine, Joseph, commerçant, né à Voyer.
Antoine, Joseph, garçon tonnelier, né à Strasbourg.
Antoine, Jean-Roger-Marie, né à Burlioncourt.
Antony, H.-Franç., étudiant, né à Wintzenheim.
Arbogast, Charles, tailleur, né à Sand.
Arnold, Alfred-François-Joseph, né à Mulhouse.
Arth, Auguste, de Bischhofen.
Aschbacher, Charles, né à Sundhausen.

B

Babinger, Charles, de Soufflenheim.
Babinger, Théodore, de Soufflenheim.
Badina, Antoine, de Haguenau.
Baldacini, Jos., maçon, de Niedermorschwihr.
Baldenweg, Joseph, caporal territ., maçon, de House (Colmar).
Ballos, Jean-Em., cultivateur, né à Orbey.
Balthazard, J.-B., ouvrier de fabrique, de La Baruche.
Balthazard, Léon, rés., menuisier, de Munster.
Bamberge, Émile, cuisinier, de Dachstein.
Bamberger, Godefroy, vannier, né à Vendenheim.
Baumert, Casper, rés., coiffeur, de Mulhouse.
Bana, Victor, vacher, né à Marthil.
Bansept, Joseph-Nicolas, boucher, né à L'Allemand-Rombach.
Bapst, Frédéric, tourneur sur fer, de Plobsheim.
Bapst, Martin-Eug., caporal territ., serrurier, de Lauterbourg.
Barbaras, Auguste, confiseur, né à Colmar.
Barbatas, Louis-Charles, employé, né à Colmar.
Barbé, Charles-Nicol., domestique, né à Lixing.
Barbier, Pierre, mécanicien, né à Vic.
Barth, Ernest-Eug., réserv., boulanger, de Strasbourg.
Barth, Henri, batelier, né à Hatten.
Bath, Émile, serrurier, né à Mulhouse.
Baty, Lucien-Gust., mousquet. territ., peintre, de Grubé (Fouchy).
Bauer, Auguste, charron, né à Barr.
Bauer, Alphonse, boulanger, né à Hunawihr.
Bauer, Jacques, forgeron, de Barr.
Bauer, Sylvain, musicien, élève du Conservatoire, né à Schlestadt.
Bauman, Benjamin, rouisseur, né à Bartenheim.
Bauman, Charles-Jacques, aiguilleur, né à Bartenheim.
Baumann, Fréd., caporal réserv., domestique, de Riquewihr.
Baumann, Paul, caporal réserv., menuisier, de Colmar.

Baumann, Théoph., infir., né à Bouxwiller.
Baumann, Willi, infir., né à Strasbourg.
Baumgarten, Joseph, réserve territor., journalier, de Kuttolsheim.
Bauquel, Jean-Hubert-Eugène, boulanger, né à Arraincourt.
Baur, Émile, sellier, de Wasselonne.
Bayner, Victor-Hubert, domestique, né à Mulcey.
Beard, Jos.-Gabr., domestique, né à Chambry.
Beaucourt, Jean-Baptiste, scieur de long, né à Kaysersberg.
Beaucourt, Paul, domestique, né à Vahl.
Beauqui, Justin-Gust., né à Chicourt.
Béc, Henri, pionnier de la territoriale, menuisier, de Sainte-Marie-aux-Mines.
Bechi, Léon-Marie, cocher, né à Wintzenheim.
Bechi, Guillaume, pâtissier, né à Dorlisheim.
Bechtel, Jos.-Vinjile, cultivateur, né à Westhouse.
Bechtold, Joseph, laboureur, né à Kirchheim.
Becker, Arthur, né à Condé-Northen.
Becker, Émile, journalier, né à Montdidier.
Becker, Lucien, de Rombas.
Becker, Pierre, cultivateur, né à Basse-Ham.
Bée, Henri, menuisier, né à Sainte-Marie-aux-Mines.
Beer, P.-Paul, employé de bureau, né à Turckheim.
Behr, Jules, serrurier, né à Sundhausen.
Bellardy, Ém.-Louis, tapissier, né à Strasbourg.
Beller, Henri, coiffeur, né à Barr.
Beller, Joseph, vigneron, né à Barr.
Bellicam, Joseph-Eugène, jardinier, né à Loglenheim.
Beltour, Auguste, tailleur de limes, né à Molsheim.
Beltour, Georges, menuisier, né à Molsheim.
Bendele, Henri, cuisinier, né à Herlisheim.
Benedic, Franç-Nicolas, fonctionnaire, né à Donnelay.
Benoît, Gustave, boulanger, né à Sainte-Marie-aux-Mines.
Berenice, René, valet de ferme, né à Delme.
Berenwanger, Jos.-François, sergent territ., batelier, d'Erstein.
Berger, Charles, peintre, de Châtenois.
Berger, Ernest-René, rés., boulanger, de Molsheim.
Bergeront, Émile, boucher, né à Donnelay.
Benjin, Léon, domestique, né à Lucy.
Berna, Louis-Adrien, caporal réserv., commissionnaire en vins, de Wingenheim (Colmar).
Bernard, Aug., ouvrier, né à Zommange.
Bernard, Joseph, ouvrier, né à Zommange.
Bernhard, Camille-A., voyageur de commerce, né à La Broque.
Bernier, Alfred, réserv., de Welschensteinbach.
Berrmann, Louis, réserve territor., menuisier, de Saint-Hippolyte.
Berschit, Jean-Joseph-Victor, sous-diacre, né à Lutzelhouse.
Bertrand, Georg.-Jacques, docteur ès sciences, né à Lavaleck.
Bettmann, Arthur, dentiste, à Dieuze.
Bertmann, Henri, coiffeur, né à Bischwiller.

Beyel, Ant.-Franç., cultivateur, né à Bilwisheim.
Beyel, Ant.-Franç., chasseur territ., cultivateur, de Bilwisheim.
Beyl, Joseph-André, permis. ajourné, commerçant, de Wantzenau.
Biache, Antoine, cordonnier, né à Fleisheim.
Bieber, Théobald, né à Hirschland.
Biechely, Jean, journalier, né à Schlestadt.
Biechy, Eugène, frère missionnaire, né à Obermorschwihr.
Bieckert, Émile, serrurier, né à Goxwiller.
Bientz, Camille, ouvrier aux salines, né à Vergaville.
Binler, Charles, journalier, né à Moosch.
Bisch, François, de Strasbourg.
Bisch, Joseph, territ., bûcheron, de Haguenau.
Bischof, Jules, serrurier, né à Obenheim.
Bischoff, Joseph, tailleur, né à Hoerdt.
Bister, Auguste-Eugène, domestique, né à Jallaucourt.
Bister, Eugène-Louis, valet de ferme, né à Jallaucourt.
Bitterolf, Auguste, territ., journalier, d'Obenheim.
Blaise, Charles-Nicolas, voiturier, né à Vic.
Bleu, Léon-Albert, rés., journalier, de Kaysersberg.
Bleyer, Jules-Joseph, agriculteur, né à Saint-Hippolyte.
Bloch, Albert, négociant, de Colmar.
Bloch, Arthur, tailleur, né à Kolbsheim.
Bloch, Gabriel, commerçant, né à Wintzenheim.
Bloch, Gustave-Appol, menuisier, né à Bischheim.
Bloch, Jules, chantre, né à Grussenheim.
Bloch, Léon, négociant, de Soulzmatt.
Bloch, Maurice, boucher, né à Herrlisheim.
Bloch, Michel, territ., voyageur de Düttlenheim.
Blum, Albert, rés., menuisier, de Dorlisheim.
Blum, Antoine-Alphonse, menuisier, né à Marlenheim.
Blum, Lucien, négociant, né à Rosheim.
Blum, Lucien, boulanger, né à Haguenau.
Boebion, Charles, domestique, né à Saint-Médard.
Boesch, Jacques-Eugène, rés., sommelier, de Friedolsheim.
Boff, Charles-Édouard-Eugène, cuisinier, né à Schlestadt.
Boff, Charles-Édouard-Eugène, cuisinier, né à Bremmelbach.
Boff, Pierre-Paul, pâtissier, né à Rosheim.
Bogen, Augustin, tonnelier, né à Kienzheim.
Böglin, Joseph, né à Mulhouse.
Bogniel, Jules, maçon, né à Vic.
Böhm, Alexandre, sellier, de Dambach.
Böhm, Florent, territ., charpentier, de Wilwisheim.
Bohn, Antoine, recrue, journalier, de Châtenois.
Bohy, Justin, ouvrier d'usine, né à Sultzeren.

Boll, Georges-Sébastien, journaliste, né à Ribeauvillé.
Bollack, Marcel, commerçant, de Wintzenheim.
Boof, Michel-Alfred, négociant, de Strasbourg.
Boosz, Georges, caporal rés., de Kirwiller.
Boring, Victor, de Avolsheim.
Bort, Alphonse-Pierre, cultivateur, né à Grand-Fontaine.
Bos, François-Jean, territ., boulanger, de Lach (Schlestadt).
Bösch, Jacques-Eugène, domestique, né à Friedolsheim.
Bothner, François-Xavier, canon. réserv., charpentier, de Colmar.
Bothner, Paul, caporal rés., confiseur, de Colmar.
Bottemer, Adolphe-Frédéric, tanneur, de Barr.
Bouche, Joseph, domestique, né à Cutting.
Bouquel, Célestin, boulanger, né à Armsdorf.
Boulay, Arthur, cultivateur, né à Neudorf.
Boury, René, manjuillier, né à Chicourt.
Bourgard, Jacques, d'Ingenheim.
Bourgonignon, Louis, vacher, né à Bioncourt.
Bournon, Paul-Victor, ouvrier, né à Kerprich.
Boutrin, Vincent, ouvrier, né à Bacourt.
Boyon, Marie-Georges-Auguste, cultivateur, né à Albestroff.
Boyon, Victor-Lucien, boulanger, né à Albestroff.
Braesh, Jean, grenadier, territ., serrurier, de Metzeral.
Brandenstein, Frédéric, sous-officier infanterie régiment 99, né à Saverne.
Brauer, Louis-Charles, pâtissier, né à Ribeauvillé.
Braun, Charles, boulanger, né à Wittisheim.
Braun, Charles-Louis, employé, de Strasbourg.
Braun, Charles-Louis, employé de commerce, né à Schiltigheim.
Brauns, Auguste, né à Volkrange.
Braunlin, Émile, horloger, né à Huningue.
Breger, Charles-Joseph, artilleur marin, cordonnier, de Metz.
Breyer, Louis, ouvrier, né à Ingwiller.
Breitel, Xavier-Alphonse, boulanger, né à Saint-Hippolyte.
Brendre, Henri, en dernier lieu à Mundelsheim.
Brenner, Henri, directeur de filature, de Mulhouse.
Brenner, Léon, employé de commerce, né à Schiltigheim.
Bretz, Albert, négociant, de Sainte-Croix-en-Plaine.
Bretzner, Joseph-Auguste, territ., peintre, de Steige (Schlestadt).
Breyer, Louis, ouvrier de fabrique, d'Ingwiller.
Brill, Charles-Dionys, garde-côte, né à Sarreguemines.
Brillaud, Louis, né à Breitenbach.
Brille, Moïse-Arthur, commerçant, né à Donnelay.

Brinot, Jean-Alphonse, laboureur, né à Altroff.
Brobecker, Pierre-Paul, canon. rés., maréchal ferrant, d'Eguisheim.
Bronnas, Louis-Jean-Baptiste, journalier, de Grubé (Fouchy).
Bronner, Albert-Frédéric, employé, né à Entzheim.
Bronner, Émile, de Paris, employé, ayant demeuré à Strasbourg, poursuivi également pour haute trahison.
Brugmann, Henri (Ersatz Bat. Pionnier n° 15), né à Strasbourg.
Brulfer, Joseph-Gaston, charron, né à Conthil.
Brunner, Auguste-Henri, boulanger, né à Schiltigheim.
Brunner, Frédéric-Guillaume, boulanger, né à Schiltigheim.
Brunner, Joseph, de Bischwiller.
Brunstein, Alphonse, rés., commerçant, de Kinzheim.
Brunstadt (de), Joseph-Adam, caporal de la 12ᵉ comp. du rég. de la Garde « Reine-Élisabeth ».
Buch, Joseph, de Meistratzheim.
Bücher, Georges, tailleur, de Widensohlen.
Bücher, Georges, mousquet. rés., forgeron, de Widensohlen.
Bücher, Georges, serrurier, de Widensohlen.
Bucher, Jean-Sébastien, boulanger, né à Kaysersberg.
Bücher, Louis, mousquet. rés., employé de commerce, de Wintzenheim.
Buck, Auguste, coiffeur, né à Schlestadt.
Bugard, Louis-Nicolas, cuisinier, né à Mulcey.
Buhl, Georges, jardinier, né à Munster.
Buhl, Henri, cuisinier, né à Munster.
Buisson, Joseph-Victor, valet de ferme, né à Riche.
Bur, Joseph-Albert, domestique, né à Batzendorf.
Bur, Jérôme, cuisinier, né à Batzendorf.
Bury, Jacques, territ., de Michelbach-le-Bas.
Burgmeier, Charles-Albert, coiffeur, né à Colmar.
Burgel, Auguste, jardinier, né à Ostheim-Beblenheim.
Burger, Léon, maçon, né à Strasbourg.
Burgert, Adolphe-Armand, boucher, né à Mulhouse.
Burger, Jean-Godefroy, architecte, né à Brumath.
Burkard, Jean, boulanger, né à Geudertheim.
Busser, Charles, caporal territ., voiturier, de Pfaffenhofen.
Bustert, Edouard, machiniste, né à Sainte-Marie-aux-Mines.
Butin, Albert-Julien, sellier, né à Dieuze.
Butlingaire, Émile, cultivateur, né à Moncheux.
Bütterlin, Arthur-Frédéric, canon. rés., dessinateur, de Colmar.
Buzon, Adrien, voyageur de commerce, né à Malaucourt.

C

Cade, Ch.-Alph., tailleur, né à Heiteren.
Cade, Charles, recrue, cuisinier, de Sainte-Croix-en-Plaine.
Cahn, Maurice, de Schirrhofen.
Calba, Édouard, cuisinier, né à Château-Salins.
Canton, Paul-Hubert, forgeron, né à Jallaucourt.
Carl, Émile, jardinier, né à Dieffenthal.
Carlen, Joseph, de Schweighouse.
Carrière, François, de Gorze.
Ceintre, Julien, employé aux salines, né à Dieuze.
Ceintre, Maurice, ouvrier de salines, né à Dieuze.
Ceintre, René-Eugène-Joseph, cuisinier, né à Dieuze.
Champouillon, Char., aubergiste, né à Chicourt.
Champouillon, Franç.-Jos., cocher, né à Chicourt.
Chanot, Jean-Edmond, journalier, né à Bourgaltroff.
Chapelle, Justin, tisseur, né à Sainte-Croix.
Charton, Jos.-Aug., réserv., de Vorbruck.
Cheilleux, Paul, négociant, né à Luttange.
Chenique, Camille, né à Pfaffenhofen.
Cherrier, Ferdinand-Julien, valet de ferme, né à Ingwiller.
Chevasson, Joseph, menuisier, né à Bindernheim.
Chotel, Jean-Bapt., mousquet. territ., maître-ouvrier, de Sainte-Croix-aux-Mines.
Chottenel, Émile, journalier, né à Vergaville.
Choubry, Jos.-Const., journalier, né à Amélécourt.
Christ, Émile-Georges, territor., lithographe, de Königshofen.
Christ, Franç.-Xav., territ., domestique, de Herbsheim.
Christen, Eugène-Philomène jardinier, né à Stotzheim.
Citot, Franç., journalier, né à Lindre-Basse.
Clad, Lucien, tisserand, né à Saint-Martin.
Cladi, Valentin, réserv. de l'Ersatz, ouvrier de fabrique, de Mühlbach.
Claire, Jos.-Séraph., machiniste, de Lièpvre.
Claude, Jos.-Maur., journalier, né à Ranrupt.
Claudel, Nicolas, grenad. territ., mineur de Voklinshofen.
Claus, Charles-Louis, coiffeur, né à Altenstadt.
Clauss, Joseph, caporal territ., cultivateur, de Truchtersheim.
Claussmann, Georges, territ., comptable, de Brumath.
Claussner, Émile, réserv. de l'Ersatz, coiffeur, de Rosheim.
Clavelin, Jos., cultivateur, de Steige.
Clément, Eugène, boulanger, né à Liocourt.
Clément, Victor-Camille, commerçant, né à Vic.
Clod, Xavier-Ch., domestique, de Saint-Martin.
Clos, Jean, laboureur et charpentier, né à Bueswiller.
Cognon, Jean-Baptiste-Lucien, sellier, né à Metz.
Coillex, Louis, né à Aumetz.
Colas, Luc.-Théoph., forgeron, né à Ley.
Coleur, Albert, né à Mulcey.
Colin, Albert, boulanger, né à La Broque.
Collin, Eugène, laboureur, né à Donnelay.
Colson, Jules-Eugène, domestique, né à Marthil.
Comte, Edgard, soldat-ouvrier 2e cl., employé de commerce, de Colmar.
Conrad, Ch.-Léonard, commerçant, né à Bitche.
Coulle, François-Xavier, valet de ferme, né à Torcheville.
Coutures, Lucien, laboureur, né à Pettoncourt.
Courtois, Édouard, marchand de poisson, né à Vic.
Croix, Vict.-Edm., journalier, né à Dorswiller.
Cuillette, Edmond, journalier, né à Moyenvic.
Cuné, Albert, réserv., de Friese (Altkirch).
Cuny, Charles-Jean, né à Vic.
Cuny, Jean-Bapt., domestique, né à Vic.

D

Dageyen, Alphonse-Émile, garçon de café, né à Grafenstaden.
Dagour, Albert-Joseph, chimiste, né à Château-Salins.
Dalendrea, André, soldat de la 8e compagnie du 256e d'infanterie.
Dalmse, Victor, cultivateur, né à Salonnes.
Danischer, Louis, de Saverne.
Dannewall, Martin, réserv., ouvrier de fabrique, d'Erstein.
Danjegen, Alph.-Émile, garçon, de Grafenstaden.
Daul, Jos.-Bernard, sergent territ., boulanger, de Dossenheim.
Dauphin, Prosper, domestique, né à Haboudange.
Debes, Antoine, cultivateur, de Stützheim.
Deckel, Joseph-Fidel, res., boulanger, de Zellwiller.
Deckert, François, jardinier, né à Markolsheim.
Deis, Victor, ouvrier de fabrique, né à Dieuze.
Delcominette, Florent-Ch., territ., boulanger, de Niederhaslach.
Demange, Joseph, valet de chambre, né à Vergaville.
Deni, Eugène, domestique, né à Ommerey.
Denio, Auguste, charron, né à Vaxy.
Denny, Charles, peintre, né à Ribeauvillé.
Dern, Marcel, mécanicien, né à Paris.
Desfrères, Camille, né à Ibigny.
Desgranges, Léon, cultivateur né à Lemoncourt.
Deseter, Jos., coiffeur, né à Salmbach.
Dessez, Ch.-Clém., journalier, né à Kerprich.
Dessmon, Cam.-Ed., né à Lubécourt.
Dibling, Alois, né à Eschbach.
Dibling, Jacques-Hippolyte, sabotier, né à Uberach.
Dibold, Laurent, réserv., de Wantzenau.
Dick, Albert, réserv., peintre, de Strasbourg.
Dick, Louis, peintre, né à Bischwiller.
Dick, Pierre, de Welschwiller.

POUR DÉSERTION

Didier, Émile, mousq., menuisier, de Mulhouse.
Didierjean, Léon-Constant, négociant, né à Orbey.
Diebinger, Paul-Marie, laboureur, né à Heiligenberg.
Diebold, Eug., chauffeur, né à Friedolsheim.
Diebold, Franç.-Louis, territ., employé de commerce, de Strasbourg.
Diebolt, Jacques, voiturier, de Sindelsberg.
Diehl, Albert, de Strasbourg.
Diemer, Charles-Adolphe, aubergiste, né à Eckbolsheim.
Diemer, Jean, tailleur, né à Ittenheim.
Diemert, Charles-Eugène, garçon de café, né à Strasbourg.
Dietrich, Charles, de Wasselonne.
Dietsch, Martin-Joseph, laboureur, né à Elsenheim.
Dillinger, L.-Alb., jardinier, de Niedernai.
Dillmann, François, né à Manom.
Dimosski, Pierre, domestique, né à Hazembourg.
Diss, Henri, de Strasbourg.
Doll, Alb.-Maur., étudiant en chimie, né à Colmar.
Dollé, Auguste, cuisinier, d'Andlau.
Donner, Albert, négociant, né à Bitche.
Drant, Emé-Jules, domestique, né à Menheim.
Drebing, Adolphe, né à Wissembourg.
Dreiss, Jules, ouvrier de fabrique, né à Dieuze.
Drey, Charles-Étienne, caporal réserv., menuisier, de Holzwihr.
Dreyer, François, d'Orbey.
Dreyer, Joseph, réserv., ouvrier de fabrique, d'Illfurt.
Droesch, Albert, garçon de bureau, né à Strasbourg.
Drulang, Michel-Jos., journalier, né à Hochfelden.
Dubois, Marie-Alphonse, tonnelier, de Rosheim.
Dubs, Albert-Henri, serrurier, né à Colmar.
Ducas, Clément, photographe, né à Biltzheim.
Dufour, Eugène-Édouard, domestique, né à Strasbourg.
Dulzo, Marie-Joseph, conducteur de camions, né à Montdidier.
Dulzo, Paul, journalier, né à Montdidier.
Durban, Robert, bijoutier, né à Pforzheim.
Durr, René, ingénieur, né à Colmar.
Dur, Philippe, né à Bœrsch.
Dur, Émile, ter. I, laboureur, de Geispolsheim.
Dürrenberger, Émile-Alfred, dent., de Niffer.
Dusch, Joseph, mousquet. de rés., cultivateur, de Sässolsheim.
Duwa, Jean-Baptiste, de Reichshoffen.

E

Ebbel, Xavier, cultivateur, né à Ittenheim.
Ebel, Alfred-Paul, employé de commerce, né à Rosheim.
Ebele, Grégoire-Victor, domestique, né à Turckheim.
Eber, Louis, d'Oberbronn.
Eberlé, Jean, mousquet. 144e régim. d'infant., de Metz.
Ebersold, André, sommelier, né à Molsheim.
Ebstein, Max, employé, né à Wintzenheim.
Ebstein, Simon, marchand de bestiaux, né à Wintzenheim.
Eck, Albert-Jean, ouvrier, né à Bischofsheim.
Eck, Louis, de Rosheim.
Eckert, Gustave, caporal réserv., cocher, de Saint-Louis.
Eckert, Paul-Jos., territ., professeur de langues à Schiltigheim, en dernier lieu à Strasbourg.
Eckmann, Jean, cultivateur, né à Mittersheim.
Eckstein, Émile, fabricant de brosses, de Boofzheim.
Edel, François-Émile, coiffeur, né à Troyes.
Egelus, Georges, menuisier, de Gries.
Eggermann, Alfred, caporal réserv., jardinier, de Russfeld.
Eggermann, Émile-Charles, sergent de la réserve, chauffeur, de Königshofen.
Egly, Alb.-Louis, négociant, né à Bischwiller.
Ehrhart, Ch.-Rob., employé de bureau, né à Wettolsheim.
Ehrhardt, Émile, territ., journaliste de Rhinau.
Ehrhardt, Xavier, chauffeur, de Wettolsheim.
Ehrismann, Joseph-Édouard, domestique, né à Uckange.
Ehrmann, Pierre-Paul, coiffeur, de Brumath.
Ehrsam, Léon-Chrétien, mousq. réserv., serrurier, de Colmar.
Eichholzer, Alb.-Émile, boulanger, né à Munster.
Eichholzer, Louis, vigneron, né à Turckheim.
Eiffer, Julien, cordonnier, né à Diderfing.
Eisenbeiss, Charles, jardinier, né à Strasbourg.
Emel, Jacq.-Nic., domestique, né à Guéblange.
Engel, Eugène, de Strasbourg.
Engel, Jacob, berger, né à Sarralbe.
Engelsberger, Christian, né à Strasbourg.
Eohler, Ignace, cultivateur, né à Saint-Pierre-Croix.
Erards, Léon, boulanger, né à Landroff.
Erb, Paul, ébéniste, né à Griesheim.
Erhart, Alfred, serrurier, né à Mulhouse.
Ernest, Arthur, cultivateur, né à Rülisheim.
Ernst, Jean, garçon d'hôtel, de Munster.
Ertle, Charles, coiffeur, né à Munster.
Ertz, Aug.-André, peintre, de Strasbourg.
Ertzinger, Jacob, ouvrier, né à Gumbrechtshoffen.
Eschbach, Aloïse, territor., mécanicien, de Strasbourg.
Eschenlauer, Georges, tailleur, né à Hochfelden.
Eschenlauer, Georges, ouvrier du fisc, territ., tailleur, de Hochfelden.
Eschenlauer, Victor, caporal réserviste, tailleur, de Hochfelden.
Étienne, Alphonse, territ., mineur, de Urbis (Schlestadt).
Étienne, Victor-Jules, boulanger, né à Ley.
Ettwiller, Joseph, fusil. ter., ouvrier de fabrique, de Sainte-Croix-en-Plaine.
Eymann, Victor, réserv., tailleur, de Breitenbach.

F

Fagant, Louis, né à Salonnes.
Faist, Jacques, menuisier, de Lingolsheim.
Falantin, Joseph-Léon, maçon, né à Mulcey.
Faller, Jacques, agriculteur, né à Jebsheim.
Fasne, Joseph-Nicolas, né à Many.
Fassel, Alphonse, constructeur de bateaux, né à Gerstheim.
Faubel, Aimé, jardinier, né à Fonteny.
Fauconnier, Isidore-Humbert, agriculteur, né à Blanche-Église.
Faullimmel, Albert, employé, né à Waltenheim.
Federlé, Alb.-Jos., mousquet., batelier, de Thann.
Feger, Émile, territ., journal., de Strasbourg.
Fehlmann, Jacques, journal., de Sundhouse.
Fehrentz, Jean, mécanicien, né à Forbach.
Fendrich, Franç.-Alb., né à Strasbourg.
Fendrich, Fortuné, tailleur de limes, né à Niederhaslach.
Ferder, Adolphe, canon. réserv., boulanger, de Biesheim.
Fernbach, Franç.-Ant., cultivateur, né à Scherlenheim.
Ferry, Victor, tisseur, né à La Broque.
Fery, Joseph-Lucien, menuisier, né à Fonteny.
Feucht, Paul-Henri, héliotypiste, né à Strasbourg.
Filbert, Antoine-Georges, directeur de tissage, de Mulhouse.
Filser, Émile, jardinier, né à Barr.
Finance, Émile, fondeur, né à Wintzenheim.
Finikel, Didier, domestique, né à Amélécourt.
Fischbach, Jacques, né à Hohfrankenheim.
Fischer, André-Eug., boulanger, né à Hochfelden.
Fischer, Adolphe, laboureur, né à Rosenwiller.
Fischer, Charles-Eugène, coiffeur, né à Bischwiller.
Fischer, Eugène, fondeur, né à Eschau.
Fischer, Henri, boulanger, né à Rosheim.
Fischer, Jos.-Émile, réserv., de Lautenbachzell.
Fischer, Louis, réserve territ., de Ernwiller.
Fischer, Pierre-Georges, entrepreneur de bâtiments, né à Colmar.
Fix, Alph., valet de ferme, né à Guenestroff.
Fix, Florent, territ., boulanger, de Knörsheim.
Fix, Guillaume, ouvrier de fabrique, né à Bischwiller.
Fizeleret, Louis, domestique, né à Monswiller.
Flecher, Franç.-Ant., cultivateur, né à Ohnenheim.
Fleck, Joseph-Antoine, sculpteur sur bois, né à Oberbergheim.
Fleck, Paul, serrurier, mécanicien de marine de la réserve, de Mulhouse.
Flekal, Charles, territorial, de Guebwiller.
Florentz, Léon-Louis, boucher, né à Sainte-Marie-aux-Mines.
Fluck, Frédéric, garçon de café, né à Neubois.
Fohrer, Charles, grenadier territ., cultivateur, de Colmar.
Folmer, Clément, laboureur, né à Silly-en-Saulnois.
Folmer, Nicolas, laboureur, né à Silly-en-Saulnois.
Fonck, Émile, mineur, né à Urbeis.
Fonck, Pierre-Paul, domestique, né à Lalaye.
Fournier, Ernest-Alexis, batelier, né à Strasbourg.
Fonck, Victor, réserv., tisserand, de Lach (Schlestadt).
Fordy, Jean-Jacques, sergent territ., chef de bureau, de Colmar.
Forfer, Louis, coiffeur, né à Lindre-Basse.
Forgon, Charles, garçon de café, né à Dieuze.
Fool, Georges, commerçant, né à Gerbécourt.
Förstner, Pierre-Aman, né à Strasbourg.
Fortenbach, Joseph, menuisier, d'Ostwald.
François, Xavier, boucher, né à Hannocourt.
Frank, Mathias, mousquet. territ., tonnelier, de Sundhofen.
Franken, Henri-Pie, territ. I, batelier d'Ersatz, 137e rég. d'inf., de Haguenau.
Frantz, Auguste, menuisier, né à Schlestadt.
Fraucher, Jean-Jules, graveur, né à Strasbourg.
Fraulen, Henri-Pie, de la Landwehr, 1er batail. d'Ersatz, 137e rég. d'inf., de Haguenau.
Frédérick, Georges, de la réserve territ., peintre, de Sainte-Marie-aux-Mines.
Freudenreich, Jos.-Adolphe, vigneron, de Voklinshofen.
Freybourger, Émile, négociant, d'Eguisheim.
Freyburger, Marie-Alphonse, élève-missionnaire, né à Wettolsheim.
Friedrich, Édouard-Ch., mécanicien, de Barr.
Friedrich, Isidore-Armand, charpentier, né à Rottelsheim.
Frieh, Alphonse, pionnier de réserve, ouvrier télégraphiste, de Horbourg.
Frieh, Nicolas, pionnier de la réserve, télégraphiste, de Horbourg.
Friser, Charles-Jean, né à Neuchef.
Fritsch, Alphonse, coiffeur, né à Durningen.
Fritsch, Chrétien, mousquet. territ., ouvrier de fabrique, d'Illfurt.
Fritsch, G.-Adolp., jardinier, né à Wintzenheim.
Fritsch, Jean, domestique, né à Stosswihr.
Fritsch, Joseph, chef d'équipe, né à Feldkirch.
Fritsch, Jos., réserv., boulanger, de Barr.
Fritsch, Léon-Alphonse, employé de magasin, né à Friedolsheim.
Froment, Léon-Joseph, menuisier, de Kerprich.
Fuchs, Eugène, de Colmar.
Fuchs, Joseph, cultivateur, né à Schoenau.
Fuchs, Maurice, jardinier, né à Houssen.
Füger, Joseph, réserve, domestique, d'Oberehnheim (Obernai).
Furstenberger, Jos.-Aug., négociant, né à Phalsbourg.

G

Gabriel, Charles, négociant, de Durmenach.
Gabriel, Jules-Émile, négociant, de Durmenach.

Gangloff, G.-Adolphe, tonnelier, de Strasbourg.
Ganier, François-Jacob, né à Volkrange.
Ganter, Jos., chasseur à cheval, réserv., bûcheron, de Réquisheim.
Gaquierre, Joseph-Émile, commis de magasin, né à Dieuze.
Gargowitsch, Bonaventure, hôtelier, né à Sermersheim.
Gass, Eugène, employé de stabacs, né à L'Allemand-Rombach.
Gerber, Albert, marin I, boucher, de Munster.
Geiger, Adolphe, territ., de Friesen.
Geiger, Gust.-Adolphe, coiffeur, né à Strasbourg.
Geiger, René-Benoît, né à Mulhouse.
Géjout, Joseph, valet de ferme, né à Munster.
Geissmann, Paul-Nephtali, de Westhofen.
Geismar, Camille, mousquet. territ., boucher, de Herlisheim.
Geismar, Léon, étudiant en médecine, né à Strasbourg.
Geist, Louis-Paul, juge suppléant, né à Bischwiller.
Gemehl, Georges, de Klingenthal.
Genneville, Charles, serrurier, né à Steinbourg.
Geoffroy, Armand, né à Manhoué.
George, Alphonse, vigneron, né à Lubécourt.
Gerard, Jos., journalier, d'Urbach.
Gérard, Victor-Émile, tisseur, né à Meisseingott.
Gérardin, Jules, laboureur, né à Chicourt.
Gerber, Joseph, domestique, né à Saint-Pierre.
Gerling, Alph.-Constant, cultivateur, né à Dauendorf.
Germain, Émile, garçon d'hôtel, né à Lindre-Haute.
Germer, Jean-Daniel, étudiant, né à Strasbourg.
Gerse, Franç.-Antoine, territ., cultivateur, de Morschwiller.
Gillet, Georges-René, né à Château-Voué.
Gillig, Franç.-Ant., réserv., cultivateur, de Durningen.
Gillmann, Eugène, grenad. territ., limier, de Monsviller.
Gintz, Franç.-Jos., boulanger, de Neugartheim.
Girard, Eug.-J.-Bapt., cultivateur, né à Orbey.
Gisselbrecht, Édouard-Aug., mécanicien, né à Strasbourg.
Gissinger, Charles, domestique, né à Wettolsheim.
Gissinger, Eug., territ., ferblantier, de Thann.
Gittinger, Julien, droguiste, né à Erstein.
Gitzendanner, Charles-Jules, boulanger, né à Strasbourg.
Glad, Xavier-Charles, domestique, né à Saint-Martin.
Glasser, Georges, menuisier, né à Bergheim.
Glock, Franç.-Xavier, tonnelier, de Scherwiller.
Glotz, Aloïse, réserviste, de Börsch.
Gnebel, Stéphane, chauffeur, né à Puttelange.

Gœller, Ignace, charron, né à Rhinau.
Gœrjen, Paul, monteur, né à Vrémy.
Gœtzmann, Henri-Frédér., pharmacien, né à Niederbronn.
Goldstein, Maurice, territ. I, vendeur, de Châtenois.
Gorius, Paul-Léon, berger, né à Bassing.
Gory, Louis-Octave, mousquet. territ., menuisier, de Mulhouse.
Gotté, Charles-Hippol., cuisinier, né à Château-Salins.
Göttelmann, Alph., bûcheron, de Barr.
Göttelman, Alphonse, charpentier, né à Barr.
Gottenkieny, Joseph, teinturier, né à Hegenheim.
Gottenkieny, Jean, teinturier, né à Hegenheim.
Gradwohl, Salvador, commissionnaire, né à Osthausen.
Graf, Émile, réserv., comm., de Stattmatten.
Graff, André, caporal territ., boulanger, de Griesbach.
Graff, Laurent, journalier, né à Benfeld.
Grandmougin, Jean-Jos., bûcheron, né à Lagarde.
Granjean, Albert, employé aux salines, né à Saint-Médard.
Grandjean, Jules, domestique, né à Saint-Médard.
Greiner, Auguste, menuisier, du 2ᵉ dépôt de recrues du bat. d'Ersatz de pionn. 14, de Kehl.
Gremel, Étienne-Camille, sculpteur, né à Fegersheim.
Grenewald, Vict.-Franç., tailleur, né à Dieuze.
Gresser, Bernard, territ., domestique, d'Andlau.
Griesbach, Camille-Albert, coiffeur, né à Strasbourg.
Griesbach, Robert, coiffeur, né à Strasbourg.
Griesmar, Joseph, ouvrier, né à Thannwiller.
Griessinger, Jos.-Camille, chass. à cheval de réserve, d'Equisheim.
Grobherr, Alb.-Jos., territ., de Pfetterhouse.
Grobs, Charles, Pionierbat. 14, né à Kehl.
Grosdemange, Lucien, employé de commerce, né à Dieuze.
Grotian, Émile-Marin, menuisier, né à Strasbourg.
Gross, Aloïse, réserv., de Grendelbruch.
Gross, Joseph, ouvrier, né à Eckartswiller.
Gross, Louis, cultivateur, né à Gimpsheim.
Gross, Léon, commerçant, né à Erstein.
Grosse, Alfred, ouvrier, né à Insming.
Grosse, Jean-Pierre, né à Inglange.
Grossthor, Joseph, maçon, né à Wantzenau.
Gruet, Jos.-Alexandre, né à Mulcey.
Guérel, Jules-Théobald, coiffeur, né à Château-Salins.
Guerret, Paul-Alphonse, plâtrier, né à Château-Salins.
Guidat, Victor-Aimé, cultivateur, né à Orbey.
Guillemin, Louis, jardinier, né à Colmar.
Guirsch, Léon-Paul, né à Vic.
Guntzburger, tisseur, né à Hilsenheim.
Guth, Louis, mécanicien, de Barr.

Guthmann, Émie, tisseur, né à Muhlbach.
Gzell, Joseph, fusil. de la garde terr. II, missionnaire, de Sainte-Croix-en-Plaine.
Gspann, André, négociant, né à Wintzenheim.
Gspann, Jos.-Laurent, rés., clerc de notaire, de Wintzenheim (Haute-Alsace).
Gyhr, André, caporal territ., cuisinier, de Kühnheim (Colmar).

H

Haab, Martin, domestique, réserv., de Masseraux.
Haberkorn, Émile-Eug., jardinier, de Strasbourg.
Habsieger, Alfred, paveur, né à Benfeld.
Hagen, Jules-Nicol., cocher, né à Nancy.
Hager, Rudolph, jardinier, de Heidelberg.
Hahn, Aug.-Jos., fonctionnaire, né à Colmar.
Halff, Anselme-Henri, commerçant, né à Lauterbourg.
Haller, Paul, sellier, de Obernai.
Haller, Paul, tapissier, né à Obernai.
Halm, Louis, ouvrier, réserv. territ., de Mulhouse.
Halter, Jos.-Léon, caporal réserv., sculpteur, d'Obernai.
Hamant, Aug.-Alex., menuisier, né à Dieuze.
Hamant, Paul-Léon, commerçant, né à Dieuze.
Hamel, Ch.-Jos., ouvrier, né à Baronville.
Hammerschmidt, François, né à Strasbourg.
Harrer, Charles, menuisier, né à Colmar.
Harster, François-Xavier, employé de banque, de Rixheim.
Hartmann, Jean, pionnier territ., cordonnier, de Munster.
Hartweg, Gottfroid, opérateur, de Schlestadt.
Hasselmann, Nicolas, domestique, de Kienheim.
Hatt, Jean, journalier, né à Barr.
Hattiger, Georges, serrurier, de Barr.
Hauck, Ch., constructeur de bateaux, né à Strasbourg-Robertsau.
Haudy, Jean-Bapt., coiffeur, né à Luttenbach.
Hausberger, Louis-W., cocher, né à Dambach.
Hausherr, Théop.-Ant., tailleur, né à Eguisheim.
Häusler, Antoine, serrurier, né à Dambach.
Haxaire, Jean-Baptiste, mousq. territ., domestique, de Bonhomme.
Herbelé, Louis, cuisinier, de Schlestadt.
Hebinger, Aloïse, ouvrier d'usine, né à Wintzenheim.
Hecht, Émile-Philippe, tourneur, né à Reichshoffen.
Hecht, Jacques, cultivateur, né à Hoerdt.
Heck, Georges-Théophile, né à Château-Salins.
Hecker, Gust.-Fréd., étudiant, né à Munster.
Heckmann, Eugène, peintre, né à Obernai.
Heckmann, Émile, journalier, né à Holtzheim.
Heid, Louis, réserv., employé de fabrique, d'Obernai.
Heideider, Aloïse, cultivateur, né à Auenheim.

Heidelberger, Georges, cultivateur, né à Hoerdt.
Heidelberger, Philippe, garçon de café, né à Hoerdt.
Heiler, Michel, journalier, né à Strasbourg-Robertsau.
Heiligenstein, Auguste, scieur, né à Ballbronn.
Heiligenstein, Charles, réserv., menuisier, de Gertwiller.
Heiligenstein, Georges, commissionnaire, né à Bernardswiller.
Heim, Aloïse, menuisier, né à Küttolsheim.
Heim, Joseph-Nicolas, boucher, né à Domnon.
Heim, Louis, réserv., monteur, d'Eschau.
Heimerdinger, Maur., employé, né à Grussenheim.
Heinrich, Aug., territ., de Bougie (Algérie).
Heinrich, Alb.-Henri, commerçant, né à Munster.
Heinrich, Joseph, menuisier, né à Villé.
Heintz, Eug., libraire, né à Bischwiller.
Heintz, Gottfried, coiffeur, né à Bischwiller.
Heisch, Eugène, réserv., journalier, de Blienschwiller.
Heitz, Louis, jardinier, né à Mulhouse.
Helbling, Alphonse, coiffeur, de Stotzheim.
Helbling, Léon-Henri, tonnelier, né à Stotzheim.
Helten, Julien, domestique, né à Metz.
Hemmerle, Edmond-Jean, laboureur, né à Petit-Rohrbach.
Hemmerle, Édouard-Émile, coiffeur, né à Nelling.
Hemmerlé, Louis, polisseur, né à Steinbourg.
Henninger, Franç.-Jos., employé, né à Wintzenheim.
Henninger, Frédéric, réserv., ferblantier, de Munster.
Henninger, Michel, boulanger, né à Gambsheim.
Henry, Camille, laboureur, né à Liepvre.
Hentzien, Jean-Auguste, charron, né à Altroff.
Hentzy, Adolphe-Benoît, charron, né à Pfetterhouse.
Hentzy, Ern.-Jos., horloger, né à Pfetterhouse.
Hentzy, Lucien, monteur, né à Pfetterhouse.
Heply, Jean-Bapt., domestique, né à Sainte-Croix.
Herb, Jean, réserv., coiffeur, de Brumath.
Herbrecht, Charles, voiturier, réserv., de Pfastatt.
Hermann I, Aug., réserv., serrurier, d'Obernai.
Hermann, Charles, coiffeur, né à Jebsheim.
Hermann, Jules-Eug., serrurier, né à Sainte-Marie-aux-Mines.
Hermann, Jean, vannier, né à Didenheim.
Hermann, Jos.-J.-B., employé, né à Strasbourg.
Hernant, Jean-Louis, boucher, né à Sainte-Croix.
Herqué, Jean-Baptiste-Michel, missionnaire, né à Fouday.
Herrmann, Émile, domestique, de Wintzenheim.

Herrmann, Thiébaut, menuisier, né à Dunzenheim.
Herter, Louis, réserv., journalier, d'Obernai.
Herth, Joseph, de Minwersheim.
Hertrich, Joseph, boulanger, né à Dambach.
Herzog, Henri, mousquet. territ., ferblantier, de Thann.
Herzog, Pierre-Paul, boulanger, de Hatstatt.
Hess, Paul, teinturier, de Beblenheim.
Heuck, Frédéric-Christian, ébéniste, né à Boofzheim.
Heusch, Henri-Edmond-Robert, directeur de fabrique, né à Bischwiller.
Heusch, Henri-Alf., fabricant, né à Bischwiller.
Heussner, Charles-Théophile, forgeron, né à Monswiller.
Heyd, Eugène, menuisier, né à Trimbach.
Heyer, Charles, serrurier, de Barr.
Heyer, Jean-Emmanuel, coiffeur, né à Barr.
Heyer, Jules, boucher, né à Grafenstaden.
Hien, Charles, plâtrier, né à Kœnigshoffen.
Hieronimus, Victor-François-Xavier, voiturier, né à Engenthal.
Hilby, Joseph, grenadier de la Landwehr, peintre, de Sainte-Marie-aux-Mines.
Hilby, Joseph, grenadier de la territ. II, tisserand, de Walbach.
Hildebrandt, Frédéric-Auguste, négociant, né à Bouxwiller.
Himber, Isidore-Michel, rés., journalier, de Bischheim.
Himmelberger, Louis, cultivateur, né à Bertring.
Hinch, Frédéric, rés. territ., dentiste, de Schlestadt.
Hirtz, Samuel, mousquet. rés., sculpteur, de Wintzenheim.
Hisch, Marcel, négociant, né à Odratzheim.
Hiss, Hubert, installateur, né à Strasbourg.
Hissung, Charles, tailleur, né à Petersbach.
Hochard, Nicolas, mécanicien, né à Volmerange.
Hocquel, René, né à Château-Salins.
Hocquel, Sébastien, boucher, né à Château-Salins.
Hof, Adolphe-Désiré, né à Strasbourg.
Hoffer, Émile, mousquet. rés., tailleur, de Colmar.
Hoffer, Jacques, rés. territ., de Willer.
Hoffert, Louis-Lucien, né à Donnelay.
Höflich, François, de Strasbourg.
Hoffmann, Alfred, de La Broque.
Hoffmann, Édouard-Albert, négociant, né à Strasbourg.
Hoffmann, Georges-Auguste, affineur, né à Reiningen.
Hoffmann, Henri-Guillaume, né à Escherange.
Hohlinger, Gustave-Albert, journalier, né à Ribeauvillé.
Holder, Auguste-Laurent, entrepreneur, né à Bischheim.
Holzer, Jean-Sébastien, mousquet. territ., ferblantier, de Colmar.
Honig, Eugène, journalier, né à Bischwiller.

Honor, Édouard-Victor, boulanger, né à Burlioncourt.
Honor, Félix, cultivateur, né à Burlioncourt.
Hopp, Émile-Alphonse, cuisinier, né à Dinsheim.
Hornmann, Jean-Baptiste, domestique, d'Obermorschwihr.
Hornist, Édouard, rés. territ., tisserand, de Altkirch.
Horras, Pierre, de Wohlmünster.
Hossan, Aloïse, coiffeur, né à Salmbach.
Holz, Albert, cultivateur, né à Goxwiller.
Houpert, Jules, journalier, né à Mortzwiller.
Houtmann, Joseph, cultivateur, né à Steigé.
Huber, Louis, batelier, né à Dalhunden.
Huber, Martin, vannier, né à Lelling.
Huber, Pierre-Eugène, né à Mulcey.
Huck, Charles, jardinier, né à Munster.
Huck, Mendelin, cultivateur, né à Auenheim.
Hug, Charles-Pierre, cuisinier, né à Soultz.
Hugenell, Émile, peintre, né à Ruchonvillers.
Huhn, Edo, menuisier, né à Niederbronn.
Hundzicker, Charles, cordonnier, né à Dettwiller.
Hüninger, Ernest-Frédéric, territ., journalier, de Bâle.
Hurst, Jean-Baptiste, employé de banque, né à Colmar.
Hurskl, Aloïse, rés., coiffeur, de Rossfeld (Erstein).
Husson, Eugène, journalier, né à Hublingen.
Hüttler, François, de Reinhardsmünster.
Hüttler, Joseph, de Reinhardsmünster.

I

Igel, André, serg. territ., boulanger, de Balzenheim.
Imhoff, Nicolas, né à Grening.
Immele, Émile, ouvrier, né à Éguisheim.
Immele, Xavier, tonnelier, né à Éguisheim.
Inhof, Jean-Nicolas, domestique, né à Grening.
Ittel, Mathias, ouvrier de brasserie, né à Wihr-en-Plaine.

J

Jäckle, Frédéric, fabricant, né à Bischwiller.
Jacob, Aaron, commerçant, né à Benfeld.
Jacob, Célestin, ouvrier, né à Insming.
Jacob, Joseph, boulanger, né à Insming.
Jacob, Louis, né à Wasselonne.
Jacques, Charles, voiturier, de Bonhomme.
Jacques, Louis-Félix, né à Metz.
Jacques, Prosper, valet de ferme, né à Dedeling.
Jacquot, Louis-Paul, laboureur, né à Vic.
Jæger, Auguste-Alphonse, mousquet. de la territ., de Paris.
Jæger, Charles, rés. de l'Ersatz, charron, de Moselle (France).

Jäger Auguste-Alphonse, mousquet. de la Landwehr, de Paris.
Jäger, Auguste-Alphonse, né à Paris.
Jagler, Charles-Martin, territ., serrurier, de Schlestadt.
Jakob, Albert-Aloïse, mousquet. rés., tisserand, de Mulhouse.
Jean, Aimé, domestique, né à Achain.
Jean, Eugène-Nicolas, boulanger, né à Albestroff.
Jean, François-Théobald, tisserand, d'Ebersmunster.
Jean, François-Thiébaut, tisserand, né à Ebersmunster.
Jean, Pierre-Gaston, cultivateur, né à Fresnes.
Jeanclaude, Théophile-Auguste, ouvrier, né à La Poutroye.
Jehl, Auguste, rés., cuisinier, de Rhinau.
Jehl, Edmond, maçon, né à Reichsfeld.
Jehl, Jean, employé, né à Wihr-au-Val.
Jehl, Bernard, journalier, de Herbsheim.
Jelger, Théobald, ouvrier de la voie, rés., de Golfingen.
Jenny, François-Xavier, teinturier, né à Turckheim.
Jenny, Joseph, employé, né à Colmar.
Jessel, Jacques-Henri, domestique, né à Dieuze.
Jeunesse, Alfred-Constant, boulanger, né à Neuwiller.
Jobe, Charles, rés., carrossier, de Saint-Louis.
Jœrger, Aloïse, cultivateur, né à Niederrœdern.
Jœrg, Émile, tonnelier, de Dangolsheim.
Jogel, André, boulanger, de Balzenheim.
Jonnard, Charles-Émile, rés. d'Ersatz, ouvrier maçon, de Saales.
Jordan, Blaise, territ., cultivateur, de Walf.
Jordan, Nestor, apprêteur, né à Bourgfelden.
Jordy, Jean-Jacques, chef de bureau, de Colmar.
Jörg, Émile, tonnelier, né à Dangolsheim.
Jost, Charles-Frédéric-Daniel, cultivateur, né à Rothau.
Jort, Auguste-Aloïs, né à Hegenheim.
Jund, Joseph, hôtelier, né à Weyersheim.
Jung, André, clerc de notaire, né à Zetting.
Jung, Charles, facteur, né à Hirschland.
Jung, Jacob, employé de chemin de fer, né à Folperswiller.
Junker, Camille, rés., ouvrier, de Habsheim.
Junker, Émile-Georges, agriculteur, né à Paris.

K

Kaberey, Math., jardinier, né à Grand-Fontaine.
Kaertel, Louis, confiseur, né à Trimbach.
Kahn, Ernest, commerçant, né à Bliesbrücken.
Kahn, Léon, commerçant, né à Wingersheim.
Kahn, Paul, réserv., commerçant, de Wingersheim.
Kahn, Robert, commerçant, né à Wingersheim.

Kaiser, Charles, garçon brasseur, né à Bischwiller.
Kaiser, Léon, agent de police, né à Réchicourt.
Kalbacher, Georges, engagé volontaire pour la durée de la guerre, né à Mulhouse.
Kapl, Jean, commis, né à Pfaffenhofen.
Karg, Charles, boulanger, né à Wingersheim.
Karl, Alfred, serrurier, né à Berne.
Karl, Jos., mousquet. réserv., de Schirmeck.
Karotsch, Georges-Aloys, boulanger, de Hüttenheim.
Karren, Léon, réserviste, menuisier, de Moosch.
Kartner, Jos., réserv., tailleur de limes, de Schirmeck.
Katzenbächer, Bern., tailleur de pierre, né à Schlestadt.
Kauffmann, Michel, né à Strasbourg.
Kauschenberger, Jean-Édouard-Henri, né à Illkirch-Grafenstaden.
Keiflin, Alfred, né à Bartenheim.
Keim, Charles, fondeur, né à Wintzenheim.
Kelbetter, Joseph, serrurier, né à Holzheim.
Keller, Alfred, maçon, de Hilsenheim.
Keller, Aug.-Math., cultivateur, né à Colmar.
Keller, Édouard, né à Cernay.
Keller, Théoph., canonn. réserv., jardinier, de Sundhofen (Colmar).
Keller, Charles-Hermann, ouvrier de fabrique, né à Strasbourg.
Keller, Émile-Sébastien, domestique, né à Riche.
Kempf, Jean-Charles, employé, de Sainte-Marie-aux-Mines.
Kempf, Jean, journalier, à Schlestadt.
Kendel, Antoine, maçon, né à Bauendorf.
Kermann, Émile, né à Strasbourg.
Kern, Charles, caporal réserv., sellier, de Bühl (Saarbourg).
Kern, Émile, né à Audun-le-Tiche.
Kern, Émile, mousquet. territ., de Othallemand.
Kern, Henri-Jos., tonnelier, né à Rodern.
Kern, Michel-Joseph, boulanger, né à Achenheim.
Kerstetter, Jean-Bapt., réserv., commerçant, de Grafenstaden.
Kessler, Lucien, réserv. de Kirchberg.
Kestel, Alfred, boucher, né à Saint-Hippolyte.
Kieffer, Ernest, boucher, né à Saint-Hippolyte.
Kieffer, Georges, caporal territ., brasseur, de Alteckendorf.
Kieffer, Henri, vigneron, d'Andlau.
Kieffer, Henri, de Stotzheim.
Kieffer, Jean-Pierre, dragon de la territ., tailleur, d'Otterswiller.
Kieffer, Joseph-Eugène, employé, né à Strasbourg.
Kieffer, Marie-Camille, réserv., boulanger, de Reichsfeld.
Kieffer, Paul-Charles, peintre, né à Erstein.
Kientzel, Jean-Jos., confiseur, né à Liepvre.
Kientzel, Jean-Ch.-A., cuisinier, né à Liepvre.
Kientzel, Paul, 10e comp. du 188e rég. d'inf., de Saint-Hippolyte.

Kiennert, Victor, I, caporal de réserve, menuisier, de Walf, cercle d'Erstein.
Kiffel, Charles, wattman (accusé de haute trahison), né à Strasbourg.
Kim, François-Joseph, caissier, né à Haguenau.
Kimmlé, Marcel-Aug., négociant, de Strasbourg.
Kintz, Albert, domestique, né à Odratzheim.
Kirckhoffer, Jos.-Émile, caporal territ., tailleur, de Wettolsheim.
Kirchdoffer, Philippe-André, cultivateur, né à Soufflenheim.
Kirchoffer, Théodore, mousquet. territ., tisserand, d'Eguisheim.
Kitzinger, Henri-Ad., coiffeur, né à Bischheim.
Kleck, Charles, grenad. territ., boucher, de Schweighausen.
Kleim, Eugène, caporal de réserve, vigneron, de Wintzenheim (Haute-Alsace).
Klein, Étienne, de Rosheim.
Klein, Émile, de Kresswiller.
Klein, François-Louis, territ., cocher, de Scherwiller.
Klein, Georges, commerçant, né à Bischheim.
Klein, Gustave-Adolphe, né à Oberbronn.
Klein, Henri-Auguste, soldat (Légion étrangère), de Kehl.
Klein, Nicolas, coiffeur, de Lampertheim.
Klein, Pierre-Paul, né à Haguenau.
Klind, Émile, marchand de bois, né à Benfeld.
Klotz, Christian, domestique, né à Sundhausen.
Kluft, Eugène, bedeau, né à Wintzenheim.
Klukazewski, Paul, territ., peintre, de Colmar.
Knecht, Émile, mousquet. territ., ouvrier de fabrique, d'Ingerheim.
Knecht, Louis-Fréd., tonnelier, né à Strasbourg.
Knipper, Aug.-Ferdinand, né à Strasbourg.
Knoblauch, Arm., électricien, réserv. territ., de Mulhouse.
Knoch, Jules-Charles, sergent réserv., négociant, de Strasbourg.
Knochel, Frédéric, né à Léning.
Knoll, Jean, cuisinier, né à Kaysersberg.
Knoepfler, Charles, territ., de Wolxheim.
Koch, Georges, commis ferblantier, né à Oppenau.
Koch, Oscar, boucher, né à Saverne.
Koehl, Eug.-Édouard, étudiant, de Strasbourg.
Koehl, Auguste-Édouard, élève de l'École d'architecture, de Strasbourg.
Koehl, Jules-Alb., cuisinier, né à Strasbourg.
Koenig, Henri-Marcel, employé d'usine, né à Sainte-Marie-aux-Mines.
Koetz, Émile, boulanger, né à Königshofen.
Kohler, Andr., cultivateur, de Dauendorf.
Kolb, Bernard-Étienne, né à Strasbourg.
Kommer, Henri-Léon, charron, de Barr.
Konig, Charles, mineur, né à Sainte-Marie-aux-Mines.
Konrad, Georges, mousq., mineur, de Hanwiller.
Kooy, Émile-Joseph, peintre, né à Schlestadt.
Kopferschmidt, François-Joseph, né à Zürich.

Kopp, Alfred-Jean-Pierre, chauffeur, né à Duttlenheim.
Kornmann, Edmond-Ernest, coiffeur, né à Drusenheim.
Kortmann, André-Félix, né à Mulhouse.
Körtz, Marie-Paul, relieur, né à Liepvre.
Krach, François, de Bibisch.
Kraft, Émile-Jos., entrepreneur, né à Urbès.
Krainer, Albert, de Kaltenhouse.
Krauss, Henri, pâtissier, de Sigolsheim.
Kremer, Joseph-Armand, cuisinier, né à Rodalbe-Bermering.
Krier, Nicolas-Franç., réserv., de Metz.
Kritter, Jean-Paul, étudiant, né à Orbey.
Krone, Henri, tisseur, né à Bourg-Bruche.
Krumb, Georges, cuisinier, né à Kintzheim.
Krumb, Martin, cultivateur, né à Kintzheim.
Kübler, Émile-Jules, boulanger, né à Willer.
Kuder, Léon-Jean, comm., né à Bâle.
Kugler, Édouard-Eugène, recrue, de Buhl.
Kuhn, Eugène, cultivateur, de Sassolsheim.
Kuhn, Eugène, agriculteur, né à Barr.
Kunst, Robert-Juste-J., ouvrier, né à Sainte-Marie-aux-Mines.
Kurtz, Léon, né à Château-Salins.
Kuntzmann, Joseph, mousquet. territ., domestique, de Niedermorschwihr.
Kuntzmann, Louis, jardinier, chasseur de la réserve, de Turckheim.
Kuntzmann, Louis, fusilier territ., potier, de Turckheim.
Kurtz, Jean-Joseph, jardinier, né à Erstein.
Kurtz, Jos., territ., cordonnier, de Osthouse.
Kuster, Jules, tisserand, né à L'Allemand-Rombach.

L

Labroux, Émile-Louis, sabotier, né à Urbès.
Lacasse, Louis, ouvrier, né à Vic.
Lachapelle, Eug.-Ach., négociant, né à Strasbourg.
Laesser, Alb.-Dav., contremaître, né à Colmar.
Laigasse, François-Xavier, dragon réserv., sommelier, de Ribeauvillé.
Landwehrlin, Médard, rés. terr., d'Orschwihr.
Lang, Fréd., brasseur, né à Colmar.
Lang, Georges, ingénieur, de Schlestadt.
Lang, George-Albert, ouvrier tanneur, né à Ribeauvillé.
Lang, Georges-Albert, tanneur, né à Ribeauvillé.
Lang, Georges, ingénieur, de Schlestadt.
Lannoy, Ch., charron, né à Dieuze.
Lanus, Jean-Baptiste, forgeron, né à Heidolsheim.
Lapp, Jacques, réserv., confiseur, de Hohfrankenheim.
Lapp, Joseph, domestique, né à Hohatzenheim.
Lasson, Jules-Émile-Hippolyte, commerçant, né à Château-Salins.
Latscha, Édouard, de Hésingue.
Laubacher, Joseph, boucher, né à Climbach.
Lauber, Henri, mousq. réserv., boulanger, de Munster.

Lauer, Louis, ouvrier fondeur, né à Reichshoffen.
Laugel, Aug.-Jos., caporal, coiffeur, de Hochfelden.
Laval, Léon, menuisier, né à Dieuze.
Lavigne, Jean-Baptiste, garçon de café, né à Stiège.
Laviolette, Jean, né à Vic.
Lavoil, Charles-Hippolyte, laboureur, né à Jallaucourt.
Leber, J.-Baptiste, mousquet. territ., casseur de pierres, de Guémar.
Lebert, Ernest-Louis, coiffeur, de Biesheim.
Legin, Aloïse, de Bischofsheim.
Legrand, Jules-Paul, canon. territ., bûcheron, de Liepvre.
Legutke, Albert, né à Mulhouse.
Lehmann, Émile, commerçant, né à Bâle.
Lehmann, Georges, d'Eckwersheim.
Leiber, J.-Jacques, carrier, né à Munster.
Leichnam, Charles, né à Dieuze.
Leichnam, Félix, né à Dieuze.
Leichner, Auguste-Albert, domestique, né à Blanche-Église.
Leifer, Jacob, peintre, né à Pfaffenhofen.
Léonard, Charles, journalier, né à Harraucourt-sur-Seille.
Leonhardt, Édouard, de Bischwiller.
Léopold, Florent, né à Walf.
Lévi, Oscar-David, orfèvre, né à Hochfelden.
Lévy, Henri, né à Niederbronn-Bains.
Lévy, Jules-René, garçon boucher, né à Strasbourg.
Lévy, Léon, négociant, de Réguisheim.
Léwy, Raymond, commerçant, né à Hellimer.
Leyder, Aimé, réserv., de Hindisheim.
L'Huillier, Célestin-Joseph, boucher, né à Jallaucourt.
L'Huillier, Édouard, journalier, né à Malaucourt.
Libmann, Paul, caporal territ., négociant, de Colmar.
Lichtenauer, Alexandre, voyageur de commerce, né à Hattstatt.
Lichtlé, Charles, grenad. territ., vigneron, de Hausern.
Lichtlé, Ernest, instituteur, né à Voegtlinshoffen.
Liehn, Alphonse, cuisinier, né à Marmoutier.
Liermann, Jules, serg. réserv., brasseur, de Colmar.
Lindenlaub, Charl., journalier, né à Gresswiller.
Linder, Ch., réserv., peintre, de Müttersholz.
Linsig, Charles, coiffeur, né à Munster.
Lippmann, Lucien, employé, né à Horbourg.
Lips, Charles, journalier, né à Steinbourg.
Lips, Joseph, menuisier, né à Huttenheim.
Litty, Georges, mousquet. territ. I, boulanger, de Schlestadt.
Litzler, Henri-Clovis, né à Wisches.
Lix, Émile, territ., serrurier, de Strasbourg.
Lœffler, Charles, cuisinier, né à Strasbourg.
Loegler, Jean, boulanger, né à Müttersholz.
Loll, Antoine, serrurier, né à Schlestadt.
Lonoy, Eugène-Louis, employé aux salines, né à Vergaville.

Loos, Joseph, coiffeur, né à Schwobsheim.
Loperle, Georg., domestique, né à Blanche-Église.
Lorber, Auguste, territ., d'Ebersheim, en dernier lieu tisserand à Strasbourg-Neudorf.
Lorentz, Fr.-Louis, réserv., ouvrier du chemin de fer, d'Ostwald.
Lorette, Alb.-Jules, né à Mulcey.
Losson, Jean-Pierre, domestique, né à Hellimer.
Lotz, Charles, peintre, né à Saint-Dié.
Lotz, François-Xavier, réserve territoriale non exercée, ouvrier, d'Obernai.
Lotz, Jules, peintre, de Strasbourg.
Lotz, Jean-Aloïse, territ., ferblantier, d'Obernai.
Louis, Paul-Joseph, conducteur de camions, né à Lubécourt.
Ludascher, Émile, né à Mackenheim.
Ludi, Jos.-Antoine, cultivateur, de Bischofsheim.
Ludmann, Jos., menuisier, né à Kirrwiller.
Ludwig, Ernest, menuisier, né à Strasbourg.
Ludwig, Georges, né à Mulhouse.
Ludwig, Paul-Charles, menuisier, de Colmar.
Ludwig, Victor, cultivateur, d'Eguisheim.
Luttwig, Jules-Rob., né à Vic.
Lutz, Émile, graveur sur cylindre, réserve territoriale, de Mulhouse.
Lutz, Dr Georges, chimiste, de Strasbourg.
Lutz, Jean-Georges, garçon de café, né à Hochfelden.
Lutz, Jean-Bapt., réserv., menuisier, de Kirrwiller.
Lutz, Jules-Rodolphe, mécanicien, né à Ribeauvillé.
Lutz, Louis, tisserand, né à l'Allemand-Rombach.
Lützler, Alphonse, cordonnier, territ., de Rosheim.
Lux, Auguste, canonnier territ. I, tonnelier, de Scharrachbergheim.
Lux, Henri-Aug., réserv., de Schönau.
Lux, Michel, cultivateur, né à Osthoffen.

M

Machi, Joseph, charpentier, né à Reichshoffen.
Mackler, Martin, maçon, né à Oberseebach.
Madita, Xavier, de Molsheim.
Maetz, Ch.-Lucien, peintre-verrier, né à Rosheim.
Mager, André, réserv., ingénieur diplômé, de Colmar.
Magin, Ferdinand, né à Peltre.
Mahon, Adol., cultivateur, né à Gros-Tenquin.
Mahon, Paul-Georg., carrier, né à Landorf.
Mailly, Georges, journalier, né à Dieuze.
Malaise, Alfred-Henri, cap. territ., boulanger, de Neuviller.
Malaisy, Adolphe, ouvrier de fabrique, né à Sainte-Marie-aux-Mines.
Marmillod, Émile, boucher, né à Hatten.
Marmossen, Joseph, négociant, né à Soultz-sous-Forêts.

Mann, Eugène-Charles, confiseur, né à Wettolsheim.
Mantz, Joseph-Auguste, peintre, né à Bischheim.
Marbach, Hubert, conducteur de camions, né à Zommange.
Mare, Charles-Émile, valet de ferme, né à Xocourt.
Marc, Nicolas-Ferdinand, forgeron, né à Xocourt.
Marchal, Jean-Adolphe, apprenti menuisier, né à Rackrange.
Marchal, Nicol.-Célestin, tireur de lait (?) (sic), à Sundhofen.
Marchall, Charles, grillageur, né à Schlestadt.
Mare, Nicolas, mineur, né à Forbach.
Marchand, Charles, de Burgaltdorf.
Marchand, Victor-Eugène, né à Richemont.
Marlier, Paul-Joseph, menuisier, né à Schirmeck.
Mars, Jean-Michel, domestique, né à Courcelles-Chaussy.
Marschall, Aug., territ., de Vorbruck.
Martignon, Eugène-Oscar, domestique, né à Château-Bréhain.
Martin, Ch.-Jos., vigneron, de Häusern.
Martin, Jos., réserviste, de Pfetterhouse.
Martin, Jurt-Jos., vigneron, de Häusern.
Martin, Jos.-Cart., grenad. territ., vigneron, de Häusern.
Martin, Jos.-Louis, ouvrier, né à Schlestadt.
Martin, Paul, journalier, né à Bourgaltdorf.
Martz, Franc.-Ant., garçon de café, né à Willgottheim.
Martz, Henri-A., garçon de café, de Mulhouse.
Martz, Jean-Michel, domestique, né à Courcelles-Chaussy.
Marx, Charles, tourneur sur fer, né à Reichshoffen.
Marx, Georges, commerçant, né à Strasbourg.
Masson, Édouard-Franç., cultivateur, né à Bidestroff.
Matheis, Jacques, réserv. I, sculpteur de Sundhausen.
Mathern, Albert, gardiste territ., journalier, d'Erlenbach.
Mathern, Ch.-Auguste, territorial, tourneur, d'Illkirch-Grafenstaden.
Mathie, Ch.-Fréd., jardinier, né à Strasbourg.
Mathis, Arthur-Victor, directeur, de Mulhouse.
Mattenberger, Alfred, employé, recrue de Willer.
Matter, Alexandre, coiffeur, né à Drusenheim.
Matter, Émile-Michel, cuisinier, né à Alt-Eckendorf.
Matter, Joseph, boulanger, né à Drusenheim.
Matter, Jos., boulanger militaire réserv., de Hochfelden.
Matter, Léon-Aug.-Jean, né le 15 février 1890, aspirant, à Colmar.
Maurer, Alphonse, vigneron, né à Nothalten.
Maurer, Émile-Ant., commerçant, né à Wissembourg.
Maurer, Florent, menuisier, de Scherwiller.
Maurer, Frédéric, ouvrier de fabrique, né à Ingersheim.

Mehn, Émile, cuisinier, né à Wolfisheim.
Mehn, Martin, sergent territ., commerçant, de Wolfisheim.
Meier, Auguste, né à Strasbourg.
Meister, Henri-Philippe, né à Durlinsdorf.
Mengin, François, de Saint-Germain.
Mengin, Joseph-Camille, mercier, né à Jallaucourt.
Menz, Ch.-Frédéric, employé, né à Strasbourg.
Merckling, Frédéric, batelier, né à Offwiller.
Merel, Félicien, domestique, né à Bezange-la-Petite.
Merle, Henri-Laurent, charpentier, né à Strasbourg (Neuhof).
Merx, Gustave, serrurier, de Brunstatt.
Mettbach, Charles, de Saint-Avold, du bataillon de train n° 16.
Metz, Jean-Georges, serrurier, né à Eckbolsheim.
Metz, Victor-Prosper, conducteur de camions, né à Kerprich.
Metzner, Sébastien, tisserand, né à Bischwiller.
Meyel, Charles, imprimeur de tissus, réserve territoriale, d'Uffholz.
Meyel, Joseph-Émile, imprimeur de tissus, réserviste, de Lutterbach.
Meyer, Alfred, domestique, de Türkheim.
Meyer, Albert-Georges, mousq. territ., peintre, de Colmar.
Meyer, Antoine, cultivateur, né à Metzing.
Meyer, Antoine, de Minwersheim.
Meyer, Alphonse-Laurent, marin de la territ., boulanger, de Still.
Meyer, Charles-Ernest, caporal réserve, menuisier, de Colmar.
Meyer, Ch.-Adolphe, rés., menuisier, de Colmar.
Meyer, Constant, prêtre, né à Turkheim.
Meyer, Charles, ingénieur, né à Strasbourg.
Meyer, Emmanuel, négociant, né à Erstein.
Meyer, Eugène-Ferdinand, commerçant, né à Bischwiller.
Meyer, Émile, coiffeur, de Dessenheim, en dernier lieu à Roufflach.
Meyer, Émile, matelot de 1re classe, fondeur, de Mertzwiller.
Meyer, Émile, agriculteur, né à Mertzwiller.
Meyer, Émile-Fridolin, boucher, né à Saint-Hippolyte.
Meyer, Félix-Lucien, caporal réserv., employé de banque, de Colmar.
Meyer, Guillaume, ter. II, journalier, d'Eckbolsheim.
Meyer, Isaac, négociant, né à Odratzheim.
Meyer, Joseph, II, territ., maréchal ferrant, de Steige (Schlestadt).
Meyer, Jos., II, territ. I, domestique, de Friesenheim.
Meyer, Joseph-Bernard, vigneron, né à Andlau.
Meyer, Joseph, cap. territ., vigneron, de Wettolsheim.
Meyer, Joseph-Théodore, commerçant, de Wintzenheim.
Meyer, Jean-Charles, IV, pionnier de rés., menuisier, de Wihr-au-Val.

Meyer, Laurent-Alphonse, de la marine Landwehr, boulanger, de Still.
Meyer, Louis-Eugène, employé de banque, né à Eguisheim.
Meyer, Louis-Théodore, négociant, né à Bischwiller.
Meyer, Laurent-Auguste, commerçant, de Wintzenheim.
Meyer, Marzœf, de Herlisheim.
Meyer, Paul, valet de chambre, né à Bergheim.
Meyer, René, commerçant, né à Wolfisheim.
Meyer, René, marchand de bestiaux, né à Wolfisheim.
Michel, Maurice-Edgard, né à Dieuze.
Michelang, Adrien-Eugène, étudiant, né à Sainte-Marie-aux-Mines.
Minel, François-Charles, domestique, né à Château-Salins.
Mocker, Jean, né à Mulhouse.
Mockers, Charles-Joseph, garçon de café, né à Bischwiller.
Molitor, Jean, électricien, né à Strasbourg.
Moll, Charles-Louis, photographe, né à Neuf-Brisach.
Mollinger, Henri, mousquet. rés., garçon de magasin, de Wettolsheim.
Moncel, Georges-Joseph, peintre, né à Château-Salins.
Monnin, Paul, né à Mulhouse.
Monsché, Jacques-Martin, confiseur, né à Munster.
Montag, Paul-Joseph, cuisinier, né à Avricourt.
Moock, Eugène, maréchal ferrant, né à Soultz.
Morquin, Édouard, domestique, né à Jallaucourt.
Morritz, Joseph, territ., tonnelier, à Rosheim.
Motel, Louis-Edmond, laboureur, né à Morhange.
Motschwiller, Eugène, rés., scieur, d Châtenois.
Mourlam, Charles, territ., tisserand, de Neuwiller.
Muhl, Charles, cultivateur, né à Geudertheim.
Muhlberger, Victor, garçon de café, né à Strasbourg.
Muhrer, Eugène, tisserand, né à Guémar.
Mülder, Peter, caporal, 2ᵉ escadron, dét. d'Ersatz du train nº 15, à Strasbourg.
Müller, Auguste-Robert, tourneur en fer, né Strasbourg.
Müller, Charles, ouvrier des chemins de fer, né à Griesbach.
Muller, Camille, commerçant, né à Drusenheim.
Müller, Charles-Frédéric, IV, boucher, de Colmar.
Müller, Eugène-Gabriel, territ., boulanger, de Herbsheim (Erstein).
Muller, Eugène-Gabriel, né à Herbsheim.
Müller, Eugène, inf. de marine I, employé, de Strasbourg.
Müller, François-Joseph, rés., cultivateur, de Schnersheim.
Muller, Georges-Frédéric, boucher, né à Ingwiller.
Müller, Georges-Henri, adjudant territ., instituteur de Lorenzen, en dernier lieu à Strasbourg.
Muller, Henri-Emmanuel, domestique, né à Belmont.
Muller, Joseph, cultivateur, né à Sainte-Croix-en-Plaine.
Müller, Jean, territ., de Mulhouse.
Muller, Justin, valet de chambre, né à Illhauseren.
Muller, Léon-Albert-Gustave, né à Colmar.
Muller, Léon, comptable, né à Sainte-Marie-aux-Mines.
Muller, Michel, tisseur, né à Colmar.
Müller, Paul-Édouard, médecin, né le 9 juin 1878, à Illkirch-Grafenstaden, en dernier lieu à Dannemarie.
Muller, René-Émile, boulanger, né à Rosheim.
Munch, Eugène, cuisinier, né à Kœringen.
Munch, Henri-Martin, coiffeur, né à Barr.
Munier, Eugène-Auguste, jardinier, né à Bourdonnay.
Munier, René, territ., menuisier, de Trois-Épis.
Munsch, Charles-Louis, boucher, né à Barr.
Muré, Alphonse, rés., peintre en bâtiment, de Mulhouse.
Mûre, Émile, ouvrier, né à Villé.
Mürer, Joseph, rés., cannel., de Bergheim.
Muser, Germain, menuisier, né à Forbach.
Muster, Joseph-Casimir, coiffeur, né à Fouchy.
Muths, Henri, barbier, né à Bouxwiller.

N

Naegel, Eugène-Michel, cuisinier, né à Andlau.
Nagel, Auguste, ouvrier, né à Dambach.
Nagel, Georges, menuisier, né à Strasbourg.
Natter, René, rés., cantonnier, de Nancy.
Nazin, Georges-Marie-Joseph, maçon, né à Jallaucourt.
Nazin, Victor-Joseph, né à Gellshoffen.
Neck, Charles, territ., employé de commerce, de Mutzig.
Neff, Albert, mousquet. territ., coiffeur, de Luttenbach.
Neff, Hermann, territ. I, boulanger, de Hilsenheim.
Nessius, Joseph, repasseur, né à Dinsheim.
Neuhäuser, Alfred, boulanger, de Saint-Nabord.
Neuman, Oscar, de Saint-Louis.
Netter, Marcel, employé de banque, né à Niederbronn.
Nichels, Charles-Louis, grillageur, né à Schlestadt.
Nicolas, François-Edmond, né à Tincry.
Niedergang, Émile, rés., forgeron, de Mulhouse.
Niederhöffer, Auguste, sommelier, de Dambach.

Niederhöffer, Charles, domestique, de Dambach.
Nikola, Chrétien, territ., de Ostheim-Beblenheim.
Noë, Louis, territ., boulanger, de Herlisheim (Basse-Alsace).
Noll, François, cultivateur, né à Malaucourt.
Nonnenmacher, territ., serrurier, de Schiltigheim.
Nossant, Henri, monteur, né à Sainte-Croix-aux-Mines.
Nusbaumer, Clément-Vital, territ. II, boulanger, d'Urbis.

O

Oberlé, Auguste, cordonnier, né à Barr.
Oberlé, Joseph, sergent de ville, né à Huttenheim.
Oberlin, Jean-Jacques, professeur, né à Wihr-en-Plaine.
Ochsner, Albert, sellier, né à Mulhouse.
Offert, Albert, garçon de café, né à Sainte-Marie-aux-Mines.
Olyger, Xavier, né à Donnelay.
Orschel, Louis, boulanger, né à Sarrebourg.
Oster, Jules, domestique, né à Gélucourt.
Ostheimer, Michel-Victor, boulanger, né à Boersch.
Oswald, Émile, journalier, né à Geispolsheim.
Ott, Guillaume, forgeron, né à Goxwiller.
Ottmann, Georges-Léon, coiffeur, né à Zimmerbach.
Otto, Auguste, photographe, né à Dettwiller.
Ottroschink, Georges, territ., boucher, de Gunstett.
Ourry, Edmond, ouvrier, né à Genestroff.

P

Pairis, Jean-Baptiste-Martin, ferblantier, né à Sainte-Croix.
Paradeis, Albert-Jean, né à Florange.
Paraut, Julien-Joseph, valet de ferme, né à Lucy.
Parentin, Victor, né à Loudrefang.
Parisot, Hippolyte, cultivateur, né à Burlioncourt.
Parisot, Louis, boucher, né à Horbourg.
Pabst, Joseph, jardinier, né à Rhinau.
Paschali, Émile-Joseph, coiffeur, né à Munster.
Pasquay, Christian-Frédéric-Pierre, étudiant, né à Wasselonne.
Paulen, Michel, boulanger, de Schwindratzheim.
Pauli, Hugo-Henri, employé, né à Neustadt.
Pelon, Eugène-Lucien, clerc de notaire, né à Dieuze.
Peifgert, Alex., commerçant, né à Bacourt.
Pelalone, Paul, domestique, né à Tragny.
Pernet, Louis-Alex., commerçant, né à Dieuze.
Perrin, Charles, né à Dieuze.

Perrin, François-Émile, employé de banque, né à Colmar.
Peter, Louis, boulanger, né à Neuve-Église.
Petitdemange, Jean-Bapt., garçon de café, né à Kaysersberg.
Petitdidier, Paul, cultivateur, né à Pairis.
Petitpas, Ch.-Gaston, palefrenier, né à Ropain.
Petitpas, Paul, repasseur, né à Nancy.
Pfaadt, Henri, commerçant, né à Bischwiller.
Pfeiffer, Georges-Jacques, pâtissier, de Colmar.
Pfeiffer, Joseph-Benoît-Rodolphe, cuisinier, né à Strasbourg.
Pfeiffer, J.-Bapt., domestique, de Schlestadt.
Pfeiffer, Jules, vacher, né à Rodalbe-Hermering.
Pfersdoff, Guillaume, coiffeur, né à Bischwiller.
Pfirsch, Henri, domestique, né à Furdenheim.
Pfister, Joseph-Alph., vigneron, né à Bernardswiller.
Pfrimmer, Charles-Valentin, territ., charron, de Schiltigheim.
Pflumio, Jean, né à Wittersheim.
Picard, Émile, commerçant, né à Nancy.
Picard, Georges, commis de magasin, né à Wintzenheim.
Picard, Henri, commerçant, né à Altroff.
Picard, Jules, de Colmar.
Picard, Joseph, commerçant, né à Colmar.
Picard, René, voyageur de commerce, né à Wintzenheim.
Picard, Simon, sergent réserv., directeur de tissage, de Wintzenheim.
Picard, Simon, contremaître de tissage de Wintzenheim.
Picard, Ernest, garçon de café, né à Jallaucourt.
Pierrat, Jean-Baptiste, caporal de la Landwehr, domestique, à Sainte-Croix-aux-Mines.
Pierron, Marie-Joseph, domestique, né à Bourgaltroff.
Pierrot, Jean-Alph., caporal de la territ., domestique, de Sainte-Croix.
Pierry, Jean, serrurier, né à Sainte-Marie-aux-Mines.
Pilchen, Georges-Théophile, menuisier, né à Virming.
Pitsch, Hermann, né à Saverne.
Plies, Jean, né à Berg.
Preiss, Fréd.-Camille, négociant, né à Riquewihr.
Preiss, Jules-Frédéric, boulanger, né à Riquewihr.
Priester, Jean-Pierre, né à Saint-Jean-Rohrbach.
Prince, Isidore, peintre, né à Steige.
Prise, Ch.-Daniel, menuisier, né à Mittelwihr.
Probst, Émile-Henri, mousquet. territ., mécanicien, de Burgfelden.
Probst, Joseph-Basile, caporal marine, menuisier, de Mulhouse.
Probst, Jules, valet de ferme, né à Jallaucourt.
Przybylowicz, Casimir, photographe, né à Glujowko.

Pocquart, Henri-Paul, boulanger, né à Vic.
Poirel, J.-Baptiste, cultivateur, né à Saulxures.
Pomppe, Eugène-Guillaume, journalier, né à Bischwiller.
Puchot, Lucien-Prosp., domestique, né à Vannecourt.

R

Raab, Ch.-Frédéric, menuisier, de Boofzheim.
Rabaum, Jules, valet de chambre, né à Zommange.
Rabaume, Ch.-Prosp., cultivateur, né à Gommelange.
Rahm, Valent., tonnelier, né à Schwindratzheim.
Rambur, Charles, de Bischwiller.
Rambur, Louis, de Bischwiller.
Rappler, Eugène, boucher, né à Reichstett.
Rauch, Édouard, mousquet. territ., cuisinier, de Saverne.
Rauner, Jos.-André, ferblantier, de Colmar.
Reb, Charles, journalier, né à Insming.
Reb, Georges, journalier, né à Insming.
Reibell, Jos.-Franç., territ. I, mouleur, de Huttenheim.
Rebmann, André, territ., domestique, de Krastatt.
Rebmann, Otto-Wilhelm, commerçant, né à Zurich.
Rebstock, Alphonse, menuisier, né à Lingolsheim.
Reck, Antoine, né à Halfingen.
Reielsperger, Edouard, typographe, né à Sainte-Marie-aux-Mines.
Rehm, Ant.-Hermann, confiseur, né à Bischwiller.
Reiflin, Joseph, tonnelier, de Bartenheim.
Reibel, Antoine-Henri, de Rosheim.
Reibel, Jean-Paul, laboureur, né à Huttenheim.
Reinbold, Albert, serrurier, né à Dalhunden.
Reinbold, Franç.-Ant., fusilier réserv., employé de commerce, de Wingersheim.
Reinhart, Théodore, ouvrier briquetier, né à Neuwiller.
Reiss, Jean, marinier, né à Bischheim.
Reisser, Eugène, instituteur, né à Mutzig.
Reith, Marie-Alph., étudiant, né à Bernardswiller.
Reuter, Fritz, né à Strasbourg.
Reymann, Émile, cuisinier, né à Triembach.
Reymann, Joseph, né à Haguenau.
Reymund, Charles, mineur, né à Saint-Pierre-Bois.
Reyner, Frédéric, né à Grafenstaden.
Reyss, Jean-Georges, boulanger, né à Nordheim.
Rezel, Francis, ouvrier, né à Gravelotte.
Riblet, Paul-Prosp., cultivateur, né à Macheren.
Rich, Émile, plâtrier, né à Oberlarg.
Rich, Henri, employé de bureau, né à Buhl.
Richert, Marie-Aloïse, boulanger, né à Colmar.

Richter, Jules, né à Strasbourg.
Richy, François-Joseph, peintre en bâtiments, né à Genestroff.
Rick, René, lithographe, né à Schlestadt.
Riedinger, Fr.-Xav., vigneron, né à Wintzenheim.
Riehl, David-Eug., pâtissier, né à Wangen.
Riehl, Georges, étudiant en médecine, né à Châtenois.
Riff, Jean, plâtrier, né à Saint-Jean-Rohrbach.
Rigaux, Henri, caval. du train, né à Rech.
Riegert, Aug., territ., distillateur, de Molsheim.
Rigot, Édouard, serrurier, résidant à Bischwiller, né à Lavallois.
Rimbold, Polycarpe, journalier, né à Kriegsheim.
Rinequebach, Émile-Jos., ouvrier, né à Turckheim.
Ring, René, serrurier, de Illkirch-Grafenstaden.
Ringler, Charles, menuisier, né à Dieuze.
Rinn, Antoine-Romain, domestique, né à Bischofsheim.
Rinkel, Guillaume, serrurier, né à Forstfeld.
Rinquet, Prosper, domestique, né à Vannecourt.
Riss, Antoine, territ., boulanger, de Rosheim.
Riss, Eugène, pion. territ., serrur., de Bühl (Guebwiller).
Riti, Gustave-Adolp., domestique, né à Neudorf.
Ritsch, Ernest, employé, né à Strasbourg.
Ritt, Joseph, commerçant, né à Grafenstaden.
Ritter, Charles, maçon, né à Schlestadt.
Ritter, Louis-Phil., tonnelier, né à Brumath.
Ritter, Paul, jardinier, né à Imling.
Ritz, Jean-Alb., sergent territ., commerçant, de Colmar.
Ritzenthaler, Jos.-Georges, sommelier, né à Holtzwihr.
Rlein, Albert, ouvrier, né à Saales.
Robach, Charles-Jean, serrurier, né à Ottersthal.
Robert, Aloïse, de Sindelsberg.
Robert, Eugène, valet de ferme, né à Zarbeling.
Robert, Émile, de Metz.
Rohmer, Émile-Louis, directeur de tuilerie, né à Wintzenheim.
Rochel, Ch.-Louis, ouvrier d'usine, né à Rothau.
Rochel, Paul, mousquet. réserv., boulanger, de Rothau.
Roesch, Fritz, né à Mulhouse.
Roger, Adrien-Gustave, né à Dieuze.
Rohmer, Alph.-Martin, réserv., journalier, de Blienschwiller.
Rohmer, Eugène, réserv., infirmier, d'Erstein.
Rohmer, Victor, cultivateur, né à Ebersheim.
Rohr, Henri-Alfred, né à Sainte-Marie-aux-Mines.
Rollet, Antoine, de Schaffouse.
Rollin, Eugène, boulanger, né à Colmar.
Rollin, Léon, de Vionville.

Romax, Léon-Maurice, domestique, né à Vic.
Ronfort, Joseph-Auguste, né à Moyenvic.
Rongieux, Georges, charron, né à Vic.
Rousse, Eugène, ouvrier, né à Destrich.
Rousselot, Alphonse, forgeron, né à Puttelange.
Rousselot, Jules, cultivateur, né à Obreck.
Rooswaag, Charles, serrurier, né à Ingersheim.
Rostoucher, Jean-Auguste, laboureur, né à Altroff.
Roth, Alb.-Jos., chimiste, né à Wolxheim.
Roth, Alois, roulier, né à Dambach.
Roth, Cam., tisseur, né à L'Allemand-Rombach.
Roth, Eugène, né à Illkirch-Grafenstaden.
Roth, François-Joseph, scieur, né à Sainte-Croix-en-Plaine.
Roth, Jacob, cheminot, né à Climbach.
Roth, Laurent, caporal infirmier territ., boulanger, de Littenheim.
Roth, Xavier, réserv., de Gambsheim.
Roths, Gust.-Adolphe, tapissier, né à Guebwiller.
Rubest, Aloïse, tailleur de pierre, né à Sindelsberg.
Rübsamen, Adolf, caporal territ., musicien, de Strasbourg.
Rueff, Victor, né à Altroff.
Rugraff, Charles, employé, de Châtenois.
Ruß, Adolphe, tailleur, de Fegersheim.
Rußenach, Léon, sergent réserv., mécanicien, d'Engenthal.
Ruffing, Albert, terrassier, né à Bourbach-le-Haut.
Ruhlmann, Alex., territ., vigneron, de Dambach.
Rusch, Adrien-Guillaume, négociant, de Strasbourg.
Rustenholz, André, ouvrier des chemins de fer, né à Eschbach.
Ruthy, Joseph-Laurent, ouvrier de fabrique, né à Bergheim.

S

Sambœuf, Hubert, né à Nitting.
Samson, Jean-Jos., tisserand, de Solbey (France).
Samuel, Eugène, commerçant, né à Bouxwiller.
Sandrock, Alphonse, territ., agriculteur, de Röschwoog.
Singer, Isid., capitaine de réserve, dentiste, de Bingen.
Schaaf, Émile-Joseph, né à Strasbourg.
Schackemy, Édouard, régisseur, né à Dannemarie.
Schaeffer, Achille-Adrien, vigneron, né à Gerbécourt.
Schaetzel, Charles, domestique, né à Falck.
Schäffer, Charles-Albert, coiffeur, né à Bischwiller.
Schäffer, Édouard-Auguste, domestique, né à Gerbécourt.
Schalhauser, Ant., territ., de Salenthal.
Schall, Jos.-Alphonse, réserv., sommelier, de Dohlenheim.
Schaller, Fréd.-Émile, garde-forestier, de Riquewihr.
Schaller, Joseph, vannier, né à Reichshoffen.
Schantz, Jean, cultivateur, né à Romelfing.
Scharff, Édouard, né à Baronville.
Scharff, Paul, commerçant, né à Kehl.
Scharrenberger, Alb.-Désiré, ouvrier, né à Nancy.
Scharrenberger, Eugène, né à Haguenau.
Schassner, Charles, ouvrier du chemin de fer, réserv., d'Obernai.
Schätzel, Charles, domestique, de Walf.
Schaub, Émile, sellier, né à Wasselonne.
Schaub, Édouard-Paul, charcutier, de Strasbourg.
Schaub, Eugène, ouvrier du fisc, territorial, sellier, de Wasselonne.
Schaub, Léon, menuisier, né à Ostwald.
Scheffler, Léon, tonnelier, né à Danne-et-Quatre-Vents.
Scheir, Auguste, manutentionnaire à l'habillement du XVe corps, né à Strasbourg.
Scheibling, Eugène, mousquet. réserve, employé de bureau, de Schlestadt.
Schenkel, Charles, installeur, né à Mulhouse.
Scherf, Gust.-Adolp., menuisier, né à Strasbourg.
Scherer, Alphonse, sergent réserv., serrurier, d'Erstein.
Scheyer, Georges, né à Obreck.
Schleiderlöchner, Pierre, menuisier, né à Zinswiller.
Schleiffer, Édouard-Marcel, sergent réserv., négociant, de Strasbourg.
Schieb, François, cultivateur, né à Neudorf.
Schieber, Alex., réserv., tonnelier, de Meisengott.
Schied, Joseph, né à Niederbronn.
Schiffmann, Alphonse, mousquet. territ., vigneron, d'Obermorschwihr.
Schirmer, Albert-Ant., mousquet. réserv., directeur de tissage, d'Altkirch.
Schlumberger, Roger, négociant, de Mulhouse.
Schmaltz, Robert, ouvrier fondeur, né à Lauterbourg.
Schmidt, Antoine-Théophile, cultivateur, né à Kirchheim.
Schmidt, Ch.-André, cuisinier, né à Niederlauterbach.
Schmidt, Ch.-Léon, commis, né à Strasbourg.
Schmidt, Jules, né à Oberlang-Winkel.
Schmitt, Charles, coiffeur, né à Bindernheim.
Schmitt, Charles-Émile, né à Zurich.
Schmitt, Eugène, rés. II, tailleur, de Muntzenheim.
Schmitt, Georg.-Émile, cultivateur, né à Griesheim.
Schmitt, Jean-Jules, garçon de café, né à Strasbourg.
Schmitt, Joseph, étudiant, né à Littenheim.
Schmitt, Joseph-Antoine, commis de magasin, né à Schnersheim.

Schmitt, Joseph, tisserand, né à Sainte-Marie-aux-Mines.
Schmitt, Joseph, tisserand, né à Rosheim.
Schmitt, Jos.-Franç., missionnaire, né à Guémar.
Schmitt, Jos.-Max, peintre en bâtiment, né à Colmar.
Schmitt, Louis, colporteur, né à Haegen.
Schmitt, Mathieu, journalier, né à Kintzheim.
Schmitt, Théobald, réserv., chaudron., d'Ohnenheim.
Schmitt, Théod., territ. II, menuisier, de Kogenheim.
Schmitter, Théodore, cultivateur, de Neudorf (Haute-Alsace).
Schneber, Alph., cuisinier, né à Markolsheim.
Schneider, Auguste, menuisier, né à Epfig.
Schneider, Charles, journalier, né à Ottrott.
Schneider, Charles, journalier, né à Marimont.
Schneider, Charles, ouvrier de fabrique, né à Saint-Louis.
Schneider, Charles, menuisier, né à Barr.
Schneider, Eugène, de Maringen.
Schneider, Edouard-Léon, tailleur, de Beinheim.
Schneider, Franç.-Jos., cordonnier, de Kappelrodeck.
Schneider, Fred Marcel, commerçant, né à Hoff.
Schneider, Jean-Bapt., gardiste, ouvrier de fabrique, d'Ammerschwihr.
Schneider, Jos., coiffeur, né à Niedersoultzbach.
Schneider, Joseph, casseur de pierres, né à Ottrott.
Schneider, Jos., caporal réserv., menuisier, de Brumath.
Schneider, Jean-Paul, pionnier territ. I, menuisier, de Colmar.
Schneider, Mathieu, journalier, de Hindisheim.
Schneider, Paul-Charles, teneur de livres, né à Bischwiller.
Schneiderlöchner, territ. I, menuisier, de Zinswiller.
Schnell, Charles-Valentin, réserv., garde-malade, d'Ernolsheim.
Schneller, Albert-Théod., missionnaire, né à Fousseu.
Schnepp, Eug., réserv., boulanger, de Hochfelden.
Schnitter, Jos.-G., territ. I, mécanicien, de Colmar.
Schnurpfeil, Charles-Maximilien, Landwehr-Esk. 15, né à Faulquemont.
Schoen, Eugène-Henri, garçon de café, né à Drachenbron.
Schoepfer, Fr.-Jos., cultivateur, né à Eguisheim.
Scholten, Bruno, né à Sierentz.
Schott, Charles-Albert, tonnelier, d'Oberschæffolsheim.
Schott, Jos., sommelier, de Wittelsheim.
Schott, Victor, gérant, né à Schäferhoff.
Schotterer, Joseph, confiseur, né à Saint-Hippolyte.

Schouller, Mathieu-François, cultivateur, né à Ottendorf.
Schreiner, Pierre, forgeron, né à Rimeling.
Schrepfer, Franç.-Ant., maçon, né à Neuwiller.
Schull, Eugène, aubergiste, né à Lutter.
Schuller, Émile, territ., cultivateur, de Sundhofen.
Schuller, Louis, bûcheron, né à Durrenbach.
Schultz, Arthur, architecte, de Thann.
Schuhmacher, Joseph, garçon de café, né à Wingersheim.
Schumacher, Jean, réserv. territ., de Keskastel.
Schumacher, Nicolas, couvreur, né à Mayence.
Schussel, Émile-Robert, volontaire, né à Strasbourg.
Schuster, Fritz, né à Oberhofen.
Schütz, Franç.-Jos., territ. II, vigneron, de Dambach.
Schutz, Henri, ingénieur, né à Sarreguemines.
Schwartz, Bernard, cultivateur, né à Eberbach.
Schwarz, Augustin, caporal, 4e compagnie du régiment d'infanterie de réserve 18.
Schwebel, Michel, cultivateur, de Schwindratzheim.
Schwitz, Jacques, mousquet. territ., sommelier, de Colmar.
Schwoob, Alexandre, batelier, né à Drusenheim.
Schwoob, Ignace, boucher, né à Drusenheim.
Sclotter, Jos., cultivateur, né à Dauendorf.
Seichepine, Henri, maçon, né à Château-Salins.
Seel, Joseph, coiffeur, né à Saint-Hippolyte.
Seeing, Jean, mousquet. réserv., cuisinier, de Metzeral.
Seevald, Alfred-Fr., boulanger, de Strasbourg.
Sengelen, Arthur, ouvrier, né à Mulhouse.
Seyller, François-Ch., ferblantier, né à Erstein.
Seyller, Jean, boucher, né à Wittisheim.
Seyzer, Arnold, né à Illkirch.
Sichler, Émile, tisserand, né à Liepvre.
Sickel, Charles, né à Griesbach.
Siedler, Guillaume, né à Wissembourg.
Siefer, Christian, tailleur, né à Imbsheim.
Sieffert, Bernard, jardinier, de Châtenois.
Sieffert, René, domestique, né à Herlisheim.
Siegel, Alfred, commerçant, né à Sarrebourg.
Siegel, Jos.-...and, commerçant, né à Lupstein.
Siegler, Jean-Fréd., tonnelier, de Mittelwihr.
Siffert, Alphonse, réserv., menuisier, d'Orschwiller (Schlestadt).
Sigrist, Franç.-Xav., barbier, né à Zeillwiller.
Silbereisen, Jacques, menuisier, né à Brumath.
Simler, Joseph, tailleur, né à Ohnenheim.
Simon, Bern., journalier, né à Gumbrechtshoffen.
Simon, Franç.-Jos.-Prosper, ouvrier, né à Lindre-Basse.
Simon, Franç.-Louis, réserv., journalier, de Gereuth (Schlestadt).

POUR DÉSERTION

Simon, Franç.-Louis, journalier, né à Neubois.
Simon, Gratien, né à Russ.
Singler, Lucien-Antoine, né à Strasbourg.
Sistel, Jean-Bapt., sagard, né à Ribeauvillé.
Sittler, Alfred, ouvrier, né à Erstein.
Sittler, Georges, cultivateur, né à Fegersheim.
Sittler, Jos., territ. infirmier, de Eschau (Erstein).
Sittler, Léon, réserv., serrurier, d'Olmheim.
Smitlin, Franç.-Jos., né à Hirsingue.
Sohn, Albert, réserv., domestique, de Metz.
Sohn, Henri, galochier, né à Barr.
Sohn, Philippe, de Schweighouse.
Soller, Joseph, menuisier, né à Lupstein.
Sommer, Émile-Maurice, caporal territ., droguiste, de Colmar.
Sommer, Jos.-Henri, menuisier, né à Bennwihr.
Sonntag, Eugène, territ., ouvrier de fabrique, de Hinsheim.
Sonntag, Eugène, mousquet. territ., tisserand, de Lautenbach.
Sossler, Alphonse, négociant, né à Bindernheim.
Sotta, Hugues-Robert, ouvrier de filature, né à Strasbourg.
Souchon, Joseph-Émile, journalier, né à Landroff.
Spahlinger, Gustave, serrurier, né à Barmen.
Spanlehauer, François-Joseph, né à Sainte-Croix-en-Plaine.
Specht, Albert, réserv., commerçant, d'Erstein.
Specht, Jos., capitaine de réserve, coiffeur, d'Erstein.
Spehner, Joseph, ouvrier d'usine, né à Lipsheim.
Spehner, territ. II, fondeur, d'Illkirch-Grafenstaden.
Speisser, Franç.-Xav., tonnelier, né à Geispolsheim.
Spenler, Daniel, journalier, né à Morhange.
Spenger, Armand, marchand de bois, né à Engenthal.
Spengler, Joseph, maréchal ferrant, de Engenthal.
Spenner, Eugène, réserv., batelier, d'Erstein.
Spettel, Em.-Marc, jardinier, né à Ammerschwihr.
Spieldoch, Léopold, employé, né à Strasbourg.
Spielmann, Alfred, de Bergheim.
Spieser, Léon-Émile, commis de magasin, né à Munster.
Spira, Alfred, territ., boucher, de Colmar.
Spira, Alex., réserv., de Mulhouse.
Spiser, Paul-Martin, électricien, né à Mulhouse.
Sprauel, Charles, canonnier réserv., tonnelier, de Gräfenberg.
Stalelmann, Philibert, sergent de ville, né à Murbach.
Stahl, Charl.-Aug., pelletier, né à Strasbourg.
Stahl, Joseph, sabotier, né à Andlau.
Starczewsky (de), Louis-Casim., ingénieur, né à Metz.
Stark, François, fermier, né à Noussewiller.

Staub, Justin, chauffeur, né à Willerswald.
Staub, Michel, domestique, né à Hanskirich.
Stauffer, Otto-Charles, terr. II, voiturier, de Hohwald (Schlestadt).
Stegli, Joseph, maçon, de Schlestadt.
Steibli, Émile, territ., boulanger, de Witternheim (Erstein).
Steinmetz, Georges, réserviste du 99e d'inf. de réserve, d'Urwiller.
Steinbach, Paul, lieutenant réserv., étudiant agron., de Luxembourg.
Steiner, Joseph, tisseur, né à Steige.
Steinmetz, Auguste, menuisier, né à Strasbourg.
Stenger, Pierre, barbier, né à Mulhouse.
Steyer, Antoine, serrurier, né à Grafenstaden.
Stierer, Jacob, maçon, né à Mietesheim.
Stocker, Émile-Léon, plâtrier, né à Epfig.
Stocker, Joseph-Antoine, domestique, né à Epfig.
Stoeckel, Georges, coiffeur, né à Colmar.
Stoecklin, Eugène, sommelier, né à Bischwiller.
Stoeffler, Joseph, photograveur, né à Boersch.
Stoessel, Ch.-Henri, ingénieur, né à La Petite-Pierre.
Stoll, Jean-Bapt., mécanicien, né à Niedermorschwihr.
Stoll, Philippe, canonnier territ., tonnelier, de Hoerdt.
Stolz, Jules, jardinier, né à Blienschwiller.
Storck, Meyer, de Schirrhofen.
Stork, Léon, commerçant, né à Mertzwiller.
Stoub, Auguste-Émile, cultivateur, né à Hanskirich.
Strack, boulanger, né à Haguenau.
Straub, Édouard, maréchal, né à Strasbourg.
Strauel, Henri-Séraph., mousq. territ., confiseur, de Grussenheim.
Strauseissen, Émile, de Leberau.
Strauss, Adolp., commis, né à Mommenheim.
Strebler, Charles, cultivateur, né à Mertzwiller.
Strub, Franç.-Jos., boulanger, né à Huttenheim.
Strub, Lucas, territ., tonnelier, d'Alteckendorf.
Sturm, Alph., réserv., coiffeur, de Weitbruch.
Sublon, Gustave, cultivateur, né à Ranrupt.
Sulzer, Eugène-Aloïse, caporal réserv., cultivateur, de Reichstett.
Sura, Georges, réserv., domestique, d'Olmenheim (Schlestadt).
Surget, Paul, cordonnier, de Metz.
Sutter, Antoine, ouvrier de fabrique, à Attenschwiller.
Sutter, Laurent, serrurier, né à Wintzenheim.

T

Techeur, Hubert, coiffeur, né à Chambrey.
Thalgott, Charles, terr. I, cultivateur, de Boofzheim.
Thiebaut, Eugène, mousquet. territ., domestique, de Breitenau.
Thiébaut, Henri, commerçant, né à Strasbourg.
Thiery, Jules-Auguste, menuisier, né à Dieuze.

Thill, Pierre-Émile, né à Imeldange.
Thinesse, Victor-François, commissionnaire, né à Léning.
Thomann, Alb.-Remy, coiffeur, né à Colmar.
Thomas, Henri-Ernest, né à Lezey.
Thomas, Paul, domestique, né à Gélacourt.
Thonnelier, Aug.-Al., cultivateur, né à Bourg-Bruche.
Thouvenin, Jos.-Just., journalier, né à Pettoncourt.
Thuet, Eugène, né à Sausheim.
Tischmacher, Hubert, dessinateur, de Wittenheim.
Tisler, Camille-Prosper, tisserand, né à Waldersbach.
Trainabt, Guill.-Luth, 21, né à Tieffenbach.
Trainabt, Pierre-Jung, 21, né à Woustwiller.
Traschler, Henri, boucher, né à Bistroff.
Trautmann, Frédéric, sergent de ville, né à Mattstall.
Trensel, François-Xavier, garçon de café, né à Kogenheim.
Triboat, Charles, conducteur de camions, né à Delme.
Trunzler, Georges, de Friedrichwiller.

U

Ulmer, Édouard, de Rosheim.
Ulrich, Émile, rés., boulanger, de Sasolsheim.
Uhlrich, Gust.-Jos., musicien, né à Strasbourg.
Unsinger, Émile, tonnelier, né à Trænheim.
Unzeitig, Gust.-Michel, mercier, né à Virming.
Urbain, Louis, né à Metz.
Urban, Ch.-Frédéric, libraire, né à St-Avold.
Urban, Jacques, de Engwiller.
Ury, Léon-Aug., rés., ingénieur, de Lauterbourg.

V

Vaal, Charles, rés. 1er bat. 137e rég. d'inf., de Wissembourg.
Vaster, Ernest, domestique, né à Saint-Médard.
Vatin, Laurent, domestique, né à Steige.
Velten, Alphonse, rés., boulanger, de Littenheim.
Veltour, Auguste, rés., coupeur de limes, de Molsheim.
Veltour, Georges, rés., menuisier, de Molsheim.
Vernande, Joseph-Léon, né à Mulcey.
Vitalis, Alfred-René, sculpteur, né à Strasbourg.
Vitzekam, Édouard, charron, né à Drusenheim.
Vœgelin, Jean-Georges, menuisier, né à Colmar.
Vogel, Alfred, journalier, de Bischheim.
Vogelbacher, Paul, garçon de café, né à Saint-Gemar.
Vogeleisen, François-Joseph, rés., domestique, d'Epfig.

Vogelsberger, Joseph-Louis, journalier, né à Durrenbach.
Vogler, François-Joseph, caporal territ., menuisier, de Schnersheim.
Vogneur, Joseph, domestique, né à Fremery.
Vogt, André, étudiant en droit, né le 12 décembre 1888, à Mulhouse.
Vogt, Charles, territ., boulanger, d'Ernolsheim.
Vögtling, Jacques, territ., de Weiterswiller.
Voltz, Léon, capitaine de rés., commerçant, d'Altdorf.
Voltzenlogel, Jean, coiffeur, né à Weitbruch.
Vorburger, Charles-Lucien, dragon territ., boulanger, de Vorklinsbofen.
Vuillaume, Alphonse-Charles, boulanger, né à Tincry.

W

Wack, Georges, journalier, d'Andlau.
Wacker, Louis, marchand de bois, né à Durrembach.
Wackermann, Jules-Luc, né à Reichshoffen.
Waechter, Henri, employé, né à Colmar.
Wagné, Jules-Marie, domestique, né à Chambrey.
Wagner, Ernest, voiturier, né à Soulzbach.
Wagner, Jacques, rés., commerçant, de Zinswiller.
Wahl, Ferdinand, laboureur, né à Lostroff.
Wahl, Louis, né à Luswiller.
Walcker, Émile, tonnelier, né à Barr.
Walrer, George, hôtelier, né à Mattstall.
Walter, Auguste-Blaise, boulanger, né à L'Allemand-Rombach.
Walter, Émile, ferblantier, né à Ingersheim.
Walter, Henri, de Barenboch, distillateur.
Walter, Michel-Auguste, clerc de notaire, né à Bischwiller.
Wandeing, Georges, rés., séminariste, de Markolsheim.
Wandelt, François-Émile, serrurier, né à Schlabitz (Suisse).
Wanner, Charles, boulanger, né à Bischwiller.
Wassmer, Joseph-Alphonse, menuisier, né à Schlestadt.
Wattin, Louis, garde champêtre, né à Ajoncourt.
Weber, Edmond, cordonnier, né à Dauendorf.
Weber, Henri-Léopold, rés. territ., commerçant, de Sablons, près Metz.
Weber, Joseph-Frédéric, cordonnier, né à Dauendorf.
Weber, Jean, journalier, né à Inswiller.
Weber, Léon, tailleur, né à Batzendorf.
Werkel, Jean-Maurice, comptable, né à Rosheim.
Wedemann, Charles-Frédéric, boulanger, né à Bischwiller.
Wehrle, François, de Lupstein.
Wehrlen, Xavier-Eugène, employé de bureau, né à Bühl.

Wehrlin, Jean-Jacques, ouvrier, né à Illzach.
Weibel, Joseph, ouvrier, né à Durrenbach.
Weider, Jean, ouvrier de fabrique, né à Village-Neuf.
Weil, Adolphe-Robert, négociant, né à Strasbourg.
Weill, Bernard-Marcel, fabricant de chaussures, né à Haguenau.
Weill, Ephraïm, né à Wintzenheim.
Weill, Georges, serg. territ., commerçant, de Strasbourg.
Weill II, Justin, cap. territ., commerçant, de Westhofen.
Weill, Maurice, mousquet. rés., de Sarreguemines.
Weill, Maurice, sculpteur, né à Forbach.
Weill, Reinhard, I, canon. territ., négociant, de Marmoutier.
Weill, Sylvain-Nephtali, boulanger, né à Muttersholz.
Weinliger, Émile-Pierre, boulanger, né à Saint-Jean-Rohrbach.
Weiss, Antoine-Henri, technicien, né à Oberbruck.
Weiss, Antoine, vannier, né à Montbronn.
Weiss, Ernest, ouvrier, né à Richwiller.
Weiss, Georges, rés., domestique, de Truchtersheim.
Weisse, Camille-Célestin, né à Sarreguemines.
Weisse, Gustave-Eugène, né à Mulcey.
Weisskopf, Théophile, boulanger, né à Griesheim.
Weissrock, Georges-Joseph, installateur, de Strasbourg.
Weitz, Georges, commis, né à Brumath.
Weitz, Jacques-Louis, sommelier, de Brumath.
Welle, Joseph-Jean-François, pharmacien, de Guebwiller.
Welsch, Lucien, voyageur, né à Bischwiller.
Welsch, Nicolas, de Bouzonville.
Welter, Charles-Émile, ingénieur, de Mulhouse.
Weltz, Jacques, serrurier, né à Obernai.
Wendler, Charles, vigneron, né à La Baroche.
Wendler, Joseph-Lucien, tisserand, né à Orbey.
Wendling, Alphonse, menuisier, né à Guémar.
Wendling, Georges, boulanger, de Schweighouse.
Wendling, Joseph-Alfred, territ., boucher, de Strasbourg.
Wentzo, Étienne-Frédéric, ouvrier, né à Munster.
Werck, Albert-Alphonse, boulanger, né à Zellwiller.
Werling, Jacques, tailleur, né à Andolsheim.
Werner, Albert-René, cuisinier, né à Strasbourg.
Werner, Charles, pension. de la maison de correct. de Haguenau, né à Strasbourg.
Werner, Ernest, menuisier, né à Strasbourg-Neudorf.

Werner, Jules, commerçant, né à Strasbourg.
Wernert, François, hussard, né à Hochfelden.
Wernert, Victor-Auguste, peintre, de Hochfelden.
Wetzel, Jean-Jacques, ouvrier, né à Munster.
Weymann, Ernest, canonn. territ., charron, de House (Colmar).
Wickersheim, Jacques, mousquet. territ., boulanger, d'Ostheim.
Wicky, Alphonse, laboureur, né à Hesingue.
Wiechert, Hubert, né à Altroff.
Wihlm, Ignace, boulanger, né à Liepvre.
Wilbrett, François-Auguste, ouvrier de fabrique, né à Tagolsheim.
Wild, Bernard-Henri, négociant, né à Thal.
Wild, Charles-Jules, confiseur, né à Strasbourg.
Wilhelm, François, jardinier, né à Puttelange.
Will, Auguste, sculpteur, né à Dieuze.
Willer, Théophile, de Hindisheim.
Wimmer, Antoine, ouvrier, né à Fort-Louis.
Wimpfen, Henri, né à Thionville.
Winninger, Adrien, journalier, né à Soldatenthal.
Winninger, Adolphe, rés., journalier, de Salenthal.
Winninger, Jacques, rés., journalier, de Soldatenthal.
Winterstein (dit Burschel), Antoine-Frédéric, né à Kreuznach.
Wintlinger, Jacob, maréchal ferrant, né à Sundhofen.
Wintz, Auguste-Léon, cap. rés., cuisinier, de Dachstein.
Wirich, Nicolas, ouvrier, né à Dieuze.
Wiss, Ignace, rés., cultivateur, de Colmar.
Witt, Charles, vigneron, né à Ribeauvillé.
Wittwer, Robert-Louis, rés., électricien, de Montreux-Vieux.
Witzer, Hermann, volont. 3e comp. batail. d'Ersatz, rég. d'inf. 132, de Strasbourg.
Woerli, Jean-Michel, menuisier, né à Barr.
Wolff, Henri, voyageur de commerce, né à Strasbourg.
Wolff, Jules, employé de commerce, né à La Broque.
Wolff, Léon, tailleur, né à Russange.
Wolffel, Victor, employé, de Börsch.
Wormser, Ferdinand, commerçant, né à Grussenheim.
Wurm, Eugène, né à Eckbolsheim.
Wurtz, Gustave, domestique, né à Mittelwihr.
Wurz, Georges, forgeron, né à Hindisheim.
Wust, Aloys-Xavier, serg. territ., serrurier, de Ribeauvillé.

Y

Yelten, Alphonse-Léon, boulanger, de Littenheim.

Z

Zaepfel, Jean-Léon, cuisinier, né à Kienzheim.
Zahner, Adolphe-Eugène, tisserand, né à Colmar.
Zeller, Laurent, caporal de Landwehr, boulanger, de Schweinheim.
Zellin, Léon-Alphonse, ouvrier tisserand, né à Colmar.
Ziegler, François-Joseph, rés., boulanger, de Kuttolsheim.
Ziegler, Lucien, technicien, né à Kaysersberg.
Ziller, Aloise, garçon de brasserie, né à Hochfelden.
Ziller, Victor, territ., de Hochfelden.
Zilliox, Auguste, jardinier, né à Wirschen.
Zilliox, Jean-Auguste, territ., menuisier, de Weyersheim.
Zilliox, Jean-Joseph, tapissier, de Weyersheim.
Zimmerlin, Paul-Auguste, cuisinier, né à La Poutroye.
Zimmermann, Alphonse, coiffeur, né à Saint-Hippolyte.
Zimmermann, Charles, vigneron, né à Saint-Hippolyte.
Zimmermann, Ernest, boucher, né à Colmar.
Zinck, Alois, coiffeur, né à Colmar.
Zind, Joseph, vigneron, né à Wintzenheim.
Zing, Émile-Jean, boulanger, né à Steige.
Zink, Xavier-Arthur, tailleur de pierre, né à Guebwiller.
Zohmer, Émile-Louis, directeur de tuilerie, né à Wintzenheim.
Zorn, Antoine, journalier, né à Still.
Zwiller, Émile, batelier, né à Kembs.

ALSACIENS-LORRAINS

DÉCHUS DE LEUR NATIONALITÉ ALLEMANDE

Les listes que nous publions ci-après sont la reproduction textuelle et intégrale des Alsaciens-Lorrains déchus de leur nationalité allemande, tels qu'ils sont mentionnés au *Moniteur officiel de l'Empire*, avec le numéro d'ordre qui les accompagne.

C'est donc un document officiel dont nous garantissons l'exactitude et l'authenticité, hormis les petites erreurs de dates qui ont pu se glisser dans l'impression et inévitables dans une telle publication.

DÉCRET DU MINISTÈRE D'ALSACE-LORRAINE (18 juin 1915)

« Le dessinateur et artiste Jean-Jacques-Léon Waltz, né à Colmar le 23 février 1873, et faisant partie du landsturm, et l'éditeur Henri-Louis-Constantin Zislin, né le 16 juin 1875, à Mulhouse, domicilié à Mulhouse, soldat de la réserve, aux termes du paragraphe 27 de la loi d'Empire sur la nationalité alsacienne-lorraine parce qu'ils n'ont pas donné suite aux ordonnances impériales enjoignant aux Allemands séjournant à l'étranger de rentrer en Allemagne pour accomplir leur devoir militaire. Cette déchéance est prononcée sans préjudice des peines encourues pour contravention à la loi militaire. »

Aux Alsaciens-Lorrains dont les noms suivent il est fait savoir que, par décret du ministre pour l'Alsace-Lorraine, ils ont perdu leur nationalité d'Alsaciens-Lorrains, pour n'avoir pas tenu compte de la sommation impériale adressée aux Allemands résidant à l'étranger, de retourner dans leur pays, en date du 3 août 1914 (Journal de l'Empire, p. 323) *et du 15 août 1914* (Journal de l'Empire, p. 385). (*Texte officiel, octobre 1915.*)

Eisenzimmer, Jean-Alfred, avocat, né à Dornach, le 3 mars 1877, domicilié auparavant à Mulhouse.

Holl, Charles, orfèvre, né le 28 juill. 1871, à Strasbourg, domicilié auparavant à Strasbourg.

Rieber, Dr Joseph, avocat, né le 9 mars 1875, à Soultz, domicilié auparavant à Mulhouse.

Roos, Arthur, né le 3 janv. 1831, à Mulhouse, entrepreneur de bâtiments, domicilié auparavant à Mulhouse.

Roos, Auguste, né le 28 sept. 1878, à Mulhouse, entrepreneur de bâtiments, domicilié auparavant à Mulhouse.

Spinner, Auguste, né le 14 juin 1864, à Wissembourg, peintre, domicilié auparavant à Wissembourg.

Weil, Alfred, né le 21 août 1876, juge de paix révoqué, domicilié auparavant à Metz.

TEXTE ET LISTES EXTRAITS DU *REICHSANZEIGER*

(MONITEUR OFFICIEL DE BERLIN)

En vertu du paragraphe 27 de la loi sur la nationalité allemande, du 22 juillet 1913 (page 583 de la loi), les personnes mobilisables citées dans la liste ci-dessous, qui sont domiciliées à l'étranger et qui n'ont pas répondu à l'appel impérial de rentrer en Allemagne (Décrets impériaux des 3 et 15 août 1914, pages 323, 371, 385 de la loi d'Empire, avis du chancelier du 15 août 1914, page 372 de la loi d'Empire), sont déclarées déchues de leur nationalité d'Alsaciens-Lorrains, en tant qu'elles la possèdent encore.
Strasbourg, le 11 février 1916.

Ministère pour l'Alsace-Lorraine,
Section de l'Intérieur.
Dr. TSCHAMMER, *Secrétaire d'État.*

Liste n° 1.

11 février 1916.

1. Adolf, Charles, 8 déc. 1893, Scharrachbergheim.
2. André, Philippe, 25 nov. 1887, Schirmeck.
3. Anzemberg, Ignace-Paul, 1er juill. 1892, Urbis (cercle de Schlestadt).
4. Bader, Henri, 20 juill. 1885, Colmar.
5. Bablenweck, Auguste, 25 juin 1889, Colmar.
6. Baetz, Julien-Maurice-Robert, 23 sept. 1895, Haguenau.
7. Baltzinger, Michel, 25 mars 1882, Horbourg.
8. Bastien, Léon-Constant, 2 mai 1887, Wisches.
9. Batot, Joseph, 17 juill. 1893, Sainte-Marie-aux-Mines.
10. Bernhard, Fortuné-J.-B., 27 août 1885, Bergbieten.
11. Boyer, Louis, 31 août 1883, Strasbourg.
12. Bisch, Jos.-Eug., 17 févr. 1848, Colmar.
13. Bucher, Pierre, Dr-méd., 10 août 1869, Guebwiller.
14. Bisch, Reinhart, 27 déc. 1895, Niedermorschwiller (Ribeauvillé).
15. Bloch, Félix, 2 oct. 1891, Ingwiller.
16. Burger, Fréd.-Eug., 29 août 1895, Saverne.
17. Brion, Erich-Henri, 12 déc. 1895, Strasbourg.
18. Brion, Royer-Georges, 12 déc. 1895, Strasbourg.
19. Bieber, Albert-Jacques, 30 janv. 1895, Strasbourg.
20. Boley, Mathieu, 6 sept. 1895, Strasbourg.
21. Bildstein, Jos., 6 juin 1891, Griesswiller.
22. Boistelle, Ern.-Paul-Victor, 28 déc. 1894, Strasbourg.
23. Britsch, Robert, 30 déc. 1894, Strasbourg.
24. Bleicher, Henri-Charles, 9 févr. 1890, Munster.
25. Bohn, Aloys-Jos., 21 juin 1887, Ingersheim.
26. Bronner, Émile, 26 déc. 1898, Paris.
27. Brisacher, Charles, 27 janv. 1890, Klingenthal.
28. Biehler, Louis, 9 mai 1895, Schlestadt.
29. Bleyer, Charles, 17 janv. 1877, Wasselonne.
30. Borhler, Antoine-René, 13 déc. 1893, Molsheim.
31. Bolle, Prosper-Valentin, 14 févr. 1885, Russ.
32. Bischoff, Joseph, 7 janv. 1887, Bischoffsheim.
33. Blum, Isaac, 18 sept. 1876, Rosheim.
34. Cochepin, Jules, 23 mars 1885, Saint-Louis.
35. Claudel, Eugène, 21 févr. 1886, Völklinghofen.
36. Cabalion, Alph.-Eug., 19 mai 1895, Strasbourg.
37. Champazzi, Lucien, 6 mai 1887, Munster.
38. Claudel, Julien, 14 janv. 1896, Völklinghofen.
39. Criqui, Jean, 15 sept. 1891, Lampertheim.
40. Clauchard, Émile-Charles, 26 avril 1895, Paris.
41. Claude, Alfred, 17 févr. 1882, Neuwiller (Molsheim).
42. Dreyer, Christophe, 17 mars 1894, Obernai.
43. Dossel, Ch., 12 mai 1872, Wintzenheim (Colmar).
44. Durr, Lucien, 26 juin 1881, Colmar.
45. Dollinger, Isidore, 14 oct. 1877, Henriskuff.
46. Droesch, Alfred, 28 sept. 1895, Strasbourg.
47. Duffner, Aug., 15 févr. 1887, Liepvre (Schlestadt).
48. Denier, Émile, 15 juin 1876, Strasbourg-Neuhof.

ALSACIENS-LORRAINS DÉCHUS DE LEUR NATIONALITÉ ALLEMANDE

49 Diederichs, Alfred-Benjamin, 9 oct. 1895, Dorlisheim.
50 Dietrich, Joseph, 16 janv. 1895, Wasselonne.
51 Deppen, Édouard, 7 mai 1889, Lubine (France).
52 Dibinger, Théophile, 26 nov. 1891, Heiligenberg.
53 Denni, Marie-Alphonse, 12 nov. 1888, Altorf (Molsheim).
54 Eyerchet, Victor, 5 oct. 1889, Ribeauvillé.
55 Ertlé, Jacques, 6 juin 1893, Breitenbach (Colmar).
56 Eberhardt, Jules, 14 mars 1890, Ingersheim.
57 Ehrhardt, Eugène, 17 nov. 1892, Mutzig.
58 Eschbach, Jos.-Théod., 4 mai 1887, Still.
59 Freniot, Jean-Marie, 29 août 1881, Wisches.
60 Fulgraf, Joseph, 9 avril 1881, Markolsheim.
61 Frey, Marie-Alphonse-Jacques, 26 juill. 1881, Turckheim.
62 Frommer, Albert, 7 juill. 1894, Mittelwihr (Ribeauvillé).
63 Fernbach, Joseph, 14 oct. 1879, Kirwiller.
64 Friederich, Fréd.-Jos.-Jules, 30 mai 1895, Strasbourg.
65 Fürst, Ernest-Marie-Ed., 18 mai 1894, Strasbourg.
66 Fritsch, J.-Bapt., 28 déc. 1895, Belfort.
67 Fellrath, Alphonse, 28 nov. 1895, Wangenbourg.
68 Florence, Alb.-Jos., 17 déc. 1888, Bourg-Bruche.
69 Finance, Louis, 3 févr. 1895, Mittelbronn.
70 Fröhlicher, Jacques, 5 févr. 1880, Wasselonne.
71 Feldmeth, Charles, 30 juin 1895, Dorlisheim.
72 Glassmann, Louis-Fréd., 3 avril 1885, Barenbach.
73 Gerber, Charles-Alfred, 17 août 1885, Strasbourg.
74 Grundrich, Fr.-Xavier, 17 juin 1892, Colmar.
75 Gantz, Édouard, 5 févr. 1894, Banzenheim.
76 Gantz, Eugène, 21 janv. 1892, Banzenheim.
77 Gorlner, Jos.-Franç., 9 nov. 1873, Markolsheim.
78 Graff, Marcel, 30 janv. 1891, Metz.
79 Geneville, Charles, 25 nov. 1895, Saint-Jean (Saverne).
80 Gerth, Auguste, 30 déc. 1891, Reims (France).
81 Grill, Georges-Charles, 21 mai 1895, Strasbourg.
82 Greney, Fréd.-Henri, 28 juin 1894, Munster.
83 Goerhnahts, Albert, 26 mai 1893, Strasbourg.
84 Gruss, Franç.-Antoine, 3 sept. 1890, Steinbourg (Saverne).
85 Griess, Eugène, 25 févr. 1878, Wasselonne.
86 Girr, Joseph-Antoine, 22 janv. 1888, Flexbourg.
87 Girr, Joseph, 4 mai 1895, Flexbourg.
88 Girr, Hypolite, 21 nov. 1897, Flexbourg.
89 Hofer, Eug.-Franç., 28 janv. 1884, Strasbourg.
90 Holzinger, Aug.-Alf., 16 juin 1884, La Robertsau.
91 Hollinger, Georges-J., 23 juill. 1893, Neuf-Brisach.
92 Herrgott, Fr.-Xav., 1er juill. 1890, Colmar.
93 Herrgott, Eugène, 20 mai 1894, Colmar.
94 Herrgott, Louis, 18 févr. 1892, Colmar.
95 Hartmann, Raymond, 24 août 1888, Krautergersheim.
96 Hermann, Alphonse-Joseph, 10 mars 1894, Strasbourg.
97 Horrenberger, Auguste, 14 août 1891, Colmar.
98 Herzog, Fr.-Xavier, 7 mars 1890, Colmar.
99 Haeflinger, Eugène, 23 déc. 1892, Colmar.
100 Haller, Alphonse, mécan., 13 sept. 1893, Colmar.
101 Heidinger, Eug., 16 oct. 1888, Saint-Jean (Saverne).
102 Hoffmann, Jules-Aug., 20 nov. 1894, Strasbourg.
103 Hoffmann, Joseph, 11 avril 1874, Dettwiller.
104 Haeflinger, Jos.-Théod., 29 déc. 1890, Colmar.
105 Hoenen, Alph.-Nicolas, 30 oct. 1895, Strasbourg.
106 Hoh, Robert-Charles, 12 oct. 1895, Strasbourg.
107 Heitz, Charles, 30 nov. 1893, Strasbourg.
108 Hermann, Ernest-Alf., 24 févr. 1893, Strasbourg.
109 Heitz, Alf.-Georges, 5 nov. 1892, Schiltigheim.
110 Hassenböhler, Émile, 30 juill. 1885, Munster.
111 Hoffmann, Eugène-Jos., 29 mars 1894, Munster.
112 Herrscher, Eug.-Jean, 28 mars 1884, Colmar.
113 Haemmerlé, Xav.-Maurice-Joseph, 7 mars 1880, Colmar.
114 Huntzinger, Albert, 23 août 1884, Sainte-Marie-aux-Mines.
115 Huntzinger, Émile, 27 janv. 1888, Colmar.
116 Hunkler, François-Xavier, 4 déc. 1883, Ammerschwihr.
117 Huck, Paul, 3 janv. 1895, Wangenbourg.
118 Hoffmann, Émile, 24 janv. 1895, Wasselonne.
119 Hoffbeck, Joseph, 30 sept. 1879, Ottrott.
120 Haberer, Marcel, 2 avril 1895, Steinbach (Thann).
121 Hartenstein, Fréd., 13 nov. 1884, Saverne.
122 Hartenstein, Gustave, 20 juin 1890, Saverne.
123 Holzhauer, Charles, 17 juill. 1884, Wasselonne.
124 Haguenauer, Auguste, 26 juill. 1893, Rosenwiller.
125 Heid, Guillaume, 5 août 1892, Wasselonne.

126 Joannard, Camille, 8 janv. 1890, Saales (Saal).
127 Jodlin, Jos.-Jules-Émile, 23 sept. 1895, Colmar.
128 Ichter, Alph., 15 avril 1897, Kintzheim (Schlestadt).
129 Jaeger, Fridolin, 6 sept. 1878, Sainte-Marie-aux-Mines.
130 Isaac, Henri, 2 août 1882, Colmar.
131 Jodlin, Albert, 13 mars 1879, Colmar.
132 Jehl, Joseph, 3 mai 1881, Rhinau.
133 Jung, Émile-Henri, 23 janv. 1891, Colmar.
134 Jung, Albert-Paul, 18 août 1887, Colmar.
135 Jaeglé, Jacques-Fréd., 31 juill. 1889, Stosswihr.
136 Jauss, Édouard, 7 janv. 1884, Marlenheim.
137 Koch, Marcel, 7 nov. 1889, Strasbourg.
138 Klein, Adolphe, 19 févr. 1884, Colmar.
139 Klipstein, Fréd.-Charl., 27 oct. 1893, Strasbourg.
140 Koffel, Ed., 13 oct. 1895, Kintzheim (Schlestadt).
141 Kempf, Georges, 18 avril 1891, Stosswihr.
142 Kauffmann, Jean-Jacques-Léon, 11 juill. 1887, Münster.
143 Kœnig, Jean-Georges-Paul, 22 déc. 1896, Sainte-Marie-aux-Mines.
144 Kirchner, Albert, 19 avril 1892, Strasbourg.
145 Kormann, Cam.-Phil., 31 octobre 1895, Strasbourg.
146 Kirstaetter, Alphonse, 11 févr. 1894, Strasbourg.
147 Kongel, René-Ch.-Ed., 22 déc. 1895, Strasbourg.
148 Kugler, Jean-Georges-René-Ch., 13 avril 1896, Ribeauvillé.
149 Kugler, Marie-Joseph-Albert, 20 sept. 1892, Ribeauvillé.
150 Krauss, Eug., 1er mai 1882, Ostheim (Ribeauvillé).
151 Kopf, Auguste, 4 mai 1890, Dorlisheim.
152 Kauffoz, Camille, 24 janv. 1890, Russ.
153 Kirmann, Laurent-Edm.-Gustave, 12 janv. 1890, Bischofsheim.
154 Kopp, Joseph, 6 nov. 1881, Bersch.
155 Karlé, Léon, 25 sept. 1887, Barenbach.
156 Kieffer, Albert, 26 avril 1896, Wasselonne.
157 Liechty, Armand, 2 juin 1889, Türckheim.
158 Lipp, Jean-Georges, 12 mai 1896, Colmar.
159 Lefranc, Eugène-Léon, 11 juill. 1890, Hattstatt (Guebwiller).
160 Lapp, Valentin, 30 nov. 1879, Gries.
161 Lang, Jos.-Albert, 30 mars 1888, Colmar.
162 Lallemand, Franç.-Henri, 19 nov. 1876, Colmar.
163 Longenbach, Georges-René, 13 janv. 1895, Barr.
164 Lienhardt, Charles, 5 oct. 1887, Wasselonne.
165 Lamp, François-Xav., 17 mars 1879, Dangolsheim.
166 Lacave, Charles, 4 mars 1887, Wisches.
167 Menger, Albert, 23 juill. 1896, Strasbourg.
168 Meiz, Jules-Jérôme, 5 janv. 1889, Bischheim.
169 Marbach, Jos., 3 févr. 1873, Kurzheim (Schlestadt).
170 Matter, Frédéric, 28 mai 1888, Münster.
171 Margotte, Albert, 8 févr. 1889, Colmar.
172 Marowski, Oscar, 20 janv. 1890, Seltz (Wissembourg).
173 Meyer, Franç.-Albert, 25 févr. 1895, Colmar.
174 Maennel, Luc-Ch.-Ph., 22 nov. 1895, Strasbourg.
175 Muller, Guillaume, 25 févr. 1895, Strasbourg.
176 Michaeli, Georges, 3 janv. 1876, Weinbourg.
177 Meyer, Franç.-Walter, 28 mars 1895, Strasbourg.
178 Mayer, Désiré-Ferdin., 21 janv. 1895, Strasbourg.
179 Müller, Maurice-Georg., 9 sept. 1893, Strasbourg.
180 Mathern, Antoine, 27 mars 1886, Bernolsheim.
181 Meyer, Georges-Louis, 3 janv. 1886, Colmar.
182 Meyer, Georges, 21 juill. 1895, Markolsheim.
183 Motzig, Otto-Théod.-Eug., 1er mai 1889, Balbronn.
184 Magnette, Charles, 21 mars 1879, Mittelbronn.
185 Mooq, Auguste, 16 déc. 1889, Paris.
186 Motzig, Eug.-Auguste, 13 déc. 1886, Balbronn.
187 Massenez, Joseph, 13 mai 1889, Roggenbach.
188 Malaisé, Ern., 2 juill. 1891, Neufwiller (Molsheim).
189 Nicklaus, Eug.-Dan., 11 avril 1889, Strasbourg.
190 Nobert, Charles, 20 oct. 1884, Andlau.
191 Naett, Charles-Alph., 20 oct. 1894, Strasbourg.
192 Nerreter, Georges-Henri, 13 déc. 1886, Colmar.
193 Nisslé, Charles-Nicolas, 9 mai 1897, Strasbourg.
194 Oster, Xav.-Léon-Jos., 23 juin 1892, Strasbourg.
195 Oster, Léon-Louis-Nic., 14 sept. 1895, Strasbourg.
196 Ostermann, Jacques, 19 nov. 1870, Colmar.
197 Ory, Aloïse, 9 sept. 1894, Breitenbach (Colmar).
198 Ottnad, Aloïse, 11 avril 1880, Wasselonne.
199 Pinkelé, Paul-Émile, 7 sept. 1878, Schœnbourg.
200 Paquet, Constant-Joseph, 19 oct. 1889, La Broque.
201 Pfeiffer, Basile, 14 avril 1887, Rosteig.
202 Pfrimmer, Émile, 4 août 1879, Schiltigheim.

203 Papke, Henri, 14 août 1875, Wissembourg.
204 Pfaff, Fréd., 16 mai 1886, Westhofen (Molsheim).
205 Perrin, Justin, 20 juill. 1897, L'Allemand-Rombach.
206 Quirin, Edouard, 25 juill. 1874, Imbsheim.
207 Quirin, Alfred, 18 févr. 1890, Liepvre.
208 Quirin, Camille, 15 avril 1894, Liepvre.
209 Quirin, J. Bapt., 4 avril 1897, Liepvre.
210 Reeb, Gust.-Georges, 9 janv. 1892, Strasbourg.
211 Ronbach, André, 17 août 1885, Sarrebourg.
212 Riess, Georges-Jean, 2 févr. 1894, Vogelsheim.
213 Rieffel, Marie-Jean-Albert, 4 janv. 1883, Ribeauvillé.
214 Ritzenthaler, Marie-Joseph, 2 févr. 1887, Colmar.
215 Ritzenthaler, Xavier, 20 oct. 1893, Colmar.
216 Röhly, Phil., 2 avril 1895, Gieudertheim.
217 Regina, Aug.-Charles, 10 janv. 1895, Strasbourg.
218 Rustenholz, Alph.-Vic., 27 juin 1881, Riquewihr.
219 Rohmer, Eug.-Charles-Rob., 21 déc. 1881, Colmar.
220 Rey, Joseph, 25 mars 1890, Holzheim.
221 Rival, Jos.-Charles, 9 mai 1892, Wisches.
222 Ring, Alfred-Jérôme, 21 mai 1890, Mutzig.
223 Scheibling, Jules-Félix, 19 nov. 1890, Châtenois.
224 Schillinger, Jean-Baptiste-Édouard, 24 juin 1888, Ingersheim.
225 Scherrer, Louis-Raym., 31 août 1877, Rosheim.
226 Stiédel, Jules-Georges, 13 avril 1884, Sainte-Marie-aux-Mines.
227 Spyr, Charles-Edgar, 21 oct. 1888, Sainte-Marie-aux-Mines.
228 Sieffert, Jos.-Marie-Louis, 26 févr. 1889, Strasbourg.
229 Schmitt, Aug.-Jos., 12 oct. 1885, Strasbourg.
230 Schillinger, Eugène, 14 juin 1895, Ingersheim.
231 Schillinger, Charles, 15 févr. 1894, Ingersheim.
232 Stephan, Ch., 17 sept. 1879, Dossenheim (Saverne).
233 Spira, Georges, 20 janv. 1886, Colmar.
234 Spira, Ernest, 27 sept. 1887, Colmar.
235 Schreiber, Eugène, 24 déc. 1891, Colmar.
236 Sittler, Edmond, 17 nov. 1895, Colmar.
237 Straumann, Xavier, 6 déc. 1885, Colmar.
238 Schneider, Maximilien-Joseph, 29 mai 1893, Ribeauvillé.
239 Stephan, Charles-Phil., 5 mai 1895, Strasbourg.
240 Sonntag, Charles, 5 juill. 1895, Strasbourg.
241 Schultzki, Charles-Jos., 5 sept. 1884, Wisches.
242 Sturm, Fréd.-Charles, 16 avril 1895, Colmar.

243 Schielé, Eugène, 15 mars 1891, Bergheim (Ribeauvillé).
244 Schindler, Ernest-Michel-Victor, 8 oct. 1882, Steinbourg.
245 Streffler, Auguste, 14 mai 1895, Strasbourg.
246 Schwartz, Louis, 11 févr. 1883, Strasbourg.
247 Schrötter, Henri-Martin, 19 oct. 1894, Strasbourg.
248 Schmitt, Jean, 13 nov. 1884, Jebsheim.
249 Schott, Eugène, 14 avril 1895, Strasbourg.
250 Schlupp, Eugène, 19 mars 1886, Uhlwiller.
251 Schuler, Louis-François, 14 févr. 1888, Barr.
252 Steiger, Franç.-Xav., 24 mai 1897, Lautenbach (Guebwiller).
253 Spang, François, 16 mai 1894, Bischheim.
254 Sommer, Jacques, 18 nov. 1882, Niedermodern.
255 Sipp, Charles-Jos., 8 mars 1886, Ribeauvillé.
256 Seckler, Auguste, 8 sept. 1886, Andlau.
257 Sali, Victor, 26 janv. 1891, Engenthal.
258 Thoniel, Jos.-Victor, 16 sept. 1883, Strasbourg.
259 Tochterlé, Joseph, 1er oct. 1885, Strasbourg.
260 Thomas, Marie-Hubert-Georges, 30 oct. 1877, Colmar.
261 Ulmer, Jacques, 5 déc. 1895, Griesbach (Colmar).
262 Vetter, Léon, 13 janv. 1895, Colmar.
263 Voegelin, Jean-André, 28 déc. 1889, Colmar.
264 Verdun, Ch., 7 janv. 1891, Sainte-Croix-aux-Mines.
265 Weill, Georges Dr, 17 sept. 1882, Strasbourg.
266 Werck, Jean, 17 févr. 1891, Schlestadt.
267 Wetterer, Eugène, 4 janv. 1895, Gerstheim.
268 Wantz Godeffroy, 11 août 1891, Gerstheim.
269 Wendling, Joseph, 7 déc. 1874, Guemar.
270 Wendel, Eugène, 2 juill. 1888, Niedermodern.
271 Wormser, B., 5 mai 1890, Grussenheim (Colmar).
272 Wormser, Cam., 9 mars 1883, Grussenheim (Colmar).
273 Weber, Ch.-Godef.-Henri, 21 mars 1884, Colmar.
274 Wittmer, Joseph, 5 mai 1895, Colmar.
275 Weymann, Eug.-Joseph, 5 avril 1894, Ribeauvillé.
276 Winstel, Ed.-Gust., 19 avril 1893, Strasbourg.
277 Wintz, Eugène, 24 janv. 1892, Wasselonne.
278 Werst, Léon-Quirin, 18 avril 1895, Strasbourg.
279 Wenger, Edmond, 6 févr. 1893, Strasbourg.
280 Wentzo, Alp., 29 sept. 1893, Griesbach (Colmar).

281 Weill, Isidore, 25 déc. 1892, Strasbourg.
282 Werrey, Jean-Salomon, 8 févr. 1879, Eschbach.
283 Wohlgemuth, Charles, 8 janv. 1887, Balbronn.
284 Zimmermann, Guillaume-Paul-Joseph, 22 mars 1878, Kientzheim (Ribeauvillé).
285 Zaengel, Joseph, 8 mai 1874, Obernai.
286 Zingle, Jean, 22 juin 1881, Mühlbach (Colmar).
287 Zillig, Charles-Christ., 22 juill. 1893, Strasbourg.
288 Zaiger, Émile-Eugène, 3 mai 1893, Strasbourg.
289 Zisette, Henri, 30 janv. 1884, L'Allemand-Rombach.
290 Zigan, Louis, 14 juill. 1888, Mutzig.

Liste n° 2.
24 mars 1916.

292 Bresch, Jean-Jacques, 12 août 1875, Sainte-Marie-aux-Mines.
293 Gaillard, René, 10 avril 1875, Saales.
294 Noël, Charles, 14 juin 1870, Saales.
295 Joessel, Eug., 28 mai 1876, Mittelbronn.
296 Deppen, Victor, 11 nov. 1876, Neuwiller.
297 Adam, Georges-Auguste, 14 févr. 1895, Marlenheim.
298 Adam, Eugène, 8 oct. 1889, Marlenheim.
299 Aeschelmann, Paul, 8 déc. 1895, Rothau.
300 Albrecht, Albert, 25 nov. 1885, Kosswiller.
301 Albrecht, Arthur, 21 oct. 1883, Nice (France).
302 Albrecht, Émile-Alphonse, 6 sept. 1885, Gresswiller.
303 Albrecht, Léon, 26 avril 1897, Dinsheim.
304 Amann, René-Joseph, 11 août 1894, Strasbourg.
305 Amiel, Marie-Hypolite-Jules, 18 oct. 1877, Molsheim.
306 Andrès, Paul, 9 sept. 1884, Molsheim.
307 Antoine, Charles-Albert, 25 avril 1895, Bourg-Bruche.
308 Arboyast, Jules, 18 déc. 1889, Strasbourg (Robertsau).
309 Arnold, Georges, 10 avril 1895, Molsheim.
310 Arnold, Joseph, 1er sept. 1885, Wolxheim.
311 Aron, Émile, 13 déc. 1890, Kosswiller.
312 Aubry, Jean-Baptiste, 24 mai 1896, Barenbach.
313 Baetz, Julien, 23 juin 1895, Haguenau.
314 Bailly, Charles, 21 sept. 1894, Saales.
315 Baltenweck, Charles-Albert, 29 avril 1885, Ribeauvillé.
316 Baltzer, Jacques, 16 mars 1881, Imbsheim.
317 Bamberger, Émile, 12 mai 1893, Dachstein.
318 Bansept, Jean-Camille-Auguste, 12 avril 1888, Orbey.
319 Barthel, Frédéric, 10 juin 1879, Scharrachbergheim.
320 Barthel, Albert, 22 mars 1896, Scharrachbergheim.

321 Bauer, Jules-Jean-Charles, 31 oct. 1892, Strasbourg.
322 Bauer, Édouard-Émile, 9 nov. 1880, Wasselonne.
323 Bath, Charles-Eugène, 26 déc. 1896, Molsheim.
324 Beck, Jean-Bapt., 12 juill. 1879, Niederhaslach.
325 Beck, Gabriel-Joseph, 17 mars 1889, Bischofsheim.
326 Bechtel, Victor, 22 juin 1883, Haltenhouse.
327 Bedel, Émile, 3 avril 1881, Ottrott.
328 Beth, Ernest, 12 janv. 1878, Gerstheim.
329 Bengobl, Aloys, 17 sept. 1882, Neukirch.
330 Bernhard, Eugène, 11 avril 1870, Niederhaslach.
331 Bernard, René-Louis, 22 mai 1886, Molsheim.
332 Bernard, Théodore-Émile, 3 déc. 1892, Molsheim.
333 Bernert, Joseph, 22 sept. 1885, Eckartswiller.
334 Bernhardt, Joseph-André, 6 janv. 1885, Molsheim.
335 Bertrand, Louis-Guill., 12 juill. 1879, Bischwiller.
336 Bieth, Aloyse, 24 juill. 1877, Wantzenau.
337 Bilger, Georges, 22 avril 1884, Ernolsheim.
338 Birette, Charles-Florent, 11 avril 1895, Lutzelhouse.
339 Bischoff, Joseph, 27 sept. 1884, Hornlt.
340 Bleger, Jules-Joseph, 19 mars 1883, Saint-Hippolyte.
341 Blind, Albert, 3 févr. 1877, Rothau.
342 Blum, Sylvain, 15 nov. 1883, Rosheim.
343 Blum, Marcel-Marc, 22 mars 1885, Rosheim.
344 Blum, Isaac, 18 sept. 1876, Rosheim.
345 Bloch, Charles, 16 oct. 1885, Wasselonne.
346 Boehler, Louis-Albert, 16 nov. 1895, Besançon (France).
347 Boehm, Léon, 22 août 1880, Molsheim.
348 Bossler, Émile, 15 déc. 1887, Molsheim.
349 Boulanger, Léon, 25 avril 1876, Vorbruck.
350 Brauer, Charles, 6 déc. 1889, Ribeauvillé.
351 Brauer, Alphonse, 12 avril 1895, Ribeauvillé.
352 Brauneisen, Alphonse, 26 juin 1889, Rosheim.
353 Brechenmacher, Georges, 13 févr. 1887, Strasbourg.
354 Brining, Victor, 22 janv. 1893, Ernolsheim.
355 Breitenstein, Antoine, 1er oct. 1878, Marlenheim.
356 Brignon, Paul, 20 sept. 1887, Wackenbach.
357 Brueckler, Eugène, 21 janv. 1872, Bischwihr.
358 Brunck, Aloyse-Joseph, 27 févr. 1893, Klingenthal.
359 Buehler, Jules, 28 mars 1895, Rohrwiller.
360 Buergy, Charles, 8 mai 1882, Colmar.
361 Burkard, Jean, 27 oct. 1889, Geudertheim.

362 Charlier, Émile, 10 mai 1880, Vorbruck.
363 Charlier, Jean-François-Maurice, 20 mai 1894, Schirmeck.
364 Charlier, André, mai 1894, Vorbruck.
365 Charlier, Nicolas-Joseph, 18 nov. 1894, Vorbruck.
366 Chotel, Charles, 20 mai 1894, Saales.
367 Claude, Ernest, 13 sept. 1888, Colmar.
368 Conrad, Charles-Bernard, 31 oct. 1883, Bitche.
369 Dantzer, Alexandre, 9 mai 1886, Molsheim.
370 Decker, Alphonse, 29 janv. 1892, Dachstein.
371 Deckert, Joseph, 16 mars 1891, Markolsheim.
372 Dellenbach, Alphonse, 9 avril 1882, Sainte-Marie-aux-Mines.
373 Denis, Pierre, 25 sept. 1883, Lutzelhouse.
374 Deppen, Robert, 23 sept. 1883, Neuwiller.
375 Dickmann, Louis, 19 avril 1874, Strasbourg.
376 Didier II, Ambroise, 23 juin 1882, La Baroche.
377 Diederichs, Eugène-Frédéric, 13 avril 1894, Dorlisheim.
378 Diebinger, Joseph, 21 juill. 1894, Still.
379 Diebold, Alphonse, 3 mars 1881, Sainte-Croix-aux-Mines.
380 Diebold, Georges, 13 mai 1877, Dettwiller.
381 Diemunsch, Joseph, 18 juill. 1883, Lautenbach.
382 Dietrich, Georges-Alphonse, 24 févr. 1887, Bilwisheim.
383 Dietrich, Joseph, 8 oct. 1885, Soulzbach.
384 Dillenseger, Marie-Louis, 3 oct. 1895, Breitenbach.
385 Doerflinger, Adolphe-Chrétien, 10 sept. 1884, Sparsbach.
386 Dollinger, Émile-Albert, 7 sept. 1883, Henridorff.
387 Dufour, Édouard, 23 févr. 1890, Strasbourg.
388 Douvier, Alphonse-Louis, 19 sept. 1882, Schirmeck.
389 Douvier, Émile, 16 juill. 1891, Barenbach.
390 Dreyfuss, Albert, 2 déc. 1894, Osthofen.
391 Duerr, Jules-Ferdinand, 19 févr. 1876, Molsheim.
392 Edel, Aloyse, 9 août 1881, Bersch.
393 Edel, Philippe, 11 avril 1883, Bersch.
394 Edel, Albert, 12 mars 1894, Soulzbach.
395 Erhard, Eugène, 31 mai 1895, Engersheim.
396 Ehrhart, Joseph-Albert, 16 sept. 1893, Strasbourg.
397 Eichel, Ernest-Joseph, 22 févr. 1887, Dinsheim.
398 Eichel, Émile, 20 sept. 1891, Dinsheim.
399 Eifa, Édouard, 17 oct. 1882, Barr.
400 Enclos, Pierre-Émile, 28 mai 1877, Champenay (Plaine).
401 Engel, Eugène, 13 nov. 1892, Balbronn.
402 Eschbach, Robert, 29 mars 1893, Avolsheim.
403 Eschlimann, Victor, 5 déc. 1885, Flexbourg.

404 Farnert, Louis, 8 juin 1893, Natzwiller.
405 Faudt, Jean-Théodore, 9 avril 1884, Ribeauvillé.
406 Feldtrauer, Eugène-François, 2 déc. 1884, Barenbach.
407 Feudrich, Alphonse, 12 sept. 1883, Mutzig.
408 Fischer, Ernest-Victor-Philippe, 15 juill. 1895, Mutzig.
409 Fischer, Joseph, 3 janv. 1876, Lutzelhouse.
410 Fix, Nicolas, 29 août 1876, Grendelbruch.
411 Fleckstein, Victor, 3 août 1893, Molsheim.
412 Flesch, Joseph, 8 janv. 1883, Heiligenberg.
413 Flueck, Michel, 27 sept. 1887, Grendelbruch.
414 Forner, Joseph, 6 nov. 1878, Niederhaslach.
415 Francher, Jules, 26 janv. 1889, Strasbourg.
416 Frautmann, Aloyse, 1er oct. 1895, Strasbourg.
417 Frantz, Joseph-Eugène, 9 juin 1890, Illkirch-Grafenstaden.
418 Freund, Joseph-Alfred, 1er janv. 1886, Strasbourg.
419 Frey, Aloyse, 15 oct. 1882, Obernai.
420 Frey, Ernest, 27 sept. 1880, Scherwiller.
421 Frey, Chrétien, 22 nov. 1881, Schiltigheim.
422 Friedrichs, Guillaume, 6 janv. 1888, Dalhain.
423 Fritz, Émile, 14 janv. 1872, Durskeim.
424 Fromweiller, André, 29 août 1889, Soultz-les-Bains.
425 Gabriel, Jules-Alfred, 16 févr. 1884, Charmes (France).
426 Gall, Louis-Julien, 30 oct. 1879, Bischofsheim.
427 Garnier, Célestin, 28 oct. 1882, Vorbruck.
428 Garnier, Joseph, 4 août 1885, Vorbruck.
429 Garré, Xavier, 5 nov. 1884, Dinsheim.
430 Gasner, Alfred, 21 mars 1894, Rothau.
431 Gemehl, Georges, 15 juin 1878, Klingenthal.
432 Gerstner, Edmond, 8 oct. 1885, Epfig.
433 Georges, Joseph-Émile, 13 juill. 1893, Roggensbach.
434 Geringer, Alfred-Édouard, 20 sept. 1885, Saverne.
435 Germann, Louis, 20 janv. 1889, Saint-Dié (France).
436 Gerth, Aloyse, 5 juin 1888, Stundwiller.
437 Gsell, Pierre, 21 juill. 1892, Mutzig.
438 Geismann, Naphtalie-Paul, 26 sept. 1897, Westhofen.
439 Girr, Georges, 30 oct. 1882, Flexbourg.
440 Girr, Albert, 14 janv. 1890, Flexbourg.
441 Giss, Émile, 1er mai 1886, Wolxheim.
442 Glasser, Georges-Louis, 25 oct. 1880, Bergheim.
443 Glock, Théodore, 3 oct. 1889, Marlenheim.
444 Graff, Charles, 11 oct. 1883, Monswiller.
445 Grandadam, Aimé-Prosper, 12 sept. 1893, Wisches.
446 Grandadam, Jos., 7 janv. 1888, Wisches.
447 Griesser, Alphonse, 30 janv. 1894, Rosenwiller.

448 Gross, Louis, 16 août 1890, Gingsheim.
449 Grosthor, Joseph, 30 août 1878, Wantzenau.
450 Gruber, Joseph, 20 févr. 1893, Rosheim.
451 Guldenmann, Georges-Henri, 18 mai 1879, Colmar.
452 Haerter, Alph., 8 févr. 1895, Soulzbach.
453 Halter, Florentin-Raymond, 18 juin 1889, Wisches.
454 Heim, Aloyse, 2 mai 1876, Kuttolsheim.
455 Heimbourger, Eugène, 6 août 1890, Wasselonne.
456 Heissat, Victor, 2 sept. 1890, Roggensbach.
457 Heiz, Louis, 29 janv. 1882, Molsheim.
458 Herr, Louis, 21 déc. 1886, Molsheim.
459 Herter, Léon-Jos., 22 avril 1887, Sainte-Marie-aux-Mines.
460 Hertzog, Pierre-Paul, 15 déc. 1884, Hattstatt.
461 Herzog, Xavier-Charles, 7 août 1890, Porrentruy.
462 Herzog, Charles-Ernest, 27 oct. 1895, Porrentruy.
463 Hettig, Georges, 24 juill. 1890, Molsheim.
464 Hetzel, Louis-Frédéric, 17 mars 1895, Romanswiller.
465 Heussner, Georges, 21 janv. 1887, Monswiller.
466 Heydler, Paul, 22 juin 1894, Rosheim.
467 Hilpipre, Maurice-Georges, 8 janv. 1895, Neuwiller.
468 Hilpipre, Georges, 22 avril 1893, Neuwiller.
469 Himber, Jules, 29 juin 1895, Grendelbruch.
470 Hiss, Hubert, 10 sept. 1889, Strasbourg.
471 Hoeflich, Franç.-Eugène, 8 oct. 1878, Strasbourg.
472 Hoffmann, Médard-Louis, 4 juin 1890, Bischofsheim.
473 Hoffmann, Alfred, 26 févr. 1878, Vorbruck.
474 Hoffmann, Frédéric-Georges, 18 mai 1887, Biesheim.
475 Hopfner, Eug., 24 mai 1895, Rosenwiller.
476 Horrenberger, Auguste, 14 août 1891, Colmar.
477 Host, Alph., 28 août 1886, Wolschheim.
478 Housson, Jean-Bapt., 30 sept. 1885, Colmar.
479 Huber, Louis-Charles, 21 févr. 1882, Strasbourg.
480 Huber, Charles, 6 nov. 1886, Trænheim.
481 Huberschwiller, Étienne, 25 déc. 1869, Molsheim.
482 Hueffling, J.-Bapt., 7 juin 1879, Boersch.
483 Huss, Edmond-Jean, 28 sept. 1888, Alteckendorf.
484 Jaisel, Émile-Georges, 20 juill. 1890, Strasbourg.
485 Jauel, Eugène, 18 nov. 1894, Gresswiller.
486 Jost, Edouard-Théobald, 1er déc. 1895, Dorlisheim.
487 Jost, Eugène-Charles, 27 nov. 1884, Flexbourg.
488 Jost, Martin-Albert, 13 nov. 1888, Bischoffsheim.
489 Jost, Léon, 10 mai 1889, Bischoffsheim.
490 Jost, Charles, 3 mars 1890, Munster.
491 Jost, Franç.-Aug., 27 janv. 1883, Boersch.
492 Judlin, Émile, 23 mars 1895, Colmar.
493 Jundt, Antoine, 30 juin 1891, Colmar.
494 Jung, Henri, 23 janv. 1892, Colmar.
495 Jung, Paul, 18 août 1887, Colmar.
496 Jung, Joseph, 21 sept. 1888, Soultz-les-Bains.
497 Jungbluth, Alfred-Joseph, 14 mars 1878, Wolxheim.
498 Kaiser, Joseph, 7 sept. 1879, Soultz-les-Bains.
499 Kaiser, Alph., 9 janv. 1883, Kirchheim.
500 Kartner, Charles, 2 mars 1886, Mittelbronn.
501 Kastler, Paul-Ernest, 16 déc. 1883, Belmont.
502 Kellerer, Georges, 9 sept. 1889, Schlestadt.
503 Kessler, Henri, 26 août 1878, Marlenheim.
504 Kestel, Alfred, 27 déc. 1890, Saint-Hyppolite.
505 Kiehl, Georges, 23 déc. 1885, Mulhouse (Saverne).
506 Kirchmann, Charles-Louis, 4 oct. 1888, Illkirch-Grafenstaden.
507 Kittel, Joseph-Michel, 4 sept. 1890, Strasbourg.
508 Klein, Émile, 2 déc. 1894, Wintzenheim.
509 Klein, Eugène, 15 avril 1891, Wintzenheim.
510 Klein, Émile, 30 sept. 1891, Kosswiller.
511 Klein, Étienne, 5 janv. 1885, Rosheim.
512 Klein, Joseph-Auguste, 22 nov. 1887, Rosheim.
513 Klein, Charles, 22 mars 1890, Rosheim.
514 Klein, Franç.-Jos., 21 mai 1892, Strasbourg.
515 Klein I, Georges, 11 déc. 1888, Bischheim.
516 Klock, Louis, 13 févr. 1890, Knœrsheim.
517 Klotz, Alphonse, 5 nov. 1883, Mutzig.
518 Knoll, Alfred, 30 mars 1891, Strasbourg.
519 Kœnig, Jean, 26 févr. 1885, Sainte-Marie-aux-Mines.
520 Kœniguer, Paul-Ernest, 10 avril 1879, Rothau.
521 Kommer, Jean-Edmond, 28 juill. 1887, Schœnenbourg.
522 Kuehler, François-Joseph, 19 janv. 1881, Bœrsch.
523 Kuntz, Charles, 20 avril 1894, Marlenheim.
524 Kuntzmann, Louis, 15 avril 1888, Turckheim.
525 Laemlé, Théol.-Ernest, 22 déc. 1890, Strasbourg.
526 Laemlé, Émile-Jules, 2 oct. 1878, Strasbourg.
527 Lamey, Frédérich, 28 févr. 1892, Günsbach.
528 Laurent, François-Moyse, 31 mars 1887, Ribeauvillé.
529 Leboule, Georges, 10 janv. 1891, Sultzeren.
530 Leboule, Paul-Jean-Baptiste, 10 août 1888, Sultzeren.
531 Leiler, Salomon, 8 août 1879, Rosheim.
532 Ledoux, Paul-Eugène, 18 nov. 1884, Illkirch-Grafenstaden.
533 Leclere, Eugène, 15 janv. 1889, Strasbourg.

DÉCHUS DE LEUR NATIONALITÉ ALLEMANDE 173

534 Lehmann, Charles-Bernard, 9 nov. 1882, Bischoffsheim.
535 Lehn, Louis, 8 sept. 1895, Lutzelhouse.
536 Lentz, Charles-Edmond, 11 janv. 1884, Griesheim.
537 Lessinger, Auguste-Victor, 15 sept. 1883, Mulzig.
538 Ley, Joseph, 22 mars 1873, Niederhaslach.
539 Lévy, Salomon, 3 nov. 1888, Rosheim.
540 Lévy, Adrian, 12 juill. 1895, Ottrott.
541 Lévy, Veit-Félix, 11 mars 1892, Weterswiller.
542 Lévy, Max, 8 déc. 1882, Schirmeck.
543 Lichtlé, Jean-Ferdinand, 19 avril 1883, Zellenberg.
544 Lindenlaub, Auguste, 22 févr. 1893, Gresswiller.
545 Liehn, Alphonse, 9 oct. 1889, Marmoutier.
546 Lings, François-Alphonse, 19 déc. 1879, Rosheim.
547 Litzler, Alexandre, 5 oct. 1894, Wisches.
548 Lohner, Laurent, 14 avril 1882, Colmar.
549 Louterbach, Robert, 31 août 1878, Sainte-Marie-aux-Mines.
550 Ludwig, Jean, 19 mai 1888, Gottesheim.
551 Lutz, Conrad-Ferdinand, 7 mai 1882, Sainte-Marie-aux-Mines.
552 Maechler, Victor-Joseph, 24 déc. 1893, Westhofen.
553 Malaise, Charles, 23 sept. 1880, Sainte-Marie-aux-Mines.
554 Marchal, Joseph-Victor, 20 déc. 1891, Heisbach.
555 Marchal, Charles-Frédéric, 25 avril 1897, Neuwiller.
556 Manquin, Charles-Eugène, 10 sept. 1889, Molsheim.
557 Marx, Henri, 2 sept. 1876, Riesheim.
558 Masson, Jean-Baptiste, 16 févr. 1888, Barenbach.
559 Mathieu, Antoine, 12 juill. 1889, Lutzelhouse.
560 Meyer, Paul, 8 janv. 1883, Wasselonne.
561 Meyer, Eugène, 20 juin 1897, Ernolsheim.
562 Meyer, Charles, 11 mars 1879, Niederroedern.
563 Meyer, Victor, 13 sept. 1867, Katzenthal.
564 Meyer, Ernest-Georges, 23 janv. 1883, Altkirch.
565 Meyer, Joseph, 28 mars 1887, Mutzenhouse.
566 Meyer, René, 3 juin 1889, Romanswiller.
567 Meyer, Jérôme, 30 juin 1886, Rosenwiller.
568 Meyer, Valentin, 1er mars 1884, Rosenwiller.
569 Meyer II, Charles-Joseph, 9 déc. 1880, Colmar.
570 Meyer I, Charles, 19 déc. 1885, Wihr-au-Val.
571 Minni, François-Victor, 13 mars 1877, Saverne.
572 Morel, Henri-Aug., 30 mars 1890, Schirrenbourg.
573 Mossler, Frédéric, 9 sept. 1888, Kirrwiller.
574 Mougel, Jules-Julien, 17 oct. 1891, Bourg-Bruche.

575 Muehl, Albert, 14 sept. 1893, Strasbourg.
576 Mueller, Eugène, 2 avril 1883, Rosheim.
577 Mueller, Joseph, 19 avril 1897, Rosheim.
578 Mueller, Gustave-Fréd. 9 sept. 1884, Sainte-Marie-aux-Mines.
579 Munch, Ernest, 13 déc. 1886, Strasbourg.
580 Muenzer, Joseph-Hippolyte, 2 août 1895, Flexbourg.
581 Muesser, Joseph, 9 mai 1882, Dachstein.
582 Muesser, Charles-Joseph, 24 oct. 1879, Altdorf.
583 Munier, Charles-Jean-Bapt., 24 juin 1893, Champenay.
584 Munier, Pierre-Franç., 14 mai 1895, Champenay.
585 Muré, Eugène, 27 nov. 1884, Westhalten.
586 Musser, Franç.-Xavier, 24 nov. 1886, Dachstein.
587 Mulls, Frédéric, 12 déc. 1894, Strasbourg.
588 Netter, Samuel, 12 nov. 1882, Rosheim.
589 Neuvillers, Maurice, 3 oct. 1893, Rothau.
590 Neuvillers, Edmond, 6 juill. 1881, Rothau.
591 Noël, Henri, 27 sept. 1895, Bourg-Bruche.
592 Noël, Jean-Bapt., 20 mai 1887, Turckheim.
593 Nordhammer, Charles, 16 mai 1896, Mutzig.
594 Noss, Albert-Joseph, 28 janv. 1895, Altorf.
595 Otter, Jacques, 26 mai 1877, Andolsheim.
596 Oulmann, Jean-Bapt., 3 oct. 1871, Lutzelhouse.
597 Paulen, Jean, 13 févr. 1889, Schwindratzheim.
598 Petitdidier, Joseph-Aug., 29 mars 1888, Mittelbronn.
599 Pfalzgraf, Louis, 25 févr. 1882, Lichtenberg.
600 Pfeiffer, Pierre-Émile, 31 oct. 1895, Strasbourg.
601 Preis, Alfred, 10 févr. 1882, Riquewihr.
602 Ramade, Eugène, 30 mars 1877, Rothau.
603 Rapp, Léon, 15 févr. 1892, Flexbourg.
604 Rangel, Antoine, 10 juin 1896, Dachstein.
605 Rauner, Henri, 30 août 1881, Hagen.
606 Reeb, Michel, 22 janv. 1887, Schillersdorf.
607 Rebmann, Antoine-Aloyse, 25 nov. 1886, Colmar.
608 Rebmann, Charles-Joseph, 6 mars 1892, Marmoutier.
609 Reinbuchler, Constant, 15 août 1895, Gresswiller.
610 Reinlé, Charles, 24 avril 1882, Bourgfelden.
611 Remi, Charles, 21 mars 1897, Grendelbruch.
612 Renger, Émile, 9 août 1891, Wasselonne.
613 Reynette, Henri, 12 mai 1883, Liepvre.
614 Reyser, Charles-Michel, 17 févr. 1887, Still.
615 Reiss, Joseph, 9 sept. 1894, Ottrott.
616 Reiss, Henri, 21 juill. 1885, Nordheim.
617 Reiss, Émile, 17 nov. 1888, Ottrott.
618 Rhein, Louis, 17 déc. 1880, Ribeauvillé.
619 Rhian, Joseph, 10 févr. 1891, Griesheim.
620 Rieffel, Jean-Philippe, 23 oct. 1878, Obernai.

621 Riegler, Joseph, 16 déc. 1890, Niedernai.
622 Rinn, Franç.-Jos., 3 avril 1876, Strasbourg.
623 Riss, Jean, 2 févr. 1894, Vogelsheim.
624 Riss, Charles-Ignace, 3 nov. 1887, Rosheim.
625 Ritter, Joseph-François, 14 sept. 1888, Rosheim.
626 Rœsch, Théophile, 24 juill. 1891, Wihr-au-Val.
627 Rohmer, Eugène, 21 déc. 1881, Colmar.
628 Rohrer, Franç.-Xavier, 24 juill. 1879, Bliensbach.
629 Rosenfelder, Georges-Philippe, 12 janv. 1889, Pfaffenhofen.
630 Roth, Jean, 10 nov. 1884, Hœrdt.
631 Samuel, Sylvain, 16 mai 1883, Weiterswiller.
632 Siffert, Georges-Victor, 15 janv. 1890, Rosheim.
633 Sigrist, Eugène, 10 nov. 1884, Saint-Nabor.
634 Sigrist, Eugène, 4 avril 1889, Waldolwisheim.
635 Simon, Henri, 14 mars 1878, Wasselonne.
636 Simon, Guillaume-Fréd., 6 juill. 1897, Wasselonne.
637 Simon, Louis-Prosper, 28 mai 1896, Russ.
638 Simonin, Louis-Paul, 28 déc. 1897, Saales.
639 Sitter, Georges, 13 avril 1887, Dachstein.
640 Sitter, Georges-Alphonse, 15 août 1892, Ernolsheim.
641 Sohler, Henri-Jean-Bapt., 4 mars 1883, L'Allemand-Rombach.
642 Sommer, Victor, 5 janv. 1890, Rothau.
643 Supper, Louis, 25 janv. 1875, Flexbourg.
644 Schœffer, Charles, 17 déc. 1887, Schlestadt.
645 Schauly, Jean, 12 juin 1886, Vendenheim.
646 Schatz, Franç.-Ant., 12 juin 1885, Wolschheim.
647 Scheidecker, Jean, 19 août 1881, Solbach.
648 Schell, Alphonse-Aloyse, 28 juill. 1883, Gresswiller.
649 Scherer, Jacques, 25 juill. 1879, Rosheim.
650 Schilly, René, 1er sept. 1893, Wisches.
651 Schlecht, Joseph, 7 déc. 1876, Grendelbruch.
652 Schmitt, Michel, 21 déc. 1888, Westhofen.
653 Schmitt, Philippe-Jacques, 20 juill. 1895, Marlenheim.
654 Schmitt, Paul, 13 avril 1895, Schirmeck.
655 Schmitt, Joseph, 7 mars 1887, Wangen.
656 Schmitter, Henri, 28 janv. 1883, Illkirch-Grafenstaden.
657 Schneiderbanger, Guillaume, 18 mars 1893, Strasbourg.
658 Schneiderlin, Victor, 26 févr. 1881, Strasbourg.
659 Schnell, Émile, 17 mars 1879, Bouxwiller.
660 Schnell, Joseph-Alfred, 8 mai 1889, Mutzig.
661 Schoch, Louis, 21 mai 1882, Strasbourg-Kronenbourg.
662 Schoch, Charles, 2 juin 1888, Achenheim.
663 Schultheiss, Marie-Jos.-Albert, 29 oct. 1894, Rosenwiller.
664 Schwaller, Jean-Joseph, 9 févr. 1888, Engenthal.
665 Schwartz, Victor, 3 sept. 1873, Sainte-Marie-aux-Mines.
666 Schweitzer, Edmond, 5 sept. 1882, Oberhaslach.
667 Speitel, Xavier, 31 août 1896, Wasselonne.
668 Spengler, Joseph, 7 mars 1881, Engenthal.
669 Spielmann, Alfred, 23 sept. 1875, Bergheim.
670 Spiesser, Blaise-Alphonse, 1er août 1895, Dahlenheim.
671 Stark, Charles, 1er janv. 1880, Wolxheim.
672 Stauffer, Alfred, 16 avril 1895, Rothau.
673 Steib, Jean-Albert, 18 juin 1882, Beblenheim.
674 Steyer, Louis, 18 août 1879, Rosenwiller.
675 Stenzel, Jules, 30 juill. 1881, Wasselonne.
676 Stiegelmann, Camille, 24 mai 1893, Strasbourg.
677 Stocker, Georges, 22 févr. 1888, Barr.
678 Stoeffler, Auguste, 7 janv. 1886, Bœrsch.
679 Stoeffler, Joseph, 19 août 1872, Bœrsch.
680 Stoeffler, Joseph, 4 mars 1880, Bœrsch.
681 Stoffel, Marie-Joseph-Victor, 29 août 1888, Kaysersberg.
682 Strausseisen, Émile, 26 oct. 1884, Liepvre.
683 Strub, Xavier, 7 déc. 1883, Rosheim.
684 Stumpf, Franç.-Charles, 31 mai 1885, Barr.
685 Troesch, Eugène, 10 déc. 1887, Schweinheim.
686 Troestler, Joseph-Mathieu, 21 févr. 1891, Rosheim.
687 Trotzler, Émile, 22 févr. 1897, Natzwiller.
688 Uhlerich, Antoine-Léon, 11 avril 1879, Ergersheim.
689 Ulmer, Édouard, 14 oct. 1889, Rosheim.
690 Véscheidre, Charles, 27 oct. 1879, Barenbach.
691 Velten, Charles-Paul, 28 sept. 1887, Wangen.
692 Vest, Victor, 5 déc. 1885, Strasbourg.
693 Vogel, Alfred, 4 oct. 1871, Scherwiller.
694 Wagentrutz, Joseph, 13 déc. 1889, Meistratzheim.
695 Wallach, René, 28 mai 1883, Mulhouse.
696 Walter, Henri, 14 janv. 1896, Barenbach.
697 Wehrlé, Charles, 30 avril 1879, Colmar.
698 Wehrly, Jacques-Albert, 16 avril 1894, Natzwiller.
699 Weill, Léon, 15 sept. 1889, Wasselonne.
700 Weissbeck, Dionyse, 2 avril 1885, Engenthal.
701 Weisskopf, Théophile, 18 sept. 1876, Griesheim.
702 Wendenbaum, Fréd.-Guill., 6 mars 1896, Strasbourg.
703 Wenger, Edmond, 6 févr. 1893, Strasbourg.
704 Werbillig, Albert, 17 nov. 1878, Dangolsheim.
705 Werth, Maurice, 16 mai 1894, Soultz-les-Bains.
706 Willié, Louis, 12 août 1890, Niederhaslach.
707 Wiss, Ignace, 16 févr. 1879, Colmar.
708 Woelfel, Victor, 18 févr. 1883, Klingenthal.

709 Wolf, Joseph, 1ᵉʳ avril 1879, Still.
710 Wolff, Ferdinand, 25 avril 1894, Vorbruck.
711 Wolff, Fernand, 25 avril 1894, Vorbruck.
712 Wolff, Charles, 7 mars 1873, Strasbourg-Robertsau.
713 Wolff, Jules, 2 juill. 1880, Vorbruck.
714 Wohlfrom, Alphonse-Charles, 4 oct. 1887, Kirchheim.
715 Wormser, Marcel, 18 sept. 1875, Wintzenheim.
716 Wurm, Eugène, 10 juill. 1889, Eckbolsheim.
717 Wurtz, Frédéric-Charles, 26 mars 1836, Illkirch-Grafenstaden.
718 Zang, Albert, 27 janv. 1884, Colmar.
719 Zielinger, Louis, 21 déc. 1894, Petersbach.
720 Zind, Joseph, 1ᵉʳ juin 1884, Wasselonne.
721 Zwickel, Émile, 19 juill. 1890, Kosswiller.
722 Zwickel, Chrétien, 9 févr. 1887, Kosswiller.

Liste n° 3.
19 mai 1916.

723 Ackermann, Franç.-Ad., 4 oct. 1880, Colmar.
724 Ackermann, Franç.-Xav., 26 juin 1885, Colmar.
725 Allonas, Jean-Bapt.-Victor, 15 juin 1885, Markolsheim.
726 Amann, Joseph, 24 juill. 1876, Steinbourg.
727 Ancel, Eugène, 24 avril 1878, Orbey.
728 Ancel, Paul, 30 janv. 1899, Sainte-Marie-aux-Mines.
729 Andlauer, Joseph, 20 févr. 1874, Rosheim.
730 Angelmann, Valentin, 22 nov. 1881, Mollau.
731 Antoni, Franç.-Jos., 8 mars 1891, Wolschheim.
732 Arnd, Fréd.-Ch., 2 sept. 1882, Illkirch-Grafenstaden.
733 Aschbacher, Ch., 25 avril 1888, Sundhouse.
734 Bachmann, Henri, 9 août 1890, Obermodern.
735 Bachrel, Alexandre, 7 nov. 1877, Schlestadt.
736 Baegert, Jos.-Ferdin., 30 mars 1886, Bernhardswiller.
737 Baer, Aug.-Georges, 14 sept. 1892, Strasbourg.
738 Bailly, Ernest, 27 avril 1883, Molsheim.
739 Balthazard, Léon, 25 avril 1889, Munster.
740 Baltzer, Jean, 14 déc. 1882, Imbsheim.
741 Banze, Édouard, 16 août 1892, Colmar.
742 Bauer, Georges-Eugène, 25 oct. 1897, Molsheim.
743 Bauer, Marc, 11 juill. 1878, Paris.
744 Baumert, Ant.-Aug., 27 oct. 1888, Colmar.
745 Baumert, Caspar-Ch., 25 juill. 1887, Mulhouse.
746 Baumgart-Hermann, 16 janv. 1880, La Walck.
747 Bauer, Jean-Georges, 18 déc. 1883, Schlestadt.
748 Becker, Auguste, 26 mars 1882, Colmar.
749 Bée, Henri, 28 mai 1885, Sainte-Marie-aux-Mines.
750 Beller, Joseph, 24 juin 1877, Barr.
751 Beltour, Auguste, 17 déc. 1886, Molsheim.
752 Beltour, Georges, 26 avril 1891, Molsheim.
753 Bentzinger, Franç.-Xav., 6 juill. 1878, Bergbieten.
754 Berger, René-Ernest, 30 oct. 1889, Molsheim.
755 Berring, Charles, 25 févr. 1890, Still.
756 Berring, Sigismond, 1ᵉʳ juin 1890, Heiligenberg.
757 Bertrand, Xav.-Alph., 14 mai 1893, Fouchy.
758 Bertsch, Auguste, 13 juin 1876, Scherwiller.
759 Betsch, Ernest, 28 octobre 1892, Wisches.
760 Beyler, Alfred, 27 déc. 1890, Heiligenstein.
761 Bickert, Benoît, 28 sept. 1886, Herlisheim.
762 Biehler, Joseph, 11 juin 1879, Schlestadt.
763 Biehler, Richard-Louis-Lucien, 30 nov. 1891, Sainte-Marie-aux-Mines.
764 Biero, Joseph, 17 mars 1882, Andlau.
765 Bisch, Joseph, 16 mars 1882, Ottrott.
766 Bisch, Ch.-Paul-Marie, 2 juill. 1883, Schlestadt.
767 Bissmann, Gust.-Adolphe-Émile, 23 sept. 1889, Illkirch-Grafenstaden.
768 Blaise, Élie-Jos., 30 déc. 1886, Roggensbach.
769 Bleu, Léon-Albert, 19 avril 1883, Kaysersberg.
770 Blind, Louis-Étienne, 20 juill. 1883, Rothau.
771 Blum, Antoine-Alph., 2 févr. 1890, Marlenheim.
772 Blum, Albert, 9 oct. 1883, Dorlisheim.
773 Blumberger, Mathieu, 18 oct. 1876, Kintzheim.
774 Bloch, Samuel, 11 oct. 1885, Düttlenheim.
775 Bœhm, Michel-Ignace, 12 juill. 1883, Steinbourg.
776 Bœss, Joseph, 22 août 1876, Lach.
777 Boff, Pierre-Paul, 29 juin 1891, Rosheim.
778 Bogé, Ernest, 26 oct. 1878, Scherwiller.
779 Bohn, Joseph, 29 mars 1879, Soultz-les-Bains.
780 Bohrer, Théod.-Ernest, 9 nov. 1896, Herlisheim.
781 Bolle, Joseph, 29 janv. 1887, Wisches.
782 Bouvier, Édouard, 10 avril 1879, Sainte-Marie-aux-Mines.
783 Brohm, Hermann-Eug., 22 oct. 1886, Reichsfeld.
784 Bruckert, Émile, 18 mai 1878, Strasbourg.

785 Bruckert, Jos.-Ernest, 4 avril 1883, Vöklinshofen.
786 Brunstein, Pierre-Paul, 3 juill. 1888, Schlestadt.
787 Broxer, Jean, 22 sept. 1879, Kintzheim.
788 Bürger, Jos.-Victor, 12 sept. 1876, Breitenbach.
789 Busser, Charles, 7 sept. 1884, Pfaffenhofen.
790 Butterlin, Frédéric-Guill.-Arthur, 1er mai 1891, Colmar.
791 Cadé, Charl., 29 nov. 1894, Sainte-Croix-en-Plaine.
792 Cerf, Albert, 6 nov. 1886, Krautergersheim.
793 Charton, Ernest-Valent., 14 févr. 1889, Wisches.
794 Chotel, Jean-Bapt., 22 oct. 1877, Sainte-Croix-aux-Mines.
795 Christ, Émile-Georges, 20 août 1882, Strasbourg-Kœnigshofen.
796 Cladi, Valentin, 12 févr. 1886, Mühlbach.
797 Clauss, Jacques, 22 juillet 1888, Marlenheim.
798 Clauss, Jos.-Victor-Ch., 16 mars 1889, Marlenheim.
799 Claussner, Émile, 7 mai 1890, Rosheim.
800 Comte, Edgard-Roderich, 15 mai 1878, Colmar.
801 Courtot, Camille-Joseph, 15 mai 1885, Illkirch-Grafenstaden.
802 Dambach, Joseph, 1er nov. 1887, Rossfeld.
803 Datt, Auguste, 22 juill. 1880, Scharrachbergheim.
804 Decker, Aloïse-Aug., 30 janv. 1879, Neuwiller.
805 Deiber, Jean-Bapt., 23 févr. 1883, Liepvre.
806 Delacke, Sébastien, 16 mai 1883, Orbey.
807 Denis, Édouard, 26 nov. 1877, Lutzelbouse.
808 Denilauler, Aloïse, 28 juin 1886, Breitenbach.
809 Dentel, Alphonse, 20 avril 1883, Steinbourg.
810 Deschamps, Jean-Bapt., 21 mars 1888, l'Allemand-Rombach.
811 Deuscher, Edmond, 17 mai 1883, Mutzig.
812 Dichtenmüller, Fritz, 5 mai 1887, Kirwiller.
813 Didio, J.-Bapt.-Xavier, 26 janv. 1870, Bien (Molsheim).
814 Dietrich, Charles, 11 juin 1880, Colmar.
815 Dillenseger, Franç.-Xav., 19 nov. 1889, Scherwiller.
816 Dillenseger, Jean-Louis, 26 août 1876, Steige.
817 Dillenseger, Joseph-Cyrille, 2 sept. 1891, Breitenbach.
818 Dillmann, Joseph, 9 déc. 1889, Ebersmunster.
819 Diss, Jean, 25 sept. 1869, Mutzig.
820 Dontenville, Léon-Charles-Alph., 14 juill. 1884, Schlestadt.

821 Dontenville, Marie-Louis-Joseph, 6 sept. 1881, Schlestadt.
822 Dontenville, Pierre-Paul, 8 nov. 1893, Schlestadt.
823 Dotter, Ernest, 1er oct. 1891, Hipsheim.
824 Dreyer, Achil.-Franç.-Jos., 30 mars 1880, Urbach.
825 Dreyer, Charles, 30 oct. 1873, Westheim.
826 Dreyfus, Marcel-Mark, 27 mai 1894, Kolbsheim.
827 Dürr, Eugène, 11 juill. 1881, Soultzmatt.
828 Durban, Florent-Jos., 7 nov. 1883, Metzenbach.
829 Dusch, Charles, 9 mai 1880, Molsheim.
830 Duwique, Auguste, 6 mai 1882, Dambach.
831 Ebel, Paul-Alfred, 16 janv. 1890, Rosheim.
832 Eberhardt, Émile, 17 mars 1878, Bruebach.
833 Eberlé, Ch.-Fréd.-Guill., 24 août 1887, Strasbourg.
834 Eberhardt, Eugène, 25 oct. 1889, Mutzig.
835 Ehrhardt, Franç.-Xav., 27 nov. 1888, Scherwiller.
836 Ehrhardt, Charles, 15 déc. 1886, Marmoutier.
837 Ehrmann, Adolphe, 27 janv. 1884, Avolsheim.
838 Eilfa, Frédéric, 3 oct. 1885, Barr.
839 Eiselé, Auguste, 19 mars 1879, Schiltigheim.
840 Eppiger, Jos.-Ch., 30 oct. 1886, Rosheim.
841 Erb, Daniel-Auguste, 31 juill. 1886, Illkirch-Grafenstaden.
842 Ernwein, Jacques, 24 sept. 1890, Romanswiller.
843 Erny, Ch.-Telesphor, 12 oct. 1876, Linthal.
844 Ertz, Ch.-Édouard, 6 mars 1883, Strasbourg.
845 Eschbach, Auguste, 30 juill. 1884, Ottrott.
846 Eschenlauer, Georges, 11 oct. 1882, Hochfelden.
847 Eschenlauer, Victor, 24 sept. 1889, Hochfelden.
848 Farnert, Paul, 21 sept. 1885, Natzwiller.
849 Fedry, Joseph, 3 juill. 1890, Russ.
850 Fender, Martin, 21 févr. 1889, Erstein.
851 Ferry, Ernest, 4 mars 1883, La Broque.
852 Fischer, Henri-Joseph, 16 juill. 1872, Lutzelhouse.
853 Fischer, Théophile, 15 nov. 1876, Sainte-Marie-aux-Mines.
854 Fitte, Jean-Louis, 1er juin 1883, Wackenbach.
855 Flecher, Franç.-Ant., 15 nov. 1877, Ohnenheim.
856 Florenz, Jules, 31 mars 1887, Sainte-Marie-aux-Mines.
857 Forti, Léon-Jos., 23 févr. 1889, La Broque.
858 Fresse, Séraphin-Henri, 7 juill. 1878, Lapoutroie.

859 Fricker, Charles-Louis, 13 mars 1891, Brumath.
860 Friedrich, Émile, 15 oct. 1882, Zellwiller.
861 Friedrich, Joseph, 12 juin 1884, Zellwiller.
862 Fritsch, Georges, 14 mai 1874, Saverne.
863 Fritsch, Joseph, 22 mars 1891, Wilbolsheim.
864 Fritzinger, Henri, 11 sept. 1889, Obersoultzbach.
865 Füger, Joseph, 19 nov. 1875, Obernai.
866 Gall, Eugène, 19 mars 1891, Colmar.
867 Galler, Eugène, 26 nov. 1881, Eckbolsheim.
868 Gangloff, Georg.-Jean, 24 déc. 1893, Pfaffenhofen.
869 Geismar, Salomon, 15 sept. 1877, Grussenheim.
870 Gerber, Albert, 19 avril 1882, Munster.
871 Gerhard, Edouard-Ch., 23 juill. 1885, Illkirch-Grafenstaden.
872 Gillmann, Ignace-H., 15 juill. 1890, Monswiller.
873 Gintz, Ant.-Alph., 14 juin 1885, Benfeld.
874 Girard, Paul, 29 juin 1890, Lach.
875 Girardin, Joseph, 20 mars 1883, La Baroche.
876 Goetz, Émile, 6 sept. 1876, Kœnigshofen.
877 Grandjeorge, Ch.-Alf., 24 févr. 1883, Neuwiller.
878 Graff, Frédéric, 13 déc. 1875, Monswiller.
879 Griessinger, Jos.-Cam., 22 déc. 1889, Equisheim.
880 Gringer, Séraphin, 20 sept. 1880, Hettenschlag.
881 Grohens, Eugène, 16 août 1887, Hohwald.
882 Grosdidier, Joseph, 21 août 1890, Steige.
883 Gross, Godefroy, 18 avril 1882, Mollkirch.
884 Grüner, Eugène, 28 juin 1886, Steinbourg.
885 Grutzner, Oswald-Hermann, 31 oct. 1883, Schiltigheim.
886 Günther I, Jules, 11 févr. 1878, Sainte-Marie-aux-Mines.
887 Guggenbühl, Aug.-Henri, 31 janv. 1891, Illkirch-Grafenstaden.
888 Haessig, Jean, 16 juill. 1877, Kirwiller.
889 Haettiger, Frédéric, 31 mars 1882, Barr.
890 Halwick, Antoine-Henri, 17 janv. 1877, La Bosque.
891 Haman, Charles, 8 sept. 1883, Dettwiller.
892 Hammel, Arthur, 5 juin 1878, Mulhouse.
893 Hans, Georges, 27 mai 1883, Puberg.
894 Hartmann, Jean, 24 juin 1882, Munster.
895 Hartweg, Auguste, 20 sept. 1888, Müttersholz.
896 Hattiger, Auguste, 31 août 1886, Barr.
897 Hausser, Charles, 12 oct. 1877, Steinbourg.
898 Hauswald, Joseph, 6 juill. 1872, Wolxheim.
899 Haxaire, Jean-Bapt., 27 mai 1878, Bonhomme.

900 Heckler, Frédéric, 7 déc. 1887, Obenheim.
901 Hecht, Albert, 22 janv. 1884, Epfig.
902 Heckler, Joseph, 16 sept. 1881, Saverne.
903 Heitz, Charles-Edmond, 30 janv. 1888, Illkirch-Grafenstaden.
904 Heitzmann, Henri, 5 août 1882, Schlestadt.
905 Held, Achille-Étienne-Sébast., 10 févr. 1884, Epfig.
906 Held, René-Constant, 27 mars 1887, Epfig.
907 Hellburg, Joseph, 3 févr. 1873, Romanswiller.
908 Helmstetter, Jean-Georges, 8 août 1888, Pfaffenhofen.
909 Henninger, Frédéric, 21 déc. 1890, Munster.
910 Henninger, Michel, 13 oct. 1888, Gambsheim.
911 Herbst, Émile, 9 juill. 1889, Saint-Maurice.
912 Herr, Charles, 21 sept. 1882, Weiterswiller.
913 Herzog, Henri, 28 avril 1877, Thann.
914 Hetzel, Michel, 10 janv. 1890, Romanswiller.
915 Heyberger, Joseph, 11 mars 1885, Lochwiller.
916 Heyl, Marie-Charl.-Dom.-Louis, 29 août 1891, Saverne.
917 Heysch, Eugène, 29 mars 1878, Nothalten.
918 Heyser, Émile, 8 févr. 1879, Sainte-Marie-aux-Mines.
919 Hilby, Joseph, 5 juin 1879, Walbach.
920 Hintersee, Aloyse, 26 juill. 1873, Grendelbruch.
921 Hittler, Ignace, 4 juill. 1877, Gunstett.
922 Hissung, Émile, 10 janv. 1876, Petersbach.
923 Hochstetter, Georges, 11 janv. 1885, Nancy.
924 Hoffer, Alb.-Émile, 4 oct. 1889, Sindelsberg.
925 Hopfner, Charles, 9 oct. 1871, Rosenwiller.
926 Hornecker, Charles, 30 août 1889, Lingolsheim.
927 Houiné, Jean-Jos.-René, 1er mars 1890, Steige.
928 Houtmann, Henri, 2 mai 1891, Steige.
929 Houzelle, Joseph, 3 mai 1886, Weiterswiller.
930 Hügel, Jean, 10 mai 1891, Wintzenheim.
931 Hügel, Aloyse, 24 janv. 1877, Kleingœft.
932 Huttler, Franç., 2 juin 1894, Reinhardsmünster.
933 Humbert, Joseph-Albert, 18 mai 1888, Urbeis.
934 Humbrecht, Jos.-Jacques, 27 mars 1879, Zell-Henzell (La Baroche).
935 Issenbeck, Charles, 19 janv. 1871, Dinsheim.
935 Jaeger, Georg., 25 oct. 1891, Strasbourg-Neudorf.

936 Jaeger, Joseph, 13 oct. 1835, Altenwiller.
937 Jaeger, Charles, 27 mai 1882, Moiselles.
938 Jaegler, Laurent, 16 févr. 1879, Schlestadt.
939 Jauel, Ernest, 4 nov. 1880, La Broque.
940 Jenny, Ch.-Philibert, 14 févr. 1887, Colmar.
941 Jessel, Auguste, 24 nov. 1886, Hohwald.
942 Joannard, Charles-Émile, 26 sept. 1888, Saales.
944 Jud, Charles, 7 avril 1883, Ingwiller.
945 Kaes, Joseph, 13 juin 1890, Molsheim.
946 Kalk, Florent, 27 févr. 1882, Niederhaslach.
947 Kapps, Victor, 18 mai 1879, Hochfelden.
948 Karb, Laurent, 14 janv. 1887, Still.
949 Karrer, Léon, 5 nov. 1887, Moosch.
950 Kauffer, Édouard, 16 déc. 1874, Scharrachbergheim.
951 Kauffmann, Jos.-Aloyse, 11 oct. 1891, Colmar.
952 Keller, Franç.-Jean-Phil., 1er mai 1873, Mutzig.
953 Kempf, Jean, 13 févr. 1889, Schlestadt.
954 Kern, Florent, 25 oct. 1835, Scharrachbergheim.
955 Kern, Jean, 16 déc. 1880, Kirwiller.
956 Kerstetter, Émile, 11 janv. 1883, Muttersholz.
957 Kieffer, Aloyse, 23 juin 1883, Rheinhardsmunster.
958 Kieffer, Georges, 13 févr. 1871, Alteckendorf.
959 Kieffer, Jean-Pierre, 31 janv. 1879, Otterswiller.
960 Kieffer, Joseph, 8 juill. 1880, Otterswiller.
961 Kientzel, Paul-Pierre, 29 juin 1894, Saint-Hippolyte.
962 Kinder, Charles, 30 mars 1887, Ottrott.
963 Kirchhoffer, Théodore, 12 oct. 1880, Eguisheim.
964 Klein, Martin, 10 nov. 1876, Boersch.
965 Kling, Édouard, 27 févr. 1891, Steinbach.
966 Klotz, Émile, 10 août 1890, Dinsheim.
967 Knecht, Émile, 20 juill. 1876, Ingersheim.
968 Knecht, Georges, 25 mai 1889, Châtenois.
969 Knittel, Blaise-Isidore, 5 févr. 1884, Engenthal.
970 Kœnig, Émile, 22 juill. 1888, Reichsfeld.
971 Kœnig, Victor-Émile, 13 nov. 1887, Stotzheim.
972 Kohler, Georges, 1er mai 1891, Steinbourg.
973 Kolmerschlag, Charles, 25 juin 1876, Russ.
974 Kopp, Marie-Joseph-Florent, 10 oct. 1883, Champenay.
975 Krouch, Franç.-Joseph, 3 févr. 1886, La Salcée.
976 Kübler, Louis, 11 nov. 1887, Willer.
977 Kurtz, Math.-Louis, 27 févr. 1879, Wintzenheim.

978 Laesser, Godefroy, 5 avril 1876, Kuenheim.
979 Laigaisse, Franç.-Xav., 23 févr. 1892, Ribeauvillé.
980 Lang, Louis, 18 avril 1874, Schlestadt.
981 Lantzenberg, Albert, 21 oct. 1887, Schlestadt.
982 Lassiat, Adolphe, 1er janv. 1883, Breitenau.
983 Laugel, Aug.-Joseph, 30 déc. 1884, Hochfelden.
984 Lavigne, Joseph, 12 janv. 1882, Steige.
985 Lazar, Maurice-René, 14 juin 1887, Schweinheim.
986 Legrand, François, 18 déc. 1882, Lahye.
987 Legrand, Jean-Bapt., 7 févr. 1888, Lahye.
988 Legrand, Jules-Paul, 2 mai 1885, Liepvre.
989 Leindecker, Alphonse, 23 juin 1882, Triembach.
990 Lemmel, Léopold, 30 mars 1888, Saverne.
991 Lévy I, Edgard, 9 déc. 1885, Marmoutier.
992 Lévy, Meyer, 9 avril 1873, Westhofen.
993 Lévy, Nathan, 11 avril 1887, Scherwiller.
994 Lévy, Oscar, 4 juill. 1890, Strasbourg.
995 Linder, Édouard, 8 févr. 1883, Waldwisheim.
996 Linder, Eug.-Gust., 17 oct. 1886, Waldolwisheim.
997 Litt, Ernest, 6 mai 1879, Hegenheim.
998 Litzler, Ernest, 29 avril 1887, Wisches.
999 Loll, Antoine, 29 mars 1889, Schlestadt.
1000 Lorber, Ant., 9 sept. 1887, Ebersmunster.
1001 Lotzer, Victor, 23 févr. 1878, Rosheim.
1002 Luck, Émile-Albert, 13 août 1883, Illkirch-Grafenstaden.
1003 Ludaescher, Eugène, 3 juill. 1888, Boozheim.
1004 Ludwig, Charles, 14 déc. 1890, Gottesheim.
1005 Lux, Auguste, 19 janv. 1884, Scharrachbergheim.
1006 Maas, Benoît, 22 mai 1886, Ebersmunster.
1007 Mahon, Joseph, 16 avril 1891, Grendelbruch.
1008 Maire, Prosper-Jean, 24 juin 1886, Urbeis.
1009 Mangold, Charles, 22 août 1891, Ostwald.
1010 Marchal, Charles, 12 avril 1889, Neuviller.
1011 Marchal, Séraphin, 2 avril 1889, Lapoutroie.
1012 Margraff, Albert-Émile, 23 févr. 1891, Saverne.
1013 Marmillot, Eugène, 8 août 1891, Reichshofen.
1014 Martin, François-Apt.-Joseph, 27 mars 1890, Dachstein.
1015 Martin, Franç.-Xavier, 5 déc. 1873, Stotzheim.
1016 Marxer, Jean-Lucien, 13 nov. 1889, Saverne.

DÉCHUS DE LEUR NATIONALITÉ ALLEMANDE

1017 Masson, Lucien-Jules, 22 oct. 1885, Sainte-Croix-aux-Mines.
1018 Mathern, Albert, 4 janv. 1874, Erlenbach.
1019 Mathieu, Julien-Jean-Louis, 14 oct. 1887, Urbeis.
1020 Mathias, Joseph-Léon-Oscar, 6 févr. 1885, Sainte-Marie-aux-Mines.
1021 Mathis, Émile, 22 mai 1879, Bourg-Bruche.
1022 Matthis, Philippe, 6 janv. 1885, Pfaffenhofen.
1023 Meis, Moïse, 10 mai 1881, Ingwiller.
1024 Meister, Joseph, 21 févr. 1876, Paris.
1025 Metter, Émile, 18 sept. 1892, Ingwiller.
1026 Metz, Alphonse-Matthieu, 24 févr. 1882, Eplig.
1027 Metzger, Hub.-Ch., 9 sept. 1843, Michelbrunn.
1028 Metzger, Marx, 22 juill. 1883, Pfaffenhoffen.
1029 Mercier, Émile, 12 mai 1883, Vorbruck.
1030 Meyer, Laurent-Alph., 11 août 1880, Still.
1031 Meyer II, Émile, 15 mai 1888, Sainte-Marie-aux-Mines.
1032 Meyer, Eugène, 10 sept. 1878, Wattwiller.
1033 Meyer, Joseph, 21 juin 1885, Saverne.
1034 Meyer, Ch.-Adolphe, 7 avril 1884, Colmar.
1035 Meyer, Ch.-Ernest, 13 août 1890, Colmar.
1036 Meyer, René, 3 févr. 1888, Wolfisheim.
1037 Minck, Edmond, 17 août 1869, Rosheim.
1038 Morel, Auguste-Michel, 1ᵉʳ juill. 1854, Belmont.
1039 Morel, Émile-Jean-Bapt., 18 juin 1885, Rothau.
1040 Morel, Henri-Albert, 22 juin 1847, Schönenberg.
1041 Morel, Jean-Alfred, 29 avril 1845, Schönenberg.
1042 Morel, Lucien-Henri, 15 oct. 1889, Paris.
1043 Morgenthaler, Franç.-Xav., 3 déc. 1887, Saverne.
1044 Morlock, Jean-Joseph, 24 juin 1876, Schlestatt.
1045 Moschl, Auguste, 23 mai 1888, Strasbourg.
1046 Mosser, Joseph, 2 avril 1887, Eichhofen.
1047 Motzig, Fréd.-Guillaume, 3 sept. 1878, Halbronn.
1048 Mourlam, Ch.-Frédéric, 6 juin 1881, Neuviller.
1049 Muller, Henri-Emmanuel, 11 févr. 1888, Belmont.
1050 Muller, Joseph, 4 oct. 1887, Marienheim.
1051 Muller, Camille-Ignace, 10 sept. 1890, Willer.
1052 Muller, Ch.-Arthur, 11 avril 1888, Holzwihr.
1053 Muller, Louis-Ch., 15 juill. 1884, Gueberschwihr.
1054 Muller, Marcel-Louis, 16 févr. 1893, Rothau.
1055 Munier, J.-Bapt.-Eug., 1ᵉʳ mai 1877, Munster.
1056 Munier, Joseph-Léon, 24 juin 1872, Blen.
1057 Munschy, Joseph, 17 mars 1888, Guebwiller.
1058 Neff, Alphonse, 10 juill. 1877, Hilsenheim.
1059 Neff, Frédéric, 10 mai 1885, Goxwiller.
1060 Nellinger, Jos.-Ant., 14 mai 1878, Bergheim.
1061 Netter, Salomon, 27 juin 1849, Rosheim.
1062 Neuhauser, André, 24 juin 1884, Bannholz.
1063 Ney, Romille-Hubert, 29 mai 1879, Wisches.
1064 Nickels, Ch.-Louis, 25 mai 1888, Schlestadt.
1065 Nicolas, Edouard-Jos., 8 oct. 1874, Illkirch.
1066 Noël, Charles, 3 sept. 1886, Bourg-Bruche.
1067 Nossant, Henri, 14 sept. 1892, Sainte-Croix-aux-Mines.
1068 Nussbaum, Lambert, 12 mars 1875, Saverne.
1069 Ohrel, Charles, 19 oct. 1884, Dinsheim.
1070 Olry, Émile, 20 nov. 1874, La Baroche.
1071 Paquet, Albert, 11 sept. 1885, Aube.
1072 Paulen, Michel, 13 août 1885, Schwindratzheim.
1073 Pax, Émile, 22 mai 1877, Eckartswiller.
1074 Peck, Louis-Remy, 9 mai 1872, Michelbrunn.
1075 Pernet, Alfred, 16 sept. 1875, Neuviller.
1076 Peter, Aug., 23 août 1886, Scharrachbergheim.
1077 Petitjean, François, 24 nov. 1882, Michelbrunn.
1078 Philbert, Henri, 18 oct. 1888, Michelbrunn.
1079 Pierrat, Alph.-Jean-Bapt., 10 mai 1879, Sainte-Croix-aux-Mines.
1080 Ponton, Émile, 3 avril 1883, Neuviller.
1081 Poré, Charles, 16 août 1884, Vorbruck.
1082 Probst, Henri-Émile, 23 sept. 1876, Burgfelden.
1083 Probst, Joseph-Basile, 7 nov. 1885, Mulhouse.
1084 Ramspacher, Ch.-Alph., 22 juill. 1879, Mollkirch.
1085 Rauch, Jules, 3 juin 1883, Saverne.
1086 Rebstock, Alph.-Joseph, 13 avril 1884, Lingolsheim.
1087 Regner, Const.-Eug., 17 janv. 1886, Molsheim.
1088 Reinbolt, Franç.-Ant., 28 juill. 1887, Wingersheim.
1089 Reinhard, Pierre, 19 sept. 1885, Lichtenberg.
1090 Reiss, Moïse, 1ᵉʳ juill. 1873, Mutzig.
1091 Reisser, Eugène, 12 janv. 1823, Mutzig.
1092 Reitz, Marie-Alphonse-Honoré, 2 févr. 1884, Bernhardswiller.
1093 Reno, Émile, 30 mars 1884, Brudenlort.
1094 Rhein, Émile, 7 nov. 1881, Sainte-Marie-aux-Mines.
1095 Riebel, Jacq., 28 déc. 1878, Illkirch-Grafenstaden.

1096 Riebel, Ch.-Jos.; 15 nov. 1883, Nordhouse.
1097 Riebstein, Léon, 19 oct. 1885, Türckheim.
1098 Riehl, Charles, 21 avril 1884, Kogenheim.
1099 Risacher, Jean-Paul, 6 mai 1888, Schlestadt.
1100 Riss, Eugène, 11 déc. 1884, Buhl.
1101 Riss, Joseph, 20 déc. 1873, Rosheim.
1102 Ritleng, Bernard, 5 avril 1879, Donnenheim.
1103 Ritter, Firmin-Henri-Ch., 9 juin 1887, Colmar.
1104 Ritzenthaler, Charles, 2 mai 1887, Schlestadt.
1105 Roecker, Eugène, 16 sept. 1876, Hattenheim.
1106 Rœsch, Antoine-Adolphe, 24 mars 1887, Saverne.
1107 Roth, Antoine, 19 févr. 1879, Gresswiller.
1108 Roth, Ernest-Henri, 19 oct. 1876, Balbronn.
1109 Roth, Eugène-Félix-Dominique, 4 août 1884, Ernolsheim.
1110 Rubin, Martin-Joseph, 20 juill. 1876, Colmar.
1111 Rubsamen, Adolphe, 3 mars 1877, Strasbourg.
1112 Ruff, Frédéric, 17 août 1887, Westhofen.
1113 Ruffenach, Théophile, 23 janv. 1881, Engenthal.
1154 Sacker, Émile, 29 nov. 1890, Wasselonne.
1155 Sauter, Eugène, 23 janv. 1885, Horbourg.
1114 Schaal, Antoine, 25 août 1877, Geispolsheim.
1115 Schacke, Charles, 18 avril 1889, Bouxwiller.
1116 Schaeffer, Fridolin, 11 juill. 1879, Thal C. M.
1117 Schall, Joseph, 15 août 1885, Duttlenheim.
1118 Schall, Victor-Auguste, 12 août 1891, Illkirch-Grafenstaden.
1119 Schaub, Eugène, 7 avril 1877, Wasselonne.
1120 Schauer, Auguste, 25 janv. 1877, Neuviller.
1121 Schauner, Emmanuel, 4 mars 1891, Schlestadt.
1122 Scheffler, Léon, 10 mars 1884, Dann-Quatrevents.
1123 Scheibling, Achille, 20 janv. 1879, Châtenois.
1124 Scherer, Émile-Georges, 5 mars 1882, Balbronn.
1125 Scheubel, Joseph, 19 avril 1884, Colmar.
1126 Schmidt, Michel, 11 sept. 1891, Hattmatt.
1127 Schmidt, Auguste, 28 mars 1889, Saasenheim.
1128 Schmitt, Émile, 25 juill. 1885, Wisch.
1129 Schmitt, Joseph, 6 mars 1879, Rosheim.
1130 Schmitt, Jules, 6 févr. 1891, Benfeld.

1131 Schmitt H., Fridolin, 24 août 1879, Wangen.
1132 Schneider J., Victor, 28 janv. 1879, Buhl.
1133 Schneider, Jérôme, 3 mars 1880, Friedolsheim.
1134 Schneider, Jean-Bapt., 29 janv. 1874, Ammerschwihr.
1135 Schnell, Jules, 10 déc. 1885, Bouxwiller.
1136 Schnell, Ch.-Valentin, 23 mai 1887, Ernolsheim.
1137 Schnepp, Eugène, 17 juin 1892, Hochfelden.
1138 Schœnahl, Adolphe, 29 août 1884, Grendelbruch.
1139 Schœpf, Charles, 30 juill. 1887, Schlestadt.
1140 Schrapff, Joseph, 30 juill. 1882, Paris.
1141 Schreiber, Aloyse, 31 mai 1891, Birkenwald.
1142 Schreyeck, Joseph, 13 mars 1887, Grendelbruch.
1143 Schütz, Antoine, 6 mai 1876, Ingersheim.
1144 Schütz, Édouard, 16 mai 1882, Netzenbach.
1145 Schütz, Joseph, 2 sept. 1872, Ingersheim.
1146 Schütz, Ch., 2 févr. 1880, Sainte-Marie-aux-Mines.
1147 Schütz, René-Antoine-Auguste, 25 juin 1887, Strasbourg.
1148 Schuhler, Pierre-Paul, 31 oct. 1877, Diefenthal.
1149 Schuler, Joachim, 24 août 1885, Weiterswiller.
1150 Schuler, Jonas, 28 janv. 1888, Weiterswiller.
1151 Schultz H., Albert, 10 janv. 1891, Housen.
1152 Schwartz, Jean-Paul, 11 août 1885, Schlestadt.
1153 Schwebel, Eugène, 7 janv. 1887, Steinbourg.
1156 Secula, Jean, 26 juin 1879, Altdorf.
1157 Seitz, Émile, 29 juin 1881, Sœltz-sous-Forêt.
1158 Senenz, Jean-Frédéric, 1er juill. 1886, Meissengott.
1159 Senger, Luc, 10 juin 1886, Blkirch-Grafenstaden.
1160 Sengler, Xavier, 9 févr. 1878, Schlestadt.
1161 Senger, Louis, 5 mai 1887, Schlestadt.
1162 Siegel, Marie-Paul-Gilbert, 23 févr. 1881, Haguenau.
1163 Sistel, Jean-Baptiste, 19 nov. 1875, Ribeauvillé.
1164 Sitter, Joseph-Aloyse, 26 mai 1893, Ernolsheim.
1165 Sonntag, Auguste, 26 janv. 1876, Strasbourg-Robertsau.
1166 Specht, Émile, 11 déc. 1881, Dorlisheim.
1167 Specht, Eugène, 15 août 1876, Zehnacker.
1168 Specht, Ch.-Eug.-Sébast., 11 févr. 1885, Saverne.

1169 Speisser, Émile, 22 juin 1882, Geispolsheim.
1170 Speitel, Jean-Bapt., 22 avril 1889, Mackenheim.
1171 Spielmann, Hubert, 29 juin 1887, Grendelbruch.
1172 Spira, Alfred, 30 nov. 1878, Colmar.
1173 Stahl, Aloyse, 18 févr. 1876, Niedernai.
1174 Stahl, Pierre, 11 oct. 1884, Schlestadt.
1175 Stampf, Joseph, 5 mars 1876, Schlestadt.
1176 Stehli, Gustave-Émile, 2 nov. 1890, Steinbourg.
1177 Stoderger, Bernard, 16 mai 1882, Scharrachbergheim.
1178 Stoβel, Georges-Henri, 4 juin 1878, Benfeld.
1179 Stotz, Eugène, 27 févr. 1880, Blienschwiller.
1180 Stouvenin, Jos.-Émile, 23 oct. 1884, Roppenbach.
1181 Straub, Gottlieb, 13 janv. 1888, Urschenheim.
1182 Strubel, Jos.-Meinrad, 21 nov. 1880, Wettolsheim.
1183 Sublon, Justin, 1er avril 1890, Roppenbach.
1184 Supper, Joseph, 7 déc. 1875, Still.
1185 Thiebaud, Eugène, 27 mai 1877, Breitenau.
1186 Thiriet, Paul-Maurice, 10 mai 1890, Schlestadt.
1187 Tromelot, Paul, 28 déc. 1888, Michelbronn.
1188 Tonne, Albert, 10 avril 1881, Ingersheim.
1189 Ulmann, Louis-Antoine, 1er juill. 1875, Colmar.
1190 Ulrich, Émile, 23 mars 1890, Sassolsheim.
1191 Unard, Joseph, 3 janv. 1878, Bergheim.
1192 Utz, Émile-Aug., 16 oct. 1885, Barr.
1193 Valence, Jos.-Émile-Georg., 26 juin 1884, Saales.
1194 Vatin, Joseph, 25 mars 1879, Meissengott.
1195 Vigneron, Ch.-Paul, 23 août 1889, Saales.
1196 Vreyting, Jacques, 7 nov. 1881, Weiterswiller.
1197 Vogel, Louis-Charles, 9 août 1891, Heibert.
1198 Veltzenlogel, Jean, 6 mars 1891, Weitbruch.
1199 Vonderscher, Aloyse, 10 mai 1884, Erlenbach.
1200 Vorburger, Charles-Lucien, 27 janv. 1886, Vöklinshofen.
1201 Wach, Maximilien, 19 déc. 1879, Klingenthal.
1202 Wagner, Joseph, 8 nov. 1882, Nothalten.
1203 Walter, Aloyse, 7 févr. 1878, Marmoutier.
1204 Weber, Antoine-Lucien, 29 janv. 1886, Russ.
1205 Weber, Franç.-Théophile, 22 oct. 1888, Schweinheim.
1206 Weber, Jos.-Isidore, 27 nov. 1881, Wolxheim.
1207 Weber, Louis, 24 avril 1885, Neuwiller.
1208 Weber, Paul-Jos.-Aug., 18 mars 1886, Romanswiller.
1209 Wehrung, Edmond, 5 avril 1878, Petersbach.
1210 Weil, Armand-Alfred, 15 oct. 1885, Saverne.
1211 Weil, René, 16 août 1883, Schirmeck.
1212 Weigand, Léon, 12 oct. 1880, Rouffach.
1213 Weinsando, Édouard, 10 oct. 1883, Littenheim.
1214 Wendling, Auguste, 20 déc. 1881, Entzheim.
1215 Werling, Philippe, 11 sept. 1886, Strasbourg.
1216 Wetterlé, Franç.-Ignace, 19 sept. 1871, Colmar.
1217 Wickersheim, Jacques, 2 mars 1876, Ostheim.
1218 Willer, Joseph, 10 juin 1894, Hindisheim.
1219 Willmann, Franç.-Xav.-Jos., 12 juin 1883, Avellau.
1220 Winninger, Adolphe, 6 avril 1890, Salenthal.
1221 Winterberger, Émile-Eug., 8 mars 1890, Otterstbal.
1222 Winterhalter, Joseph, 19 août 1884, Balbronn.
1223 Winterhalter, Paul, 31 mars 1889, Ohnenheim.
1224 Winum, Émile, 27 oct. 1875, Ingwiller.
1225 Woelffel, Joseph, 6 janv. 1874, Ottrott.
1226 Woelflé, Guillaume, 10 avril 1884, Rossfeld.
1227 Woellin, Ch.-Philippe, 12 janv. 1873, Paris.
1228 Woerlins, Paul, 13 oct. 1885, Willer.
1229 Wolf, Michel, 13 oct. 1876, Uttwiller.
1230 Wucher, Émile-Charles, 11 mai 1873, Dinsheim.
1231 Wurtz, Hugo-Georges, 1er avril 1891, Stotzheim.
1232 Wurtz, Nicolas-Antoine, 6 déc. 1880, Stotzheim.
1233 Wust, Aloyse-Xav., 21 juin 1884, Ribeauvillé.
1234 Ziegel, Aloyse, 25 juill. 1889, Ernolsheim.
1235 Zehner, Nicolas, 25 nov. 1889, Kleingœft.
1236 Zeller, Laurent, 4 août 1878, Schweinheim.
1237 Ziegler, Lucien, 26 nov. 1889, Kaysersberg.
1238 Zimmerlin, Albert, 9 juin 1886, Sundhofen.
1239 Zimmerlin, Eugène, 28 janv. 1884, Sundhofen.
1240 Zimmermann, Aug., 18 nov. 1878, Scherwiller.
1241 Zimmermann, Georges-Émile, 10 févr. 1882, Colmar.
1242 Zimmermann, Jos.-Louis, 6 mars 1887, Thal.
1243 Zimmermann, Louis-Félix, 30 mai 1881, Wisches.

1244 Zing, Jean-Bapt.-Émile, 2 mai 1884, Steige.
1245 Zisette, Gustave-Adolphe, 5 févr. 1889, Sainte-Marie-aux-Mines.
1246 Zorn, Antoine, 13 févr. 1876, Still.
1247 Zuber, Louis, 14 sept. 1874, Saverne.

Liste n° 4.
15 juin 1916.

1248 Abaucourt, Gustave-Camille, 21 août 1895, Lémoncourt.
1249 Adam, Albert, 26 janv. 1891, Vergaville.
1250 Antoine, Léon-Ferd., 21 janv. 1894, Delme.
1251 Bagard, M.-L.-N.-Léon, 22 janv. 1894, Mulcey.
1252 Banna, Victor, 28 août 1888, Marthil.
1253 Bar, Henri-Jos., 4 avril 1894, Donnelay.
1254 Barreau, Paul-Ernest, 5 oct. 1894, Bortennach.
1255 Beauquel, Jules, 27 janv. 1897, Vic.
1256 Bettmann, Arthur, 4 sept. 1870, Pontarlier, domicilié à Dieuze.
1257 Bolender, Bartholomé, 18 mars 1887, Durrenbach.
1258 Bolender, Joseph, 13 janv. 1885, Durrenbach.
1259 Bolender, Charles, 30 mai 1895, Durrenbach.
1260 Bourch, Henri-Franç., 20 févr. 1871, Chicourt.
1261 Bourguignon, Louis, 29 sept. 1882, Bioncourt.
1262 Bormon, Victor-Paul, 31 oct. 1875, Keprich-les-Dieuze.
1263 Bouquel, Jean-Hubert-Eugène, 3 nov. 1894, Arraincourt.
1264 Bouvier, Édouard, 27 sept. 1873, Château-Salins.
1265 Brulfer, Gaston-Jos., 1er janv. 1895, Conthil.
1266 Brulfer, Jos.-Ed.-Eug., 31 juin 1893, Gélucourt.
1267 Caballot, Jean-Franç., 27 juill. 1872, Vulmont.
1268 Cernard, Camille, 5 nov. 1889, Château-Salins.
1269 Chalouatte, Jos.-Ch.-Jules, 21 sept. 1887, Haboudange.
1270 Chapp, Paul-Victor, 1er mars 1893, Donnelay.
1271 Charton, Paul, 2 oct. 1892, Hattigny.
1272 Chaumont, Ch.-Eug., 20 mars 1895, Fossieux.
1273 Chenique, Camille, 18 oct. 1896, Pettoncourt.
1274 Cherrier, Ch.-Franç.-Const., 7 oct. 1883, Conthil.
1275 Chuimer, Jos., 20 nov. 1869, à Paris, domicilié à Guébling.
1276 Cirer, Georges, 5 janv. 1894, Forbach.
1277 Clasquin, Auguste, 19 nov. 1893, Saint-Médard.

1278 Claus, Charles-Louis, 1er avril 1893, Altenstadt.
1279 Conter, Aug.-Eug., 20 avril 1873, Dieuze.
1280 Crouvoisier, And.-Jules, 4 mai 1894, Donnelay.
1281 Cuny, Ch.-Jean-Bapt., 7 mars 1893, Vic.
1282 Daselme (ou Desalme), Jos.-Albert 1er mai 1882, Lagarde.
1283 Denis, Victor, 24 août 1895, Kincheville.
1284 Desfrères, Camille, 24 déc. 1880, Ibigny.
1285 Didon, Joseph, 4 juill. 1874, Moyenvic.
1286 Didrat, Lucien-Jos., 27 sept. 1893, Château-Salins.
1287 Dougus, Albert, 11 août 1895, Schalbach.
1288 Dugour, Albert-Marie-Jos., 23 mars 1883, Château-Salins.
1289 Dulay, Charles-Joseph-Benoît, 2 janv. 1895, Chambrey.
1290 Eutel, Jacques-Nicolas, 26 nov. 1869, Guéblange-lès-Sarralbe.
1291 Farny, Aug.-Nic., 30 avril 1894, Nébing.
1292 Fasné, Paul-Marie-Jos., 17 mars 1895, Hampont.
1293 Fauconnier, Hubert-Isidore, 25 janv. 1895, Blanche-Église.
1294 Ferry, Jules, 22 mai 1871, Lagarde.
1295 François, Jules-Florent, 12 avril 1895, Donnelay.
1296 Gengenbach, Gustave-Adolphe, 24 août 1895, Haguenau.
1297 Girard, Hippol.-Aug., 20 mai 1882, Guébling.
1298 Glad, Paul-Valentin, 7 janv. 1895, Altrippe.
1299 Glaus, Jos.-Fr., 24 avril 1891, Lucy.
1300 Geoffroy, Amédée, 3 mai 1888, Manhoué.
1301 Grandjean, Jules, 5 sept. 1893, Saint-Médard.
1302 Guertner, Aug.-Jos., 10 avril 1893, Vergaville.
1303 Gujon, Louis-Charles, 30 janv. 1895, Donnelay.
1304 Hamant, Paul-Léon, 2 mai 1893, Dieuze.
1305 Hamm, Oscar, 30 juin 1894, Donnelay.
1306 Hamm, Georges, 24 avril 1899, Diemeringen.
1307 Heck, Georg.-Théoph., 14 août 1895, Château-Salins.
1308 Heim, Nic.-Jos., 17 mars 1889, Donnom.
1309 Henry, Paul-Mar.-Séb., 16 mars 1870, Fribourg.
1310 Hentzien, Jos., 4 mai 1893, Altroff (arrondissement de Château-Salins).
1311 Heric, Aug.-Ferd., 13 octobre 1893, Marsal.
1312 Horvilleur, Ferdinand, 26 sept. 1875, Rémilly.
1313 Jambois, Léon-Valère, 16 juin 1893, Foulcrey.
1314 Jean, Pierre-Gaston, 29 juill. 1895, Fresnes.
1315 Jennesse, Jos.-Émile, 29 juill. 1888, Lagarde.
1316 Jund, Daniel, 10 juin 1894, Niederbronn.
1317 Jung, Jacques, 10 sept. 1871, Folperwiller.

DÉCHUS DE LEUR NATIONALITÉ ALLEMANDE

1318 Kapfer, Ferdinand, 31 juill. 1893, Wintershausen.
1319 Keller, Joseph-Victor, 29 juin 1894, Riche.
1320 Kessler, Aug.-Hipp., 15 mars 1872, Paris, domicilié à Helliner.
1321 Kiefer, Joseph, 20 juill. 1882, Winzen.
1322 Klein, Louis, 19 août 1882, Kienheim, domicilié à Dieuze.
1323 Knoepfler, Paul, 30 mars 1882, Sarralbe.
1324 Koster, Jules-Victor, 4 nov. 1893, Dieuze.
1325 Kuntz, Léon, 8 juill. 1883, Château-Salins.
1326 Laguerre, Jean, 2 sept. 1871, Sarralbe.
1327 Lannoy, Ch. dit Eugène, 8 mars 1894, Dieuze.
1328 Laval, Léon, 1er mai 1870, Dieuze.
1329 Lavanoux, Gust.-Jos., 15 octobre 1894, Malancourt.
1330 Lefevre, Henri, 7 avril 1895, Moyenvic.
1331 L'Huillier, Cél.-Jos., 13 mars 1895, Jallaucourt.
1332 Lemale, Henri-Aug., 21 nov. 1878, Château-Salins.
1333 Lemoine, Raymond, 10 févr. 1895, Haboudange.
1334 Léopold, François, 6 mai 1895, Ajoncourt.
1335 Lepp, Sylvain, 26 juill. 1882, Walf.
1336 Lorson, J.-P.-Édouard, 21 févr. 1893, Helliner.
1337 Lur, Émile, 27 févr. 1886, Schirrhofen.
1338 Macaire, Julien, 29 mars 1893, Juvelize.
1339 Maier, David, 4 juill. 1895, Trimbach.
1340 Marchal, Nic.-Célestin, 22 avril 1893, Lubécourt.
1341 Marchand, Franç.-Vict., 15 janv. 1884, Mulcey.
1342 Masson, Hipp.-Jules-Emm.-Victor, 6 janv. 1877, Château-Salins.
1343 Mathieu, Paul, 27 févr. 1894, Zommange.
1344 Mercel, Félicien, 3 janv. 1893, Bezange-la-Petite.
1345 Mercel, Jos.-Isidore, 25 juill. 1895, Bourdonnay.
1346 Meyer, Émile, 10 févr. 1895, Mertzwiller.
1347 Michel, Maurice-Edgard, 19 août 1893, Dieuze.
1348 Michelitz, Jacq.-Alf., 15 janv. 1870, Zommange.
1349 Millot, Hubert-Ch., 3 nov. 1874, Ciglucourt.
1350 Moncel, Georges-Jos., 26 mars 1893, Château-Salins.
1351 Monzel, Joseph, 18 mars 1895, Château-Salins.
1352 Morquin, Édouard, 17 févr. 1893, Jallaucourt.
1353 Morquin, Eug.-Émile, 18 oct. 1883, Jallaucourt.
1354 Muller, Philippe, 16 mars 1882, Porcelette.
1355 Muller, Charles, 16 mai 1895, Obreck.
1356 Noll, François, 6 mai 1888, Malancourt.
1357 Omm, Nicolas, 12 juin 1874, Morhange.
1358 Padou, Jules-Joseph, 15 juin 1894, Harraucourt.
1359 Paumy, Constant-Jean-Justin, 7 juin 1895, Vic.
1360 Parentin, Victor, 13 déc. 1894, Loudrefing.
1361 Pêcheur, Adrien-Ch., 19 déc. 1893, Chambrey.
1362 Philippe, Victor, 11 févr. 1872, Hultenhausen.
1363 Poiré, Albert, 15 mai 1895, Sarreguemines.
1364 Poiré, Gaston, 21 août 1897, Sarreguemines.
1365 Poiré, Marcel-Eugène-Aug., 16 juin 1885, Sarreguemines.
1366 Poulet, Louis, 28 mai 1894, Vic.
1367 P'Augnon, Émile-François, 2 août 1895, Vic.
1368 Rech, Frédéric-Henri, 17 oct. 1874, Herbitzheim.
1369 Richard, René, 11 déc. 1889, Bezange-la-Petite.
1370 Roibier, Émile, 6 avril 1897, Vic.
1371 Rolland, Paul, 10 déc. 1870, Hallering.
1372 Romar, Léon-Maurice, 21 juin 1894, Vic.
1373 Roufort, Aug.-Joseph, 30 déc. 1894, Moyenvic.
1374 Schildde, François-Joseph, 14 sept. 1869, Enis (Suisse).
1375 Schonbrenner, Jos., 29 déc. 1895, Insming.
1376 Schmitt, Adrien, 26 avril 1834, Héming.
1377 Schneider, Marcel-Fréd.-Martin, 30 avril 1891, Hof.
1378 Schuster, Fréd.-Paul, 21 janv. 1894, Oberhofen.
1379 Silberreis, Charles, 3 juill. 1894, Porbach.
1380 Simmermann, Clément-Adolphe, 31 déc. 1871, Rébing.
1381 Spenler, Daniel, 29 août 1870, Morhange.
1382 Staub, Michel, 6 nov. 1895, Hunskirch.
1383 Tarillon, Henri-Jos., 12 août 1893, Bourdonnay.
1384 Thouvenin, Joseph, 28 nov. 1879, Vic.
1385 Thouvenin, Émile-Hipp., 24 mai 1878, Vic.
1386 Thouvenin, Camille-Victor, 18 août 1888, Vic.
1387 Thouvenin, Louis-Hipp., 28 févr. 1885, Vic.
1388 Thiery, René, 25 janvier 1893, Vic.
1389 Thiry, Jean, 8 août 1893, Willerwald.
1390 Thiry, Pierre, 23 févr. 1877, Willerwald.
1391 Thomas, Joseph-Aug., 19 janv. 1893, Guébling.
1392 Touly, Marie-Jos.-Jean-B., 15 avril 1895, Rodalbe.
1393 Trottmann, Maur.-Luc., 7 mars 1893, Gélucourt.
1394 Unzeitig, Gust.-Michel, 5 févr. 1894, Virming.
1395 Vincent, Adrien, 8 juill. 1894, Aulnois.
1396 Voizard, Georges-Édouard, 19 sept. 1893, Vic.

1397 Weber, Joseph, 17 juill. 1894, Willerwald.
1398 Welsch, Albert, 3 août 1884, Herlisheim.
1399 Welsch, Armand, 11 janv. 1882, Herlisheim.

Liste n° 5.
28 juin 1916.

1400 Ackermann, Jacques, 13 juill. 1888, Rahling.
1401 Adam, Ferdinand, 10 janv. 1887, Rhinau.
1402 Adolf, Joseph, 6 août 1887, Bindernheim.
1403 Ambiehl, Joseph-Louis, 19 févr. 1883, Strasbourg.
1404 Andres, Aloys-Victor, 6 sept. 1887, Erstein.
1405 Andres, Ignace, 30 janv. 1891, Erstein.
1406 Anselm, Jacques, 18 févr. 1879, Obernai.
1407 Antoine, Paul, 13 déc. 1890, L'Allemand-Rombach.
1408 Arnold, Louis-Paul-Nav., 25 avril 1888, Obernai.
1409 Aschbacher, Auguste, 6 mars 1882, Sundhouse.
1410 Asmus, Michel, 6 juin 1891, Grafenstaden.
1411 Auer, Georges, 22 avril 1883, Krautergersheim.
1412 Bader, Lucien, 23 janv. 1886, Dambach.
1413 Baehr, Jean-Val., 27 déc. 1879, Bernhardswiller.
1414 Baldenweg, Joseph, 6 juin 1879, Hœuse.
1415 Bangratz, Valentin-Charles, 20 janv. 1881, Schiltigheim.
1416 Barondeau, Émile, 9 mai 1891, Wintzenheim.
1417 Barth, Ernest-Eug., 16 août 1891, Strasbourg.
1418 Bataille, Alph.-Jos., 24 oct. 1886, Orschwiller.
1419 Baty, Lucien-Gust., 13 oct. 1881, Fouchy.
1420 Bauer, Auguste, 23 nov. 1884, Barr.
1421 Bauer, Ignace-Louis, 15 nov. 1883, Saint-Jean.
1422 Bauer, Philippe, 8 janv. 1889, Strasbourg.
1423 Baumuller, Ch.-And., 11 oct. 1871, Düppigheim.
1424 Bausinger, Ch.-And.-Louis, 14 août 1890, Benfeld.
1425 Beck, Édouard, 2 oct. 1887, Schlestadt.
1426 Benoit, Jean-Jos., 28 mai 1885, Sainte-Croix-aux-Mines.
1427 Benz II, Domin.-Paul, 20 juill. 1884, Colmar.
1428 Bernard, J.-B.-Henri, 10 juill. 1892, Châtenois.
1429 Bertsch, Michel, 15 août 1882, Muttersholz.
1430 Beyel, Ant.-Franç., 17 juin 1886, Bilwisheim.
1431 Bieckert, Émile, 28 nov. 1886, Goxwiller.
1432 Biero, Édouard, 15 août 1888, Meistratzheim.
1433 Biry, Phil.-Aloise, 2 mai 1884, Bernhardswiller.
1434 Bischof, Jules, 21 oct. 1882, Obenheim.
1435 Bissmann, Émile-Victor, 8 août 1893, Illkirch-Grafenstaden.
1436 Bissmann, Eugène-Louis, 1er janv. 1886, Illkirch-Grafenstaden.
1437 Bitterolf, Auguste, 8 nov. 1876, Obenheim.
1438 Bloch, Albert, 20 janv. 1878, Colmar.
1439 Bloch, Gabriel, 1er juill. 1876, Wintzenheim.
1440 Bloch, Max, 27 août 1869, Epfig.
1441 Bloch, Michel, 24 févr. 1879, Duttlenheim.
1442 Bloch, Maurice, 19 déc. 1883, Duttlenheim.
1443 Bloch, Sylvain, 21 juin 1888, Muttersholz.
1444 Boess, Alb.-Ch.-Georg., 19 nov. 1889, Strasbourg.
1445 Bohn, Antoni, 5 févr. 1894, Châtenois.
1446 Bollack, Marcel, 20 nov. 1891, Wintzenheim.
1447 Bonto, Paul, 18 oct. 1884, Schlestadt.
1448 Bosch, Eugène, 17 juin 1870, Orschwiller.
1449 Bothner, Franç.-Xav., 8 nov. 1895, Colmar.
1450 Bothner, Paul, 20 avril 1888, Colmar.
1451 Brack, Georges-André-Gotthelf, 22 juin 1877, Grafenstaden.
1452 Braesch, Jean, 9 févr. 1883, Metzeral.
1453 Braun, Ch., 23 avril 1881, Wittisheim.
1454 Breitel, Alph., 31 mai 1888, St-Hippolyte.
1455 Bretzner, Auguste-Joseph, 21 nov. 1876, Steige.
1456 Brobecker, Pierre-Paul-And., 28 nov. 1887, Eguisheim.
1457 Brunstein, Alphonse, 12 juill. 1889, Kintzheim.
1458 Brunstein, Jean-Georg., 25 juin 1889, Schlestadt.
1459 Buecher, Georges, 10 sept. 1890, Widensohlen.
1460 Buchler, Édouard, 2 juin 1886, Grafenstaden.
1461 Buchholz, Victor, 11 mai 1881, Weiterswiller.
1462 Burger, Célestin, 5 nov. 1890, Strasbourg.
1463 Buy, Jacques, 3 sept. 1881, Michelbach-le-Bas.
1464 Busch, Théoph.-Georg.-Émile, 14 nov. 1876, Gersheim.
1465 Caspar, Alois, 20 juin 1885, Obernai.
1466 Chapelle, Alb., 4 mai 1893, Sainte-Marie-aux-Mines.
1467 Charton, Ernest, 2 avril 1876, Wisches.
1468 Christ, Franc.-Xav., 18 déc. 1876, Herbsheim.
1469 Christen, Philmon-Eug., 28 janv. 1881, Stotzheim.

1470 Gaudel, Ferdinand, 3 avril 1897, Sainte-Croix-aux-Mines.
1471 Claudel, Jean-Célest., 5 oct. 1890, Sainte-Croix-aux-Mines.
1472 Claudel, Nicolas, 1er févr. 1884, Vöklinshofen.
1473 Clauss, Louis, 4 nov. 1891, Eschau.
1474 Clauss, Joseph, 29 oct. 1881, Truchtersheim.
1475 Conrath, Michel, 27 sept. 1893, Griesheim.
1476 Constanzer, Édouard, 22 déc. 1876, Bergholz.
1477 Dannewald, Martin, 13 oct. 1883, Erstein.
1478 Daul, Marie-Jos.-Bernard, 1er nov. 1885, Dossenheim.
1479 Deckel, Const.-Ant., 11 juin 1891, Zellwiller.
1480 Demonet, Jean-Bapt., 21 sept. 1884, Russ.
1481 Deutschler, Émile, 15 nov. 1890, Saint-Maurice.
1482 Dick, Albert, 17 déc. 1888, Strasbourg.
1483 Diebold, Franç.-Louis, 13 oct. 1884, Strasbourg.
1484 Diebold, Laurent-Henri, 8 avril 1886, Wantzenau.
1485 Diehl, Albert-Aug., 24 juill. 1885, Strasbourg.
1486 Diehlmann, Albert, 19 nov. 1884, Herrlisheim.
1487 Dietrich, Charles, 19 oct. 1881, Wasselonne.
1488 Dillenseger, Charles, 8 août 1878, Breitenbach.
1489 Dillenseger, Louis, 25 janv. 1877, Breitenbach.
1490 Dirian, Louis, 1er avril 1887, Saint-Pierre.
1491 Diss, Henri-Louis, 7 déc. 1883, Strasbourg.
1492 Donath, Charles, 6 sept. 1887, Châtenois.
1493 Dontenville, Xav.-Aug., 9 nov. 1880, Neukirch.
1494 Drey, Ch.-Étienne, 2 août 1887, Holzwihr.
1495 Dreyer, Joseph, 8 juin 1888, Illfurt.
1496 Drulang, Michel, 5 déc. 1888, Hochfelden.
1497 Duck, Henri-Albert, 28 sept. 1880, Benfeld.
1498 Eckert, Gustave, 16 sept. 1888, Saint-Louis.
1499 Eckert, Paul-Joseph-Emile, 29 déc. 1883, Schiltigheim.
1500 Eggermann, Alfred, 10 oct. 1887, Rossfeld.
1501 Eggermann, Emile-Charles, 28 janv. 1890, Strasbourg-Kœnigshofen.
1502 Ehrhardt, Emile, 28 oct. 1879, Rhinau.
1503 Ehrhart, Joseph, 2 avril 1887, Munster.
1504 Ehrhardt, Louis, 9 sept. 1880, Brumath.
1505 Ehrsam, Chrétien-Léon, 28 juin 1889, Colmar.
1506 Eiselé, Albert, 15 janv. 1880, Vorbruck.

1507 Engel, Eugène-Louis-Émile, 7 sept. 1877, Strasbourg.
1508 Erb, Édouard, 3 octobre 1888, Innenheim.
1509 Erhart, Léon, 24 févr. 1889, Steinbourg.
1510 Ernst, Jean, 5 juill. 1888, Munster.
1511 Eschemann, Jean, 3 août 1888, Andolsheim.
1512 Étienne, Alphonse, 16 déc. 1882, Urbeis.
1513 Ettwiller, Joseph, 31 déc. 1880, Sainte-Croix-en-Plaine.
1514 Fassel, Alphonse, 6 juill. 1884, Gerstheim.
1515 Fender, Adolphe, 10 mars 1887, Biesheim.
1516 Filser, Émile, 8 janv. 1889, Barr.
1517 Fischbach, Jacq., 18 déc. 1870, Hohfrankenheim.
1518 Fischer, André-Eugène, 30 oct. 1878, Hochfelden.
1519 Fix, Florent, 1er janv. 1878, Knœrsheim.
1520 Flecher, Jos.-Grégoire-Paul, 14 mars 1884, Oimenheim.
1521 Flick, Ch., 16 mars 1888, Illkirch-Grafenstaden.
1522 Foltz, Émile, 27 mai 1886, Strasbourg.
1523 Fonck, Théophile, 30 janv. 1880, Fouchy.
1524 Forny, Georges, 8 sept. 1882, Colmar.
1525 Franck, Mathieu, 27 mai 1876, Sundhofen.
1526 Frechard, Joseph, 5 janv. 1889, L'Allemand-Rombach.
1527 Freudenreich, Jos.-Adolp., 11 mars 1879, Vöklinshofen.
1528 Friedrich, Albert-Gottlieb, 3 sept. 1891, Barr.
1529 Frieh, Nicolas, 18 févr. 1888, Horbourg.
1530 Fritsch, Chrétien, 2 févr. 1883, Wangen.
1531 Fritsch, Georges, 24 avril 1888, Weckolsheim.
1532 Fritsch, Joseph, 4 mars 1888, Barr.
1533 Futterer, Ch.-Martin, 9 nov. 1890, Grafenstaden.
1534 Gaessler, Maxime, 27 oct. 1889, Niedernai.
1535 Ganter, Joseph, 16 avril 1891, Réguisheim.
1536 Gary, Louis-Octave, 13 mars 1872, Mulhouse.
1537 Geismar, Camille, 5 mars 1875, Herrlisheim.
1538 Gérard, Joseph, 1er mai 1890, Urbach. (Fouday).
1539 Gerber, Jean, 17 juin 1877, Barr.
1540 Germann, Émile, 4 déc. 1877, Wintzenheim.
1541 Gerse, François-Ant., 16 janv. 1878, Morschwiller.
1542 Gillig, François-Ant., 21 juill. 1886, Durningen.
1543 Gissinger, Eugène, 17 févr. 1881, Thann.
1544 Gittinger, Julien, 13 août 1892, Erstein.
1545 Glotz, Aloïs, 3 août 1885, Ikersch.
1546 Gœller, Charles, 24 avril 1890, Westhofen.
1547 Gonce, Georges, 16 août 1878, Schlestadt.

1548 Gontran, Jean-Ant.-Achil., 19 avril 1873, Obernai.
1549 Gradwohl, Salvador, 6 déc. 1894, Osthouse.
1550 Graf, Émile, 20 sept. 1888, Stattmatten.
1551 Graff, André, 9 janv. 1885, Griesbach.
1552 Grandjean, Eug.-Jean-Jos., 28 févr. 1887, Urbeis.
1553 Grandt, Gust.-Henri, 1er mars 1884, Strasbourg.
1554 Gresser, Léonard, 20 juill. 1881, Andlau.
1555 Griesmar, Joseph, 5 nov. 1883, Thannwiller.
1556 Gross, Aloïs, 14 juin 1890, Grendelbruch.
1557 Gross, Léon, 20 oct. 1885, Erstein.
1558 Gsell, Joseph, 18 déc. 1880, Sainte-Croix-en-Plaine.
1559 Gspann, Jos.-Laur., 5 avril 1888, Wintzenheim.
1560 Gunst, Albert Gustave, 20 janv. 1888, Strasbourg.
1561 Guth, Joseph, 8 nov. 1882, Wasselonne.
1562 Hass, Eug.-Louis-Alb., 5 août 1881, Strasbourg.
1563 Haberer, Franç.-Xav., 31 oct. 1882, Kogenheim.
1564 Haeflinger, Martin, 7 oct. 1884, Dürrenentzen.
1565 Haensler, Antoine, 17 juill. 1889, Dambach.
1566 Hage, Théoph.-Édouard, 17 mai 1878, Barr.
1567 Halbwachs, Émile-Georg., 10 févr. 1880, Büld.
1568 Halter, Jos.-Léon, 4 juin 1888, Obernai.
1569 Hanser, Jean-Bapt., 4 mars 1879, Colmar.
1570 Hauss, Albert, 25 juill. 1885, Mulhouse.
1571 Heckly, Jean-Bapt., 13 févr. 1872, Sainte-Croix-aux-Mines.
1572 Heidelberger, Georges, 28 mai 1876, Hœrdt.
1573 Heiligenstein, Charles, 28 sept. 1881, Gertwiller.
1574 Heim, Louis, 27 mars 1888, Eschau.
1575 Heinrich, Auguste, 5 oct. 1872, Itterswiller.
1576 Heinrich, Joseph, 16 janv. 1878, Wihr-au-Val.
1577 Heisch, Eugène, 6 nov. 1872, Blienschwiller.
1578 Heitz, Louis, 29 août 1877, Mulhouse.
1579 Helbing, Léon-Henri, 8 avril 1883, Stotzheim.
1580 Henry, Jean-Bapt.-Const., 17 déc. 1876, Orbey.
1581 Herb, Jean, 28 mars 1890, Brumath.
1582 Herrbach, Jean, 13 juin 1886, Dambach.
1583 Herrmann, Charles, 7 mars 1893, Arzwiller.
1584 Herter, Louis, 23 janv. 1889, Obernai.
1585 Hert, Joseph, 2 sept. 1884, Minversheim.
1586 Hertzog, Jos.-Léon, 25 janv. 1883, Friensheim.
1587 Hertzog, Pierre-Paul, 15 déc. 1884, Hattstatt.
1588 Herzog, Albert, 3 nov. 1895, Scherwiller.
1589 Hess, Paul, 31 mai 1889, Beblenheim.
1590 Heyer, Jules, 18 juillet 1889, Grafenstaden.
1591 Himbert, Isid.-Mich., 5 mars 1888, Bischheim.
1592 Hirsch, Jean-Georg., 6 avril 1889, Wintershouse.
1593 Hirtz, Samuel, 7 mars 1885, Wintzenheim.
1594 Hoffbeck, Xavier, 14 janv. 1883, Ottrott.
1595 Hoffer, Émile, 4 févr. 1890, Colmar.
1596 Hoffmann, Georg.-Aug., 28 août 1894, Bischofsheim.
1597 Holl, Laurent, 22 oct. 1877, Hessenheim.
1598 Holtzer, Jean-Sébast., 5 mars 1879, Colmar.
1599 Huber, Paul, 28 juin 1889, Kehl-Village.
1600 Hück, Auguste, 2 janv. 1882, Westhouse.
1601 Hürstel, Aloïs, 10 mars 1886, Rossfeld.
1602 Immelé, Louis, 23 août 1881, Hattstatt.
1603 Hurt, Jos.-Alb., 6 janv. 1875, Soulzbach.
1604 Jacob, Aloïs-Albert, 2 nov. 1889, Mulhouse.
1605 Jacob, Arthur-Gs.-Émile, 7 mars 1889, Thannenkirch.
1606 Jaegler, Ch.-Martin, 2 nov. 1882, Schlestadt.
1607 Jehl, Auguste, 14 déc. 1887, Rheinau.
1608 Jehl, Edmond, 6 févr. 1885, Reichsfeld.
1609 Jehl, Joseph-Franç., 26 févr. 1891, Vöklinshofen.
1610 Jehl, Charl.-Émile, 27 nov. 1884, Obernai.
1611 Jehl, Louis-Joseph, 14 mars 1883, Herbsheim.
1612 Jenny, Alph.-Mathieu, 10 mai 1883, Kintzheim.
1613 Jessel, Xavier, 12 août 1888, Saint-Pierre-aux-Bois.
1614 Jordan, Blaise, 3 juin 1871, Walf.
1615 Jordy, Jean-Jacques, 6 avril 1885, Colmar.
1616 Jost I, Maurice, 22 sept. 1872, Rosheim.
1617 Jost, Victor, 2 nov. 1891, Rosheim.
1618 Karcher, Auguste, 5 avril 1886, Epfig.
1619 Karl, Joseph, 8 nov. 1890, Schirmeck.
1620 Kauffmann, Eug., 18 janv. 1884, Lautenbach.
1621 Kauffmann, Joseph, 3 mai 1889, Ostwald.
1622 Keauss, Aloïs, 13 sept. 1883, Flexbourg.
1623 Kelhetter, Joseph, 19 mai 1879, Holzheim.
1624 Keller, Alfred, 17 janv. 1881, Hilsenheim.
1625 Kempf, Alphonse, 4 nov. 1887, Uttenheim.
1626 Kestel, Jean-Bapt., 10 juill. 1875, Rodern.
1627 Kieffer, Henri-Léon, 13 janv. 1885, Holzheim.
1628 Kienert, Édouard, 7 nov. 1884, Walf.
1629 Kienz, Eugène, 27 févr. 1879, Gertwiller.
1630 Kimmerlé, Georg.-Alph., 30 oct. 1883, Illkirch-Grafenstaden.

1631 Kinder, Aloïs, 28 janv. 1886, Ottrott.
1632 Kirstetter, Ant.-J.-Bapt., 19 sept. 1876, Grafenstaden.
1633 Kitz, Jean-Chrétie-Alb., 19 juin 1881, Colmar.
1634 Kleck, Charles, 7 mars 1879, Schweighouse.
1635 Klein, Franç.-Louis, 7 août 1875, Scherrwiller.
1636 Knipper, Charles-Alb., 31 déc. 1881, Colmar.
1637 Knoch, Jules-Ch., 7 déc. 1889, Strasbourg.
1638 Knoepfli, Émile, 14 avril 1884, Mulhouse.
1639 Kocher, Joseph, 9 mars 1886, Duttlenheim.
1640 Koeberlé, Charles, 7 nov. 1884, Epfig.
1641 Koenig, Ch.-Ernest, 9 mai 1886, Strasbourg.
1642 Koog, Jos.-Ant.-Émile, 17 nov. 1888, Schlestadt.
1643 Kornann, J.-B., 8 nov. 1878, Obermorschwihr.
1644 Krantz, Édouard, 20 sept. 1871, Scherrwiller.
1645 Krauss, Henri, 30 mars 1890, Sigolsheim.
1646 Kuhn, Aloïs, 17 juin 1885, Erstein.
1647 Kunzmann, Louis, 12 juillet 1878, Türckheim.
1648 Kurtz, Jean-Joseph, 19 mars 1883, Erstein.
1649 Kurtz, Joseph, 6 août 1883, Osthouse.
1650 Laboureur, Émile, 16 juin 1883, Colmar.
1651 Lameyer, Félix, 24 août 1879, Meistratzheim.
1652 Langolf, Joseph, 29 oct. 1882, Bergheim.
1653 Lauber, Henri, 22 déc. 1890, Munster.
1654 Leber, J.-Bapt., 24 janv. 1875, Guemar.
1655 Ledermann, Léop., 16 déc. 1886, Fegersheim.
1656 Legrand, Louis-Nap., 9 juillet 1888, Grube (Fouchy).
1657 Léopold, Florenz, 4 août 1880, Walf.
1658 Libmann, Paul, 6 janv. 1882, Colmar.
1659 Lichtlé, Charles, 5 sept. 1881, Husseren.
1660 Liermann, Jules-Pierre, 21 août 1887, Colmar.
1661 Linder, Charles, 16 juill. 1891, Müttersholz.
1662 Lingelser, Ernest, 9 juin 1885, Sausheim.
1663 Lips, Jean-Paul, 25 juin 1886, Hüttenheim.
1664 Litli, Georges, 23 oct. 1884, Schlestadt.
1665 Lix, Émile, 21 janv. 1885, Strasbourg.
1666 Lobissommer, Martin-Jos.-Jules, 24 août 1880, Colmar.
1667 Loegler, Jean, 6 janv. 1881, Müttersholz.
1668 Lorber, Auguste, 6 sept. 1882, Ebersheim.
1669 Lorenz, Franç.-Louis-Xavier, 5 janvier 1890, Ostwald.
1670 Lotz, Aloïs-Jean, 3 déc. 1880, Obernai.
1671 Lotz, Ch.-Louis, 25 août 1879, Obernai.
1672 Loux, Henri-Aug., 24 nov. 1874, Schorngrund.
1673 Ludaescher, Émile, 31 juill. 1889, Mackenheim.
1674 Ludwig, Georges, 23 mars 1881, Mulhouse.
1675 Ludwig, Joseph, 28 juin 1876, Obernai.
1676 Luitz, And.-Émile-Vict, 30 mai 1877, Rosheim.
1677 Lützler, Alphonse, 10 janv. 1885, Rosheim.
1678 Lutz, Joseph, 5 mai 1879, Walf.
1679 Maechel, Georges, 5 mars 1883, Illkirch-Grafenstaden.
1680 Malaise, Henri-Alfred, 18 sept. 1883, Neuwiller.
1681 Malo, Georges, 1er juill. 1889, Bersch.
1682 Mangold, Jos.-Eug., 14 mars 1891, Wihr-au-Val.
1683 Marchal, Maur.-Marc., 16 janv. 1886, Hohwald.
1684 Marchand, Édouard, 11 août 1889, La Baroche.
1685 Marchand, Henri, 3 juillet 1891, La Baroche.
1686 Marchand, Jacques, 14 février 1875, La Baroche.
1687 Marchand, Jean-Pierre, 23 avril 1881, La Baroche.
1688 Martin, Joseph, 23 nov. 1883, Kertzfeld.
1689 Martin, Ch.-Jos., 12 déc. 1879, Husseren.
1690 Matern, Aug.-Paul, 3 août 1880, Willer.
1691 Matheis, Jacques, 12 août 1886, Sundhouse.
1692 Mathis, Phil.-Mathieu, 8 déc. 1883, Petite-Pierre.
1693 Matter, Joseph, 26 avril 1889, Hochfelden.
1694 Mayer, André-Séligmann, 9 juin 1883, Colmar.
1695 Mayer, Félix-Lucien, 25 nov. 1886, Colmar.
1696 Mehn, 31 mars 1883, Wolfisheim.
1697 Meiss, Eugène, 6 mai 1886, Mutzig.
1698 Meyer, Albert-Georg., 18 sept. 1885, Colmar.
1699 Meyer, Alphonse, 19 févr. 1890, Obernai.
1700 Meyer, Alfred, 10 mars 1892, Türckheim.
1701 Meyer III, Antoine, 14 mars 1891, Minversheim.
1702 Meyer, Auguste, 31 mai 1885, Erstein.
1703 Meyer, Eug.-Jos.-Ern., 31 oct. 1889, Dinsheim.
1704 Meyer, Franç.-Antoine, 19 janv. 1883, Hohwarth.
1705 Meyer II, Joseph, 19 juill. 1881, Steige.
1706 Meyer, Charles, 20 oct. 1879, Benfeld.
1707 Meyer III, Ch.-Eug., 24 avril 1881, Strasbourg.
1708 Meyer, Laurent-Aug., 4 août 1891, Wintzenheim.
1709 Meyer, Théodore, 3 juill. 1894, Wintzenheim.
1710 Michel, Georges, 16 oct. 1885, Walf.
1711 Michel, Jacques, 27 févr. 1871, Melsheim.
1712 Missemer, André-Jos., 23 juill. 1881, Strasbourg.
1713 Moerekel, Joseph, 1er févr. 1880, Obernai.

1714 Morel, Louis-Gust., 12 mai 1882, Schœneberg.
1715 Moritz, Joseph, 5 juin 1879, Rosheim.
1716 Mosser, Marie-Théop., 20 mai 1889, Wolf.
1717 Motschwiller, Eugène, 20 nov. 1887, Châtenois.
1718 Muller, Aug.-Dom., 4 août 1879, Obernai.
1719 Muller, Émile-Fréd., 13 mai 1889, Strasbourg.
1720 Muller, Eugène, 22 août 1883, Strasbourg.
1721 Muller II, Eug.-Gabr., 12 mars 1878, Herbsheim.
1722 Muller, Franç.-Jos., 23 mars 1889, Schnersheim.
1723 Muller IV, Fréd.-Ch., 20 juill. 1878, Colmar.
1724 Muller, Georg.-Fréd., 3 juillet 1876, Ingwiller.
1725 Muller, Georg.-Henri, 28 nov. 1882, Lorentzen.
1726 Mure, Émile, 30 août 1879, Wihr-au-Val.
1727 Murer, Joseph, 18 mai 1887, Bergheim.
1728 Munich, Justin-Franç., 15 sept. 1879, Russ.
1729 Mutschler, Émile, 6 nov. 1881, Hindisheim.
1730 Naegel, Eug.-Michel, 29 sept. 1883, Andlau.
1731 Neff, Albert, 10 déc. 1883, Luttenbach.
1732 Niedergang, Émile, 3 juin 1884, Mulhouse.
1733 Nonnenmacher, Joseph, 25 janv. 1886, Schiltigheim.
1734 Nus, Frédéric, 25 févr. 1876, Blæsheim.
1735 Oberlin, Jean, 7 nov. 1877, Andolsheim.
1736 Oehler, Ignace, 4 juill. 1878, Saint-Pierre-Bois.
1737 Orschel, Marcel-Louis, 27 mars 1890, Sarrebourg-en-L.
1738 Orthlieb, Louis-Joseph, 15 oct. 1889, Obernai.
1739 Oswald, Alphonse, 31 mars 1877, Geispolsheim.
1740 Penerath, Victor, 3 juin 1890, Sainte-Croix-aux-Mines.
1741 Pfeiffer, Georg.-Jacq., 21 déc. 1885, Colmar.
1742 Pfister, Joseph-Alph., 26 juill. 1887, Bernhardswiller.
1743 Pfost, Franç.-Xav., 29 nov. 1895, Kogenheim.
1744 Pfrimmer, Ch.-Val., 17 janvier 1878, Schiltigheim.
1745 Picard, Lambert, 6 mai 1887, Muttersholz.
1746 Picard, Simon, 10 juin 1890, Wingenheim.
1747 Pierrot, Louis, 4 mai 1877, Neukirch.
1748 Prince, Isidore, 21 janvier 1890, Steige.
1749 Rahm, Valent., 28 sept. 1888, Schwindratzheim.
1750 Rauch, Henri, 8 juill. 1886, Mittelbergheim.
1751 Rauffer, Alois-Ignace, 15 juill. 1883, Illkirch-Grafenstaden.

1752 Rauner, Jean-Jos.-And., 12 juin 1880, Colmar.
1753 Reber, Auguste, 31 août 1888, Obernai.
1754 Rebert, Michel, 16 sept. 1878, Andolsheim.
1755 Rebmann, André, 3 avril 1881, Crastatt.
1756 Rebmann, Jos.-Ch., 7 janvier 1880, Birkenwald.
1757 Rehberger, Ch.-Émile, 18 oct. 1893, Barr.
1758 Rehm, Hermann-Ant., 29 déc. 1880, Bischwihr.
1759 Renhard, Mich.-Ed., 2 oct. 1888, Grafenstaden.
1760 Reiss, Michel, 5 oct. 1888, Balbronn.
1761 Rencker, Jacq.-Jos., 13 avril 1885, Colmar.
1762 Resch, Albert, 16 nov. 1878, Wasserbourg.
1763 Reymann, Alb.-Théop., 21 oct. 1880, Triembach.
1764 Reymund, Charl., 27 janv. 1880, Saint-Pierre-Bois.
1765 Rieff, Fréd.-Alb., 2 juill. 1887, Saales.
1766 Rieffel, Maxime, 1er mai 1889, Niedernai.
1767 Riehl, Antoine, 27 sept. 1883, Uttenheim.
1768 Riehl, Jean-Phil., 11 sept. 1885, Meistratzheim.
1769 Riss, Antoine, 18 avril 1884, Rosheim.
1770 Riter, Charles, 4 nov. 1884, Schlestadt.
1771 Ritt, Émile-Joseph, 8 mai 1887, Grafenstaden.
1772 Rochi, François, 28 juin 1882, Munster.
1773 Rohmer, Eugène, 26 oct. 1889, Erstein.
1774 Roth, Eug., 16 déc. 1886, Illkirch-Grafenstaden.
1775 Roth, Joseph, 18 janv. 1870, Waldowisheim.
1776 Roth, Laurent, 13 sept. 1885, Littenheim.
1777 Roth, Xavier, 18 juin 1888, Gambsheim.
1778 Salomon, Franç.-Val., 11 sept. 1884, Benfeld.
1779 Samson, Jos.-Jean, 8 févr. 1890, Colbey.
1780 Schaeffer, Charles, 28 nov. 1890, Grafenstaden.
1781 Schaffhauser, Léon-Isidore, 13 sept. 1879.
1782 Schafnitzky, Ernest, 13 mai 1878, Illkirch-Grafenstaden.
1783 Schaub, Léon, 23 oct. 1878, Ostwald.
1784 Scheibling, Eugène, 15 juill. 1888, Schlestadt.
1785 Schiffmann, Alph., 2 août 1879, Obermorschwihr.
1786 Schirmer, Alb.-Marie-Jos.-Ant., 2 févr. 1885, Altkirch.
1787 Schleiffer, Édouard-Marcel, 21 août 1887, Strasbourg.
1788 Schleret, Georg.-Rob., 9 avril 1882, Wintzenheim.
1789 Schmitt, Émile, 19 août 1876, Rosheim.
1790 Schmitt, Georg.-Em., 21 janvier 1885, Griesheim.
1791 Schmitz, Jacques, 23 déc. 1885, Colmar.
1792 Schmitt, Charles, 28 oct. 1891, Bindernheim.

1793 Schmitt, Ch.-Georges, 16 juillet 1890, Illkirch-Grafenstaden.
1794 Schmitt, Mathieu, 28 févr. 1882, Kintzheim.
1795 Schmitt, Théobald, 24 juillet 1883, Ohnenheim.
1796 Schneider, Aug., 9 nov. 1877, Illkirch-Grafenstaden.
1797 Schneider III, Jean-Paul, 10 juin 1883, Colmar.
1798 Schneider, Jos., 3 déc. 1837, Brumath.
1799 Schoen, Henri, 22 sept. 1897, Barr.
1800 Schreiber Jean-Aug., 10 oct. 1886, Ottrott.
1801 Schütz, Franç.-Jos., 24 août 1882, Dambach.
1802 Schwartz, Georg.-Aug., 26 oct. 1885, Strasbourg.
1803 Schwaab, Jos.-Aloïs-Guil., 4 juin 1890, Rhinau.
1804 Schwartz, Ch.-Gust., 28 juin 1888, Barr.
1805 Seelig, Jean, 28 oct. 1888, Metzeral.
1806 Seelig, Joseph, 2 déc. 1881, Grussenheim.
1807 Seewald, Alfr.-Fréd., 21 avril 1888, Strasbourg.
1808 Seibler, Jean, 22 oct. 1835, Dahlenheim.
1809 Siegler, Fréd.-Jean, 18 février 1880, Mittelwihr.
1810 Siffert, Alphonse, 27 nov. 1885, Orschwiller.
1811 Sigrist, Franç.-Xav., 5 oct. 1883, Zellwiller.
1812 Sigrist, Rémy-Léon, 23 déc. 1879, Strasbourg-Robertsau.
1813 Simler, Joseph, 3 mars 1889, Ohnenheim.
1814 Simon, Franç.-Louis, 19 sept. 1879, Greith (Kruth).
1815 Sittler, Alfred, 17 juill. 1833, Erstein.
1816 Sittler, Joseph-Arian, 4 août 1883, Saint-Dié.
1817 Sittler, Marie-Théop., 2 janv. 1886, Fegersheim.
1818 Sohm, Albert, 4 janv. 1887, Metz.
1819 Sommer, Émile-Maur., 24 déc. 1879, Colmar.
1820 Sonntag, Eugène, 5 mars 1880, Lautenbach.
1821 Sonntag, Eugène, 31 mars 1879, Châtenois.
1822 Spannagel, Charles, 21 mai 1878, Colmar.
1823 Specht, Albert, 7 avril 1890, Erstein.
1824 Speisser, Franç.-Xav., 4 déc. 1876, Geispolsheim.
1825 Spira, Félix-Ferd., 20 déc. 1877, Colmar.
1826 Steibli, Émile, 2 juin 1874, Wittenheim.
1827 Steyer, Antoine, 22 déc. 1877, Grafenstaden.
1828 Stieffater, Ch.-Alph., 11 juillet 1876, Habsheim.
1829 Stieger, Louis, 24 août 1890, Huttenheim.
1830 Stiegler, Aloïs, 20 oct. 1883, Huttenheim.
1831 Stührer, Ernest, 24 déc. 1883, Scherwiller.
1832 Stoeffler, Ch.-Émile, 19 sept. 1884, Obernai.

1833 Strauel, Henri-Sérap., 23 juill. 1876, Grussenheim.
1834 Strebler, Charles, 25 sept. 1888, Merzwiller.
1835 Streith, Eug., 28 mai 1881, Andlau.
1836 Sturni, Alphonse, 26 août 1885, Weitbruch.
1837 Suer, Charles, 20 oct. 1888, Bolsenheim.
1838 Suezer, Eugène-Aloïs, 10 juin 1889, Reichstett.
1839 Suro, Georges, 9 avril 1883, Obernai.
1840 Thonnelier, Cornélie-Aug.-Alexandre, 19 janv. 1884, Bourg-Bruche.
1841 Thorr, Joseph, 16 mars 1884, Zimmerbach.
1842 Thurner, Théodore, 2 février 1887, Langenbourg.
1843 Ulm, Auguste, 23 sept. 1883.
1844 Ury, Léon-Aug., 14 mars 1879, Lauterbourg.
1845 Vatin, Laurent, 8 mars 1884, Steige.
1846 Vogel, Émile, 5 nov. 1886, Heiligenstein.
1847 Vogel, Martin, 11 nov. 1885, Munster.
1848 Waechter, Joseph, 24 août 1880, Bossemberg.
1849 Waegell, Aug.-Achille, 3 nov. 1886, Nothalten.
1850 Wagner I, Ernest, 22 avril 1881, Soulzbach.
1851 Walter, Blaise-Aug., 3 février 1875, L'Allemand-Rombach.
1852 Walter, Jean, 11 mars 1889, Willer.
1853 Walter, Eugène, 2 janv. 1885, Friesenheim.
1854 Wasner, Jos.-Alph., 3 janvier 1880, Schlestadt.
1855 Weber, Henri-Léop., 13 mai 1885, Sablon.
1856 Weber, Charles, 30 déc. 1887, Ribeauvillé.
1857 Weil, Léon, 2 sept. 1886, Schlestadt.
1858 Weil, Léon-René, 24 août 1885, Markolsheim.
1859 Weill, Georges, 3 févr. 1878, Strasbourg.
1860 Weill I, Reinhard, 25 sept. 1886, Marmoutier.
1861 Weingaertner, Ch.-Henri-Simon, 14 juill. 1874, Haguenau.
1862 Weisrock, Léon-Georg-Jos., 23 avr. 1877, Strasbourg.
1863 Weiss, Aug., 9 juill. 1880, Boofzheim.
1864 Weiss, Georges, 19 avril 1885, Truchtersheim.
1865 Weiss, Henri-Antoine, 21 juill. 1888, Oberbruck.
1866 Weitz, Jacques-Louis, 4 février 1887, Brumath.
1867 Wendling, Alphonse, 5 mars 1888, Guémar.
1868 Wendling, Alf.-Joseph-Michel, 20 juill. 1880, Strasbourg.
1869 Wendling, Joseph, 14 déc. 1881, Strasbourg-Kronenbourg.
1870 Wernert, Vict.-Aug., 19 sept. 1886, Hochfelden.
1871 Weyl, Edgard, 9 déc. 1886, Benfeld.

1872 Weymann, Ernest, 4 mai 1878, Hausen.
1873 Widloecher, Victor, 17 févr. 1885, Still.
1874 Willer, Théophile, 11 mars 1892, Hindisheim.
1875 Wimmer, Auguste, 21 oct. 1883, Erstein.
1876 Winckel, Franç.-Jos., 22 mars 1886, Hochfelden.
1877 Winom, Joseph, 29 juin 1889, Zellwiller.
1878 Wissenmeyer, Louis, 15 juill. 1884, Benfeld.
1879 Wittig, Joseph, 12 avril 1883, Oltingen.
1880 Woerth, Louis, 7 sept. 1883, Erstein.
1881 Wolff I, Léon, 8 juin 1890, Réchicourt-le-Château.
1882 Wurch, Charles, 9 nov. 1878, Osthouse.
1883 Wurtz, Georges, 24 avril 1873, Illkirch-Grafenstaden.
1884 Zellmeyer, Charles, 8 déc. 1889, Huttenheim.
1885 Zeigler, Franç.-Jos.-Edm., 19 nov. 1891, Kuttolsheim.
1886 Zimmermann, Émile, 28 janv. 1888, Fegersheim.

Liste n° 6.

14 juillet 1916

1887 Adèle, Théodore, 8 juill. 1883, Guermange.
1888 Albert, Marie-Jos.-Gust., 18 juin 1891, Metz.
1889 Albrecht, Godefroy, 24 juill. 1887, Bischwiller.
1890 Alexander, Franç., 19 avril 1879, Grand-Moyeuvre.
1891 Ancel, Nicolas-Cam., 19 nov. 1879, Sainte-Marie-aux-Chênes.
1892 André, Eug.-Alb., 14 avril 1881, Domangeville.
1893 André, Mathias, 15 juin 1891, Evrange.
1894 André, Pierre-Jean, 13 nov. 1887, Grand-Guénange.
1895 André, Victor, 8 oct. 1881, Grand-Moyeuvre.
1896 Andrees, Jean, 28 mars 1876, Hottwiller.
1897 Antoine, Aug., 23 sept. 1892, Burlioncourt.
1898 Antoine, Camille, 5 mars 1888, Burlioncourt.
1899 Appell Camille, 25 août 1887, Grand-Moyeuvre.
1900 Appréderis, Victor, 6 mai 1890, Dabo.
1901 Aubertin, Henri, 26 oct. 1879, Metz.
1902 Aullen, Émile, 11 sept. 1886, Vieux-Thann.
1903 Aulner, Pierre-Eug., 25 sept. 1888, Aumetz.
1904 Banquel, Jean-Célest., 2 déc. 1886, Arraincourt.
1905 Barbillon, Pierre, 9 sept. 1882, Morlange.
1906 Baron, Achille, 21 févr. 1888, Ingwiller.
1907 Baron, Louis-Nicol., 26 févr. 1888, Lessy.
1908 Barotte, Jean-Pierre, 20 oct. 1879, Roncourt.
1909 Barthe, Aug.-Edm., 5 févr. 1885, Neubourg-en-Lorraine.
1910 Barthelémy, Jean-Aug., 12 déc. 1894, Lorry-lès-Metz.
1911 Barthelémy, Victor-Jean-Henri, 28 nov. 1888, Saint-Epvre.
1912 Bastien, Eugène, 17 janv. 1883, Distroff.
1913 Bastien, Jean, 24 avril 1889, Zouffgen.
1914 Baudin, Henri-Nicol., 19 nov. 1883, Jouy-aux-Arches.
1915 Beaudouin, Henri-Ch., 2 déc. 1881, Ennery.
1916 Beauquel, Alfred, 15 août 1884, Vic.
1917 Becker I, Antoine, 24 août 1881, Neunkirch.
1918 Becker I, Luc.-Jean, 13 févr. 1885, Rombas.
1919 Becker, Pierre-Nicol., 4 mai 1878, Hayange.
1920 Béha, Camille-Léon-Xav., 19 avril 1882, Metz.
1921 Beitz, Jean, 26 juin 1882, Holbach.
1922 Beitz, Jean-Pierre, 6 sept. 1884, Monneren.
1923 Bémer, Charles, 25 févr. 1878, Luppy.
1924 Bénédic, Jos.-Nicol., 11 juin 1880, Metz.
1925 Berger, Christophe, 18 déc. 1886, Hombourg-Bas.
1926 Behrerlet, Ch.-Hermann-Louis, 24 nov. 1881, Liocourt.
1927 Beringer, Franç.-Ch., 13 janv. 1879, Montigny-lès-Metz.
1928 Bertard, Ch.-Auguste, 26 juin 1886, Chieulles.
1929 Bertholin, Ernest-Jean-B., 17 nov. 1879, Abreschwiller.
1930 Beyerlet, Paul, 6 janv. 1886, Retonfey.
1931 Bidon, Charles, 5 févr. 1890, Rentgen-Basse.
1932 Bigerel, Léon, 12 nov. 1877, Marthil.
1933 Bischoff, Jules-René, 23 déc. 1881, Moyen-Vic.
1934 Blanquerin, Émile, 1er juin 1873, Dieuze.
1935 Bolzinger, Franç., 1er janv. 1887, Haute-Guénange.
1936 Bonhomme, Adrien, 30 juin 1883, Wals.
1937 Bonn, Jean-Erhart, 3 juin 1885, Weyersheim.
1938 Bosb, Franç.-Edouard, 11 sept. 1889, Metz.
1939 Bott, Ch.-Hubert-Émile, 3 nov. 1887, Pont-Pierre.
1940 Bour, Georges, 6 avril 1875, Diffenbach.
1941 Bourgeois, Aug., 20 août 1883, Gandrange.
1942 Bourgeois, Émile, 21 sept. 1881, Gandrange.
1943 Bournique, Louis-Joseph, 17 déc. 1882, Abreschwiller.
1944 Boursier, Eug.-Pierre, 29 déc. 1876, Metz.
1945 Bouvier, Ernest-Ch., 28 août 1887, Hanguevaux.
1946 Braunsteffer, Ch., 19 juin 1894, Altkirch.
1947 Braun, Jos., 8 oct. 1883, Freistroff.
1948 Brocard, Gustave, 28 nov. 1883, Rezonville.

1949 Brouant, Célest.-Camille, 23 août 1887, Kœl-Zélervaux.
1950 Brouant, Jules-Hippol., 18 avril 1886, Solgne.
1951 Buchheit, Adr.-Nicol., 10 mai 1892, Metz.
1952 Bur, Aloïse-Nicol., 6 janv. 1889, Obergailbach.
1953 Burdener, René, 1er mars 1888, Morlange.
1954 Burtart, Louis, 25 avril 1883, Verny.
1955 Cabaillot, Aug., 28 déc. 1876, Metz.
1956 Cahen, Herman, 28 avril 1880, Boulay.
1957 Cahen, Isaac, 4 juill. 1882, Orny.
1958 Carlier, Aug., 9 août 1879, Marange-Silvange.
1959 Carrière, Franç.-Nicol., 7 juill. 1876, Gorze.
1960 Carrière, Louis, 27 janv. 1892, Gorze.
1961 Carton, Adrien, 14 janv. 1892, Novéant.
1962 Caudy, Nicolas, 28 nov. 1884, Aube.
1963 Cerf, Ernest, 2 mai 1883, Puttelange.
1964 Cerf, Léon, 29 juin 1879, Puttelange.
1965 Cueillette, Edmond, 12 août 1884, Moyen-Vic.
1966 Chabeaux, Alex.-Louis, 14 mars 1878, Metz.
1967 Chabeaux, Théoph.-Fr., 26 juill. 1876, Metz.
1968 Chabot, Auguste, 13 févr. 1881, Courcelles-Chaussy.
1969 Challot, Joseph, 26 mars 1878, Aumetz.
1970 Chardin, Charles-François, 26 nov. 1875, Buchy.
1971 Charff, Paul-Louis-Amédé, 7 mai 1890, Fontoy.
1972 Charles, Franç.-Aug., 1er oct. 1876, Oetling.
1973 Charton, Pierre-Marie-Louis, 7 juin 1889, Sierck.
1974 Chaudron, Victor, 7 mai 1884, Boulay.
1975 Cherrier, Louis, 12 avril 1880, Vatimont.
1976 Chollot, Xavier, 26 mars 1877, Aumetz.
1977 Ciré, Émile, 4 mai 1891, Semécourt.
1978 Clausse, Georges, 17 mars 1885, Lommerange.
1979 Clévenot, Marcel, 26 sept. 1890, Vaux.
1980 Clément, Jos.-Gaston, 27 oct. 1884, Thionville.
1981 Collignon, Ch.-Lucien, 11 avril 1883, Aumetz.
1982 Cosar, Paul-Henri, 25 déc. 1877, Ars-sur-Moselle.
1983 Coursols, Jacques-Émile, 18 sept. 1878, Coin-sur-Seille.
1984 Croutsch, Jules-Aug., 14 août 1888, Thionville.
1985 Dahlem, Ch.-Philip., 12 déc. 1885, Strasbourg.
1986 Dautonel, Henri-Jos., 19 mars 1883, Rombas.
1987 Dauphin, Georg.-Dés., 11 févr. 1892, Bazoncourt.
1988 Dauphin, Jules-Onésime, 13 mai 1885, Bazoncourt.
1989 Debuisson, Victor, 17 janv. 1879, Charly-les-Ennery.
1990 Descker, Charles, 26 sept. 1886, Weinburg.
1991 Dengel, Charles, 6 oct. 1891, Grand-Moyeuvre.
1992 Denis, Jean-Jos., 19 août 1884, Lemestroff.
1993 Denis, Louis, 17 févr. 1882, Illange.
1994 Dess, Jean-Gust., 13 juill. 1878, Buding.
1995 Dihling, Michel, 11 sept. 1883, Eschbach.
1996 Didion, Eugène, 13 mars 1884, Rezonville.
1997 Didot, Nicolas, 7 mars 1879, Willer.
1998 Diebolt, Antoine, 26 mai 1883, Domnom.
1999 Droit, Charles, 14 janv. 1882, Saint-Hubert.
2000 Dis, Bernard-Jean, 7 mai 1894, Wœllenheim.
2001 Dory, Lucien, 27 avril 1889, Metz.
2002 Doyen, Martin, 15 sept. 1876, Retonfey.
2003 Eberhardt, Henri, 5 juin 1885, Niederbronn-les-Bains.
2004 Enger, Char.-Jos., 21 avril 1886, Brumath.
2005 Erasimus, Pierre, 4 juin 1878, Hoste-Haut.
2006 Erle, Edmond, 11 déc. 1885, Dettwiller.
2007 Ermann, Henri, 21 nov. 1882, Metz.
2008 Étienne, Jos.-Georges, 20 sept. 1886, Thimonville.
2009 Étienne, Charles-Aug., 23 oct. 1884, Chicourt.
2010 Évrard, Marie-Henri-Émile, 15 sept. 1879, Herny.
2011 Évrard, Vict., 27 sept. 1878, Saint-Privat-la-Montagne.
2012 Exler, Jean-Bapt., 13 févr. 1885, Nouvelle-Verrerie.
2013 Fabert, Émile-Jos.-Albert, 13 mai 1888, Charly.
2014 Falentin, Vict.-Aloïse, 6 févr. 1888, Mulcey.
2015 Feklis, Jules-Pierre, 27 juill. 1887, Clouange.
2016 Feller, Jean-Pierre, 29 août 1885, Suzange.
2017 Fetick, Émile-Alb., 10 nov. 1885, Saint-Avold.
2018 Fontaine, Émile-Alb., 29 déc. 1884, Ars-sur-Moselle.
2019 François, Gustave, 6 mai 1875, Malancourt.
2020 Frantz, Jos.-Pierre-And., 5 mars 1888, Boulay.
2021 Frantzwa, J.-Bapt., 29 août 1880, Boucheporn.
2022 Frey, Nicolas, 16 août 1877, Metz.
2023 Fritz, Domin.-Jules, 23 juin 1879, Hayange.
2024 Fournier, Lucien-Alb.-Marie, 16 janv. 1887, Orny.
2025 Gaillot, Alphonse, 3 mars 1887, Mittenhofen.
2026 Gantner, Jean, 4 déc. 1887, Waldwisse.
2027 Garsot, Auguste, 27 juill. 1884, Saint-Julien.

2028 Gasiorowski, Ch., 14 déc. 1877, Strasbourg.
2029 Gemmel, Nicolas, 30 déc. 1883, Hayange.
2030 Georgin, Émile-Ch., 10 nov. 1883, Augny.
2031 Georgin, Ch.-Paul, 21 sept. 1891, Augny.
2032 Gérard, Charles, 5 août 1878, Hayange.
2033 Gérardin, Paul-Eug., 23 janv. 1879, Plantières.
2034 Gérardy, Pierre, 18 mai 1887, Oudren.
2035 Gernez, François, 16 févr. 1887, Cuvry.
2036 Gigout, Paul, 13 mai 1887, Louvigny.
2037 Gillet, Ernest-Denis, 23 juin 1877, Lemud.
2038 Giro, Jacques-Rudolphe, 29 oct. 1881, Wœrth.
2039 Glück, Léon, 20 mai 1894, Moosch.
2040 Gocel, Alfred-René, 2 août 1889, Alaincourt.
2041 Gobert, Michel, 25 oct. 1884, Hayange.
2042 Godot, Aug.-Émile, 17 févr. 1883, Achâtel.
2043 Gottdang, Louis, 6 mai 1885, Sierck.
2044 Gouget, Justin, 18 avr. 1882, Magny.
2045 Goulon, Charl.-Ant., 7 avril 1877, Knutange.
2046 Grabmeyer, Frédér.-Henri, 30 mai 1884, Amanvillers.
2047 Grady, Jean, 18 mai 1887, Malancourt.
2048 Grand, Georges, 21 juin 1886, Uckange.
2049 Grass, Charles, 28 avril 1884, Bischheim.
2050 Grégoire, Ernest, 16 août 1889, Saint-Privat-la-Montagne.
2051 Gress, Émile, 23 juill. 1881, Guebwiller.
2052 Greulich, Édouard, 26 août 1890, Schiltigheim.
2053 Grosse, Eugène, 28 sept. 1885, Guinglange.
2054 Grunewald, Aug., 3 oct. 1882, Breistroff-la-Grande.
2055 Gueber, Ch., 12 mai 1887, Styring-Wendel.
2056 Guertner, Joseph, 19 déc. 1887, Vergaville.
2057 Guilmain, Nicolas-Jean, 30 nov. 1890, Hallering.
2058 Guyot, Alex.-Edm., 23 févr. 1883, Fontoy.
2059 Habold, Raymond, 18 mai 1889, Noréant.
2060 Hahn, Joseph, 20 mai 1880, Lemberg.
2061 Halle, Mathieu-Pierre, 16 nov. 1881, Rettel.
2062 Handol, Auguste, 20 mai 1885, Courcelles-Chaussy.
2063 Hancion, Lucien-Auguste, 8 janv. 1890, Chanville.
2064 Hans, Jacq.-Aug., 24 août 1889, Dettwiller.
2065 Hanus, Guill.-Nicolas, 17 mai 1884, Aumetz.
2066 Hassen, Charles, 3 déc. 1886, Novéant.
2067 Hasser, Charles, 15 mars 1885, Forbach.
2068 Hauck, Émile-Jean, 24 juill. 1883, Styring-Wendel.
2069 Haupmann, Henri-Albert, 16 janv. 1889, Metz.
2070 Hauriat, Léon, 11 mai 1887, Vry.

2071 Haybach, Ch.-Jean, 30 déc. 1875, Saint-Avold.
2072 Haib, Léon-Ern., 29 févr. 1876, Bacourt.
2073 Helmbacher, Franç.-Jos., 30 mars 1887, Dinsheim.
2074 Helmer, Jos., 22 juillet 1881, Eschbach.
2075 Hen, Jos.-Franç., 27 juill. 1883, Bacourt.
2076 Hennequin, Alb.-Jules, 24 mai 1887, Flévy.
2077 Henrion, Nicol.-Jules, 26 mai 1885, Vaux.
2078 Henrionnet, Théod.-René, 8 mai 1884, Metz.
2079 Henriot, Alph.-Alexis, 28 mars 1875, Vic.
2080 Henry, Louis-Émile, 26 janv. 1883, Jessy.
2081 Hermann, Jean-Nicol.-Ferdinand, 9 mars 1877, Metz.
2082 Hermann, Louis, 7 juin 1878, Oberhofen.
2083 Hippert, Jean-Pierre, 31 août 1886, Kanfen.
2084 Hirschauer, Charles, 11 oct. 1889, Kirsch.
2085 Houillon, Jos., 8 oct. 1892, Turquestein.
2086 Hossann, Joseph, 25 avril 1890, Schleithal.
2087 Houpert, Eugène-Jos., 28 juill. 1892, Insming.
2088 Houpert, Jean-Nicol., 21 mai 1887, Vaudreching.
2089 Houpin, Marcel-Marie-Dom., 23 déc. 1890, Metz.
2090 Houwer, Louis, 13 mars 1888, Zinzing.
2091 Houzella, Julien, 15 mai 1884, Mondelange.
2092 Humbert, Eug.-Jean-B., 24 août 1885, Montois-la-Montagne.
2093 Humbert, Eug., 19 avril 1877, Erzange.
2094 Humbert, Franç., 5 mai 1881, Guélange.
2095 Huchot, Franç.-Jules, 30 mai 1882, Sillegny.
2096 Hufin, Jos., 5 nov. 1876, Peltre.
2097 Huchot, Paul, 22 mars 1889, Sillegny.
2098 Jacottin, Louis-Eugène, 12 avril 1877, Ars-sur-Moselle.
2099 Jacquemin, Édouard-Ch., 14 nov. 1884, Chémery.
2100 Jacquot, Louis-Charles, 25 déc. 1884, Hesse.
2101 Jacob, Charles, 18 mars 1879, Cattenom.
2102 Jacob, Pierre, 20 oct. 1836, Erzange.
2103 Jacob, Pierre, 13 janv. 1892, Bambiederstroff.
2104 Jenot, Ern.-Louis-Nicolas, 26 oct. 1883, Ancy-sur-Moselle.
2105 Joly, Ern.-Ch., 3 juin 1888, Louvigny.
2106 Jonger, Eugène, 18 déc. 1891, Hauconcourt.
2107 Jost, Louis-Nicolas, 15 nov. 1891, Mecleures.
2108 Jouin, Jules-Aug., 30 sept. 1877, Borny.
2109 Jourdan, Pierre-Gyst., 1er oct. 1875, Jouy-aux-Arches.
2110 Jungbluth, Félicien, 3 sept. 1889, Arcy.
2111 Kappes, Antoine, 17 mai 1883, Oermingen.
2112 Kautzmann, Léon, 17 avril 1882, Gunstett.

DÉCHUS DE LEUR NATIONALITÉ ALLEMANDE

2113 Keller, Théobald, 16 sept. 1883, Bambiederstroff.
2114 Ketzinger, Aug., 24 sept. 1884, Grand-Moyeuvre.
2115 Kichenbrand, Jean-Louis, 26 mars 1897, Richeling.
2116 Kieffer, Eug., 30 nov. 1886, Stotzheim.
2117 Kieffer, Jean-Nicol., 28 févr. 1887, Freistroff.
2118 Kieffer, Nicol., 8 juin 1881, Guenviller.
2119 Klein, Michel, 17 déc. 1883, Theding.
2120 Klein, Mich.-Alfred, 24 sept. 1886, Inywiller.
2121 Knauss, Flor.-Théophile, 17 févr. 1886, Schweinheim.
2122 Kneppert, Lucien, 14 juill. 1884, Brulange.
2123 Krafft, Charles, 26 juin 1883, Hayange.
2124 Kreider, Ferd., 2 mars 1870, Paris (France).
2125 Kerner, Julien-Cas., 10 févr. 1878, Rodalben.
2126 Kunche, Léon-Georg., 13 déc. 1884, Koutange.
2127 Krier, Nicol.-Franç.-Amand, 28 févr. 1887, Metz.
2128 Koch, Franç., 20 juin 1878, Pournoy-la-Grasse.
2129 Lacour, Franç., 16 sept. 1880, Chicourt.
2130 Lacroix, Hipp.-Ch., 27 févr., 1894, Boulay.
2131 Lacroix, Pierre-Aug., 26 août 1886, Raville.
2132 Laher, Jean-Charles, 5 oct. 1884, Macker.
2133 Lallement, Albert, 28 juin 1876, Marly.
2134 Lambert, Georg., 1er avril 1894, Boulay.
2135 Lambert, Isidore, 26 mars 1879, Luttange.
2136 Lang, Eug., 12 avril 1877, Ancy.
2137 Lang, Joseph, 29 déc. 1876, Sangbusch.
2138 Lapointe, Georg.-Just, 19 oct. 1888, Verganville.
2139 Lanlenet, Célestin, 3 août 1881, Hayange.
2140 Launois, Paul-Jacq., 1er sept. 1884, Saint-Germain.
2141 Laurent, Léon, 13 mars 1887, Bechy.
2142 Laux, Chrét.-Émile, 24 sept. 1890, Metz.
2143 Lecler, Émile, 4 juill. 1872, Jouy-aux-Arches.
2144 Lejaye, Jean-Char., 23 oct. 1883, Fey.
2145 Lejaye, Léon-Eug., 10 juin 1883, Metz.
2146 Lehmann, Émile, 2 nov. 1826, Schœnbourg.
2147 Lehmann, Roger, 22 juin 1888, Strasbourg.
2148 Lemaire, Augustin, 16 avril 1883, Jassy.
2149 Lenert, Jean-Pierre, 8 févr. 1830, Guernange.
2150 Lenoir, Édouard-Cam., 3 juill. 1885, Dieuze.
2151 Lentz, Mathieu, 11 juin 1878, Basse-Yutz.
2152 Léonard, Louis-Édouard, 19 oct. 1879, Dourdhal.
2153 Leonhard, Jos.-Léon, 31 mars 1882, Reichshoffen.
2154 Leroy, Prosper, 21 nov. 1889, Marange-Silvange.
2155 Lévy, Georges, 15 juin 1886, Metz.

2156 Lévy, Amédée, 8 juill. 1891, Courcelles Chaussy.
2157 Lévy, Emmanuel, 27 sept. 1876, Monneren.
2158 Lhuillier, Émile-Marie-Pierre, 8 déc. 1889, Achain.
2159 Lhuilier, Louis, 17 juin 1887, Ancy.
2160 Léon, Justin, 21 oct. 1887, Boulay.
2161 Lintz, Jos.-Vic., 4 avril 1884, Riedwiller.
2162 Lobereau, Paul-Marie, 31 oct. 1888, Solgne.
2163 Lombard, Gust., 12 août 1888, Béchy.
2164 Lomeré, Charles, 11 mai 1881, Richemont.
2165 Long, Pierre, 28 juill. 1879, Hütting.
2166 Losson, Jean-Pierre, 8 juill. 1887, Faulquemont.
2167 Louis, Alph.-Louis, 30 avril 1887, Moyen-Vic.
2168 Louis, Henri, 13 janv. 1886, Vic.
2169 Luc, Alph., 18 mars 1885, Neufchef.
2170 Mallinger, Joseph, 14 févr. 1891, Basse-Yutz.
2171 Mangematin, Eug.-Louis, 29 févr. 1884, Ranguevaux.
2172 Mangin, Jean-Louis, 1er sept. 1892, Grand-Moyeuvre.
2173 Mann, Georges, 23 juin 1894, Colmar.
2174 Mare, Joseph, 25 mars 1890, Guentrange-Haute.
2175 Marchand, Charles, 21 mai 1888, Vic.
2176 Margalet, Pierre, 9 sept. 1888, Ranguevaux.
2177 Marquis, Edmond, 11 oct. 1877, Aumetz.
2178 Marsall II, Alfred, 7 déc. 1877, Fameck.
2179 Martignon, Victor, 5 juin 1885, Paris (Fr.).
2180 Martin, Émile, 4 mars 1878, Grand-Moyeuvre.
2181 Martin II, Joseph, 8 mars 1870, Grand-Moyeuvre.
2182 Marx, Pierre, 19 juin 1877, Boust.
2183 Mathis, Donat-Léon, 23 nov. 1889, Urbis.
2184 Mathis, Eug.-Jos., 27 déc. 1888, Moulins.
2185 Mathieu, Paul-Gust., 17 sept. 1888, Luppy.
2186 Maurice, Vict., 22 sept. 1877, Corny.
2187 Mayer, Adolphe-Nicol., 21 janv. 1883, Metz.
2188 Mayer, Jos.-Paul, 15 mars 1877, Boulay.
2189 Mayer I, Jean-Pierre, 9 avril 1876, Boulay.
2190 Mayer II, Jean-Bap.-Rémy, 22 janv. 1874, Milchelbrunn.
2191 Mélard, Charles, 26 juill. 1879, Pommerieux.
2192 Meis, Charles, 24 déc. 1893, Schlestadt.
2193 Mertz, Henri, 14 août 1889, Audviller.
2194 Meyer, Ernest, 8 oct. 1889, Saint-Hippolyte.
2195 Meyer, François, 7 mai 1887, Kintzheim.
2196 Mistgen, Jean-Bapt., 22 sept. 1885, Burtoncourt.
2197 Minster, Henri-Gast., 19 oct. 1886, Metz.
2198 Missburger, Cyriak, 10 août 1888, Dauendorf.
2199 Moise, Myrthil, 7 mai 1884, Verny.
2200 Molé, Jules, 5 août 1883, Hampont.
2201 Morhy, François, 6 mai 1876, Evange.

2202 Moré, Franç.-Jos., 5 janv. 1883, Saint-Furjen.
2203 Moses, Charles, 12 août 1885, Macker.
2204 Moussel, Louis, 16 août 1889, Petit-Moyeuvre.
2205 Muel, Edmond, 19 juin 1881, Vic.
2206 Muller, Joseph, 15 sept. 1882, Ars-sur-Moselle.
2207 Muller, Jos.-Georg., 3 juin 1887, Denting.
2208 Muller, Jean, 18 janv. 1889, Uckange.
2209 Muller Charles, 25 mars 1884, Dorlisheim.
2210 Muller II, Martin, 4 mai 1884, L'Hôpital.
2211 Muller II, Nicol.-Jos.-Marie, 7 juin 1886, Metz.
2212 Munier, Erne t, 13 mars 1890, Borny.
2213 Mutelet, Émile, 1er juill. 1877, Grand-Moyeuvre.
2214 Nauroy, Henri-Jos., 24 mai 1882, Ancy.
2215 Neu, Danel-Ch., 28 oct. 1887, Woippy.
2216 Neu, Jean-Pierre, 3 mars 1884, Althorn.
2217 Neuburger, Florent, 18 déc. 1878, Schweinheim.
2218 Neusch, Auguste, 17 juill. 1885, Dambach.
2219 Nicolas, Louis, 5 août 1879, Marly.
2220 Nied, Jean-Ernest, 29 oct. 1887, Erstein.
2221 Nigon, Victor, 12 mai 1887, Laumesfeld.
2222 Noël, Charles, 1er déc. 1887, Coincy.
2223 Noirjean, Aug.-Jules, 18 mars 1876, Saint-Julien.
2224 Oberlé, Auguste, 30 sept. 1888, Château-Salins.
2225 Oliger, Antoine, 21 déc. 1882, Sierck.
2226 Panigot, Henri-Joseph, 29 nov. 1883, Gélucourt.
2227 Papelier, Jules, 12 avril 1883, Orny.
2228 Pauly, Franç.-Alb.-Jean, 9 sept. 1887, Courcelles-Chaussy.
2229 Paumy, Armand-Alex., 1er juin 1881, Chénois.
2230 Peiffer, Nicolas, 26 août 1872, Insming.
2231 Peiffert, Joseph-Franç., 9 juill. 1886, Styring-Wendel.
2232 Peltier, Jean-Amédée-Ferd., 14 mars 1888, Metz.
2233 Peltier, Valent.-Remy, 8 déc. 1887, Baronville.
2234 Perrin, Lucien, 14 oct. 1889, Rezonville.
2235 Pietsch, Ernest-Herman, 23 déc. 1888, Arry.
2236 Pierret, Franç., 3 déc. 1880, Aumetz.
2237 Pirriet, Ch.-Christ., 4 août 1884, Forbach.
2238 Pierson, Hippolyte-Edm., 16 janv. 1881, Montrequienne.
2239 Poinsignon, Jules-Marie-Henri, 7 nov. 1881, Many.
2240 Poline, Franç.-Célest., 6 août 1879, Pange.
2241 Pompey, Jos., 30 oct. 1893, Scy.
2242 Prosch, Nicol.-Émile, 8 mars 1887, Cheuby.
2243 Pouilleux, François-Henri, 12 juill. 1878, Gravelotte.
2244 Quenette, Alb.-Franç., 31 mars 1882, Remilly.
2245 Raimond, Émile-Jos., 13 oct. 1884, Saint-Germain.

2246 Ramige, Henri, 23 févr. 1886, Soufflenheim.
2247 Raslob, Édouard-Mathieu, 7 avril 1887, Jœuf (France).
2248 Retland, Jules, 2 janv. 1835, Ars-sur-Moselle.
2249 Reinich, Henri, 13 sept. 1882, Ars-sur-Moselle.
2250 Reisch, Jos., 31 juill. 1885, Urbach (Fouday).
2251 Remlinger, Alb.-Eug.-Clém.-Marie-Paul, 21 oct. 1890, Metz.
2252 Remlinger, Louis-Jos.-Vict.-Marie-Léon-Henri, 3 mars 1889, Queuleu.
2253 Remy, Gustave, 2 juin 1890, Boust.
2254 Remy, Louis, 22 nov. 1886, Montigny-lès-Metz.
2255 Remy, Marie-Joseph, 17 nov. 1883, Haye.
2256 Renaudin, Jean-Pierre, 16 avril 1887, Arriance.
2257 Renaudin, Luc.-Jean, 15 mars 1880, Saint-Germain.
2258 Rhein, Mich.-Ch., 2 févr. 1879, Schiltigheim.
2259 Robert, Émile, 17 sept. 1874, Metz.
2260 Robert, Louis-Nicolas, 2 oct. 1885, Fameck.
2261 Robert, Paul-Gabriel, 22 sept. 1883, Ancy.
2262 Rodhain, Albert-Célest., 23 sept. 1887, Morhange.
2263 Rojet, Aimé, 11 mars 1885, Luppy.
2264 Rohée, Rich.-Arth., 24 nov. 1891, Metz.
2265 Rollin, Léon-Nicolas, 23 avril 1881, Vionville.
2266 Rondel, Nicolas-Eug.-Marie-Alb., 5 avril 1885, Gandrange.
2267 Rosenberger, Sébast., 17 mars 1882, Bertrange.
2268 Rousselot, Paul-Michel, 7 juin 1884, Ancy.
2269 Ruch, Philippe, 24 juill. 1879, Hœrdt.
2270 Sadler, Nicolas, 28 mars 1887, Reitel.
2271 Salmon, Franç.-Eug., 1er avril 1876, Cheuby.
2272 Salomon, Mayer-Marcel, 25 nov. 1885, Metz.
2273 Samson, René-Victor, 11 juin 1889, Montigny-lès-Metz.
2274 Saunier, Franç., 20 nov. 1886, Luppy.
2275 Saunier, Louis, 6 déc. 1879, Luppy.
2276 Scharf, Michel-Christ., 27 janv. 1882, Basse-Yutz.
2277 Sharff, Jules, 14 avril 1876, Pouilly.
2278 Schellenberger, Charles, 10 mars 1888, Weiterswiller.
2279 Schersach, Jean-Nic., 6 déc. 1888, Ars-sur-Moselle.
2280 Schiltz, François-Jean-Henri, 20 juin 1873, Lassauvage.
2281 Schivre, Isid.-Pierre, 4 avril 1876, Basse-Yutz.
2282 Schmidt, Edm., 28 févr. 1887, Thionville.
2283 Schmidt, Émile-Ch., 4 oct. 1877, Hirschland.
2284 Schmidt, Mathieu-Adol., 27 juill. 1895, Metz.
2285 Schmitt, Aug., 10 oct. 1889, Bitschhofen.

2286 Schmitt, Émile-Jacques, 22 avril 1891, Hayange.
2287 Schmitt, Joseph, 5 mars 1872, Saint-Avold.
2288 Schmitt, Pierre, 2 mars 1885, Metz.
2289 Schmadel, Jean-Élois, 16 oct. 1888, Tommery.
2290 Schmesser, Adrien-Jos., 22 juill. 1883, Metz.
2291 Schmuck, Adolphe, 8 févr. 1875, Bischheim.
2292 Schneider, Émile, 26 mars 1885, Strasbourg.
2293 Schounacker, Hug., 9 sept. 1878, Lorry-lès-Metz.
2294 Schramm, Jos.-Ch., 7 janv. 1889, Metz.
2295 Schupp, Flavier, 25 mars 1879, Ottrott.
2296 Schuh, Nicolas, 29 mai 1876, Rosselange.
2297 Schurer, André, 13 sept. 1885, Grossbliderstroff.
2298 Schwartz, Charles-Christ., 22 mai 1878, Bermering.
2299 Schweitzer, Nicol., 23 févr. 1891, Thionville.
2300 Siegel, Alfred, 17 oct. 1885, Ræschwoog.
2301 Simmer, Vict.-Émile, 30 juin 1883, Thionville.
2302 Simon, Gabriel, 26 juin 1890, Gélucourt.
2303 Simon, Georges-Ernest, 12 déc. 1887, Château-Salins.
2304 Simon, Léon-Jean-Bapt., 6 juin 1881, Norry.
2305 Sitter, Hubert, 6 nov. 1883, Ichtratzheim.
2306 Sonnet, Émile, 6 mars 1877, Château-Salins.
2307 Spoor, Nicol., 31 déc. 1879, Insming.
2308 Staub, Émile-Louis-Alph., 1ᵉʳ déc. 1888, Willenwald.
2309 Steil, Alph., 6 sept. 1878, Henning.
2310 Steines, Jean, 15 déc. 1878, Œutrange.
2311 Steinkamp, Paul, 4 févr. 1883, Novéant.
2312 Stemer, Franç.-Jules, 9 févr. 1891, Sailly.
2313 Stengler, Philippe, 21 août 1879, Manderen.
2314 Stepler, Simon, 18 févr. 1887, Hommert.
2315 Stock, Jean, 27 févr. 1880, Spicheren.
2316 Streb, Louis, 20 août 1876, Soultz.
2317 Suisgnier, Gust., 20 juin 1882, Manhoué.
2318 Sutter, Alph., 6 oct. 1890, Mittelbronn.
2319 Sutter, Alfred-François, 24 déc. 1886, Sarralbe.
2320 Terrier, Pierre-Louis, 29 avril 1894, Remelfing.
2321 Terschluse, Eug.-Guill., 5 août 1886, Metz.
2322 Théate, Auguste, 21 mars 1880, Grand-Moyeuvre.
2323 Sutter, Franç.-Jacq., 4 juill. 1893, Sarralbe.
2324 Théophile, François-Oct., 8 févr. 1879, Ars-sur-Moselle.
2325 Thinés, Henri-Jean-Nicol., 10 sept. 1886, Vaux.
2326 Thiery, Louis-Nicolas, 14 janv. 1878, Rombas.
2327 Thill, Jean-Bapt.-Valent.-Léon, 17 févr. 1889, Evrange.

2328 Thiriat, Jean-Louis, 30 oct. 1877, Brulange.
2329 Thiry, Joseph, 22 avril 1881, Gorze.
2330 Thomas, Eugène, 5 févr. 1886, Courcelles-Chaussy.
2331 Tomsen, Charles-Émile-Louis, 26 août 1885, Augny.
2332 Tresse, Hubert-Gust., 3 sept. 1892, Guénestroff.
2333 Tressler, Jacq., 7 mai 1875, Denting.
2334 Tritschler, Nicolas, 7 janv. 1883, Styring.
2335 Trobas, Alph.-Marie, 15 août 1879, Horny.
2336 Troester, Michel, 21 mai 1885, Schweighouse.
2337 Toussaint, Gust.-Franç., 5 sept. 1883, Hanouse.
2338 Tutin, Jules-Louis, 24 juin 1882, Sainte-Barbe.
2339 Varis, Franç., 22 mai 1879, Prévocourt.
2340 Varnier, Alph.-Henri, 30 déc. 1891, Metz.
2341 Vassorr, Émile, 30 mars 1886, Uckange.
2342 Vecker, Franç.-Achille, 2 avril 1883, Delme.
2343 Veber, Nicol., 30 janv. 1881, Molring.
2344 Velsch, Nicol., 26 févr. 1879, Bouzonville.
2345 Vernhes, Jules-Octave, 25 mai 1894, Metz.
2346 Villabert, Joseph, 11 nov. 1883, Petit-Moyeuvre.
2347 Villig, Gust., 5 févr. 1881, Faulquemont.
2348 Virin, Auj.-Marie-Jean-Jacques, 20 juin 1886, Redange.
2349 Voinot, Ernest-Maur., 14 févr. 1885, Guéblange.
2350 Vormus, Henri, 1ᵉʳ avril 1882, Pont-Pierre.
2351 Wallinger, Charles, 18 août 1881, Grand-Moyeuvre.
2352 Waelterlé, Valentin-Achille-Alb., 21 août 1890, Altkirch.
2353 Wagner, Jacq.-Jos.-Alb., 24 mai 1878, Verny.
2354 Wagner, Louis, 13 déc. 1889, Soufflenheim.
2355 Wagner, Nicolas-Louis, 21 janv. 1883, Waldweistroff.
2356 Wasseur, Isid., 11 juill. 1893, Audun-le-Tiche.
2357 Weber, Mathieu, 29 mars 1882, Metz.
2358 Webert, Jos.-Lucien, 8 oct. 1890, Knutange.
2359 Weibel, Chrétien, 4 mai 1870, Philipsbourg.
2360 Weinachter, Jean, 1ᵉʳ janv. 1880, Hettange-Petite.
2361 Weinling, Albert-Laurent, 3 sept. 1892, Souffelweyersheim.
2362 Werner, Louis, 15 janv. 1875, Metz.
2363 Wilke, Jacq.-Ch., 10 juill. 1889, Liége.
2364 Woisard, Vict.-Paul, 10 déc. 1885, Haye.
2365 Woisardt, Franç.-Eug., 15 janv. 1890, Haye.
2366 Woll, Jean-Ch., 3 mai 1888, Knutange.
2367 Worms, Henri-Raphaël, 4 mars 1889, Remilly.
2368 Xardel, Félix-Nicol., 7 janv. 1887, Frémery.

2369 Zahn, Georges, 25 avril 1876, Morsbronn.
2370 Zay, Marcel, 31 mars 1888, Paris (Fr.).
2371 Zimd, Émile, 6 déc. 1889, Wasselonne.
2372 Zimmermann, Jean, 16 mars 1889, Montenach.
2373 Zornheld, Louis, 28 sept. 1891, Niederbronn-les-Bains.

Liste n° 7.
10 août 1916.

2379 Antoine, Adolphe, 2 déc. 1884, Norry.
2380 Aubertin, Jules-Cyrille, 28 janv. 1882, Metz.
2381 Barbier, Charles-Henri, 17 mars 1884, Metz.
2382 Bardelmann, Émile-Nicolas, 31 déc. 1886, Salmbach.
2383 Barth, Nicolas, 6 avril 1880, Hayange.
2384 Bastien, François, 23 févr. 1873, Burlioncourt.
2385 Bauchot, Eugène-Pierre, 19 févr. 1887, Rombas.
2386 Baudin, Charles-Clément, 22 nov. 1885, Les Bordes.
2387 Bauer, Georges, 9 nov. 1885, Herbitzheim.
2388 Bauer, Jean-Pierre-Charles, 21 déc. 1872, Maison-Neuve.
2389 Bazin, Jules, 16 oct. 1876, Viviers.
2390 Bazin, Eugène-Louis, 26 mai 1886, Gorze.
2391 Becker, Nicolas, 25 janv. 1883, Bouzonville.
2392 Beiz, Émile, 15 juin 1887, Destry.
2393 Bertrand, Richard-Ernest, 17 déc. 1886, Metz.
2394 Bicard, Marx, 22 mars 1887, Metz.
2395 Bichelberger, Jean, 27 mai 1884, Grossbliderstroff.
2396 Biquillon, Édouard, 9 sept. 1893, Ajoncourt.
2397 Bless, Jean, 14 mars 1873, Hoste-Bas.
2398 Boffin, Joseph-Anatole, 13 sept. 1893, Jallaucourt.
2399 Bour, Dominique-Martin, 11 nov. 1881, Niderwiller.
2400 Bournon, Antoine, 9 mars 1870, Bisping.
2401 Boyette, Victor, 6 janv. 1877, Lagarde.
2402 Brand, Léon-Eugène, 2 juin 1888, Norry.
2403 Brecourt, Jules, 20 oct. 1869, Liocourt.
2404 Brettnacher, Pierre, 2 mai 1877, Neufgrange.
2405 Brucker, Joseph, 3 août 1886, Aulnois.
2406 Buckan, Frédéric-Charles, 26 août 1886, Réding.
2407 Bur, Joseph-Albert, 19 oct. 1891, Bouzonville.
2408 Bur, Eugène, 9 janvier 1886, Bouzonville.
2409 Bur, Joseph-Léon, 5 sept. 1884, Bouzonville.
2410 Bur, Joseph, 5 févr. 1896, Bouzonville.
2411 Buzy, Camille-François, 3 mars 1884, Rombas.
2412 Camus, Pierre-Julien, 12 déc. 1887, Bourgaltroff.
2413 Canton, Édouard, 16 sept. 1876, Ajoncourt.
2414 Carton, Victor-François, 14 févr. 1874, Gerbécourt.
2415 Chauleur, Marie-René-Jos., 26 août 1893, Bréhain (Château).
2416 Chouleur, Nicolas-Alphonse, 14 juill. 1893, Domnom.
2417 Chrisment, Émile, 11 févr. 1884, Chanville.
2418 Chrisment, Gaston, 27 janv. 1884, Guénestroff.
2419 Clément, Achène, 24 juill. 1887, Saint-Germain.
2420 Clodong, Émile-Joseph, 9 juin 1894, Engenthal.
2421 Codet, Auguste-Émile, 4 juill. 1881, Arraincourt.
2422 Coiffer, Émile, 4 janv. 1875, Dieuze.
2423 Colin, Louis, 28 janv. 1881, Jallaucourt.
2424 Colson, Jean-Albert, 27 juin 1884, Metz.
2425 Comte, Louis-Emmanuel, 3 août 1894, Aboncourt.
2426 Coulle, François-Xavier, 3 mai 1889, Torcheville.
2427 Damas, Victor, 18 juin 1876, Marsal.
2428 Dantonel, Léon-Charles, 15 mai 1888, Rombas.
2429 Dassenou, Paul, 29 juin 1871, Vic.
2430 Dautreville, Georges, 27 févr. 1890, Saint-Germain.
2431 Debaye, Joseph, 18 oct. 1886, Jouy-aux-Arches.
2432 Decloquement, Fidèle-Camille, 24 févr. 1878, Douai (France).
2433 Donnever, Charles-Léon-Dominique, 24 avril 1871, Metz.
2434 Dosda, Eugène-François, 26 sept. 1890, Landroff.
2435 Dreiler, François, 25 oct. 1878, Aulnois.
2436 Dupont, Gustave, 5 nov. 1883, Metz.
2437 Eyl, Émile, 12 nov. 1873, Inswiller.
2438 Étienne, Paul-Émile-Georg., 7 déc. 1889, Clouange.
2439 Fauth, Guillaume, 15 juill. 1896, Mackwiller.
2440 Ferry, Eugène, 5 mars 1887, Arraincourt.
2441 Ferry, Martin, 24 mai 1881, Haute-Vigneulles.
2442 Furhmann, Nicolas, 22 août 1892, Metz.
2443 Gabriel, Louis, 22 sept. 1895, Vic.
2444 Gaillot, Jules-Joseph, 13 déc. 1885, Oron.
2445 Gajck, François, 8 août 1876, Metz.
2446 Gascard, Henri-Édouard-Marcel, 15 juin 1882, Lixing.
2447 Geny, Paul, 30 sept. 1887, Metz.
2448 Geoffrey, Jean-Baptiste, 30 juin 1888, Avricourt.
2449 Geoffrey, Léon, 20 mai 1897, Anzeling.
2450 Grandpierre, Louis, 11 juill. 1890, Ars-sur-Moselle.
2451 Grauvogel, Joseph, 18 déc. 1899, Hellering.

2452 Grosse, Jean, 26 août 1863, Léning.
2453 Gueret, Émile, 26 sept. 1887, Sarrelfing.
2454 Guth, Charles-Joseph, 27 févr. 1880, Strasbourg.
2455 Hacquard, Auguste-Christophe, 28 août 1881, Destry.
2456 Hacquard, Gustave-Théodore, 9 nov. 1877, Pevange.
2457 Haller, Baltazar, 12 févr. 1875, Schorbach.
2458 Haller, Eugène-Joseph, 2 juill. 1890, Saint-Croix.
2459 Hassenfraz, Georges, 3 janv. 1886, Reichshoffen.
2460 Heck, Jean-Michel, 30 janv. 1886, Gray (France).
2461 Hein, Pierre, 22 sept. 1888, Grand-Moyeuvre.
2462 Heinrich, Adrien, 30 nov. 1876, Hessenheim.
2463 Hennel, Jean, 12 août 1876, Sarreguemines.
2464 Hennel, Pierre-Paul, 29 juin 1895, Sarreguemines.
2465 Henrion, Arsène, 3 juill. 1873, Juville.
2466 Herrel, Jean-Ferdinand, 8 mai 1879, Metz.
2467 Hertz, André, 13 sept. 1890, Oberstinzel.
2468 Hertz, Jean, 12 janv. 1831, Sierck.
2469 Hoffmann III, Joseph, 18 déc. 1878, Bining.
2470 Horras, Pierre, 7 oct. 1878, Volmunster.
2471 Houpin, Joseph, 12 sept. 1887, Vaxy.
2472 Hundt, Oscar, 2 avril 1880, Montigny-lès-Metz.
2473 Isler, Léon-Victor, 25 avril 1836, Metz.
2474 Israel, Maximilien-Myrtille, 9 mars 1882, Luppy.
2475 Jacquemin, Louis, 23 janv. 1879, Sarreguemines.
2476 Jouaville, Léon-Isidore, 2 août 1885, Charleville.
2477 Kaiser, Henri-Godefroy, 26 avril 1896, Bischwiller.
2478 Kaiser, Louis, 4 mai 1833, Metz.
2479 Keff, Jean, 11 déc. 1885, Paris (France).
2480 Kern, Émile, 27 févr. 1878, Audun-le-Tiche.
2481 Kirschwing, Charles-François, 19 févr. 1876, Sarralbe.
2482 Klein, Pierre-Paul, 23 juill. 1893, Ottange.
2483 Kleinhans, Louis, 8 août 1873, Haguenau.
2484 Klingler, Frédéric-Joseph, 9 mai 1895, Neunkirch.
2485 Krach, François, 2 juin 1883, Bibiche.
2486 Lalement, Lucien-Louis, 21 nov. 1893, Imling.
2487 Lang, René, 11 juill. 1888, Ancy.
2488 Langbach, Gustave, 28 déc. 1832, Metz.
2489 Laurent, François, 28 mars 1879, Porcelette.
2490 Lechoux, Alexandre-François-Joseph, 19 nov. 1872, Baudrecourt.
2491 Lebouque, Charles, 23 oct. 1889, Metz.
2492 Lenhof, Joseph-Dietrich, 7 avril 1873, Nidange.
2493 Lesdalons, Jean-Pierre-Félix, 7 juill. 1893, Bidestroff.
2494 Lhuillieu, Edmond, 11 avril 1895, Ajoncourt.
2495 Liebgott, Auguste, 17 mars 1880, Neunkirch.
2496 Linder, Léon, 12 avril 1878, Lochwiller.
2497 Lorentz, Joseph, 19 mai 1883, Reichshoffen.
2498 Louis, Ferdinand, 20 mars 1894, Ajoncourt.
2499 Louis, Julien-Stanislas, 9 janv. 1894, Ajoncourt.
2500 Lutz, Antoine, 26 août 1883, Dauendorf.
2501 Lutz, Émile, 4 août 1887, Dauendorf.
2502 Lux, Émile, 9 avril 1890, Mouterhouse.
2503 Mange, Émile-Claudius, 10 oct. 1872, Saint-Médard.
2504 Mangin, Paul-Joseph, 27 oct. 1885, Ars-sur-Moselle.
2505 Manginot, Hubert, 1er août 1894, Jallaucourt.
2506 Marchal, Pierre-Marcelin, 7 sept. 1885, Chambrey.
2507 Marchand, Charles-Joseph, 2 oct. 1874, Bourgaltroff.
2508 Martin, Paul-Hubert, 4 sept. 1877, Moyeuvre-Grande.
2509 Massenet, Victor, 11 juin 1884, Gorze.
2510 Mathiotte, Camille, 22 mars 1884, Bazoncourt.
2511 Mellinger, Léon, 15 févr. 1885, Rosselange.
2512 Mengin, Dominique, 23 juin 1877, Châtel-Saint-Germain.
2513 Mertz, Adolphe, 28 juill. 1896, Bust.
2514 Messein, Alphonse, 18 févr. 1877, Metz.
2515 Meyer, Albert, 15 févr. 1885, Lanbach.
2516 Meyer, Aloïs, 30 juin 1884, Otterswiller.
2517 Meyer, Xavier, 3 déc. 1884, Reichshoffen.
2518 Midenet, Émile, 18 nov. 1874, Achain.
2519 Miller, Victor-Paul, 15 sept. 1875, Sarreguemines.
2520 Mohr, Henri-Adolphe, 16 nov. 1889, Keskastel.
2521 Mohr, Jean, 5 juill. 1878, Metz.
2522 Molitor, Joseph, 13 juin 1887, Ribeauvillé.
2523 Mounck, François, 24 avril 1887, Hombourg-Bas.
2524 Mourot, Eugène, 25 mars 1896, Ajoncourt.
2525 Muller, Georges, 14 août 1887, Metz.
2526 Muller, Michel, 11 mars 1880, Boulay.
2527 Mure, Eugène, 27 avril 1884, Westhalten.
2528 Nassoy, René, 31 juill. 1894, Sarrebourg.
2529 Niclasse, François, 31 août 1874, Fonteny.
2530 Nossbaume, Jules, 13 août 1874, Zimming.

2531 Odile, Amédée-Lucien, 4 janv. 1871, Attiloncourt.
2532 Ohresser, Joseph, 13 janv. 1886, Ohlungen.
2533 Pals, Nicolas, 22 juill. 1880, Thionville.
2534 Pankpot, Marc-Paul, 2 avril 1885, Gélucourt.
2535 Parmentier, Auguste, 28 mars 1882, Ley.
2536 Perret, Otto, 31 oct. 1878, Phalsbourg.
2537 Petit, Joseph, 1er déc. 1883, Manhoué.
2538 Philippe, Joseph, 1er avril 1881, Ajoncourt.
2539 Picard, Charles, 30 mai 1877, Dieuze.
2540 Pierre, Pierre-Auguste, 25 nov. 1879, Maire (France).
2541 Parson, Henri, 18 août 1890, Bitschwiller.
2542 Ploussard, Jules, 2 déc. 1896, Ajoncourt.
2543 Ploussard, Émile, 9 mai 1895, Ajoncourt.
2544 Ploussard, Lucien, 11 janv. 1877, Ajoncourt.
2545 Ploussard, Ferdinand, 31 juill. 1896, Ajoncourt.
2546 Pontes, Charles, 2 mai 1880, Rombas.
2547 Prugnon, Victor, 26 nov. 1869, Vic.
2548 Puchot, Joseph, 22 oct. 1895, Puzieux.
2549 Reibel, Joseph, 25 févr. 1892, Delme.
2550 Richard, Ernest, 3 juin 1895, Bioncourt.
2551 Richter, Charles-Xavier, 28 oct. 1885, Bitschwiller.
2552 Sandré, Victor, 22 janv. 1882, Rombas.
2553 Sarther, Charles, 30 avril 1896, Wissembourg.
2554 Schluck, Jean, 13 déc. 1890, Welferding.
2555 Schmitt, Jacques, 24 avril 1893, Rombas.
2556 Schneider, Jean, 9 déc. 1880, Marange-Silvange.
2557 Schneider, Nicolas, 19 mai 1884, Vaucreching.
2558 Schoendorf, Paul, 6 juill. 1886, Kerprick.
2559 Scholterer, Adolphe, 16 oct. 1887, Metz.
2560 Schoenbrenner, Jean, 17 mars 1874, Insming.
2561 Schuler, Charles, 1er août 1886, Delme.
2562 Schweitzer, Auguste, 14 avril 1870, Altrippe.
2563 Schweitzer, Paul, 30 nov. 1886, Moulin de Réning.
2564 Schwoegler, Charles, 4 mars 1885, Ancy-sur-Moselle.
2565 Serrier, François, 6 nov. 1881, Puttelange.
2566 Sertel, Jules, 26 juin 1885, Lessy.
2567 Sexauer, Émile, 13 déc. 1879, Colmar.
2568 Sever, Ignace, 5 sept. 1881, Henridorff.
2569 Sohm, Godefroy, 17 nov. 1885, Beurmath.

2570 Streiff, Adolphe, 9 sept. 1883, Léning.
2571 Streiff, Jean, 9 oct. 1881, Ars-sur-Moselle.
2572 Stroff, Alphonse, 14 sept. 1892, Courcelles-Chaussy.
2573 Theobald, François, 29 janv. 1883, Villing.
2574 Thiriet, Eugène, 8 août 1894, Ajoncourt.
2575 Thiriet, Louis, 17 déc. 1874, Ajoncourt.
2576 Thomas, Auguste, 5 mars 1876, Aulnois-sur-Seille.
2577 Thouvenin, Eugène, 4 juill. 1894, Pittoncourt.
2578 Tonnette, Auguste, 12 oct. 1875, Lixing.
2579 Touly, Paul, 5 avril 1877, Gerbécourt.
2580 Toupenot, Joseph, 3 mai 1895, Château-Bréhain.
2581 Toussaint, Gabriel, 7 déc. 1891, Metz.
2582 Trebel, Eugène, 24 mars 1886, Riche.
2583 Tritz, François, 25 janv. 1889, Thionville.
2584 Trottmann, Bricco, 5 déc. 1886, Gélucourt.
2585 Turnes, Henri, 15 juin 1878, Bettborn.
2586 Urion, Alfred, 14 mars 1896, Dieuze.
2587 Varlet, Edmond, 4 oct. 1888, Gélucourt.
2588 Vary, Auguste, 15 mars 1895, Baudrecourt.
2589 Vautrin, Nicolas, 6 nov. 1871, Saint-Médard.
2590 Veltin, Prosper, 12 oct. 1882, Albesdorf.
2591 Vincent, Adrien, 18 mars 1883, Vic.
2592 Vogelgesang, Adrien, 26 août 1888, Sarreinsming.
2593 Vogin, Lucien, 10 mars 1883, Dieuze.
2594 Vogin, Prosper, 17 nov. 1896, Vannecourt.
2595 Voinier, Marie-Jules, 20 juill. 1871, Lindre-Basse.
2596 Voizard, Gabriel, 21 sept. 1889, Vic.
2597 Vonner, Eugène, 23 déc. 1882, Ars-sur-Moselle.
2598 Vourmes, Jean, 3 oct. 1893, Domnom.
2599 Vuillaume, Nicolas, 6 août 1878, Libcourt.
2600 Wackermann, Paul, 10 avril 1883, Reichshoffen.
2601 Watrin, Louis, 11 oct. 1884, Malancourt.
2602 Weber, François, 11 sept. 1884, Metz.
2603 Witz, Joseph, 11 oct. 1890, Colmar.
2604 Weitze, Pierre, 24 août 1885, Seingbousse.
2605 Weiten, Alphonse, 11 déc. 1879, Avancy.
2606 Weiten, Gustave, 5 juin 1886, Coin-lès-Cuvry.
2607 Wilhelm, Charles, 16 mai 1879, Fénétrange.
2608 Wolfsgruber, Louis, 30 oct. 1876, Metz.
2609 Wurmser, Joseph-Ernest-Michel-François, 21 avril 1878, Saverne.

Liste n° 8.
30 septembre 1916.

2610 Acker, Georges, 30 sept. 1872, Engenthal.
2611 Adam, Alfred, 8 mai 1889, Muttersholtz.
2612 Advokat, Léon, 11 avril 1891, Mullach.
2613 Altorffer, Alfred, 19 déc. 1885, Wœrth.
2614 Amiet, Marie-Louis, 10 nov. 1883, Molsheim.
2615 Ancel, Jean-Baptiste, 13 sept. 1878, Wasserbourg.
2616 Andlauer, Marie-Joseph, 4 mars 1886, Lutzelhouse.
2617 André, Charles, 18 avril 1874, Massevaux.
2618 Andrès, Marie-Alphonse, 30 oct. 1881, Schlestadt.
2619 Angst, Achille, 1er sept. 1878, Erlenbach.
2620 Annaheim, Ferdinand, 19 oct. 1872, Soultz.
2621 Annaheim, Jules, 29 juill. 1897, Soultz.
2622 Anstett, Auguste, 11 avril 1884, Dettwiller.
2623 Anstett, Gustave, 15 févr. 1886, Bischheim.
2624 Anstett, Joseph, 14 avril 1878, Dettwiller.
2625 April, Émile, 17 oct. 1886, Oberhaslach.
2626 Bach, Émile, 10 juin 1881, Heimersdorf.
2627 Bachmeyer, Maurice, 4 juin 1884, Soultz.
2628 Babst, Martin-Eugène, 5 févr. 1885, Lauterbourg.
2629 Baehr, Carl-Jean, 17 févr. 1889, Strasbourg.
2630 Baehrel, Joseph, 26 avril 1881, Bergheim.
2631 Baldacini, Joseph, 1er avril 1885, Niedermorschwihr.
2632 Ballast, Philippe, 23 juin 1888, Ruestenhardt.
2633 Basler, Georges, 15 janv. 1885, Ingersheim.
2634 Bath, Émile, 17 oct. 1886, Mulhouse.
2635 Bath, Paul-Aloys, 20 déc. 1895, Molsheim.
2636 Bauer, Silvain, 6 mars 1890, Schlestadt.
2637 Bauer, Jacques, 23 sept. 1881, Barr.
2638 Baumann II, Jean, 15 avril 1885, Hegenheim.
2639 Baumann II, Paul, 17 avril 1888, Colmar.
2640 Baumert, Joseph, 19 mars 1883, Wittisheim.
2641 Baumhauer, André, 13 mai 1884, Barr.
2642 Baur, Édouard, 6 févr. 1883, Equisheim.
2643 Baur, Émile, 25 mai 1877, Wasselonne.
2644 Becht, Guillaume, 21 août 1888, Dorlisheim.
2645 Beck, Adolphe, 5 sept. 1826, Guebwiller.
2646 Beckert, Séraphin-Joseph, 23 janv. 1882, Orbey.
2647 Behr, Jules, 6 août 1890, Sundhouse.
2648 Beller, Henri, 13 sept. 1887, Barr.
2649 Benoit, Gustave, 23 mars 1883, Sainte-Marie-aux-Mines.
2650 Bentz, Émile, 26 mars 1885, Marlenheim.
2651 Berchit, Marie-Jean, 19 févr. 1887, Lutzelhouse.
2652 Beringer, Charles, 4 oct. 1894, Soultz.
2653 Berling, Charles, 22 mars 1875, Reipertswiller.
2654 Berna, Louis-Adrian, 29 févr. 1888, Wintzenheim.
2655 Bernard, Édouard, 26 avril 1870, La Claquette.
2656 Bernard, Georges-Émile, 28 juill. 1874, Fouday.
2657 Bernard, Paul, 20 nov. 1873, Rothau.
2658 Bertrand, Charles-Eugène, 2 juill. 1890, Kingersheim.
2659 Bertrand, Pierre-Jean, 8 janv. 1894, Mulhouse.
2660 Better, Henri, 7 mai 1881, Beblenheim.
2661 Beyer, Pierre-Paul, 4 déc. 1889, Turckheim.
2662 Beyl, André-Joseph, 29 nov. 1890, Wantzenau.
2663 Biache, Antoine, 13 sept. 1891, Fleisheim.
2664 Bickel, Xavier, 20 sept. 1896, Guebwiller.
2665 Biehler, Xavier, 17 févr. 1893, Hettenschlag.
2666 Bijan, Charles-Albert, 3 janv. 1895, Rosheim.
2667 Birling, Victor, 5 sept. 1881, Benfeld.
2668 Bisch, François, 9 août 1877, Strasbourg.
2669 Bisch, Joseph, 14 févr. 1870, Haguenau.
2670 Bloch, Marc, 13 juill. 1892, Colmar.
2671 Boeglin, Louis, 14 mai 1895, Soultz.
2672 Boesch, Isidore, 8 mars 1889, Markolsheim.
2673 Boettcher, Jean-Hugues-Otto, 22 nov. 1891, Wildenstein.
2674 Boehm, Alexandre, 18 déc. 1876, Dambach.
2675 Boehm, Florent, 2 nov. 1878, Wilwisheim.
2676 Boesch, Jacques, 24 juill. 1882, Friedolsheim.
2677 Boff, Édouard, 14 mai 1883, Bremmelbach.
2678 Bohnert, Charles-Aug., 10 juill. 1885, Wangen.
2679 Bonnas, Louis-Jean-B., 13 sept. 1884, Grube (Fouchy).
2680 Boof, Alfred-Michel, 27 juin 1882, Strasbourg.
2681 Bosch, Léon, 22 sept. 1887, Rosheim.
2682 Bossert, Louis-Jules, 4 mai 1883, Barr.
2683 Bottemer, Frédéric, 28 mai 1887, Barr.
2684 Boukel, Georges-Arsène, 2 avril 1889, Sarreguemines.
2685 Bourjart, Jacques, 27 juin 1879, Ingenheim.
2686 Braun, Charles-Louis, 7 oct. 1889, Strasbourg.
2687 Breger, Charles, 9 janv. 1870, Metz.
2688 Breger, Louis, 23 août 1893, Ingwiller.
2689 Brenner, Léon, 15 oct. 1886, Schiltigheim.
2690 Bretz, Albert, 11 nov. 1884, Sainte-Croix-en-Plaine.

2691 Bronner, Victor-Louis, 5 déc. 1883, Châtellerault (France).
2692 Buehr, Jacques-Louis, 12 mai 1884, Genève (Suisse).
2693 Buecher, Robert, 14 oct. 1899, Guebwiller.
2694 Buecher, Victor, 23 déc. 1885, Soultz.
2695 Buchert, Georges-Louis, 3 sept. 1882, Walbourg.
2696 Buck, Auguste, 14 oct. 1884, Schlestadt.
2697 Bunjer, Léon, 25 avril 1888, Strasbourg.
2698 Bunjer, Maurice, 15 août 1894, Strasbourg.
2699 Burrus, Gust., 12 avril 1881, Dambach.
2700 Carl, Émile, 1er mars 1884, Diefenthal.
2701 Chellletz, Paul, 13 juill. 1887, Luppy.
2702 Chevassu, Joseph, 21 août 1884, Bindernheim.
2703 Christlen, Georges-Isidore, 2 mai 1878, Rouffach.
2704 Christmann, Alphonse, 8 oct. 1889, Lontzwiller.
2705 Clad, Lucien, 19 mai 1891, Saint-Martin.
2706 Clad, Xavier-Charles, 13 juin 1876, Saint-Martin.
2707 Claudel, Joseph, 19 mars 1888, Soulzeren.
2708 Claulty, Paul, 23 sept. 1889, Vorbruck.
2709 Clavelin, Joseph, 22 avril 1883, Steige.
2710 Cron, Franç.-Jos., 30 janv. 1889, Mulhouse.
2711 Danner, Alfred, 1er juin 1881, Colmar.
2712 Deiller, Auguste, 13 nov. 1895, Jungholtz.
2713 Deiller, Louis, 21 sept. 1890, Jungholtz.
2714 Delcominete, Florent, 14 nov. 1873, Niederhaslach.
2715 Deubel, Georges, 6 oct. 1887, Rouffach.
2716 Deutsch, Paul-Armand, 18 juin 1871, Saverne.
2717 Didierjean, Henri-Sévère, 3 avril 1885, Soulzeren.
2718 Didierjean, Léon-Constant, 15 janv. 1876, Orbey.
2719 Diemer, Jean, 13 sept. 1885, Ittenheim.
2720 Diemer, Charles, 14 juill. 1891, Eckbolsheim.
2721 Diemert, Charles, 22 févr. 1883, Hochfelden.
2722 Diether, Joseph, 20 mai 1895, Guebwiller.
2723 Dillenseger, Julien, 27 juill. 1879, Steige.
2724 Dillinger, Louis, 6 oct. 1879, Niedernai.
2725 Diss, Joseph, 18 mars 1890, Monswiller.
2726 Doenlen, Ernest, 28 févr. 1887, Isenheim.
2727 Dollé, Auguste, 18 avril 1881, Andlau.
2728 Donner, Albert, 2 mars 1884, Bitche.
2729 Dreyfuss, Ferdinand, 22 sept. 1886, Westhouse.
2730 Duchmann, Jacques, 12 déc. 1882, Lingolsheim.
2731 Dubois, Marie-Alph., 11 mai 1880, Rosheim.
2732 Dumel, Joseph-François, 8 mai 1884, Leimbach.
2733 Durban, Léon-Georges, 1er sept. 1880, Netzenbach.

2734 Dusch, Joseph, 22 mars 1883, Sarssolsheim.
2735 Eckert, Édouard, 23 mai 1891, Rosheim.
2736 Eckstein, Émile, 24 août 1889, Boofzheim.
2737 Eber, Édouard, 1er mai 1883, Barr.
2738 Ehrhart, Xavier, 23 avril 1878, Wettolsheim.
2739 Eichtoltzer, Henri, 5 mars 1887, Turckheim.
2740 Eichmann, Charles, 11 juin 1888, Heiteren.
2741 Eisenbeiss, Charles, 25 janv. 1895, Strasbourg.
2742 Ehrmann, Pierre-Paul, 29 juin 1888, Brumath.
2743 Erbs, Charles, 9 févr. 1886, Haguenau.
2744 Erhart, Alfred, 28 janv. 1879, Mulhouse.
2745 Ernst, Charles, 15 mars 1895, Bollwiller.
2746 Ernst, Charles-Joseph, 2 août 1891, Gertwiller.
2747 Erny, Armand, 2 mai 1895, Trœnheim.
2748 Ertz, Auguste-André, 16 août 1884, Strasbourg.
2749 Eschenlohr, Joseph, 18 févr. 1887, Avolsheim.
2750 Eymann, Victor, 1er nov. 1869, Breitenbach.
2751 Fahr, Adolphe, 21 mai 1894, Heiteren.
2752 Fahr, Émile, 6 déc. 1896, Heiteren.
2753 Faller, Marie-Franç.-Jos., 3 mars 1881, Kaysersberg.
2754 Ferry, Pierre, 19 juill. 1885, Andlau.
2755 Feuerstein, Oswald, 4 mai 1896, Lautenbach-Zell.
2756 Fix, Camille, 10 juill. 1881, Herlisheim.
2757 Fleckstein, Ignace, 14 oct. 1895, Molsheim.
2758 Fleig, Franç.-Aloys, 5 janv. 1888, Ribeauvillé.
2759 Fleith, Laurent, 14 août 1890, Riedwihr.
2760 Flory, Ernest, 1er déc. 1895, Sengeren.
2761 Fonck, Joseph, 22 sept. 1890, Urbeis.
2762 Fonck, Victor, 4 déc. 1876, Lalaye.
2763 Frey, Jacques, 16 avril 1877, Barr.
2764 Freyburger, Émile, 2 nov. 1885, Eguisheim.
2765 Freysz, Pierre-René, 19 nov. 1897, Strasbourg.
2766 Frick, Charles, 13 janv. 1891, Colmar.
2767 Fricker, Xavier, 28 déc. 1892, Guebwiller.
2768 Fridrich, Amand, 20 févr. 1885, Rottelsheim.
2769 Fridrich, Édouard-Charles, 24 sept. 1889, Barr.
2770 Fritsch, Ferdinand, 4 nov. 1883, Hilsenheim.
2771 Fritsch, Jean, 15 mars 1885, Stosswihr.
2772 Fritsch, Alphonse, 16 nov. 1886, Friedolsheim.
2773 Froehlich, Émile, 21 nov. 1891, Ingwiller.
2774 Frossard, Gottlieb-Ernest, 11 oct. 1887, Mulhouse.
2775 Fuerstenberger, Auguste, 18 mai 1885, Phalsbourg.

2776 Fuchs Joseph, 6 févr. 1886, Schœnau.
2777 Fuchs, Louis-Jules, 9 janv. 1878, Scherwiller.
2778 Gallath, Charles, 17 févr. 1897, Kirstlach.
2779 Gangloff, Gustave-Adolphe, 8 août 1838, Strasbourg.
2780 Gass, Joseph, 28 mai 1885, Gresswiller.
2781 Geiger, Gustave-Adolphe, 13 déc. 1887, Strasbourg.
2782 Geissel, Georges, 20 avril 1888, Rosheim.
2783 Geneville, Charles, 13 janv. 1885, Steinbourg.
2784 Gentner, Albert, 19 mai 1888, Stutzheim.
2785 Georges, Charles, 25 avril 1877, Châtenois.
2786 Gerber, Joseph, 1er sept. 1879, Saint-Pierre.
2787 Gerner, Jean, 14 juill. 1885, Strasbourg.
2788 Gerster, Joseph, 7 mai 1895, Soultz.
2789 Gerster, Charles, 16 sept. 1894, Soultz.
2790 Gies, Adolphe, 19 mars 1889, Strasbourg.
2791 Gillmett, Auguste, 2 sept. 1878, Neunkirch.
2792 Gintz, François, 13 mars 1888, Neugartheim.
2793 Gintzburger, Robert-Léopold, 8 oct. 1876, Colmar.
2794 Glaser, Maurice, 26 janv. 1885, Soultz.
2795 Glock, Franç.-Xavier, 5 déc. 1883, Scherwiller.
2796 Glotz, Léon, 23 mai 1889, Heiligenberg.
2797 Goll, Georges, 11 oct. 1880, Sainte-Marie-aux-Mines.
2798 Goedstein, Maurice, 2 déc. 1875, Châtenois.
2799 Greda, Pierre, 18 janv. 1884, Soultz.
2800 Greder, Albert, 29 août 1874, Bischwiller.
2801 Gremmel, Franç.-Jos., 15 janv. 1894, Bischofsheim.
2802 Griesbach, Maxime, 5 juin 1887, Strasbourg.
2803 Griesbach, Robert, 18 juin 1886, Strasbourg.
2804 Griess, Charles, 15 mars 1892, Ballbronn.
2805 Grosdidier, Gustave, 5 nov. 1878, Steige.
2806 Gross, Joseph, 19 mai 1879, Eckartswiller.
2807 Gross, Édouard, 15 sept. 1887, Soultz.
2808 Gross, Charles, 4 juill. 1890, Soultz.
2809 Grueneisen, Charles, 22 mars 1894, Soultz.
2810 Guetter, Jean-Jules, 9 août 1882, Barr.
2811 Guidat, Victor-Aimé, 27 juill. 1877, Orbey.
2812 Gungel, Alphonse, 14 déc. 1880, Strasbourg.
2813 Guth, Émile-David, 26 juill. 1884, Barr.
2814 Guth, Louis, 26 sept. 1881, Barr.
2815 Haberkorn, Eugène, 31 août 1882, Strasbourg.
2816 Haby, Émile, 30 nov. 1890, Rouffach.
2817 Haellinger, Louis, 20 juin 1873, Colmar.
2818 Haertel, Louis, 26 août 1886, Trimbach.
2819 Halter, Albert, 27 août 1876, Ottrott.
2820 Halter, Henri, 11 mars 1890, Mulhouse.
2821 Hamann, Jean-Michel, 20 août 1878, Strasbourg.

2822 Hamm, Pierre, 20 oct. 1893, Paris.
2823 Harre, Louis-Émile, 21 déc. 1889, Strasbourg.
2824 Hartweg, Gottfried, 24 nov. 1882, Schlestadt.
2825 Hasselmann, Antoine, 1er avril 1885, Kienheim.
2826 Hasselmann, Nicolas, 10 avril 1891, Kienheim.
2827 Hattiger, Georges, 15 déc. 1890, Barr.
2828 Hauss, Émile, 9 juin 1878, Ensisheim.
2829 Hecht, Jacques, 13 févr. 1883, Hœrdt.
2830 Haegeli, Charles-Ernest, 31 oct. 1885, Hilsenheim.
2831 Hegenaeuer, Georges, 23 avril 1890, Schaffhouse (Alsace).
2832 Heidelberger, Philippe, 11 juill. 1878, Hœrdt.
2833 Heiligenstein, Auguste, 26 mai 1883, Balbronn.
2834 Heimburger, Jos.-Louis-Franç., 17 mai 1885, Fessenheim.
2835 Heitzler, Louis, 1er mai 1895, Soultz.
2836 Helbling, Alphonse, 8 déc. 1890, Stolzheim.
2837 Helburg, Auguste, 8 août 1895, Wasselonne.
2838 Helf, Jacques, 12 févr. 1882, Philippsbourg.
2839 Helm, Jean-Baptiste, 23 juill. 1895, Iungholtz.
2840 Henninger, François-Joseph, 5 févr. 1885, Wintzenheim.
2841 Henny, Eug.-Charl., 20 mai 1886, Mittelwihr.
2842 Hergott, Armand, 17 juin 1895, Lautenbach.
2843 Herr, Léon, 4 déc. 1888, Biedernheim.
2844 Herr, Louis-Auguste, 20 août 1874, Rosheim.
2845 Herrbach, Joseph-Lucien, 9 juin 1888, Saint-Martin.
2846 Herrmann, Joseph-Jean, 17 déc. 1888, Strasbourg.
2847 Herrmann, Théobald, 16 mai 1887, Dunzenheim.
2848 Hertrich, Jos., 11 avril 1876, Dambach.
2849 Hessmann, Louis, 13 avril 1890, Stosswihr.
2850 Heussner, Théophile, 1er janv. 1883, Monswiller.
2851 Heyer, Jean-Emmanuel, 20 avril 1883, Barr.
2852 Heyer, Charles, 3 mars 1885, Barr.
2853 Hien, Charles, 17 janv. 1879, Strasbourg.
2854 Higy, Jos.-Camille, 8 mars 1885, Oltingue.
2855 Himber, Léon, 16 oct. 1889, Bischheim.
2856 Hoffmann, Alex., 13 oct. 1885, Colmar.
2857 Hoffmann, Émile, 12 oct. 1873, Saint-Nabor.
2858 Holbein, Henri, 16 déc. 1895, Riedisheim.
2859 Hopfner, Joseph, 11 oct. 1892, Rosenwiller.
2860 Hornecker, Georges, 29 mars 1891, Eckwersheim.

2861 Hotz, Charles-Ernest, 3 juill. 1887, Strasbourg.
2862 Humbert, Paul, 24 déc. 1897, Saales.
2863 Humbert, Robert-René, 17 juin 1895, Bourg-Bruche.
2864 Hum, Eug., 25 févr. 1887, Orschwiller.
2865 Huntzicker, Charles, 23 août 1879, Dettwiller.
2866 Issèle, Joseph, 12 janv. 1897, Lalaye.
2867 Jacquemin, François-Eugène, 19 juin 1887, Schlestadt.
2868 Jacques, Charles, 23 août 1885, Bonhomme.
2869 Jaeck, Joseph-Antoine, 26 janv. 1894, Dinsheim.
2870 Jaeger, Franç.-Eug., 12 avril 1895, Niedersoulzbach.
2871 Jauel, Joseph-Eugène, 3 janv. 1877, Vorbruck.
2872 Jean, François-Théobald, 17 mai 1887, Ebersmunster.
2873 Jeandel, Joseph, 13 nov. 1897, Saales.
2874 Jelsch, Pierre, 14 déc. 1875, Ruederbach.
2875 Jossel, Antoine, 10 janv. 1879, Hohwarth.
2876 Joerg, Émile, 30 déc. 1879, Dengolsheim.
2877 Joerg, Frédéric, 17 janv. 1879, Wintzenheim.
2878 Jost, Charles-Frédéric, 12 janv. 1895, Rothau.
2879 Jost, Prosper, 26 janv. 1888, Bersch.
2880 Kaag, Charles, 7 nov. 1880, Bischwiller.
2881 Kapp, Léon, 3 avril 1876, Waldolwisheim.
2882 Keiflin, Joseph, 25 déc. 1883, Bartenheim.
2883 Kern, Joseph-Michel, 5 févr. 1884, Achenheim.
2884 Kern, Léon, 6 mai 1888, Soultz.
2885 Kieffer, Henri, 16 mai 1888, Andlau.
2886 Kieffer, Marie-Camille, 11 avril 1876, Reichsfeld.
2887 Kiener, Joseph, 8 janv. 1895, Rimbach.
2888 Kientz, Alfred, 10 févr. 1897, Belfort.
2889 Kientzig, Édouard, 21 août 1890, Rosheim.
2890 Kimmlé, Marcel-Auguste, 10 déc. 1879, Strasbourg.
2891 Kirchhoffer, Joseph-Émile, 7 mars 1877, Wettolsheim.
2892 Klein, Donat-Achille, 12 avril 1878, Hohwarth.
2893 Klein, Édouard-Eugène, 6 févr. 1895, Wasselonne.
2894 Klein, Charles, 20 déc. 1885, Sainte-Marie-aux-Mines.
2895 Klein, Nicolas, 15 mars 1886, Lampertheim.
2896 Kleimann, Aug., 5 mai 1883, Issenheim.
2897 Kleissler, Auguste, 28 août 1887, Soultz.
2898 Kleissler, Eugène, 6 févr. 1882, Soultz.
2899 Klemm, Aloys-Frédéric, 4 juin 1882, Hirsingen.
2900 Klufts, Eugène, 17 sept. 1895, Wintzenheim.
2901 Knecht, Franç.-Jos., 3 févr. 1893, Châtenois.
2902 Knecht, Louis-Fréd., 2 mars 1885, Strasbourg.

2903 Knoepfler, Charles, 27 juin 1882, Wolsheim.
2904 Koch, Henri-Albert, 29 nov. 1894, Guebwiller.
2905 Koch, Jean-René, 8 oct. 1896, Guebwiller.
2906 Kolb, Étienne-Marie, 9 janv. 1887, Strasbourg.
2907 Koller, Jacques-Charles, 4 sept. 1877, Diasheim.
2908 Kommer, Henri-Léon, 3 févr. 1890, Barr.
2909 Kopp, Prosper-Alfred, 1er août 1883, Duttlenheim.
2910 Kraft, Jos.-Émile, 19 août 1877, Orbey.
2911 Krieger, Bern., 17 oct. 1885, Kirwiller.
2912 Krumb, Georges, 24 juin 1884, Kintzheim.
2913 Krumb, Martin, 10 mars 1891, Kintzheim.
2914 Kuderer, Alf., 3 juin 1888, Schiltigheim.
2915 Kuechly, Florent, 9 janv. 1892, Trois-Fontaines.
2916 Kuebler, Émile-Julien, 18 sept. 1891, Willer.
2917 Kuebler, Xavier-Théobald, 23 juin 1882, Rimbach.
2918 Kuepfer, Jacques-Henri, 18 févr. 1884, Munster.
2919 Kuetzel, Frédéric, 30 mars 1889, Strasbourg.
2920 Kuhn, Pierre-Paul, 15 sept. 1879, Hilsenheim.
2921 Kuntzmann, Joseph, 27 sept. 1874, Niedermorschwihr.
2922 Lamey, Jérôme, 1er oct. 1882, Westhalten.
2923 Lanus, Jean-Bapt., 26 mars 1888, Heidolsheim.
2924 Lapp, Jacques, 9 août 1887, Hohfrankenheim.
2925 Lapp, Joseph, 26 oct. 1880, Hohhatzenheim.
2926 Lavigne, Jean-Bapt., 21 déc. 1891, Steige.
2928 Lechleiter, Émile, 12 févr. 1874, Guebwiller.
2927 Leber, Ernest-Louis, 22 sept. 1892, Biesheim.
2929 Legin, Georges-Aloys, 5 juin 1885, Bischofsheim.
2930 Lehmann, Charles, 12 sept. 1887, Brumath.
2931 Lehmann, Lucien, 24 avril 1897, Soulzeren.
2932 Lehn, Pierre-Louis, 5 juin 1895, Lutzelhouse.
2933 Leobold, Léon, 24 juin 1881, Eberbach.
2934 Lettermann, Joseph-Édouard, 3 févr. 1893, Mulhouse.
2935 Levi, Oscar-David, 20 oct. 1895, Hochfelden.
2936 Levi, Camille, 11 déc. 1893, Ballbronn.
2937 Ley, Charles, 15 oct. 1885, Rimbach.
2938 Lindenmann, Marie-Alph., 25 avril 1885, Kaltenhouse.
2939 Linkenheld, Émile, 27 juill. 1888, Engenthal.
2940 Lippert, Albert, 21 juill. 1885, Durrenbach.

2941 Loechner, Albert, 12 févr. 1892, Niederhaslach.
2942 Loeffler, Eugène, 12 janv. 1895, Schweighouse.
2943 Loeffler, Charles, 4 mars 1878, Strasbourg.
2944 Lorentz, Franç.-Jos., 1ᵉʳ avril 1891, Buhl.
2945 Lotz, Jules, 17 nov. 1890, Strasbourg.
2946 Ludwig, Charles, 9 juin 1889, Wasselonne.
2947 Ludwig, Paul-Charles, 3 nov. 1887, Colmar.
2948 Ludwig, Victor, 7 mai 1878, Eguisheim.
2949 Lutz, Jean-Bapt., 24 janv. 1889, Kirrwiller.
2950 Lutz, Jean-Georges, 9 mai 1887, Hochfelden.
2951 Maechling, Michel, 23 juin 1886, Vendenheim.
2952 Mahler, Charles, 11 août 1890, Westhoffen.
2953 Mangeney, Joseph, 18 mars 1893, Soultz.
2954 Manching, Albert, 9 avril 1886, Schirmeck.
2955 Marchal, Auguste, 22 déc. 1877, Vorbruck.
2956 Marchal, Auguste, 22 févr. 1889, Sainte-Marie-aux-Mines.
2957 Marchall, Charles, 25 janv. 1877, Schlestadt.
2958 Margraff, Albert, 23 févr. 1891, Saverne.
2959 Marlier, Paul-Jos., 29 oct. 1889, Schirmeck.
2960 Marmillod, Émile, 12 nov. 1838, Hutten.
2961 Marzolf, Henri, 12 août 1879, Ingwiller.
2962 Masson, Joseph, 3 mars 1881, L'Allemand-Rombach.
2963 Mathieu, Émile, 20 oct. 1889, Mittelbronn.
2964 Mathieu, Émile-Charles, 23 nov. 1892, Urbach.
2965 Matter, Léon-Aug.-Jean, 15 févr. 1890, Colmar.
2966 Matter, Jos.-Franç., 26 nov. 1885, Durlinsdorf.
2967 Mauller, Georges, 6 févr. 1890, Barr.
2968 Mauller, Henri, 15 mai 1884, Heiligenstein.
2969 Maurer, Alphonse, 6 juill. 1884, Nothalten.
2970 Maurer, Florent, 21 oct. 1878, Schirwiller.
2971 Mayer, Jules, 19 sept. 1894, Massevaux.
2972 Meder, Alfred-Joseph, 30 nov. 1893, Dahlenheim.
2973 Mehlen, Auguste, 13 août 1886, Colmar.
2974 Mérius, Charles, 28 janv. 1875, Colmar.
2975 Metz, Joseph, 12 mars 1889, Schiltigheim.
2976 Meyer, Édouard, 15 déc. 1895, Soultz.
2977 Meyer, Eugène, 10 avril 1887, Heiteren.
2978 Meyer, Ferdinand, 4 févr. 1893, Soultz.
2979 Meyer, Hans-Georges, 1ᵉʳ juill. 1894, Strasbourg.
2980 Meyer, Henri-Louis, 30 oct. 1841, Colmar.
2981 Meyer, Joseph, 13 juin 1877, Wittolsheim.
2982 Meyer, Jos.-Bernard, 10 avril 1873, Andlau.
2983 Meyer, Charles, 29 juin 1889, Soultz.
2984 Meyer, René, 30 oct. 1883, Wolfisheim.
2985 Meyer, Victor, 4 août 1886, Minversheim.
2986 Milfort, Arthur, 23 déc. 1895, Buhl.
2987 Minoux, Albert-Nicolas, 9 déc. 1878, Bonhomme.
2988 Mock, Gustave, 20 janv. 1882, Barr.
2989 Moellinger, Henri, 15 juill. 1888, Wettolsheim.
2990 Mundinger, Jos., 15 janv. 1895, Guebwiller.
2991 Morlock, Émile, 13 mars 1880, Schlestadt.
2992 Muehl, Charles, 29 sept. 1889, Geudertheim.
2993 Muhlberger, Victor, 16 mars 1881, Strasbourg.
2994 Muller, Auguste, 17 déc. 1884, Strasbourg.
2995 Muller, Henri, 28 juin 1894, Schaenenbourg.
2996 Muller, Jacques, 9 mars 1892, Rosheim.
2997 Mundinger, Joseph, 15 janv. 1895, Guebwiller.
2998 Murer, Jean, 18 janv. 1886, Sainte-Marie-aux-Mines.
2999 Mutzig, Georges, 26 août 1895, Romanswiller.
3000 Naas, Fridolin, 6 mai 1878, Hirsingen.
3001 Naast, Léon-Paul, 28 avril 1886, Osenbach.
3002 Neff, Hermann, 28 sept. 1885, Hilsenheim.
3003 Netter, Eugène, 23 nov. 1877, Rosheim.
3004 Netter, René, 22 oct. 1888, Nancy (Fr.).
3005 Neuvillers, Henri, 13 janv. 1891, Rothau.
3006 Niederhoeffer, Ch., 24 mai 1881, Dambach.
3007 Noë, Louis, 8 oct. 1882, Herrlisheim (Basse-Alsace).
3008 Noirot, Joseph, 30 juill. 1887, Heiteren.
3009 Nussbaumer, Clément, 16 févr. 1879, Urbeis.
3010 Oberlé, Auguste, 1ᵉʳ mai 1890, Barr.
3011 Ohresser, Charles, 15 mai 1870, Rosheim.
3012 Ohri, Ernest, 25 juill. 1891, Soultz.
3013 Oswald, Émile, 3 juin 1888, Geispolsheim.
3014 Ott, Pierre, 24 janv. 1875, Sessolsheim.
3015 Ottroschink, Georges, 26 déc. 1880, Gunstett.
3016 Paclet, Louis-Léon, 20 févr. 1887, Wisches.
3017 Panter, Victor-Armand, 23 déc. 1883, Mulhouse.
3018 Parmentier, Alexandre-Louis, 29 janv. 1888, Munster.

3019 Paschali, Émile-Jos., 15 mai 1885, Munster.
3020 Paschali, Jacques, 16 juin 1875, Thun (Suisse).
3021 Paulen, Jacques, 7 avril 1894, Schwindratzheim.
3022 Peter, Louis, 5 sept. 1879, Neunkirch.
3023 Pfeiffer, Jean, 28 mai 1873, Schlesstadt.
3024 Pfister, Albert-Jos., 18 nov. 1889, Hochfelden.
3025 Pflug, Adolphe, 23 janv. 1878, Barr.
3026 Philipps, Philippe, 25 sept. 1887, Strasbourg.
3027 Pons, Jean, 18 juin 1881, Breitenbach.
3028 Pouton, Henri, 6 janv. 1895, Neuwiller.
3029 Preiss, Frédéric-Cam., 27 janv. 1886, Riquewihr.
3030 Rauch, Charles, 24 juin 1895, Soultz.
3031 Reibel, Jean-Georges, 20 sept. 1888, Barr.
3032 Reinhard, Franç.-Xav., 9 avril 1881, Wintzenheim.
3033 Reisser, Eugène, 12 janv. 1882, Mutzig.
3034 Reith, Alfred, 8 févr. 1881, Strasbourg.
3035 Remetter, Léonard, 4 mai 1896, Brubach.
3036 Renekly, Joseph, 6 déc. 1896, Iungholtz.
3037 Renger, Jean, 24 juin 1892, Wasselonne.
3038 Rentz, Léon, 10 août 1895, Guebwiller.
3039 Rewell, Joseph-Jean, 1er sept. 1891, Steinbach.
3040 Reysz, Jean-Georges, 28 janv. 1872, Nordheim.
3041 Richert, Marie-Moyse, 9 juin 1878, Colmar.
3042 Riedinger, Franç.-Xav., 23 mai 1888, Wintzenheim.
3043 Riegert, Auguste, 11 févr. 1880, Molsheim.
3044 Riether, Jacques, 19 juill. 1878, Soultz.
3045 Rihn, Alphonse, 27 janv. 1874, Westhouse.
3046 Rihn, Xavier, 23 janv. 1886, Epfig.
3047 Ring, Lucien, 8 mai 1894, Mutzig.
3048 Ringenbach, Albert, 23 févr. 1896, Soultz.
3049 Ringwald, Eugène, 16 sept. 1896, Odratzheim.
3050 Rinkel, Guillaume, 19 mars 1880, Forstfeld.
3051 Rinn, Roman, 6 août 1877, Bischofsheim.
3052 Ritter, Gilbert, 15 août 1895, Lauterbach.
3053 Ritter, Louis, 6 mai 1885, Brumath.
3054 Robert, Albert-Eugène, 29 mars 1887, Colmar.
3055 Roché, Augustin, 24 août 1881, Urbès.
3056 Rochel, Ch.-Louis, 28 juin 1881, Rothau.
3057 Rochel, Paul, 21 déc. 1890, Rothau.
3058 Roesz, Ernest, 13 déc. 1868, Schoenau.
3059 Rohmer, Alphonse, 13 janv. 1885, Huttenheim.
3060 Rohmer, Alph.-Martin, 12 nov. 1886, Blienschwiller.
3061 Rohmer, Franç.-Jos., 3 sept. 1884, Ebersheim.
3062 Rollet, Antoine, 17 mai 1878, Schaffhouse.
3063 Rohmer, Victor, 20 mars 1883, Ebersheim.

3064 Roth, François-Jos., 22 janv. 1883, Sainte-Croix-en-Plaine.
3065 Roth, Charles, 14 févr. 1886, Lauterbach.
3066 Roth, Marie-Joseph, 12 sept. 1888, Wolxheim.
3067 Rubert, Aloyse, 22 juin 1871, Marmoutier.
3068 Rubrecht, Joseph, 24 mars 1897, Bollwiller.
3069 Ruffenach, Émile, 20 déc. 1889, Engenthal.
3070 Ruffenach, Léon, 22 avril 1887, Engenthal.
3071 Rugraff, Charles, 3 avril 1886, Châtenois.
3072 Ruhlmann, Alex., 4 juill. 1877, Dambach.
3073 Sali, Hubert, 11 oct. 1895, Engenthal.
3074 Sandrock, Alphonse, 6 nov. 1885, Roschwog.
3075 Schaedelin, Albert, 28 nov. 1889, Neuf-Brisach.
3076 Schaeffer, Jos.-Georges, 1er oct. 1887, Kaysersberg.
3077 Schaffouser, Gustave, 23 avril 1897, Felsenbach.
3078 Schalhauser, Antoine, 7 août 1895, Salenthal.
3079 Schall, Joseph, 20 déc. 1889, Dahlenheim.
3080 Schaeffer, Camille, 15 avril 1891, Dambach.
3081 Schaeffer, Xavier, 12 janv. 1895, Bergbieten.
3082 Schaeffhold, Franç., 20 déc. 1879, Epfig.
3083 Schaetzel, Charles, 22 mai 1880, Wall.
3084 Schaller, Albert, 9 mai 1883, Strasbourg.
3085 Schandelmeyer, Georges, 2 avril 1883, Colmar.
3086 Schaub, Édouard, 26 sept. 1888, Strasbourg.
3087 Schaub, Paul-Edm., 21 juill. 1878, Strasbourg.
3088 Scheibling, Albert, 6 févr. 1880, Schlestadt.
3089 Scheverrier, Laurent, 15 déc. 1894, Wasselonne.
3090 Schieber, Alex., 28 juill. 1883, Meisengott.
3091 Schiestel, Eugène, 8 déc. 1893, Kindwiller.
3092 Schill, Jos.-Xav., 3 déc. 1874, Buhl.
3093 Schilles, Louis, 16 juill. 1894, Mutzig.
3094 Schillinger, Alphonse, 19 nov. 1879, Barsch.
3095 Schmitt, Louis, 19 juin 1881, Haegen.
3096 Schmitt, Ant.-Théoph., 20 déc. 1869, Kirchheim.
3097 Schmitt, Édouard-Georges, 28 juin 1895, Wasselonne.
3098 Schmitt, Jean-Jules, 25 août 1882, Strasbourg.
3099 Schmitt, Joseph, 7 déc. 1879, Riedwihr.
3100 Schmitt, Charles, 3 mars 1896, Soultz.
3101 Schnebelin, Émile Aug.-Morand, 15 févr. 1894, Altkirch.

3102 Schneider, Auguste, 25 mai 1877, Epfig.
3103 Schneider, Édouard, 12 juill. 1878, Beinheim.
3104 Schneider, Charles, 5 nov. 1883, Barr.
3105 Schneider, Théodore, 29 août 1879, Bersch.
3106 Schoen, Eugène, 18 janv. 1887, Freningen.
3107 Schoeng, Émile, 2 janv. 1877, Boozheim.
3108 Schollkopf, Joseph-Marie, 31 déc. 1885, Logelbach.
3109 Schott, Charles, 20 avril 1894, Oberschaeffolsheim.
3110 Schott, Victor, 4 juill. 1885, Schaefferhof.
3111 Schott, Joseph, 5 févr. 1888, Wittelsheim.
3112 Schotterer, Joseph, 10 oct. 1889, Saint-Hippolyte.
3113 Schramm, André, 22 oct. 1883, Schlestadt.
3114 Schueller, Édouard, 8 janv. 1896, Soultz.
3115 Schussel, Robert, 13 sept. 1885, Strasbourg.
3116 Schubban, Charles, 2 mars 1887, Barr.
3117 Schuller, Charles, 8 janv. 1887, Barr.
3118 Schwebel, Michel, 13 mars 1886, Schwindratzheim.
3119 Schwein, Achille, 18 janv. 1882, Sassenheim.
3120 Schweisberg, Henri, 10 juill. 1894, Guebwiller.
3121 Seemann, Théophile, 18 oct. 1891, Lupstein.
3122 Selz, Charles, 2 déc. 1895, Soultz.
3123 Sensenbrenner, Franç., 10 oct. 1887, Châtenois.
3124 Sexauer, Henri, 30 juin 1895.
3125 Seyller, Jean, 30 juin 1895, Soultz.
3126 Siefer, Chrétien, 17 mars 1876, Imbsheim.
3127 Sieffert, Bernard, 31 août 1886, Châtenois.
3128 Silbereisen, Jacques, 15 sept. 1891, Brumath.
3129 Silet, Georges, 1er mai 1887, Vorbruck.
3130 Simon, Eugène, 26 mars 1886, Russ.
3131 Simon, Louis, 28 mai 1896, Russ.
3132 Sittler, Léon, 25 déc. 1886, Ohnenheim.
3133 Sohn, Henri, 2 mai 1884, Barr.
3134 Soller, Joseph, 28 juill. 1886, Lupstein.
3135 Sonnenliter, Léon, 4 oct. 1874, Guebwiller.
3136 Sonntag, Alfred, 6 févr. 1896, Héricourt (Fr.).
3137 Sossier, Alphonse, 10 déc. 1883, Bindernheim.
3138 Sotta, Hugo-Robert, 13 avril 1885, Strasbourg.
3139 Specht, Joseph, 18 févr. 1889, Erstein.
3140 Speich, Jules, 25 juin 1891, Willgottheim.
3141 Spengler, Joseph, 22 oct. 1894, Engenthal.
3142 Spengler, Jules, 3 févr. 1893, Engenthal.
3143 Spenlé, M., 10 mai 1886, Metzeral.

3144 Stahl, Georges, 29 oct. 1882, Schlestadt.
3145 Stahl, Joseph, 30 avril 1876, Andlau.
3146 Stahl, Charles, 23 févr. 1892, Strasbourg.
3147 Stath, Antoine, 5 févr. 1891, Dessenheim.
3148 Staub, Joseph, 3 mars 1895, Balbi.
3149 Stauffer, Otto-Charles, 21 déc. 1878, Holtwald.
3150 Steger, Émile, 10 nov. 1881, Rimbachzell.
3151 Stegli, Joseph, 8 mars 1883, Schlestadt.
3152 Stein, Auguste, 28 août 1897, Guebwiller.
3153 Steinbach, Paul, 23 oct. 1893, Luxembourg.
3154 Steinberger, Charles, 22 avril 1884, Scharrachbergheim.
3155 Steinmetz, Auguste, 21 mai 1888, Strasbourg.
3156 Stephan, Médard, 18 avril 1882, Blienschwiller.
3157 Stocker, Émile, 27 juin 1885, Epfig.
3158 Stocker, Joseph, 28 déc. 1885, Epfig.
3159 Stoessel, Charles, 28 févr. 1885, Lutzelstein.
3160 Stoll, Philippe, 29 sept. 1886, Herdt.
3161 Stoll, Étienne, 27 déc. 1897, Rosheim.
3162 Stotz, Jules, 13 oct. 1886, Blienschwiller.
3163 Strauss, Benoît-Adolphe, 12 mai 1890, Mommenheim.
3164 Streit, Ferdinand, 24 sept. 1872, Andlau.
3165 Strohl, Georges, 12 mai 1884, Brumath.
3166 Strohl, Charles, 16 juin 1883, Wangen.
3167 Strub, Luc, 11 mai 1884, Alt-Eckendorf.
3168 Strudel, Émile, 14 févr. 1886, Munster.
3169 Sutter, Laurent, 2 juill. 1884, Winzenheim.
3170 Syren, Gustave, 16 avril 1894, Engenborn.
3171 Thisler, Camille, 3 févr. 1876, Waldersbach.
3172 Thomann, Albert, 15 oct. 1890, Ingersheim.
3173 Thommes, Joseph, 8 oct. 1886, Metz.
3174 Thorr, Alphonse.
3175 Tschaegler, Joseph, 26 oct. 1896, Soultz.
3176 Ueberall, André, 11 janv. 1890, Vorbruck.
3177 Urbain, Louis, 15 janv. 1895, Schoengrund.
3178 Urban, Jean-Albert, 20 juin 1882, Kuenheim.
3179 Utz, Jean-Paul, 2 août 1888, Schlestadt.
3180 Vatin, Émile, 13 mars 1887, Steige.
3181 Valentin, Jean-Bapt., 18 déc. 1885, La Haroche.
3182 Vogelbacher, Paul, 9 mars 1894, Guemar.
3183 Vogel, André, 22 août 1882, Balzenheim.
3184 Vogeleisen, François, 3 avril 1888, Epfig.
3185 Vogler, François, 11 févr. 1876, Schnersheim.
3186 Vogler, Joseph, 15 oct. 1893, Wesseloone.
3187 Vogt, Charles, 26 avril 1886, Ernolsheim.
3188 Vollmer, Florent, 4 févr. 1890, Altenheim.
3189 Vollmer, Joseph, 5 févr. 1878, Altenheim.

3190 Voltz, Léon, 8 avril 1890, Altdorf.
3191 Vonderscheer, Ferdinand, 4 févr. 1883, Erlenbach.
3192 Vonfliey, Philibert, 12 juill. 1883, Soultz.
3193 Wack, Georges, 13 déc. 1883, Barr.
3194 Wagner, Aloys, 15 mars 1880, Gingsheim.
3195 Wagner, Léon, 3 juill. 1882, Guebwiller.
3196 Walcker, Émile, 21 juill. 1887, Barr.
3197 Walter, Léon, 3 avril 1881, Schlestadt.
3198 Weber, Bernard, 2 nov. 1893, Schweighouse.
3199 Weber, Émile, 28 avril 1884, Berlin.
3200 Weber, Edmond, 5 sept. 1885, Strasbourg.
3201 Wehrlé, Eugène, 19 févr. 1893, Soultz.
3202 Wehrlé, Henri, 5 mai 1880, Kimbach.
3203 Weil, Benjamin, 20 août 1883, Rosheim.
3204 Weil, Gustave, 19 mai 1881, Wintzenheim.
3205 Weil, Justin-Robert, 27 juin 1883, Barr.
3206 Weil, Charles, 24 mai 1884, Colmar.
3207 Weil, Maurice, 13 mars 1888, Sarreguemines.
3208 Weill, Jacques, 12 févr. 1890, Blotzheim.
3209 Weill II, Justin, 7 janv. 1880, Westhofen.
3210 Weiss, Ernest, 21 févr. 1884, Reichwiller.
3211 Weitz, Georges, 6 mars 1891, Brumath.
3212 Welté, Jean-François-Jos., 11 mars 1883, Guebwiller.
3213 Wendling, Georges, 15 oct. 1883, Markolsheim.
3214 Wendling, Georges, 8 févr. 1884, Schweighouse.
3215 Wenger, Paul-Louis, 9 juill. 1889, Strasbourg.
3216 Werlé, Valentin, 18 oct. 1890, Olwisheim.
3217 Wernert, Joseph, 8 janv. 1884, Niederhaslach.
3218 Wertheimer, André, 28 déc. 1888, Rosheim.
3219 Wertheimer, Élie, 18 juill. 1871, Rosheim.
3220 Wetterwald, Leodegar, 24 janv. 1876, Lautenbach.
3221 Wiedemann, Gustave, 24 janv. 1880, Rothau.
3222 Willm, Ignace, 27 sept. 1877, Liepvre.
3223 Willm, David, 30 déc. 1887, Heiligenstein.
3224 Wimmer, Auguste, 25 févr. 1895, Gerstheim.
3225 Wintz, Léon-Aug., 6 août 1877, Dachstein.
3226 Winzer, Maurice, 24 juill. 1896, Soultz.
3227 Wiss, Franç.-Jos., 27 juin 1887, Altorf.
3228 Woerli, Jean-Michel, 20 août 1890, Barr.
3229 Wolf, Philippe, 10 nov. 883, Wittisheim.
3230 Wolff, René, 20 avril 1884, Strasbourg.
3231 Wolff, Joseph, 1er janv. 1884, Achenheim.
3232 Wolff, Joseph-Antoine, 12 mars 1887, Bergheim.
3233 Wolff, Martin, 16 sept. 1881, Rangen.

3234 Wuertz, Charles, 1er mars 1888, Eckwersheim.
3235 Wurmser, Marc, 19 mai 1893, Ballbronn.
3236 Zaepfel, Gustave-Aimé, 8 juill. 1892, Kientzheim.
3237 Zahner, Adolphe-Eugène, 12 déc. 1892, Colmar.
3238 Zanolli, Jean-Bapt., 19 juin 1894, Vienne (Autriche).
3239 Zellin, Léon-Alph., 25 mai 1886, Colmar.
3240 Zellmeyer, Otto, 7 juill. 1889, Soleure (Suisse).
3241 Ziegelmeyer, Nicolas, 1er oct. 1885, Gingsheim.
3242 Ziegler, Léon, 14 janv. 1880, Stosswihr.
3243 Ziller, Aloys, 16 janv. 1882, Hochfelden.
3244 Ziller, Philippe, 18 mars 1885, Eckwersheim.
3245 Ziller, Victor, 15 févr. 1879, Hochfelden.
3246 Zilliox, Auguste, 4 janv. 1889, Weyersheim.
3247 Zimmerlin, Paul-Auguste, 5 juill. 1880, La Poutroye.

Liste n° 9.
11 novembre 1916.

3248 Acher, Eug., 10 mars 1886, Wolxheim.
3249 Aiolfi, Bernard, 20 oct. 1892, Kaysersberg.
3250 Aiolfi, Pierre, 20 déc. 1896, Kaysersberg.
3251 Amrhein, Ernest, 24 sept. 1892, Mulhouse.
3252 Andreck, Jules, 5 févr. 1874, Zillisheim.
3253 Andreck, Jules, 3 juin 1882, Oberlarg.
3254 Antony, Joseph, 30 juill. 1883, Turckheim.
3255 Anzenberger, Alfred, 25 mars 1896, Mulhouse.
3256 Armbruster, Eugène, 28 juill. 1891, Mulhouse.
3257 Armspach, Albert, 22 févr. 1897, Cernay.
3258 Arnold, Ambroise, 27 déc. 1887, Malmerspach.
3259 Arnold, Dominique, 25 juill. 1890, Lautenbach-Zell.
3260 Arnold, Charles, 15 févr. 1887, Mulhouse.
3261 Arnold, Léon, 5 mai 1894, Lautenbach-Zell.
3262 Ast, Sylvestre-Joseph, 10 janv. 1879, Pfastatt.
3263 Auer, Georges, 16 mai 1897, Carspach.
3264 Bahe, Gustave, 19 oct. 1896, Ottonville.
3265 Bahe, Jean-Joseph, 3 févr. 1891, Ottonville.
3266 Bach, Achille, 12 janv. 1895, Wittersdorff.
3267 Bach, Georges, 10 janv. 1895, Altkirch.
3268 Bach, Charles, 6 nov. 1891, Altkirch.
3269 Bader, Joseph, 15 mars 1895, Fessenheim.
3270 Balthazard, Jean-Bapt., 11 mai 1897, La Baroche.
3271 Bard, Mathias, 9 avril 1884, Wasserbourg.

3272 Barell, Albert, 10 juill. 1893, Sainte-Marie-aux-Mines.
3273 Barth, Henri, 1er juill. 1885, Mulhouse.
3274 Basler, Joseph-Ernest-Alph., 27 mars 1887, Altkirch.
3275 Bauer, Maurice, 7 mars 1890, Soultz.
3276 Baumann, Eugène, 31 juill. 1878, Dornach.
3277 Beck, Bernard, 10 nov. 1876, Soultz.
3278 Beck, François-Joseph, 23 mai 1885, Issenheim.
3279 Beck, Henri, 27 nov. 1896, Soultz.
3280 Behr, Jacques, 5 juin 1887, Niedermorschwiller.
3281 Behra, Albert, 25 juill. 1879, Bischwiller.
3282 Bernhard, Léon, 18 avril 1898, Soultzmatt.
3283 Bernheim, Paul, 13 nov. 1891, Mulhouse.
3284 Bicking, Charles-Fréd., 21 mars 1886, Mulhouse.
3285 Bihler, Eugène, 18 févr. 1897, Issenheim.
3286 Bilger, Auguste, 15 nov. 1886, Heimersdorf.
3287 Bildstein, Jérôme, 15 août 1874, Buhl.
3288 Bingler, Louis, 16 nov. 1883, Zillisheim.
3289 Bir, Gustave, 31 mai 1885, Traubach-le-Haut.
3290 Birlinger, Joseph, 19 déc. 1883, Sierenz.
3291 Birr, Gustave, 31 mai 1885, Traubach-le-Haut.
3292 Birr, Joseph, 30 nov. 1884, Soultz.
3293 Blind, Louis, 15 déc. 1891, Sondersdorff.
3294 Blind, Théophile, 14 mai 1895, Sondersdorff.
3295 Bloch, Alexandre, 9 déc. 1882, Colmar.
3296 Bloch, Joseph, 5 févr. 1894, Rosheim.
3297 Bloch, Léon, 15 mars 1892, Grussenheim.
3298 Blum, Lucien, 11 janv. 1881, Rosheim.
3299 Boeglin, Eugène, 15 avril 1888, Soultz.
3300 Boeglin, Georges, 19 août 1887, Brunstatt.
3301 Boehm, Charles, 16 mars 1874, Thann.
3302 Bohn, Alphonse-René, 15 août 1895, Mulhouse.
3303 Bohrer, Joseph, 1er mai 1872, Zillisheim.
3304 Boltz, Antoine, 22 janv. 1881, Soultzmatt.
3305 Botz, Victor, 21 avril 1885, Mulhouse.
3306 Boos, Auguste, 22 août 1882, Guebwiller.
3307 Boos, Bernard, 24 févr. 1897, Uffholz.
3308 Boos, Émile, 7 août 1894, Illzach.
3309 Bourgard, Gustave, 18 juin 1886, Dornach.
3310 Brandner, Jules, 2 févr. 1895, Strasbourg.
3311 Braun, Émile, 3 nov. 1873, Viller.
3312 Brencklé, Georges, 15 juin 1893, Mulhouse.
3313 Brendler, Jules, 22 janv. 1881, Soultz.
3314 Breitwieser, Jules, 8 nov. 1881, Mulhouse.
3315 Bristelle, Henri, 14 oct. 1893, Châtenois.
3316 Brodbeck, Jean, 31 oct. 1871, Hirtzbach.
3317 Brun, Alphonse, 1er janv. 1895, Soultzmatt.
3318 Brun, Lucien, 25 mars 1893, Wintzenheim.

3319 Brunner, Charles, 9 févr. 1890, Soultz.
3320 Bubendorf, Jean-Louis, 21 mars 1890, Altkirch.
3321 Bucher, Charles, 25 avril 1875, Soultz.
3322 Bucher, Victor, 1er sept. 1882, Guebwiller.
3323 Burgy, Joseph, 9 août 1885, Nambsheim.
3324 Burstert, Édouard, 5 sept. 1877, Sainte-Marie-aux-Mines.
3325 Butscher, Édouard, 30 déc. 1892, Mulhouse.
3326 Buff, Henri, 8 juill. 1881, Lautenbach.
3327 Burger, Charles, 6 févr. 1887, Wittelsheim.
3328 Burner, Édouard, 25 nov. 1881, Soultz.
3329 Cadé, Albert, 1er juin 1885, Mulhouse.
3330 Cadé, Charles, 5 août 1883, Heiteren.
3331 Canal, Eugène, 23 déc. 1887, Vieux-Thann.
3332 Caspar, Arthur, 31 juill. 1895, Lautenbach.
3333 Chapelle, Justin, 10 mars 1878, Sainte-Croix-aux-Mines.
3334 Châtel, Paul, 7 déc. 1883, Mulhouse.
3335 Cladt, Émile, 18 nov. 1896, Lautenbach.
3336 Cladt, Eugène, 23 févr. 1891, Lautenbach.
3337 Cladt, Louis, 24 août 1895, Lautenbach.
3338 Cladt, Léon, 23 août 1895, Zillisheim.
3339 Claudel, Julien, 14 janv. 1895, Buhl.
3340 Claudel, Jules, 8 févr. 1896, Sultzeren.
3341 Colombo, André, 12 mai 1881, Malnate (Italie).
3342 Coppin, Alphonse, 9 sept. 1882, Grube (Fouchy).
3343 Cuny, Albert, 14 avril 1895, Vorbruck.
3344 Deiller, Henri, 4 sept. 1895, Iungholtz.
3345 Detterer, Émile, 23 mars 1874, Luxdorf.
3346 Diby, Ambroise, 10 nov. 1890, Mollau.
3347 Diedesheim, Ernest, 24 sept. 1869, Mulhouse.
3348 Diether, Henri, 6 avril 1883, Rimbach.
3349 Dietriche, Antoine, 19 mai 1892, Gueberschwihr.
3350 Dischert, Édouard, 6 mars 1885, Soultz.
3351 Doll, Frédéric-Albert, 5 mars 1888, Colmar.
3352 Donischal, Sébastien, 22 janv. 1897, Pfastatt.
3353 Doppler, Xavier-François, 6 avril 1893, Biederthal.
3354 Dreyer, Édouard, 30 déc. 1890, Geishouse.
3355 Dreyfuss, Léon, 18 avril 1896, Iungholtz.
3356 Dubs, Albert-Henri, 30 avril 1892, Colmar.
3357 Durr, Eugène, 11 juill. 1882, Soultzmatt.
3358 Eck, Albert-Jean, 25 juin 1895, Bischofsheim.
3359 Ehrhard, Émile, 29 mai 1884, Mulhouse.
3360 Ehrhard, Charles, 13 nov. 1886, Mulhouse.
3361 Ehrhard, Charles-Robert, 3 juill. 1876, Wettolsheim.
3362 Ehrsam, Louis, 25 févr. 1887, Mulhouse.
3363 Eicher, Jean, 25 avril 1882, Staffelfelden.

3364 Eidenschenk, Joseph, 14 sept. 1882, Wintzenheim.
3365 Eiselé, René-Lucien, 20 août 1852, Mulhouse.
3366 Emmenecker, Auguste, 1er janv. 1871, Soultz.
3367 Emmenecker, Georges, 28 sept. 1874, Soultz.
3368 Erb, Paul, 19 sept. 1882, Griesheim.
3369 Erhart, François-Justin, 26 juill. 1885, Mulhouse.
3370 Erhart, Léon, 10 avril 1886, Uberstrass.
3371 Ernst, Prosper, 22 déc. 1886, Guebwiller.
3372 Ernst, René, 28 déc. 1895, Guebwiller.
3373 Erny, Émile, 27 oct. 1896, Rimbach.
3374 Erny, Joseph, 23 janv. 1893, Sengern.
3375 Eval, Pierre, 7 avril 1895, Guebwiller.
3376 Ferry, Florent-Marcel, 17 déc. 1895, Vorbruck.
3377 Feuerstein, Eugène, 6 juill. 1893, Lautenbach-Zell.
3378 Fichter, Albert, 28 déc. 1893, Soultz.
3379 Fimbel, Henri, 5 nov. 1894, Buhl.
3380 Finance, Émile, 21 avril 1891, Wintzenheim.
3381 Fischer, Ernest, 14 déc. 1885, Sengern.
3382 Fischer, François, 22 nov. 1887, Lautenbach-Zell.
3383 Fischer, Henri, 18 juill. 1895, Rosheim.
3384 Fischer, Jean-Baptiste, 11 mai 1887, Colmar.
3385 Fischer, Charles, 12 oct. 1875, Eglingen.
3386 Fleck, Albert, 13 déc. 1881, Le Havre (France).
3387 Floderer, Antoine, 10 mai 1877, Sainte-Marie-aux-Mines.
3388 Florentz, Xavier, 21 déc. 1896, Lautenbach-Zell.
3389 Foltzer, Auguste, 3 oct. 1884, Soultz.
3390 Frantz, Auguste, 24 juin 1890, Schlestadt.
• 3391 Frey, François-Joseph, 1er janv. 1874, Bernwiller.
3392 Frey, Xavier-Joseph, 21 févr. 1870, Dornach.
3393 Frick, Antoine, 12 nov. 1887, Pfaffenheim.
3394 Frick, Émile, 27 août 1884, Guebwiller.
3395 Frick, Gustave-Ignace, 7 août 1888, Guebwiller.
3396 Frick, Henri, 5 avril 1897, Guebwiller.
3397 Frick, Paul, 29 avril 1893, Guebwiller.
3398 Friedmann, Albert, 3 sept. 1889, Pulversheim.
3399 Friedmann, Eugène, 10 avril 1883, Pulversheim.
3400 Friedrich, Lucien, 18 sept. 1881, Kirchberg.
3401 Fusch, Maurice, 5 juin 1893, House.
3402 Furstenberger, Alphonse, 4 févr. 1884, Lautenbach.
3403 Furstoss, Joseph, 11 juill. 1885, Guebwiller.
3404 Fury, Auguste, 2 juin 1890, Guebwiller.
3405 Gasser, Joseph, 23 août 1891, Iungholtz.

3406 Gaugler, Joseph, 13 juill. 1881, Mulhouse.
3407 Gebhardt, Georges, 28 janv. 1885, Bouxwiller.
3408 Geyout, Joseph, 19 août 1883, Munster.
3409 Geiger, Camille, 16 déc. 1893, Soultz.
3410 Geiger, Paul-Maurice, 26 mars 1890, Mulhouse.
3411 Gérard, Victor-Émile, 26 nov. 1886, Meissengott.
3412 Gerber, Lucien, 26 janv. 1896, Niederinschwiller.
3413 Godel, Joseph, 7 juin 1891, Rodersheim.
3414 Gofinet, Alfred, 15 mars 1880, Mulhouse.
3415 Gressenbucher, Charles, 12 oct. 1887, Mulhouse.
3416 Grienenberger, Léon, 13 avril 1896, Taysdorf.
3417 Grimm, Michel, 6 sept. 1874, Hirzfelden.
3418 Grodwohl, Édouard, 19 avril 1880, Mulhouse.
3419 Grossheany, Alphonse, 12 mars 1884, Arzenheim.
3420 Grosskoff, Achille, 21 août 1895, Helfrantzkirch.
3421 Grotian, Émile-Martin, 26 mai 1883, Strasbourg.
3422 Gruencisen, Charles, 12 mars 1894, Soultz.
3423 Gspann, André, 4 sept. 1894, Wintzenheim.
3424 Guenbuerger, Alfred, 2 sept. 1882, Hilsenheim.
3425 Gully, Albert, 7 avril 1884, Mulhouse.
3426 Haas, André, 7 juill. 1885, Mulhouse.
3427 Haas Bernhardt, 11 oct. 1887, Soultz.
3428 Hass, Hippolyte, 6 avril 1882, Rimbach.
3429 Haberer, Auguste, 26 mai 1887, Hartmannwiller.
3430 Habig, André, 13 avril 1884, Ensisheim.
3431 Haeger, Joseph, 20 janv. 1883, Soultz.
3432 Haenig, Émile, 11 févr. 1885, Wuenheim.
3433 Haettlé, Auguste, 23 août 1871, Buhl.
3434 Hahn, Jos.-Auguste, 20 mars 1883, Colmar.
3435 Hammerer, Ernest, 25 sept. 1889, Lautenbach-Zell.
3436 Hammerer, Jules, 19 janv. 1894, Lautenbach-Zell.
3437 Harder, Joseph-Édouard, 21 oct. 1893, Colmar.
3438 Hartmann, Louis-Roger, 2 oct. 1882, Sainte-Marie-aux-Mines.
3439 Hassenlopp, Albert, 3 août 1897, Rimbach.
3440 Hauser, Édouard, 18 sept. 1896, Colmar.
3441 Hebinger, Aloyse, 3 oct. 1894, Wintzenheim.
3442 Hebinger, Auguste, 9 août 1893, Wintzenheim.
3443 Hecklé, Charles, 27 déc. 1896, Mulhouse.
3444 Hedrich, Émile-Charles, 26 mai 1894, Mulhouse.
3445 Hedrich, Jean-Paul, 8 juin 1897, Mulhouse.

3446 Heim, Joseph, 31 juill. 1875, Ranspach.
3447 Heimerdinger, Maurice, 8 juin 1888, Grussenheim.
3448 Heinrich, Albert, 21 oct. 1893, Munster.
3449 Heinrich, Martin, 14 nov. 1896, Stosswihr.
3450 Helm, Charles, 20 juill. 1884, Jungholtz.
3451 Helm, Maurice, 23 juill. 1895, Jungholtz.
3452 Herrmann, Émile, 3 janv. 1882, Mulhouse.
3453 Hertzog, Frédéric, 10 mars 1894, Thann.
3454 Higelin, Xavier, 24 janv. 1881, Zillisheim.
3455 Hirth, Charles, 27 oct. 1894, Soultz.
3456 Hirundié, Paul-Camille, 7 déc. 1892, Mulhouse.
3457 Hoffer, Georges, 16 mai 1894, Strasbourg.
3458 Hohmann, Joseph, 7 mars 1895, Guebwiller.
3459 Holl, François-Joseph, 8 juill. 1873, Kaysersberg.
3460 Hoog, Frédéric, 5 mars 1875, Soultz.
3461 Hopp, Émile-Alphonse, 27 juin 1896, Dinsheim.
3462 Huck, Charles, 28 janv. 1896, Munster.
3463 Hug, Adrien-Paul-Jean, 6 juin 1887, Mulhouse.
3464 Hug, Alphonse-Franç., 23 janv. 1891, Turckheim.
3465 Hug, Jules, 3 oct. 1882, Buhl.
3466 Hug, Robert, 24 août 1873, Rimbach.
3467 Humel, Auguste, 30 sept. 1880, Soultz.
3468 Hunold, Émile, 27 janv. 1897, Jungholtz.
3469 Hurst, Marie-Jean-Bapt.-René, 16 sept. 1893, Colmar.
3470 Jacob, François-Charles, 4 oct. 1885, Mulhouse.
3471 Jacob, Jean-Jérémie, 7 sept. 1876, Rantzwiller.
3472 Jaeger, Auguste-Alphonse, 16 mars 1880, Paris (France).
3473 Jaeger, René, 26 mai 1886, Mulhouse.
3474 Jaeggy, Joseph, 28 avril 1877, Wuenheim.
3475 Jeanclaude, Théophile-Aug., 9 juin 1876, La Poutroye.
3476 Jenny, François-Xavier, 6 avril 1890, Turckheim.
3477 Jenny, Joseph, 2 mars 1888, Colmar.
3478 Jenny, Pierre-Paul, 14 janv. 1894, Turckheim.
3479 Immelé, Émile, 11 mai 1884, Eguisheim.
3480 Immelé, Xavier, 8 janv. 1877, Eguisheim.
3481 Josenhauss, Eugène-Henri, 13 janv. 1882, Mulhouse.
3482 Irjud, Franç.-Louis, 30 oct. 1890, Roderen.
3483 Kaeffer, Félix, 7 nov. 1877, Scherwiller.
3484 Kaeppelin, Henri, 7 déc. 1881, Guebwiller.
3485 Kahn, Paul, 25 juill. 1889, Kalbsheim.
3486 Kaiser, François-Xav., 25 déc. 1893, Boersch.
3487 Kasser, Alph.-Oscar, 17 sept. 1891, Munwiller.

3488 Katz, Émile, 11 janv. 1874, Jungholtz.
3489 Keller, Émile, 15 déc. 1880, Soultz.
3490 Kempf, Gustave, 7 juin 1894, Mulhouse.
3491 Kempf, Jean-Charles, 9 janv. 1889, Sainte-Marie-aux-Mines.
3492 Kern, Émile, 27 mars 1891, Soultz.
3493 Kienner, Albert, 7 août 1871, Rimbach.
3494 Kientz, Albert, 19 juill. 1895, Odratzheim.
3495 Kientz, Eugène, 23 avril 1880, Soultz.
3496 Klein, Eugène, 29 nov. 1896, Sengern.
3497 Klein, Eugène-Jules, 14 déc. 1876, Linthal.
3498 Klein, Charles, 7 mai 1893, Wintzenheim.
3499 Kleinrichert, Lucien-Marie, 3 juill. 1873, Lutterbach.
3500 Koch, Paul, 10 août 1896, Guebwiller.
3501 Koenig, Albert, 4 juin 1887, Bennwiller.
3502 Koenig, Jacques, 24 sept. 1896, Hartmannswiller.
3503 Koeniguer, René-Ernest, 9 mars 1894, Michelbach.
3504 Konrad, Joseph, 16 mai 1881, Jungholtz.
3505 Kopf, Léon, 30 juin 1878, Soultz.
3506 Kopferschmidt, Joseph, 5 août 1893, Zurich (Suisse).
3507 Kratzer, Armand, 16 sept. 1895, Lautenbach-Zell.
3508 Kritter, Jean-Paul, 10 janv. 1895, Orbey.
3509 Krucker, Laurent, 1er avril 1888, Aspach.
3510 Kummlé, Alfred, 5 août 1883, Mulhouse.
3511 Kuehn, Marie-Antoine, 29 janv. 1881, Kientzheim.
3512 Kuehn, Paul, 22 juin 1887, Cernay.
3513 Kuentzler, Armand, 16 juill. 1876, Luttenbach.
3514 Kuester, Jules, 5 août 1891, L'Allemand-Rombach.
3515 Kuhn, Joseph, 6 mai 1885, Winzersheim.
3516 Kuhn, Victor-Ad., 24 mars 1895, Brunstatt.
3517 Kummer, Charles-Louis, 11 avril 1896, Wantzenau.
3518 Kuntz, Juste-Rob., 20 nov. 1890, Sainte-Marie-aux-Mines.
3519 Kuntzmann, Joseph, 15 févr. 1893, Soultz.
3520 Kuntzmann, Jules, 9 juill. 1896, Bollwiller.
3521 Lang, Ernest, 18 nov. 1882, Ribeauvillé.
3522 Laucher, Henri, 5 déc. 1883, Soultz.
3523 Laucher, Victor, 16 nov. 1880, Soultz.
3524 Lauffenburger, Jacques, 25 août 1882, Sundhouse.
3525 Laurent, Joseph, 14 mars 1894, Niedermorschwiller.
3526 Lehr, Victor, 28 févr. 1895, Pulversheim.
3527 Leimbacher, Charles, 7 déc. 1894, Soultz.
3528 Ley, Adolphe, 22 janv. 1894, Soultz.
3529 Ley, Albert-René, 12 mai 1883, Mulhouse.
3530 Ley, Édouard, 13 août 1886, Soultz.

3531 Ley, Jean-Robert, 5 janv. 1882, Mulhouse.
3532 Libs, Henri, 13 juin 1873, Sausheim.
3533 Lichtlé, Ernest, 1ᵉʳ juill. 1894, Vœklinshofen.
3534 Liebenguth, Henri, 20 nov. 1891, Mulhouse.
3535 Liebenguth, Charles, 9 nov. 1885, Mulhouse.
3536 Lieber, Ignace-Joseph, 1ᵉʳ févr. 1895, Lutterbach.
3537 Liebold, Hubert, 20 oct. 1887 Staffelfelden.
3538 Liebold, Joseph, 31 mars 1882, Staffelfelden.
3539 Liebhart, Auguste, 29 déc. 1890, Soultz.
3540 Linderkert, Paul, 26 juillet 1894, Ribeauvillé.
3541 Lindenlaub, Charles, 26 août 1886, Gresswiller.
3542 Linsentritt, Albert, 25 déc. 1882, Soultz.
3543 Lippmann, Marc, 18 juin 1883, Horbourg.
3544 Loddel, Guillaume, 16 janv. 1897, Emlingen.
3545 Loos, Joseph, 1ᵉʳ sept. 1890, Schwebsheim.
3546 Ludwig, Joseph, 5 déc. 1896, Seagern.
3547 Lustenberger, Leodegar, 11 janv. 1897, Guebwiller.
3548 Luthringer, Émile, 23 juin 1893, Lautenbach-Zell.
3549 Luthringer, Henri, 21 déc. 1894, Lautenbach-Zell.
3550 Lutz, Émile-Joseph, 11 oct. 1889, Walf.
3551 Maetz, Charles-Lucien, 22 juin 1896, Rosheim.
3552 Mangeney, Louis, 24 oct. 1882, Soultz.
3553 Mann, Henri-Hermann, 22 oct. 1889, Mulhouse.
3554 Mark, Édouard, 15 févr. 1898, Iungholtz.
3555 Martin, Auguste, 21 mai 1878, Murbach.
3556 Martin, Émile, 17 févr. 1897, Trimbach.
3557 Mascha, Alfred, 24 nov. 1894, Buhl.
3558 Masseron, Achille, 22 avril 1894, Lautenbach.
3559 Maurer, Émile, 23 mars 1891, Mulhouse.
3560 Maurer, Ernest-Léon, 11 mars 1895, Lautenbach-Zell.
3561 Maurer, Frédéric, 24 juin 1888, Munster.
3562 Méhro, Martin, 11 nov. 1894, Mackenheim.
3563 Meier, Joseph, 11 mars 1888, Soultz.
3564 Memheld, Charles, 16 avril 1892, Guebwiller.
3565 Merklen, Joseph-Théobald, 14 mars 1888, Thann.
3566 Merschenburger, Édouard, 22 avril 1892, Mulhouse.
3567 Meyer, Auguste, 15 août 1882, Soultz.
3568 Meyer, Eugène, 16 sept. 1897, Trœnheim.
3569 Meyer, Georges, 5 août 1895, Brunstatt.
3570 Meyer, Joseph, 29 nov. 1870, Soultz.
3571 Meyer, Charles, 18 févr. 1873, Soultz.
3572 Meyer, Charles, 10 mai 1888, Wiedensohlen.

3573 Meyer, Martin, 14 juin 1891, Sondernach.
3574 Michelang, Marie-Charles, 10 juill. 1891, Sainte-Marie-aux-Mines.
3575 Michelang, Charles-Hubert, 16 oct. 1883, Sainte-Marie-aux-Mines.
3576 Miclo, Jean-Albert, 31 août 1893, Munster.
3577 Moll, Charles-Louis, 3 janv. 1894, Neuf-Brisach.
3578 Moser, Martin-Joseph, 11 nov. 1880, Wattwiller.
3579 Mosmann, Édouard-Hubert, 9 mai 1875, Ensisheim.
3580 Most, Xavier, 6 déc. 1895, Zillisheim.
3581 Muller, Ernest, 25 mai 1890, Soultz.
3582 Muller, Eugène, 27 juill. 1871, Illfurt.
3583 Muller, Joseph, 28 mars 1894, Sainte-Croix-en-Plaine.
3584 Muller, Justin, 11 févr. 1896, Illhauseren.
3585 Muller, Léon, 12 août 1881, Sainte-Marie-aux-Mines.
3586 Muller, Martin, 21 janv. 1881, Erstein.
3587 Muller, Michel, 6 nov. 1888, Colmar.
3588 Muller, René-Émile, 15 avril 1895, Rosheim.
3589 Munch, Xavier, 15 mai 1885, Heimersdorf.
3590 Muré, Alphonse, 5 mai 1880, Mulhouse.
3591 Mury, Émile, 11 juin 1881, Guebwiller.
3592 Mury, Léon, 3 août 1885, Guebwiller.
3593 Nœgelin, Henri, 14 janv. 1890, Wüenheim.
3594 Neff, Paul, 31 déc. 1892, Mulhouse.
3595 Niemrich, Adolphe, 21 nov. 1891, Pulversheim.
3596 Nollinger, Joseph-Antoine, 15 avril 1871, Illfurth.
3597 Noss, Fortuné, 22 août 1896, Altorf.
3598 Oberlé, Henri, 15 janv. 1897, Soultz.
3599 Oesterlé, Alphonse, 1ᵉʳ févr. 1882, Feldkirch.
3600 Pavie, Armand, 19 mai 1897, Lautenbach.
3601 Pavie, Arthur, 17 août 1894, Lautenbach.
3602 Peter, Charles-Joseph, 10 nov. 1892, Buehl.
3603 Pfaff, Joseph, 15 mars 1883, Riedisheim.
3604 Pfister, Paul-Henri, 11 févr. 1893, Hochfelden.
3605 Picard, René, 26 juill. 1883, Wintzenheim.
3606 Provost, Émile-Julien, 19 juin 1882, Strasbourg.
3607 Rauch, Édouard, 3 août 1871, Saverne.
3608 Rauch, Émile-Auguste, 15 mai 1872, Uffholz.
3609 Rauch, Robert, 25 déc. 1897, Rimbach.
3610 Ramseyer, Joseph-Marcel, 24 juill. 1895, Lautenbach.
3611 Ramseyer, Étienne, 26 déc. 1896, Lautenbach.
3612 Reinbold, Alphonse, 21 janv. 1895, Wuenheim.

3613 Reiss, Joseph, 13 mars 1897, Jungholtz.
3614 Riblin, Xavier, 27 janv. 1897, Lautenbach-Zell.
3615 Ribstein, Joseph, 24 juill. 1838, Spechbach-le-Haut.
3616 Rieblin, Jules, 12 avril 1892, Lautenbach-Zell.
3617 Riedweg, Charles-Arthur, 12 janv. 1893, Mulhouse.
3618 Rieger, Frédéric, 19 juin 1885, Mulhouse.
3619 Riether, Maurice, 16 avril 1870, Soultz.
3620 Riethmuller, Eugène, 20 août 1894, Linthal.
3621 Riethmuller, Léodegar, 5 avril 1896, Guebwiller.
3622 Rigo, Louis, 1ᵉʳ févr. 1871, Masseraux.
3623 Risser, Armand, 2 sept. 1896, Lautenbach-Zell.
3624 Risser, Isidore, 20 juin 1893, Lautenbach-Zell.
3625 Ritzenthaler, Joseph, 24 avril 1880, Holzwihr.
3626 Rocklin, Fortuné, 10 janv. 1870, Bietel.
3627 Rocklin, Grégoire, 17 avril 1897, Michelbach.
3628 Rode, Gustave, 24 mai 1891, Guebwiller.
3629 Roechlin, Paul, 14 juin 1892, Colmar.
3630 Rohmer, Ernest, 17 juill. 1896, Mulhouse.
3631 Roos, Arthur, 3 janv. 1881, Mulhouse.
3632 Roos, Auguste, 28 sept. 1879, Mulhouse.
3633 Rosse, Joseph, 6 avril 1883, Rouffach.
3634 Roth, Jacques-Charles, 6 oct. 1886, Paris.
3635 Royer, Eugène, 3 sept. 1878, Sainte-Marie-aux-Mines.
3636 Rubrecht, Jean-Albert, 25 nov. 1889, Soultz.
3637 Sautier, Adolphe, 5 déc. 1870, Guebwiller.
3638 Sautier, Eugène-Émile, 25 sept. 1889, Ensisheim.
3639 Schackemy, Alphonse, 7 nov. 1871, Dannemarie.
3640 Scheackes, Dominique, 16 déc. 1872, Wasserbourg.
3641 Schaeffer, Eugène, 3 août 1887, Andolsheim.
3642 Schaffhauser, Émile, 6 avril 1896, Lautenbach-Zell.
3643 Schatt, Eugène, 30 avril 1877, Zillisheim.
3644 Schaeffer Michel, 21 déc. 1885, Andolsheim.
3645 Schemel, Jean, 30 juin 1897, Cernay.
3646 Schleicher, Joseph, 14 avril 1882, Soultz.
3647 Schmitt, Auguste, 14 mai 1888, Barr.
3648 Schmitt, Maximilien-Joseph, 21 mars 1892, Colmar.
3649 Schnebelin, Auguste, 6 juill. 1897, Altkirch.
3650 Schneider, Ernest, 2 nov. 1887, Belfort (France).
3651 Schneider, Étienne, 30 janvier 1892, Soultzmatt.

3652 Schoepf, Augustin, 16 nov. 1872, Wuenheim.
3653 Schoepfer, François-Joseph, 7 août 1893, Eguisheim.
3654 Scholly, Émile, 8 mars 1874, Dornach.
3655 Schott, Charles, 25 févr. 1883, Westhoffen.
3656 Schrapp, Auguste, 22 août 1892, Cernay.
3657 Schrapp, Émile, 19 juill. 1897, Cernay.
3658 Schreck, Victor, 18 févr. 1896, Steinbrunn-le-Haut.
3659 Schuester, Émile, 27 oct. 1887, Guebwiller.
3660 Schuffenecker, Théophile, 10 juill. 1878, Burbach-le-Haut.
3661 Schuller, Alphonse, 1ᵉʳ janv. 1873, Brunstatt.
3662 Schuller, Louis, 20 août 1897, Brunstatt.
3663 Schulz, Eugène, 2 août 1880, Gueberschwihr.
3664 Schulz, Jacques, 23 oct. 1874, Zillisheim.
3665 Schwaller, Nicolas, 10 déc. 1883, Lautenbach-Zell.
3666 Schwamm, Joseph, 21 oct. 1890, Jungholtz.
3667 Schwamm, Maurice, 7 févr. 1895, Jungholtz.
3668 Schwarz, Louis-Eugène, 20 sept. 1873, Altkirch.
3669 Schweitzer, Armand-Arthur, 10 avril 1893, Mulhouse.
3670 Schwein, Charles, 1ᵉʳ sept. 1894, Wolfganzen.
3671 Schwindenhammer, Martin, 13 août 1884, Sondernach.
3672 Schwob, Étienne, 2 août 1879, Requisheim.
3673 Seyler, Justin, 23 mars 1896, Brunstatt.
3674 Sieger, Charles, 14 mars 1897, Thann.
3675 Siffert, René, 6 août 1896, Herlisheim.
3676 Simon, Émile, 5 déc. 1891, Soultz.
3677 Sintzel, René, 25 févr. 1895, Mulhouse.
3678 Specklin, Jules, 3 févr. 1873, Zillisheim.
3679 Spenlehauer, Jacques, 23 févr. 1875, Biederthal.
3680 Stadelmann, Henri, 1ᵉʳ déc. 1875, Marbach.
3681 Stadelmann, Joseph, 15 sept. 1876, Oderen.
3682 Stalter, Maurice, 18 févr. 1883, Soultz.
3683 Stampfler, Bernard, 30 avril 1896, Altkirch.
3684 Staeubuh, Ernest, 26 nov. 1896,
3685 Steckel, Charles-Jules, 13 oct. 1877, Wasselonne.
3686 Stoecklin, Eugène, 3 févr. 1893, Bischwiller.
3687 Stoecklin, Louis, 4 janv. 1893, Steinbrunn-le-Haut.
3688 Stoeltzlen, Édouard-Charles, 31 janv. 1887, Altthann (Vieux-Thann).
3689 Stoltz, Xavier, 11 juill. 1895, Heidwiller.
3690 Strauss, Théophile, 22 oct. 1877, Bergholz.
3691 Sulzer, Alphonse, 23 juin 1878, Soultz.
3692 Sutter, Charles, 22 avril 1880, Dornach.

3693 Sutter, Paul, 25 janv. 1891, Guebwiller.
3694 Tourtellier, Émile-Paul, 16 janv. 1895, Dornach.
3695 Tourtellier, Raymond-Georges, 12 août 1888, Dornach.
3696 Tschambser, Arthur, 19 févr. 1895, Buhl.
3697 Uhl, Charles, 6 juill. 1887, Colmar.
3698 Uhl, Victor, 3 janv. 1883, Dornach.
3699 Unterhalt, Joseph, 28 mars 1877, Guebwiller.
3700 Unternehr, Philippe, 10 déc. 1870, Buhl.
3701 Vilmain, Émile, 22 déc. 1878, Colmar.
3702 Vogt, Paul, 27 août 1885, Ottendorf.
3703 Wagner, Louis-Sébastien, 19 janv. 1871, Rouffach.
3704 Weber, Adolphe, 15 mai 1891, Soultzmatt.
3705 Wecker, Charles, 20 janv. 1890, Guebwiller.
3706 Wehlell, Ernest, 25 oct. 1891, Soultz, près Guebwiller.
3707 Weibel, Émile, 21 avril 1895, Sennheim.
3708 Weingand, Julien, 23 mai 1887, Mulhouse.
3709 Weinzäpflen, Martin, 27 nov. 1877, Ungersheim.
3710 Weit, Édouard, 10 oct. 1884, Altkirch.
3711 Weitz, Charles, 16 déc. 1895, Mulhouse.
3712 Weitz, Louis-Joseph, 4 avril 1883, Altkirch.
3713 Weslen, Michael, 11 août 1877, Lautenbach-Zell.
3714 Werling, Jacques, 23 août 1889, Andolsheim.
3715 Werner, Jean, 9 mars 1887, Mulhouse.
3716 Westenschlag, Lucien, 31 mars 1888, Mulhouse.
3717 Westenschlag, Paul, 12 mars 1892, Mulhouse.
3718 Wetzel, Eugène, 3 déc. 1881, Kintzheim.
3719 Wittenbücher, Louis, 4 août 1888, Soultz, près Guebwiller.
3720 Winterjerst, Alphonse, 4 juill. 1875, Mulhouse.
3721 Wirth, Albert, 30 août 1880, Soultz, près Guebwiller.
3722 Weith, Eugène, 24 mai 1878, Sagersheim.
3723 Witz, Alphonse, 23 nov. 1895, Walheim.
3724 Witzler, Xavier, 10 juill. 1890, Guebwiller.
3725 Wisson, 30 mars 1895, Herlisheim.
3726 Wolf, Eugène, 2 mars 1895, Illfurt.
3727 Wolf, Camille, 11 juill. 1897, Brunstatt.
3728 Wolfelsperger, Jacques, 25 avril 1875, Guebwiller.
3729 Warmser, Camille, 9 mars 1883, Grussenheim.
3730 Wottle, Bernard, 11 juin 1889, Heidwiller.
3731 Wurtz, Gustave, 27 sept. 1893, Mittelwihr.
3732 Zever, Auguste, 29 juin 1878, Wuenheim.
3733 Zimmerlin, Émile, 31 oct. 1895, Colmar.
3734 Zimmermann, Julien, 14 avril 1870, Oberhergheim.
3735 Zind, Joseph, 11 avril 1888, Wintzenheim.
3736 Zussy, Joseph, 20 janvier 1891, Soultz, près Guebwiller.

Liste n° 10.
9 décembre 1916.

3737 Angst, Maurice, 17 sept. 1889, Metz.
3738 Anschling, Joseph, 31 mai 1873, Loudrefing.
3739 Antoine, Louis, 17 sept. 1886, Herny.
3740 Arnold, Antoine, 3 avril 1893, Uberach.
3741 Barbier, Joseph, 30 nov. 1891, Ommeray.
3742 Barbelin, Charles, 10 févr. 1870, Bourdonnaye.
3743 Beaucourt, Joseph, 23 sept. 1889, Mulcey.
3744 Beauque, Gustave-Aug., 31 janv. 1889, Chicourt.
3745 Benoît, Louis-Jean, 14 sept. 1887, Metz.
3746 Birtz, Louis-Eugène, 4 mars 1887, Metz.
3747 Blattmann, François-Simon, 12 oct. 1877, Plappeville.
3748 Bletter, Antoine, 4 janv. 1886, Belfort (France).
3749 Bob, Jean, 8 août 1884, Hombourg-Haut.
3750 Bori, Alphonse, 3 janv. 1895, Aulnoy.
3751 Bour, Jean, 16 avril 1880, Carling.
3752 Bournoff, Louis, 16 avril 1885, Achain.
3753 Bride, Victor-François, 5 sept. 1884, Guinglange.
3754 Buchler, Pie, 22 avril 1870, Hoste-Haut.
3755 Ceintre, Jules, 13 oct. 1895, Dieuze.
3756 Ceintre, Maurice, 8 août 1885, Dieuze.
3757 Cherrier, Germain-Charles, 24 nov. 1895, Burlioncourt.
3758 Chéry, François-Antoine, 3 févr. 1893, Aulnois.
3759 Citot, François-Arsène, 9 oct. 1875, Lindre-Basse.
3760 Clasquin, Louis, 1er avril 1842, Vic.
3761 Coleur, Albert, 10 juill. 1897, Mulcey.
3762 Consot, Émile, 20 avril 1889, Pagny-les-Goin.
3763 Cronenberger, Joseph, 15 mai 1890, Petoncourt.
3764 Cuny, Isidore, 1er oct. 1875, Nébing.
3765 Daubenfeld, Émile, 11 mars 1882, Gravelotte.
3766 Daum, Albert, 23 juill. 1895, Winterhausen.
3767 Debras, Alex., 11 mars 1884, Sarralbe.
3768 Dilling, Aloyse, 27 oct. 1883, Achain.
3769 Dujour, Léon-Charles, 8 janv. 1870, Metz.
3770 Eitler, Prosper-Émile, 9 juill. 1884, Ars-sur-Moselle.
3771 Erb, Jacques, 4 févr. 1878, Sarrebourg.
3772 Essling, Michel, 6 sept. 1879, Hayange.
3773 Fidel, Victor-François, 14 janv. 1878, Metz.
3774 Flemm, Nicolas-Jean, 20 sept. 1888, Basse-Vigneulles.
3775 Forfert, Paul, 16 févr. 1883, Maizery.
3776 Fort, Pierre-Camille, 11 juin 1882, Wuisse.

DÉCHUS DE LEUR NATIONALITÉ ALLEMANDE

3777 Fribolle, Auguste, 12 nov. 1890, Coin-lès-Cuvry.
3778 Genet, Prosper, 9 août 1869, Dorviller.
3779 Gillet, Amable, 4 août 1869, Vaxy.
3780 Gocel, Albert-Victor, 5 oct. 1894, Dalhain.
3781 Goetz, Émile, 14 avril 1883, Fontoy.
3782 Gornis, Alfred, 24 mars 1886, Vorbruck.
3783 Griette, François-Eugène, 14 août 1879, Amelange.
3784 Gross, Mathieu, 10 oct. 1888, Hayange.
3785 Guirsch, Marie-Léon-Paul, 21 mars 1891, Vic.
3786 Haman, Henri, 5 sept. 1885, Dieuze.
3787 Hamant, Auguste, 3 mars 1889, Dieuze.
3788 Hassenfratz, Charles, 23 févr. 1891, Reichshoffen.
3789 Hassenfratz, Charles, 5 sept. 1893, Reichshoffen.
3790 Hergert, Albert-Guillaume, 25 oct. 1874, Strasbourg.
3791 Hertz, Michel, 29 janv. 1886, Lunéville (France).
3792 Hessenauer, Charles, 12 févr. 1890, Oberbronn.
3793 Hoffmann, Émile, 18 janv. 1882, Lautenbach.
3794 Honor, Félicien, 20 sept. 1874, Burlioncourt.
3795 Hueber, Louis-Auguste, 1er août 1873, Neuf-Brisach.
3796 Huhn, Éd., 12 sept. 1887, Niederbronn.
3797 Humbert, Victor-Maurice, 9 nov. 1891, Bortenach.
3798 Ichtetz, Aloyse, 26 mai 1884, Rosheim.
3799 Jacob II, Marcel-Michel, 16 déc. 1885, Vantoux.
3800 Jacquet, Victor, 12 févr. 1884, Ranguevaux.
3801 Jacquin, Christophe, 17 mars 1883, Inswiller.
3802 Jaeger, Paul, 6 oct. 1869, Soultz-sous-Forêts.
3803 Kaichinger, Henri-Marie, 22 août 1882, Klang.
3804 Kerber, Nicolas, 13 août 1879, Bidling.
3805 Kester, Charles, 2 juill. 1878, Norroy-le-Veneur.
3806 Klein, Georges, 7 mai 1890, Niederbronn.
3807 Krée, Albert, 22 mars 1887, Aue (Haute-Alsace).
3808 Lallement, Mathieu, 16 févr. 1870, Nilvange.
3809 Langustin, Auguste, 4 oct. 1885, Novéant.
3810 Leclers, Émile, 1er déc. 1896, Vic.
3811 Lechner, Albert, 22 mars 1887, Blanche-Église.
3812 Lenert, Jules, 29 août 1866, Chicourt.
3813 Leroy, Charles-Antoine, 15 févr. 1889, Ancy-sur-Moselle.
3814 Leroy, Émile, 5 oct. 1893, Niederbronn.
3815 Lombard, Charles, 22 janv. 1886, Béchy.
3816 Louis, Joseph, 19 avril 1879, Moyenvic.
3817 Louis, Paul, 30 oct. 1883, Sey.
3818 Luttwig, Robert, 24 oct. 1886, Vic.
3819 Mailly, Georges, 11 avril 1888, Dieuze.
3820 Mangenot, Victor, 3 avril 1887, Vany.
3821 Mare, Jean, 23 juill. 1890, Forbach.
3822 Marsal, Joseph-Émile-Lucien, 9 févr. 1883, Flocourt.
3823 Martin, Émile, 6 sept. 1884, Breitenau.
3824 Martin, Octavien-François, 11 févr. 1879, Arry.
3825 Martin, Joseph, 28 nov. 1884, Vaudoncourt.
3826 Masson, Édouard, 1er mai 1881, Bidestroff.
3827 Maujean, Pierre-Laurent, 29 déc. 1880, Maizeroy.
3828 Mayer, Auguste, 23 nov. 1882, Hayange.
3829 Meyer III, Émile-Adolphe, 16 juin 1875, Strasbourg.
3830 Moebs, Joseph, 25 nov. 1877, Haguenau.
3831 Mougeon, Hubert-Charles, 21 août 1895, Château-Salins.
3832 Mueller, Auguste, 29 mars 1880, Gandrange.
3833 Netter, Marcel, 13 sept. 1893, Niederbronn.
3834 Netzer, Henri, 14 avril 1894, Sarralbe.
3835 Nonnenmacher, Georges, 18 mars 1885, Guntzwiller.
3836 Olive, Marius-Léon, 2 juin 1887, Metz.
3837 Parisot, Amadé, 24 janv. 1887, Metz.
3838 Parisot, Ferdinand, 23 avril 1885, Richemont.
3839 Pater, Lucien, 30 juin 1881, Benseurre (France).
3840 Pelissier, Émile, 21 avril 1880, Metz.
3841 Pernet, Henri, 23 janv. 1894, Haboudange.
3842 Pfaff, Charles, 9 sept. 1888, Metz.
3843 Pickel, Jean, 8 janv. 1882, Spickeren.
3844 Pierre, Victor, 17 mai 1895, Manom.
3845 Pierrot, Dietrich, 28 mai 1888, Cherisey.
3846 Pinson, Joseph, 13 juin 1887, Bourdonnaye.
3847 Remy, Léon-René, 9 janv. 1889, Secourt.
3848 Renard, Albert-Marie, 12 mai 1883, Château-Salins.
3849 Reyter, Célestin, 10 avril 1887, Lesse.
3850 Romas, Victor, 20 juill. 1885, Mulcey.
3851 Roth, Édouard-Henri, 7 juin 1884, Strasbourg.
3852 Ruflio, Xavier-François, 21 mars 1877, Lutterbach.
3853 Salmon, François, 17 mars 1887, Riederchen.
3854 Sartor, Henri, 23 juin 1887, Jallaucourt.
3855 Sauer, Louis, 8 nov. 1887, Metz.
3856 Schiedt, Joseph, 3 déc. 1874, Niederbronn.
3857 Schiel, Paul, 30 août 1884, Enchenberg.
3858 Schmidt, Victor-Henri, 30 mai 1887, Montigny-lès-Metz.
3859 Schrodorff, Joseph-Ferdinand, 31 mai 1880, Lidrequin.
3860 Straub, Paul, 20 avril 1888, Paris (Fr.).
3861 Straussberger, François, 25 déc. 1883, Massy-l'Évêque.
3862 Tanchot, Paul-Jos., 20 janv. 1886, Delme.
3863 Taverdon, Paul, 31 mai 1885, Metz.
3864 Terver, Nicolas, 31 juill. 1884, Hettange-la-Grande.
3865 Thomas, Eug., 2 mars 1892, Herlisheim.

3866 Tisserand, Jean-Joseph, 24 févr. 1890, Liépvre.
3867 Tourcher, Joseph-Victor, 14 janv. 1879, Condé-Northen.
3868 Vany, Jean-Nicolas, 24 oct. 1881, Voimehaut.
3869 Vayhingen, Émile, 7 avril 1890, Bischwiller.
3870 Veaner, Martin-Vincent, 11 nov. 1882, Gommelange.
3871 Vergeront, Germaine, 6 avril 1886, Donnelay.
3872 Vinel, Pierre, 29 avril 1877, Mulcey.
3873 Volks, Georges, 1er avril 1885, Metz.
3874 Wald, Arthur, 13 août 1886, Niederbronn.
3875 Weisse, Camille, 11 août 1897, Sarreguemines.
3876 Wiedemann, Charles-Frédéric, 13 nov. 1895, Bischwiller.
3877 Wilbois, Victor, 3 mai 1883, Puttelange.
3878 Woignier, Émile, 26 oct. 1837, Marieulles.
3879 Zettel, Pierre-Paul, 5 juill. 1882, Mulhouse.
3880 Zimjerlé, Alphonse, 18 févr. 1888, Altorf.

Liste n° 11.

3881 Acker, Pierre-Paul, 16 juin 1878, Wantzenau.
3882 Adam, Léon, 1er juill. 1882, Hohatzenheim.
3883 Allheily, Joseph, 1er nov. 1894, Mulhouse.
3884 Allimann, Prosper, 15 oct. 1896, Ranspach.
3885 Altenbach, Alyse, 23 août 1873, Heimersdorf.
3886 Altenbach, Joseph, 19 déc. 1874, Heimersdorf.
3887 Andres, Louis, 17 mai 1881, Erstein.
3888 Angelmann, Aloyse, 15 juill. 1894, Sentheim.
3889 Angelmann, Édouard, 3 févr. 1891, Sentheim.
3890 Annaheim, Aloyse-Joseph, 17 oct. 1894, Jungholz.
3891 Annaheim, Louis, 17 févr. 1866, Jungholz.
3892 Annoni, Angelo, 15 juin 1874, Como (Italie).
3893 Armbruster, Édouard, 27 sept. 1882, Issenheim.
3894 Arnold, Alfred, 28 oct. 1893, Mulhouse.
3895 Arnold, Eugène, 7 août 1886, Wuenheim.
3896 Arnold, Pierre-Victor, 24 nov. 1890, Buschwiller.
3897 Auer, Jules, 27 janv. 1886, Cernay.
3898 Auer, Louis, 5 oct. 1883, Cernay.
3899 Aullen, Joseph, 15 nov. 1892, Wuenheim.
3900 Bach, Édouard-Henri, 30 avril 1896, Wittersdorf.
3901 Bach, Émile, 10 juin 1881, Heimersdorf.
3902 Bach, Ernest, 16 nov. 1872, Wittersdorf.
3903 Bachmeyer, Adolphe, 21 oct. 1876, Hartmanswiller.
3904 Bachmeyer, Charles, 21 nov. 1859, Hartmanswiller.

3905 Bader, Victor, 28 juin 1886, Reguisheim.
3906 Baehr, Charles-Aloyse, 22 févr. 1889, Bernhardswiller.
3907 Bantze, Gustave, 8 janv. 1884, Saint-Pierre.
3908 Bapst, Frédéric, 27 mai 1885, Plobsheim.
3909 Barthelmé, Eug., 3 févr. 1894, Mulhouse.
3910 Baumann, Achille, 4 janv. 1873, Mulhouse.
3911 Baumgartner, Émile, 22 févr. 1886, Soultz.
3912 Baumler, Joseph, 27 févr. 1893, Mulhouse.
3913 Bechtel, Virgile, 31 mai 1891, Westhouse.
3914 Beck, Édouard, 13 déc. 1885, Jungholz.
3915 Beck, Joseph, 26 mars 1885, Issenheim.
3916 Beck, Lucien, 23 août 1892, Lutterbach.
3917 Becker, Charles, 26 janv. 1895, Odenkirchen (Prusse Rhénane).
3918 Behra, Joseph, 16 mars 1897, Wegscheid.
3919 Belfort, Joseph, 6 févr. 1894, Mulhouse.
3920 Benitz, Eug., 11 juin 1886, Lutterbach.
3921 Bentzinger, Jules, 12 mars 1887, Novillard (France).
3922 Benz, Alphonse, 18 août 1895, Mulhouse.
3923 Bérenwanger, Joseph-François, 5 avril 1883, Erstein.
3924 Déreuther, Antoine, 2 déc. 1895, Altkirch.
3925 Berna, Auguste, 15 oct. 1874, Moosch.
3926 Bernheim, Auguste, 6 juill. 1894, Mulhouse.
3927 Bernheim, Léopold, 15 août 1892, Mulhouse.
3928 Bernheim, Oscar, 4 mars 1891, Mulhouse.
3929 Bernheim, Pierre, 19 juin 1891, Mulhouse.
3930 Bernheim, Sylvain, 3 sept. 1886, Mulhouse.
3931 Bertero, Joseph, 11 janv. 1888, Brunstatt.
3932 Betsch, Joseph, 27 déc. 1892, Wittersdorf.
3933 Biechely, Jean, 27 avril 1882, Schlestadt.
3934 Biechy, Lucien, 20 avril 1885, Buhl.
3935 Biery, Émile, 28 avril 1883, Duttlenheim.
3936 Bigenwald, Joseph, 26 avril 1892, Mulhouse.
3937 Bihler, Xavier, 10 oct. 1894, Lutterbach.
3938 Bilger, Joseph, 5 mai 1889, Mulhouse.
3939 Bindner, Xavier, 26 nov. 1884, Niederbruck.
3940 Bintz, Alfred, 15 févr. 1886, Riedisheim.
3941 Bisch, Oscar, 25 juin 1897, Guebwiller.
3942 Bitschine, Joseph, 6 févr. 1883, Burnhaupt-le-Haut.
3943 Blind, Albert, 23 mars 1887, Rixheim.
3944 Blind, Joseph, 15 janv. 1884, Rixheim.
3945 Blind, Camille, 15 mars 1892, Sondersdorf.
3946 Blintz, Eugène, 2 mars 1884, Uffholz.
3947 Bloch, Alphonse, 7 oct. 1882, Biesheim.
3948 Bloch, Arnold, 10 févr. 1874, Babsheim.
3949 Blosenhauer, Albert, 2 juill. 1893, Sentheim.
3950 Blum, Albert, 31 mai 1889, Phalsbourg.
3951 Blum, Camille, 16 juin 1897, Guebwiller.
3952 Blum, Robert, 14 juill. 1891, Guebwiller.
3953 Boerlen, Auguste, 30 sept. 1875, Burnhaupt-le-Bas.

DÉCHUS DE LEUR NATIONALITÉ ALLEMANDE

3954 Bogea, Auguste, 4 oct. 1878, Kientzheim.
3955 Bohn, Armand, 21 mars 1887, Colmar.
3956 Bohy, Justin, 17 juin 1891, Sulzeren.
3957 Boll, Auguste, 21 oct. 1884, Guebwiller.
3958 Bordmann, Édouard, 6 janv. 1897, Lautenbach-Zell.
3959 Bordman, Henri, 30 mai 1886, Lautenbach-Zell.
3960 Bothner, Antoine, 28 sept. 1897, Colmar.
3961 Bouvier, Marcel, 25 juin 1896, Oltingen.
3962 Bowe, Joseph, 19 mars 1893, Massevaux.
3963 Brand, Charles, 12 juin 1888, Heidwiller.
3964 Brauch, François, 11 mars 1892, Saint-Amarin.
3965 Braun, Édouard, 24 mai 1895, Guebwiller.
3966 Bringel, Ferdinand, 21 nov. 1895, Mulhouse.
3967 Brisinger, Laurent, 3 mai 1887, Flaxlanden.
3968 Bruckler, Marcel, 4 avril 1893, Mulhouse.
3969 Brucklen, Morand, 20 sept. 1878, Luemschwiller.
3970 Brun, Aloyse, 13 août 1889, Heidwiller.
3971 Brobeck, Ernest, 18 août 1887, Diedenheim.
3972 Brogle, Jules, 5 nov. 1897, Huningue.
3973 Brucker, Joseph, 5 janv. 1896, Brunstatt.
3974 Bub, Georges, 28 juill. 1897, Luemschwiller.
3975 Bubser, Eugène, 8 sept. 1896, Retzwiller.
3976 Buch, Joseph, 31 août 1873, Meistratzheim.
3977 Bunjart, Joseph, 11 févr. 1888, Riedisheim.
3978 Burgunder, Philippe, 1er mai 1892, Husseren-Wesserling.
3979 Busmann, Gustave, 26 nov. 1870, Vieux-Thann.
3980 Chabouté, Jacques, 21 juill. 1882, Altkirch.
3981 Charton, Joseph-Auguste, 14 mars 1885, Vorbruck.
3982 Christ, Georges, 8 avril 1880, Krautergersheim.
3983 Clad, Albert, 28 avril 1881, Lautenbach-Zell.
3984 Claude, Aloyse, 6 janv. 1897, Colmar.
3985 Claus, Auguste, 1er janv. 1895, Mulhouse.
3986 Codtaux, Paul-Albert, 19 juill. 1885, Mulhouse.
3987 Colin, Albert, 9 mars 1877, Vorbruck.
3988 Collot, Albert, 23 oct. 1894, Mulhouse.
3989 Conrad, Georges, 1er sept. 1892, Jungholz.
3990 Conrad, Joseph, 16 mai 1881, Jungholz.
3991 Conrad, Louis, 29 août 1884, Jungholz.
3992 Conrad, Théodore, 16 janv. 1883, Jungholz.
3993 Crone, Henri, 25 août 1887, Bourg-Bruche.
3994 Danascker, Eugène, 12 mai 1895, Gunsbach.
3995 Danner, Gustave, 17 mars 1874, Guebwiller.
3996 Dargegen, Alphonse, 30 avril 1889, Grafenstaden.
3997 Débenath, Eugène, 18 nov. 1896, Horlen.
3998 Deck, Théobald, 6 févr. 1879, Burnhaupt-le-Bas.
3999 Deninger, Louis, 3 févr. 1870, Ensisheim.

4000 Denni, Charles, 29 déc. 1884, Lingolsheim.
4001 Deschler, Hermann, 19 avril 1890, Mulhouse.
4002 Dick, Albert, 22 avril 1887, Brunstatt.
4003 Diebolt, Eugène, 27 avril 1879, Burnhaupt-le-Haut.
4004 Diemunsch, Joseph, 6 mai 1877, Kruth.
4005 Diemunsch, Louis, 13 août 1883, Kruth.
4006 Dietrich, Paul, 30 nov. 1894, Rodemack.
4007 Dietsch, Gustave, 20 nov. 1885, Mulhouse.
4008 Dietzinger, Camille, 15 janv. 1889, Mulhouse.
4009 Doebs, Charles-Michel, 28 sept. 1891, Illkirch-Grafenstaden.
4010 Doety, Joseph, 3 nov. 1887, Mulhouse.
4011 Dogor, Alfred, 14 janv. 1889, Mulhouse.
4012 Dellenmaier, Jean, 11 janv. 1888, Mulhouse.
4013 Dormois, Xavier, 30 juin 1880, Mulhouse.
4014 Dreher, Georges, 18 mars 1892, Mulhouse.
4015 Dressler, Marcel, 29 mars 1889, Dornach.
4016 Dreyfuss, Émile, 3 oct. 1886, Mulhouse.
4017 Dreyfuss, Henri, 19 févr. 1893, Mulhouse.
4018 Durr, Albert, 7 juin 1897, Buhl.
4019 Durr, Émile, 8 oct. 1882, Geispolsheim.
4020 Durdaller, Georges, 25 nov. 1892, Mulhouse.
4021 Durdeller, Édouard, 25 sept. 1894, Mulhouse.
4022 Ebstein, Marx, 19 oct. 1891, Wingersheim.
4023 Ebstein, Raphaël, 13 sept. 1889, Mulhouse.
4024 Ehrburger, Marcel, 4 juill. 1892, Pfastatt.
4025 Ehrlich, Robert, 20 avril 1891, Mulhouse.
4026 Elmlinger, Théodore, 31 déc. 1876, Meienheim.
4027 Elsaesser, Pierre-Paul, 18 août 1890, Mulhouse.
4028 Entz, Jean-Baptiste, 21 janv. 1891, Dessenheim.
4029 Erhart, Henri, 21 mai 1898, Mulhouse.
4030 Ernst, Xavier, 18 sept. 1878, Mulhouse.
4031 Ernwein, Émile, 22 août 1895, Still.
4032 Erny, Joseph, 3 janv. 1878, Sengern.
4033 Erny, Théophile, 21 avril 1881, Lautenbach-Zell.
4034 Ettighoffer, Théodore, 22 déc. 1877, Dambach.
4035 Fafrel, Camille, 10 févr. 1894, Troyes (France).
4036 Fafrel, Léon, 3 juin 1888, Troyes (Fr.).
4037 Faist, Jacques, 9 juill. 1889, Lingolsheim.
4038 Fallot, Georges, 27 mai 1889, Mulhouse.
4039 Fehlmann, Jacques, 25 sept. 1885, Sundhouse.
4040 Felentzer, Émile, 23 déc. 1882, Dornach.
4041 Fels, Frédéric, 12 oct. 1892, Zurich (Suisse).
4042 Ferry, Victor, 13 déc. 1870, Albet (Vorbruck).
4043 Fessler, Eugène, 26 déc. 1874, Ensisheim.
4044 Feuermann, René, 27 avril 1887, Mulhouse.
4045 Feuerstein, Albert, 5 juill. 1886, Sengern.
4046 Fink, Jean, 19 juill. 1894, Wingersheim.
4047 Fischer, Auguste, 28 août 1880, Brunstatt.
4048 Fischer, Amand, 20 oct. 1896, Sengern.

4049 Fischer, Émile, 9 nov. 1871, Linthal.
4050 Fischer, Eugène, 7 mars 1875, Linthal.
4051 Fischer, Eugène, 29 mai 1881, Mulhouse.
4052 Fischer, François-Joseph, 9 janv. 1884, Oberlarg.
4053 Fischer, Hypolite, 25 juill. 1881, Lautenbach-Zell.
4054 Fischer, Joseph, 16 mars 1890, Lautenbach-Zell.
4055 Fischer, Charles, 6 déc. 1874, Linthal.
4056 Fischer, Louis, 23 oct. 1892, Bernwiller.
4057 Fischer, Télesphor, 13 oct. 1883, Sengern.
4058 Fleck, Adolphe, 7 avril 1877, Strasbourg.
4059 Fleck, Charles, 7 nov. 1875, Strasbourg.
4060 Fleck, Paul, 30 août 1888, Mulhouse.
4061 Flekal, Charles, 10 avril 1885, Guebwiller.
4062 Flesch, Léon, 13 août 1877, Guebwiller.
4063 Flieg, Alphonse, 8 nov. 1892, Soulzmatt.
4064 Florentz, Charles, 11 oct. 1871, Kruth.
4065 Flueck, Ernest, 2 juill. 1883, Buhl.
4066 Flueck, Frédérick, 30 janv. 1886, Kruth.
4067 Foechterlé, Grégoire, 3 oct. 1885, Balzenheim.
4068 Foechterlé, Jean, 13 juill. 1886, Balzenheim.
4069 Foerlen, Émile, 4 août 1883, Wattwiller.
4070 Fortenbach, Joseph, 1er sept. 1879, Ostwald.
4071 Franck, Ferdinand, 9 oct. 1892, Mulhouse.
4072 Franck, Georges, 29 sept. 1888, Mulhouse.
4073 Freund, Jacques, 28 janv. 1872, Danne et Quatre-Vents.
4074 Frey, Adam, 9 déc. 1892, Mulhouse.
4075 Freyburger, Charles, 13 juill. 1893, Mulhouse.
4076 Friedrich, Émile, 29 mai 1894, Mulhouse.
4077 Friedrich, Louis, 25 août 1888, Bischofsheim.
4078 Fritsch, Jules, 27 déc. 1877, Guebwiller.
4079 Fritz, Arthur, 9 nov. 1885, Mulhouse.
4080 Fromm, Joseph, 5 avril 1894, Brunstatt.
4081 Frossard, Joseph, 6 juin 1879, Thann.
4082 Frossard, Louis, 25 oct. 1886, Thann.
4083 Fuchs, Xavier, 25 févr. 1894, Brunstatt.
4084 Fuehrel, Alphonse, 4 sept. 1896, Thannenkirch.
4085 Fuerst, Émile, 18 juin 1883, Zillisheim.
4086 Galamand, François, 28 août 1880, Mulhouse.
4087 Gasser, Édouard, 24 nov. 1887, Guebwiller.
4088 Gasser, Jules, 3 mars 1884, Dollern.
4089 Gasser, Léon, 27 janv. 1895, Guebwiller.
4090 Geiger, Adolphe, 2 déc. 1885, Friesen.
4091 Geissmann, André, 13 oct. 1891, Paris (France).
4092 Geissmann, Robert, 13 oct. 1891, Paris (France).
4093 Gerstenecker, Arthur, 26 nov. 1883, Mulhouse.
4094 Girolt, Charles, 24 oct. 1887, Bernhardwiller.
4095 Gluck, Léon, 22 mai 1894, Moosch.
4096 Goeller, Ignace, 31 juill. 1881, Rhinau.
4097 Goerger, Édouard, 3 sept. 1890, Mulhouse.
4098 Goerig, Jean, 8 janv. 1883, Guebwiller.
4099 Goetz, Émile-Eugène, 2 nov. 1896, Illzach.
4100 Godat, Joseph, 22 mai 1895, Ottendorf.
4101 Goedschmitt, Aron, 9 oct. 1885, Dornach.
4102 Goldschmidt, Ferdinand, 12 mars 1880, Dornach.
4103 Goldschmidt, Henri, 18 août 1885, Dornach.
4104 Goldschmidt, Jacques, 16 avril 1884, Dornach.
4105 Goldschmidt, Lucien, 13 déc. 1886, Dornach.
4106 Gremmel, Camille, 8 avril 1891, Fegersheim.
4107 Grevilliot, Émile, 16 mai 1885, Mulhouse.
4108 Grevilliot, Eugène, 9 août 1880, Mulhouse.
4109 Gribling, Alphonse, 16 août 1894, Wattwiller.
4110 Grienenberger, Charles, 14 mai 1887, Mulhouse.
4111 Groelly, Antoine, 13 juin 1892, Altkirch.
4112 Groelly, Joseph, 6 janv. 1874, Luemschwiller.
4113 Grodwohl, Alfred, 6 mai 1894, Mulhouse.
4114 Groner, Georges, 12 oct. 1873, Mulhouse.
4115 Grosseintz, Henri, 11 oct. 1883, Thann.
4116 Gutzwiller, Baptiste, 18 déc. 1870, Ottendorf.
4117 Haab, Martin, 7 mars 1883, Massevaux.
4118 Haas, Eugène, 14 juin 1874, Mulhouse.
4119 Haas, Charles, 15 août 1882, Guebwiller.
4120 Haberey, Mathias, 20 déc. 1876, Michelbronn.
4121 Habsieger, Alfred, 14 sept. 1878, Benfeld.
4122 Haeusler, Ernest, 30 juin 1881, Soultz.
4123 Haller, François, 26 nov. 1893, Mollau.
4124 Haller, Joseph, 5 juill. 1888, Linthal.
4125 Haller, Joseph, 21 avril 1891, Mollau.
4126 Haller, Paul, 20 août 1888, Obernai.
4127 Halm, Louis, 17 févr. 1896, Mulhouse.
4128 Halter, Victor, 20 déc. 1886, Wisch.
4129 Hamann, Jacques, 10 mars 1888, Imsheim.
4130 Hans, Joseph, 19 mars 1892, Mulhouse.
4131 Hanser, Oscar, 14 sept. 1895, Dornach.
4132 Harnist, Édouard, 13 oct. 1883, Altkirch.
4133 Harnist, Xavier, 29 juin 1895, Mulhouse.
4134 Hartmann, Alfred, 7 mai 1895, Enschingen.
4135 Hartmann, Émile, 10 nov. 1883, Luemschwiller.
4136 Hassenboehler, Charles, 3 juill. 1888, Massevaux.
4137 Hassenforder, Victor, 7 juin 1873, Reguisheim.
4138 Hartenberger, Alfred, 1er avril 1894, Willer.
4139 Hauser, Charlot, 7 mai 1896, Altkirch.
4140 Hebinger, Arthur, 14 août 1885, Mulhouse.

4141 Hecht, Alfred, 4 déc. 1893, Oderen.
4142 Heckmann, Émile, 25 sept. 1887, Holzheim.
4143 Heckmann, Eugène, 5 avril 1886, Obernai.
4144 Heid, Théodore, 25 août 1884, Obernai.
4145 Heinimann, Henri, 13 juill. 1891, Hegenheim.
4146 Heinis, Émile, 23 déc. 1875, Niedermuspach.
4147 Heinrich, Charles, 16 déc. 1895, Mulhouse.
4148 Heiny, Marcel, 19 août 1885, Pfastatt.
4149 Heitz, Florent, 17 août 1891, Épfig.
4150 Helderlin, Joseph, 30 mars 1891, Dannemarie.
4151 Hengy, Joseph, 22 août 1897, Winthal.
4152 Hengy, Pierre, 28 juin 1879, Winthal.
4153 Herbrecht, Charles, 27 juill. 1887, Pfastatt.
4154 Hermann, Auguste, 21 mars 1889, Obernai.
4155 Herschenberg, Lazare, 28 févr. 1879, Mulhouse.
4156 Hester, Pierre, 13 avril 1897, Hæsingen.
4157 Heuck, Chrétien, 16 mars 1886, Boofzheim.
4158 Heyd, Charles, 6 juill. 1887, Mulhouse.
4159 Higelin, Alphonse, 19 mai 1881, Niedermorschwiller.
4160 Hillenberger, Paul, 28 mai 1887, Mulhouse.
4161 Hincky, Victor, 30 janv. 1893, Massevaux.
4162 Hirschbuehler, Joseph, 18 oct. 1895, Thann.
4163 Hirtz, François-Xavier, 27 janv. 1896, Mulhouse.
4164 Hirtzlin, Alfred, 11 sept. 1882, Borécourt (Suisse).
4165 Hiftung, Charles, 27 mars 1878, Petersbach.
4166 Hoenner, Albert, 27 sept. 1872, Winkel.
4167 Hoenner, Alphonse, 27 avril 1893, Winkel.
4168 Hoenner, Arnold, 30 mai 1885, Winkel.
4169 Hoenner, Laurent, 17 avril 1879, Winkel.
4170 Hoerth, Clayse, 23 juin 1886, Mulhouse.
4171 Hoffer, Jacques, 24 janv. 1876, Willer.
4172 Hoffmann, Alphonse, 26 avril 1892, Wahlbach.
4173 Holtz, Eugène, 3 mars 1876, Mulhouse.
4174 Horn, Paul, 1er avril 1879, Mulhouse.
4175 Hosenlopp, Arthur, 28 juin 1882, Buhl.
4176 Hossenlopp, René, 23 déc. 1894, Dornach.
4177 Houg, Justin, 27 juill. 1881, Levoncourt.
4178 Houg, Victor, 24 janv. 1884, Levoncourt.
4179 Hueck, Charles, 26 juill. 1880, Oberhergheim.
4180 Huebler, Henri, 28 oct. 1888, Lautenbach.
4181 Huebler, Lucien, 1er janv. 1886, Lautenbach.
4182 Huebler, Édouard, 26 févr. 1896, Ottendorf.
4183 Huebler, Gustave, 7 juin 1870, Ottendorf.
4184 Huebler, Léon, 10 août 1897, Ottendorf.
4185 Hueninger, Joseph, 23 janv. 1880, Bartenheim.
4186 Humbert, Gustave, 1er déc. 1869, Ottendorf.
4187 Humbert, Jean, 8 mai 1880, Grube (Fouchy).
4188 Humbrecht, Paul, 1er juill. 1876, Gueberschwihr.
4189 Husser, Auguste, 27 févr. 1876, Linthal.
4190 Jacob, Auguste, 3 août 1883, Mulhouse.
4191 Jacob, Joseph, 31 août 1881, Mulhouse.
4192 Jacoberger, Georges, 24 août 1893, Guebwiller.
4193 Jaeglen, Ernest, 21 mai 1895, Linthal.
4194 Jaegler, Ch., 14 nov. 1894, Mulhouse.
4195 Jehel, Bernhard, 13 janv. 1875, Herbsheim.
4196 Jelger, Theobald, 23 sept. 1892, Galfingen.
4197 Jenk, Charles, 5 mai 1895, Lauterbourg.
4198 Jendy, Lucien, 4 oct. 1893, Riedisheim.
4199 Jitis, Arthur, 3 févr. 1888, Orbey.
4200 Jostmann, Albert, 29 nov. 1882, Riedisheim.
4201 Israël, Benoît, 8 juin 1890, Paris (Fr.).
4202 Kaifflin, Antoine, 15 janv. 1880, Dornach.
4203 Kaifflin, Auguste, 14 mars 1888, Dornach.
4204 Karotsch, Aloyse, 21 juill. 1873, Huttenheim.
4205 Kastler, Émile, 24 août 1894, Dornach.
4206 Kastler, Eugène, 25 déc. 1883, Dornach.
4207 Kaufmann, Joseph, 27 juill. 1896, Cernay.
4208 Keeh, Joseph, 24 févr. 1890, Linthal.
4209 Keller, Camille, 2 janv. 1877, Guebwiller.
4210 Keller, Gustave, 20 août 1878, Brunstatt.
4211 Keller, Joseph, 20 janv. 1873, Guebwiller.
4212 Kemf, André, 15 juill. 1894, Bischwiller.
4213 Kern, Charles, 3 mars 1894, Colmar.
4214 Kiefer, Henri, 10 déc. 1894, Sondersdorf.
4215 Kieffer, Charles, 1er nov. 1890, Erstein.
4216 Kieffer, René, 26 févr. 1892, Mulhouse.
4217 King, André, 2 avril 1888, Issenheim.
4218 King, Auguste, 7 août 1886, Issenheim.
4219 King, Charles, 14 mai 1885, Issenheim.
4220 King, Robert, 11 juin 1893, Issenheim.
4221 Kircher, Arthur, 20 mars 1886, Mulhouse.
4222 Kirchner, Paul, 29 juin 1883, Strasbourg.
4223 Kirgis, Paul, 16 juin 1876, Mulhouse.
4224 Kissenberger, Armand, 4 juin 1891, Mulhouse.
4225 Klein, Émile, 9 déc. 1884, Sengern.
4226 Klein, Émile, 12 oct. 1891, Lautenbach-Zell.
4227 Klipfel, Aloyse, 14 août 1891, Geratheim.
4228 Knaebel, Charles, 9 sept. 1882, Aillevillers (France).
4229 Knecht, Alfred, 25 janv. 1895, Zillisheim.
4230 Knoell, Léon, 27 août 1894, Mulhouse.
4231 Knoepfi, Joseph, 19 mars 1877, Schlestadt.
4232 Koch, Henri, 16 juill. 1872, Guebwiller.
4233 Koch, Oscar, 7 févr. 1895, Mulhouse.
4234 Koenig, Albert, 9 févr. 1889, Buhl.
4235 Koenig, Joseph, 30 déc. 1888, Heidwiller.
4236 Koenig, Théophile, 11 juin 1897, Heidwiller.

4237 Koehly, Adolphe, 14 oct. 1883, Thann.
4238 Kohler, Basile, 5 déc. 1870, Lautenbach-Zell.
4239 Kohler, Édouard, 3 juin 1871, Sengern.
4240 Kohler, Joseph, 3 janv. 1887, Steinbourg.
4241 Konstanzer, Alphonse, 7 janv. 1898, Guebwiller.
4242 Kormann, Jules, 19 juin 1879, Mulhouse.
4243 Kraft, François-Xavier, 1er oct. 1881, Urbis.
4244 Kratzer, Henri, 8 sept. 1891, Lautenbach-Zell.
4245 Krebs, Lucien, 1er sept. 1896, Vieux-Thann.
4246 Kuentz, Charles, 5 nov. 1870, Gundolsheim.
4247 Kueny, Achille, 5 nov. 1881, Pfaffenheim.
4248 Kueny, Jean-Baptiste, 26 janv. 1895, Pfaffenheim.
4249 Kuester, Casimir, 7 févr. 1889, Fouchy.
4250 Kuhn, Émile, 15 nov. 1880, Wattwiller.
4251 Kuhn, Eugène, 14 juill. 1885, Saessolsheim.
4252 Kuntzmann, Paul, 23 janv. 1874, Turckheim.
4253 Laesser, David, 5 févr. 1889, Colmar.
4254 Laferthin, Antoine, 28 juin 1892, Niedermuespach.
4255 Lang, Joseph, 2 mars 1892, Mulhouse.
4256 Lang, Victor, 26 févr. 1880, Holtzheim.
4257 Latscha, Albert, 2 oct. 1895, Oberlarg.
4258 Lanth, Jos., 14 juin 1884, Baldersheim.
4259 Lefebvre, Auguste, 31 août 1886, Sermersheim.
4260 Lentz, Lucien, 1er janv. 1878, Mulhouse.
4261 Lévy, Lucien, 4 nov. 1878, Mulhouse.
4262 Lévy, René, 28 mai 1878, Colmar.
4263 Lévy, Robert, 6 févr. 1890, Dürmenach.
4264 Liebe, Victor, 10 mai 1887, Merxheim.
4265 Lieby Jos., 19 mars 1894, Blotzheim.
4266 Liechtlé, Charles, 15 avril 1895, Mulhouse.
4267 Linsig, Charles, 14 juill. 1890, Munster.
4268 Lips, Jos., 1er juill., 1889, Huttenheim.
4269 Litz, François, 2 août 1895, Oberhergheim.
4270 Litzler, Henri, 12 mars 1896, Wisch.
4271 Loegler, Armand, 14 janv. 1891, Mulhouse.
4272 Loos, Ernest, 6 janv. 1890, Strasbourg.
4273 Lotz, Charles, 11 mars 1882, Saint-Dié (France).
4274 Lutherer, Eugène, 12 avril 1876, Jungholtz.
4275 Luttenauer, Gustave, 2 oct. 1889, Cernay.
4276 Mackerer, Albert, 31 janv. 1875, Wintzenheim.
4277 Malaise, Jules, 7 déc. 1885, Sainte-Marie-aux-Mines.
4278 Malfait, Henri, 7 févr. 1879, Mulhouse.
4279 Mann, Georges, 23 juin 1894, Colmar.
4280 Martin, Charles, 27 sept. 1887, Dornach.
4281 Martin, Marie-Joseph, 28 avril 1881, Schlestadt.
4282 Martin, Xavier, 28 avril 1895, Kruth.
4283 Martz, Louis, 18 juin 1895, Mulhouse.
4284 Mathis, Albert, 15 juill. 1891, Mulhouse.
4285 Mathis, Jacques, 13 oct. 1893, Wittenheim.
4286 Maudrux, Émile, 4 avril 1872, Gildwiller.
4287 Meister, Léon, 3 août 1880, Rouffach.
4288 Meister, Séraphin, 2 avril 1874, Durlinsdorf.
4289 Menny, Joseph, 7 avril 1889, Mulhouse.
4290 Menny, Louis, 6 nov. 1897, Blotzheim.
4291 Meppiel, Arthur, 17 sept. 1893, Huningue.
4292 Merg, Joseph, 26 avril 1896, Kientzheim.
4293 Mergel, Charles, 23 févr. 1888, Colmar.
4294 Merk, Charles, 13 mars 1881, Niedermorschwiller.
4295 Merklen, Paul, 17 mai 1896, Cernay.
4296 Merlé, Henri, 24 juin 1886, Strasbourg-Neuhof.
4297 Mertz, Albert, 26 août 1883, Bitschwiller.
4298 Messerlin, Robert, 28 juill. 1889, Mulhouse.
4299 Mettler, Arthur, 30 nov. 1891, Mulhouse.
4300 Mettler, Auguste, 13 juin 1894, Mulhouse.
4301 Mey, René, 19 sept. 1892, Mulhouse.
4302 Meyer, Alfred, 4 févr. 1889, Mulhouse.
4303 Meyer, André, 1er déc. 1873, Mulhouse.
4304 Meyer, Augustin, 13 déc. 1884, Lutzelhouse.
4305 Meyer, Constantin, 19 mai 1890, Lautenbach-Zell.
4306 Meyer, Émile, 10 oct. 1885, Saint-Hippolyte.
4307 Meyer, Eugène, 18 oct. 1886, Erstein.
4308 Meyer, François, 9 déc. 1876, Gerstheim.
4309 Meyer II, Joseph, 5 juill. 1880, Friesenheim.
4310 Meyer, Joseph, 29 juill. 1894, Brunstatt.
4311 Meyer Joseph, 9 oct. 1894, Épinal (France).
4312 Meyer, Jos.-Émile, 4 mars 1896, Ballersdorf.
4313 Meyer, Camille, 29 sept. 1890, Altkirch.
4314 Meyer, Charles, 18 oct. 1881, Lautenbach-Zell.
4315 Meyer, René, 20 juill. 1892, Mulhouse.
4316 Meyer, Guillaume, 8 janv. 1880, Eckbolsheim.
4317 Moeglen, Dagobert, 21 juill. 1889, Meyenheim.
4318 Moll, Camille, 9 déc. 1893, Mulhouse.
4319 Monnier, Joseph, 3 févr. 1886, Wittelsheim.
4320 Monzimann, Marcel, 27 mai 1895, Mulhouse.
4321 Morath, Antoine, 21 janv. 1895, Mulhouse.
4322 Morel, Valentin, 1er févr. 1875, Ottendorf.
4323 Moser, Edmond, 9 févr. 1898, Huningue.
4324 Most, Eugène, 19 déc. 1876, Westhalten.

4325 Mueller, Alphonse, 7 avril 1891, Strasbourg.
4326 Mueller, Henri, 10 juill. 1880, Epfig.
4327 Mueller, Jos.-Jules, 18 sept. 1885, Kembs.
4328 Mueller II, Camille, 31 août 1890, Mulhouse.
4329 Mueller, Louis, 28 juill. 1887, Illkirch-Grafenstaden.
4330 Muellerseck, Alphonse, 5 oct. 1888, Rimbach.
4331 Muench, Jean, 8 août 1877, Heimersdorf.
4332 Muery, Henri, 28 juill. 1895, Murbach.
4333 Munschy, Jos., 28 févr. 1881, Roggenhouse.
4334 Munck, Albert, 30 avril 1892, Guebwiller.
4335 Munck, Charles, 16 févr. 1889, Guebwiller.
4336 Mura, François, 31 oct. 1870, Willer.
4337 Mutterer, Charles, 27 févr. 1892, Brunstatt.
4338 Nass, Albert, 27 mai 1888, Wattwiller.
4339 Nasshan, Jos., 22 avril 1880, Mulhouse.
4340 Netter, Armand, 25 févr. 1877, Erstein.
4341 Netter, Lucien, 25 mai 1897, Altkirch.
4342 Neuschwander, Camille, 27 sept. 1887, Mulhouse.
4343 Niederhoff, Auguste, 25 nov. 1886, Dambach.
4344 Nithart, Albert, 26 févr. 1882, Riedisheim.
4345 Noël, Ernest, 4 juill. 1883, Meyenheim.
4346 Oberrieter, Alfred, 29 août 1893, Blotzheim.
4347 Oberst, Alfred, 5 juin 1891, Boofzheim.
4348 Ollivier, Joseph, 11 oct. 1881, Besançon (France).
4349 Ortschitt, Léon, 30 juill. 1882, Baldersheim.
4350 Ospel, Jos., 22 févr. 1887, Mulhouse.
4351 Ott, Guidon, 25 déc. 1895, Mulhouse.
4352 Parisot, Louis, 20 sept. 1895, Horbourg.
4353 Péché, Jules, 17 sept. 1877, Mulhouse.
4354 Périat, Valentin, 13 avril 1890, Ottendorf.
4355 Perret, Frédérick, 11 oct. 1878, Ribeauvillé.
4356 Perrin, Aloyse, 3 août 1895, Heidwiller.
4357 Perrin, Joseph, 3 févr. 1895, Heidwiller.
4358 Peter, François, 3 déc. 1888, Wattwiller.
4359 Petitdidier, Paul, 22 janv. 1883, Saales.
4360 Pfauwadel, Alfred, 10 déc. 1887, Carspach.
4361 Pfeiffer, Xavier, 24 nov. 1873, Guebwiller.
4362 Philippe, Alphonse, 8 juin 1877, Friesen.
4363 Pierre, Paul, 11 févr. 1891, Liepvre.
4364 Piquet, Joseph, 24 mai 1893, Wittelsheim.
4365 Pommier, Albert, 11 mars 1894, Mulhouse.
4366 Prévot, Jules, 4 févr. 1885, Mulhouse.
4367 Raab, Frédéric, 18 avril 1878, Boofzheim.

4368 Raess, Dominique, 18 sept. 1885, Wittelsheim.
4369 Rapp, Jules, 27 févr. 1877, Colmar.
4370 Rapp, Oscar, 14 janv. 1880, Mulhouse.
4371 Rebert, Camille, 4 avril 1882, Mulhouse.
4372 Redelsperger, Georges, 23 avril 1881, Sainte-Marie-aux-Mines.
4373 Rehm, Alfred, 10 juill. 1889, Mulhouse.
4374 Reibel, Édouard, 30 avril 1894, Kruth.
4375 Reibel, Joseph, 13 juill. 1881, Huttenheim.
4376 Reichardt, Paul, 7 oct. 1880, Buhl.
4377 Reichardt, Robert, 10 oct. 1884, Mulhouse.
4378 Rein, Paul, 14 août 1895, Altkirch.
4379 Reiss, Charles, 27 oct. 1886, Illkirch-Grafenstaden.
4380 Reitter, Alphonse, 25 janv. 1875, Hunawihr.
4381 Reitter, Louis, 5 août 1890, Guebwiller.
4382 Reitzer, Martin, 6 déc. 1893, Massevaux.
4383 Renner, Georges, 2 janv. 1889, Paris (France).
4384 Rennwald, François, 7 juill. 1887, Illzach.
4385 Retsch, Émile, 20 mars 1888, Steinbach.
4386 Ribstein, Ernest, 30 sept. 1875, Niedermorschwiller.
4387 Richard, Robert, 4 févr. 1889, Mulhouse.
4388 Riedinger, Joseph, 27 nov. 1882, Hochstatt.
4389 Rieffel, Eugène, 7 mai 1879, Fegersheim.
4390 Rieffel, François, 4 févr. 1879, Breitenbach.
4391 Riegel, Auguste, 21 oct. 1886, Durlinsdorf.
4392 Riegel, Joseph, 26 oct. 1875, Durlinsdorf.
4393 Riethmueller, Benjamin, 4 oct. 1879, Felsenbach.
4394 Riethmueller, Émile, 10 oct. 1876, Sengern.
4395 Riethmueller, Eugène, 6 janv. 1886, Sengern.
4396 Riethmueller, Joseph, 5 févr. 1875, Sengern.
4397 Riethmueller, Oswald, 6 août 1897, Sengern.
4398 Riethmueller, Télesphore, 20 juill. 1894, Sengern.
4399 Rietsch, Jules, 2 mai 1876, Mulhouse.
4400 Riffly, Auguste, 20 déc. 1891, Altkirch.
4401 Rinder, Émile, 17 août 1881, Mulhouse.
4402 Rinder, Louis, 10 oct. 1890, Diedenheim.
4403 Ring, René, 8 nov. 1887, Illkirch-Grafenstaden.
4404 Ringenbach, Édouard, 2 janv. 1898, Huningue.
4405 Ringenbach, Charles, 12 sept. 1887, Moosch.
4406 Rinkenbach, Théophile, 2 mars 1870, Lautenbach-Zell.
4407 Rinquebach, Émile, 15 nov. 1889, Turckheim.
4408 Risacher, Max, 1er août 1875, Rimbach.
4409 Risser, Adolphe, 28 août 1895, Sengern.

4410 Risser, Émile, 29 oct. 1876, Lautenbach-Zell.
4411 Robach, Charles, 28 juill., 1875, Ottersthal.
4412 Rohte, Louis-Paul, 20 avril 1875, Colmar.
4413 Roll, Oscar, 13 mai 1895, Mulhouse.
4414 Roos, Eugène, 27 janv. 1888, Illkirch-Grafenstaden.
4415 Roth, Henri, 30 mars 1894, Uffholtz.
4416 Roth, Henri, 13 juill. 1895, Hegenheim.
4417 Roth, Joseph, 9 mai 1888, Guebwiller.
4418 Rothenflug, Alphonse, 16 juin 1896, Guebwiller.
4419 Rudrauf, Charles, 31 juill. 1883, Grafenstaden.
4420 Ruff, Adolphe, 30 août 1881, Fegersheim.
4421 Ruhlmann, Germain, 21 févr. 1894, Baldersheim.
4422 Saigre, Edmond, 23 nov. 1880, Ottendorf.
4423 Sanner, Amand, 4 juill. 1887, Oberbergheim.
4424 Schaer, Paul, 30 oct. 1883, Strasbourg.
4425 Schaetzel, Paul, 24 mai 1895, Mulhouse.
4426 Schaffhauser, Émile, 6 janv. 1877, Lautenbach-Zell.
4427 Schagene, Eugène, 9 mai 1886, Thann.
4428 Scheffel, Guillaume, 16 janv. 1897, Emlingen.
4429 Scheidecker, Eugène, 7 sept. 1881, Paris (France).
4430 Scheyer, Louis, 29 déc. 1890, Dornach.
4431 Schermesser, Alfred, 27 oct. 1892, Mulhouse.
4432 Schermesser, Édouard, 4 mars 1890, Mulhouse.
4433 Schermesser, Charles, 25 févr. 1890, Mulhouse.
4434 Scherrer, Eugène, 8 janv. 1874, Heidwiller.
4435 Scherrer, Joseph, 24 mars 1895, Tagolsheim.
4436 Scherrer, Justin, 22 nov. 1893, Tagolsheim.
4437 Scherrer, Xavier, 6 janv. 1870, Heidwiller.
4438 Schill, Amand, 23 févr. 1896, Altkirch.
4439 Schilling, Georges, 1er févr. 1875, Gundolsheim.
4440 Schillinger, Émile, 23 déc. 1888, Dornach.
4441 Schillinger, Ferdinand, 4 nov. 1892, Dornach.
4442 Schillinger, Joseph, 28 juin 1889, Dornach.
4443 Schillinger, Joseph, 2 mai 1890, Dornach.
4444 Schillinger, Charles, 15 août 1897, Dornach.
4445 Schillinger, Louis, 25 sept. 1894, Dornach.
4446 Schirch, Eugène, 5 févr. 1877, Mulhouse.
4447 Schirch, Paul, 11 janv. 1891, Thann.
4448 Schirck, Adolphe, 12 mai 1889, Binningue (Suisse).
4449 Schlageter, Hermann, 17 août 1896, Dornach.
4450 Schlaguené, Ferdinand, 20 août 1890, Dornach.
4451 Schléret, Armand, 29 nov. 1892, Kientzheim.
4452 Schlicklin, Albert, 25 sept. 1877, Luffendorf.
4453 Schlienger, Aloyse, 16 déc. 1884, Berrwiller.
4454 Schlienger, Camille, 28 nov. 1892, Philadelphie (Amérique).
4455 Schlienger, Charles, 18 janv. 1893, Cernay.
4456 Schlienger, Charles, 10 juill. 1894, Philadelphie.
4457 Schlund, Philippe, 19 mai 1895, Issenheim.
4458 Schmid, André, 17 mars 1882, Guebwiller.
4459 Schmidlin, Eugène, 13 sept. 1890, Mulhouse.
4460 Schmidt, Charles, 17 août 1870, Mulhouse.
4461 Schmitt, André, 10 juin 1892, Thann.
4462 Schmitt, Armand, 5 juill. 1875, Riedisheim.
4463 Schmitt, Charles, 30 mai 1896, Zurich (Suisse).
4464 Schmitt, Gustave, 26 août 1897, Ottendorf.
4465 Schmitt, Joseph, 3 janv. 1870, Ottendorf.
4466 Schmitt, Joseph, 10 déc. 1895, Ottendorf.
4467 Schmitt, Jules, 5 févr. 1895, Lutterbach.
4468 Schmitt, Camille, 9 févr. 1880, Mulhouse.
4469 Schmitt, Charles, 22 avril 1883, Winkel.
4470 Schmitt, Leodégar, 10 juill. 1886, Bisel.
4471 Schmitt, Louis, 18 mai 1896, Lutterbach.
4472 Schmitt, Pierre, 7 mars 1888, Herbitzheim.
4473 Schmitt, Théophile, 30 mai 1884, Niederbruck.
4474 Schmitt II, Théodore, 10 févr. 1881, Kogenheim.
4475 Schmuck, Eugène, 27 août 1882, Colmar.
4476 Schneider, Joseph, 13 mars 1887, Geispolsheim.
4477 Schneider, Jules, 25 janv. 1895, Oltingen.
4478 Schneider, Léon, 10 avril 1895, Ensisheim.
4479 Schneider, Mathieu, 13 avril 1891, Hindisheim.
4480 Schnitter, Joseph, 13 févr. 1885, Colmar.
4481 Schoen, Pierre, 8 juill. 1882, Mulhouse.
4482 Schoen, René, 18 avril 1885, Mulhouse.
4483 Schoett, Eugène, 11 juill. 1895, Hindlingen.
4484 Schoett, Joseph, 12 juin 1889, Hindlingen.
4485 Schott, Jean-Bapt., 11 juill. 1871, Wittelsheim.
4486 Schott, Joseph, 5 févr. 1888, Wittelsheim.
4487 Schrepel, Henri, 13 mai 1887, Saverne.
4488 Schubnel, Arthur, 23 juill. 1897, Wittenheim.
4489 Schubnel, Paul, 18 oct. 1873, Eschbach.

4490 Schuell, Armand, 5 févr. 1884, Illfurt.
4491 Schueller, Aloyse, 23 mai 1871, Stetten.
4492 Schuhmacher, Alfred, 26 avril 1893, Dornach.
4493 Schuhmacher, Edmond, 20 nov. 1896, Dornach.
4494 Schuhmacher, Paul, 10 avril 1890, Dornach.
4495 Schull, Joseph, 25 sept. 1874, Ottendorf.
4496 Schuller, Auguste, 9 févr. 1884, Mulhouse.
4497 Schuller, Louis, 25 avril 1895, Lautenbach.
4498 Schultz, Alphonse, 11 nov. 1897, Brunstatt.
4499 Schultz, Charles, 9 mars 1895, Altkirch.
4500 Schultz, Lucien, 24 févr. 1892, Baldersheim.
4501 Schwaller, Louis, 27 juill. 1885, Lautenbach-Zell.
4502 Schwartz, Eugène, 6 nov. 1896, Mulhouse.
4503 Schwartz, Eugène, 16 janv. 1894, Lutterbach.
4504 Schwartz, Myrtille, 24 mars 1883, Strasbourg.
4505 Schwartz, Xavier, 18 sept. 1876, Mulhouse.
4506 Schwartz, Raymond, 19 juin 1889, Dornach.
4507 Schweblin, Eugène, 11 mai 1885, Dornach.
4508 Seckinger, Édouard, 22 août 1894, Lautenbach.
4509 Seiler, Franç.-Charles, 8 mars 1881, Erstein.
4510 Senger, Edmond, 3 août 1885, Mulhouse.
4511 Sengler, Alphonse, 27 mai 1883, Wattwiller.
4512 Siebert, Édouard, 11 mai 1888, Obernai.
4513 Siedler, Émile, 3 avril 1881, Bâle (Suisse).
4514 Siegel, Joseph, 25 oct. 1872, Lipsheim.
4515 Siegfried, Émile, 26 mars 1883, Mulhouse.
4516 Sigrist, Joseph, 28 juin 1881, Cernay.
4517 Simon, Alfred, 22 janv. 1880, Mulhouse.
4518 Singer, Camille, 29 nov. 1873, Bourbach-le-Bas.
4519 Siry, Joseph, 15 sept. 1879, Aspach-le-Haut.
4520 Sitterlé, Xavier, 13 mars 1894, Blodelsheim.
4521 Sittler, Joseph, 18 mars 1880, Eschau.
4522 Soldner, Paul, 29 juin 1885, Dornach.
4523 Spenlé, Jean, 19 mars 1887, Mulhouse.
4524 Spenner, Eugène, 9 juill. 1886, Erstein.
4525 Spiser, Martin, 1er juill. 1886, Mulhouse.
4526 Spitzer, Arthur, 18 nov. 1890, Dorlisheim.
4527 Stackler, Joseph, 24 févr. 1896, Mulhouse.
4528 Stadelmann, Alphonse, 16 oct. 1890, Felleringen.
4529 Stachlé, Oscar, 31 janv. 1896, Mulhouse.
4530 Stanger, Louis, 19 oct. 1895, Lutterbach.
4531 Steff, Victor, 7 mai 1886, Munster.
4532 Steger, Émile, 3 mars 1896, Bollwiller.
4533 Stehlé, Joseph, 11 mars 1891, Saint-Amarin.
4534 Stelzlen, Joseph, 26 févr. 1873, Rening.
4535 Stempfel, Jules, 25 sept. 1897, Soultz.
4536 Stephanus, Joseph, 18 oct. 1894, Mulhouse.
4537 Stern, Nathan, 3 août 1892, Mulhouse.
4538 Stoecklin, Joseph, 29 juin 1870, Lümschwiller.
4539 Stoltz, Albert, 6 janv. 1878, Mulhouse.
4540 Straub, Émile, 18 oct. 1884, Mulhouse.
4541 Streicher, Albert, 11 déc. 1887, Mulhouse.
4542 Strich, Jules, 14 déc. 1872, Guebwiller.
4543 Strohl, Maurice, 2 janv. 1888, Sainte-Marie-aux-Mines.
4544 Strub, Joseph, 6 sept. 1880, Huttenheim.
4545 Surgat, Paul, 24 déc. 1887, Metz.
4546 Sutter, Georges, 22 avril 1895, Lumschwiller.
4547 Tens, Martin, 3 déc. 1882, Mulhouse.
4548 Thalgott, Charles, 25 juill. 1883, Boofzheim.
4549 Thannberger, Édouard, 1er sept. 1888, Saint-Louis.
4550 Therenin, Félix, 22 août 1895, Oberlarg.
4551 Thomann, Albert, 29 déc. 1890, Colmar.
4552 Thomas, Lucien, 21 mars 1876, Colmar.
4553 Thony, Eugène, 1er déc. 1885, Guebwiller.
4554 Thuet, Alfred, 11 sept. 1893, Mulhouse.
4555 Thuet, Auguste, 15 janv. 1883, Mulhouse.
4556 Tischmacher, Jules, 13 mars 1895, Omeyna (Italie).
4557 Trendel, Xavier, 12 juill. 1877, Kogenheim.
4558 Triponell, Auguste, 26 mai 1877, Orschwihr.
4559 Tugler, Victor, 16 mai 1890, Bergolz.
4560 Uettwiller, Léon-Oscar, 29 oct. 1891, Mulhouse.
4561 Uettwiller, Marcel, 7 mars 1890, Mulhouse.
4562 Uhlrich, Joseph, 6 oct. 1885, Strasbourg.
4563 Uhly, Auguste, 27 août 1890, Souffelweyersheim.
4564 Urban, Henri, 10 déc. 1892, Illzach.
4565 Utzinger, Joseph, 14 sept. 1895, Romanshorn (Suisse).
4566 Vattré, Émile, 8 nov. 1890, Boufol (Suisse).
4567 Vechi, Léon-Marie, 9 oct. 1885, Wintzenheim.
4568 Voegelin, Georges-Jean, 30 avril 1874, Colmar.
4569 Vogel, Joseph, 25 mars 1871, Rouffach.
4570 Vogel, Joseph, 21 mai 1883, Mulhouse.
4571 Vogel, Joseph, 25 févr. 1893, Lautenbach-Zell.
4572 Vogel, Charles, 13 févr. 1893, Soultz.
4573 Vogt, André, 12 déc. 1888, Mulhouse.
4574 Vogt, Victor, 18 oct. 1888, Philadelphie (Amérique).
4575 Vollmer, Eugène, 9 août 1884, Vieux-Thann.

4576 Vorburger, Louis, 29 juill. 1883, Guebwiller.
4577 Waechter, Henri, 12 août 1888, Colmar.
4578 Waldt, Eugène, 4 févr. 1872, Ottendorf.
4579 Wallach, Edmond, 29 déc. 1889, Mulhouse.
4580 Wallach, Georges, 2 avril 1881, Mulhouse.
4581 Walter, Alfred, 11 févr. 1888, Bourzwiller.
4582 Walter, Henri, 23 janv. 1884, Mulhouse.
4583 Walliser, Émile, 7 nov. 1895, Mulhouse.
4584 Waltisperger, Gustave, 25 nov. 1880, Muenchhouse.
4585 Wattré, Albert-Jean, 26 juill. 1883, Ottendorf.
4586 Weber, Albert, 1er nov. 1894, Mulhouse.
4587 Weber, Jules, 26 juin 1876, Mulhouse.
4588 Weber, Charles, 23 juin 1887, Akolsheim.
4589 Wehrel, Martin, 12 nov. 1878, Nordhouse.
4590 Wehrlen, Xavier, 16 oct. 1890, Guebwiller.
4591 Weick, Arthur, 8 mars 1893, Lyon (France).
4592 Weigel, Louis, 19 avril 1871, Bettendorf.
4593 Weinzorn, Joseph, 22 mai 1887, Mulhouse.
4594 Weiss, Albert, 5 mai 1877, Richwiller.
4595 Weitz, Georges, 5 déc. 1887, Brumath.
4596 Wenning, Edmond, 8 oct. 1887, Mulhouse.
4597 Werny, Joseph, 16 mars 1895, Mulhouse.
4598 Werny, Charles, 26 avril 1896, Brunstatt.
4599 Wetzel, Jean-Jacques, 24 juin 1896, Munster.
4600 Wever, Auguste, 30 juin 1896, Lutzelstein.
4601 Willig, Ambroise, 14 janv. 1887, Durlinsdorf.
4602 Winter (Dr), Émile, 30 janv. 1870, Thann.
4603 Wirz, Anatole, 21 mars 1877, Mulhouse.
4604 Woltrath, Maurice, 12 mars 1884, Soultz.
4605 Wolff, Jean, 30 mai 1877, Mulhouse.
4606 Wolff, Pierre, 20 janv. 1881, Mulhouse.
4607 Woog, Auguste, 8 févr. 1880, Mulhouse.
4608 Wormser, Ferdinand, 18 févr. 1885, Grussenheim.
4609 Wuertz, Georges, 22 avril 1899, Hindisheim.
4610 Zellmeyer, Paul, 21 févr. 1886, Cortébert (Suisse).
4611 Zerr, Alfred, 22 févr. 1892, Soultz-les-Bains.
4612 Zimmermann, Ernest, 2 janv. 1890, Colmar.
4613 Zimmermann, Charles, 3 nov. 1891, Saint-Hippolyte.
4614 Zinck, Aloyse, 16 juin 1883, Colmar.
4615 Zuber, Jules, 4 mai 1875, Mulhouse.
4616 Zweifel, Émile, 7 oct. 1891, Mulhouse.

Liste n° 12.

22 mars 1917.

4617 Acker, Antoine, 26 mai 1885, Berstheim.
4618 Abeaucourt, Alfred, 6 août 1872, Jallaucourt.
4619 About, Victor, 8 janv. 1874, Mulcey.
4620 Adam, Lucien, 27 déc. 1891, Dieuze.
4621 Ade, Joseph, 26 mars 1893, Weitbruch.
4622 Adele, Paul, 26 févr. 1887, Dieuze.
4623 Allenbach, Ferdinand, 29 déc. 1893, Andlau.
4624 Aldrin, Charles, 24 mai 1892, Volmerange.
4625 Ancel, Charles, 4 mars 1874, Donnelay.
4626 André, Edmond, 10 déc. 1887, Kerprich.
4627 Angelo (d'), Jules, 15 mai 1896, Ludwigsfeste.
4628 Antoine, Joseph, 26 avril 1896, Voyer.
4629 Antoine, Roger, 23 oct. 1894, Burlioncourt.
4630 Arnette, Jacques, 15 avril 1878, Sarralbe.
4631 Auer, Jacques, 29 nov. 1873, Hargarten.
4632 Babinger, Charles, 3 nov. 1894, Souflenheim.
4633 Babinger, Théodore, 8 janv. 1882, Souflenheim.
4634 Bader, Menno, 26 mars 1884, Dambach.
4635 Badina, Antoine, 17 janv. 1894, Haguenau.
4636 Bailly, Lucien, 8 mars 1881, Harraucourt-sur-Seille.
4637 Balezo, Henri, 7 févr. 1888, Moussey.
4638 Banquel, Victor, 17 oct. 1890, Arraincourt.
4639 Barbe, Albert, 12 mai 1886, Bréhain.
4640 Barbe, Charles, 21 oct. 1892, Lucy.
4641 Barette, Auguste, 24 sept. 1886, Donnelay.
4642 Baron, Joseph, 17 juin 1876, Nouilly.
4643 Bastian, François, 8 mars 1887, Meisenthal.
4644 Bauer, Auguste, 25 août 1882, Ludwigsfeste près Haguenau.
4645 Bauer, Henri, 11 févr. 1878, Vic.
4646 Bauer, Pierre, 4 nov. 1871, Ars-sur-Moselle.
4647 Beaucourt, Paul, 10 août 1889, Vahl.
4648 Beauque, Justin, 9 nov. 1882, Chicourt.
4649 Becker I, Nicolas, 28 oct. 1876, Berig.
4650 Bénédic, François, 2 avril 1872, Donnelay.
4651 Berger, Nicolas, 23 sept. 1884, Morlange.
4652 Bergtoll, Jean, 17 janv. 1872, Styring-Wendel.
4653 Bernard, Auguste, 26 août 1896, Zommange.
4654 Bernard, Joseph, 26 août 1896, Zommange.
4655 Bernhard, Louis, 27 nov. 1889, Gundershofen.
4656 Bertrand, Camille, 30 avril 1884, Bazoncourt.

4657 Beurton, Paul, 9 oct. 1885, Vatimont.
4658 Bientz, Camille, 17 févr. 1892, Vergaville.
4659 Bina, Prosper, 16 mai 1889, Benestroff.
4660 Bister, Eugène, 14 févr. 1885, Jallaucourt.
4661 Bister, Joseph, 5 sept. 1887, Jallaucourt.
4662 Blaise, Charles, 16 mai 1890, Vic.
4663 Blanc, Louis, 12 déc. 1870, Château-Bréhain.
4664 Blanchard, Christophe, 15 févr. 1881, Lelling.
4665 Bloch, Maurice, 7 sept. 1876, Herlisheim (Basse-Alsace).
4666 Blum, Benjamin, 2 sept. 1881, Haguenau.
4667 Bochion, Charles, 15 déc. 1889, Saint-Médard.
4668 Boguet, Paul, 13 déc. 1893, Metz.
4669 Bolay, Jean, 18 oct. 1885, Augny.
4670 Bouché, Joseph, 20 janv. 1878, Cutting.
4671 Boul, Auguste, 29 août 1885, Altroff.
4672 Boulluing, David, 19 déc. 1872, Siersthal.
4673 Bour, Pierre, 11 avril 1888, Remelfang.
4674 Bournon, René, 8 sept. 1894, Dieuze.
4675 Bourey, Jules, 19 déc. 1882, Chicourt.
4676 Bourert, Lucien, 8 janv. 1878, Uckange.
4677 Boyon, Georges, 9 août 1881, Albestroff.
4678 Boyon, Lucien, 22 déc. 1886, Albestroff.
4679 Brauchler, Jean, 3 oct. 1883, Willerwald.
4680 Brille, Arthur, 9 oct. 1875, Donnelay.
4681 Brino, Jean, 23 mars 1879, Altroff.
4682 Buisson, Clément, 22 nov. 1887, Riche.
4683 Butin, Albert, 11 sept. 1895, Dieuze.
4684 Butlingaire, Émile, 9 avril 1878, Moncheux.
4685 Bur, Jérôme, 7 nov. 1894, Batzendorf.
4686 Bury, Joseph, 27 mars 1894, Hochfelden.
4687 Buzon, Adrien, 17 sept. 1883, Malaucourt.
4688 Cahn, Maurice, 13 juill. 1892, Schirrhofen.
4689 Calba, Édouard, 20 juin 1893, Château-Salins.
4690 Carlin, Joseph, 5 mai 1892, Schweighouse.
4691 Ceintre, Julien, 14 juill. 1879, Dieuze.
4692 Ceintre, René, 23 sept. 1894, Dieuze.
4693 Champion, Nicolas, 24 oct. 1884, Betting.
4694 Champouillon, Franç., 4 janv. 1885, Chicourt.
4695 Champouillon, Charles, 6 nov. 1882, Chicourt.
4696 Chanot, Edmond, 16 avril 1876, Bourgaltroff.
4697 Charrette, Alfred, 14 avril 1874, Woippy.
4698 Chenot, Eugène, 6 janv. 1882, Cheminot.
4699 Cherrier, Julien, 12 mai 1890, Juville.
4700 Chinauren, Michel, 14 févr. 1880, Uckange.
4701 Chrismann, Joseph, 15 nov. 1887, Nebing.
4702 Christmann, Camille, 21 avril 1883, Bezange-la-Petite.
4703 Christmann, Victor, 6 nov. 1873, Bezange-la-Petite.
4704 Clément, Charles, 15 août 1888, Vic.
4705 Clos, Jules, 3 août 1881, Basse-Guenange.
4706 Cognon, Lucien, 18 oct. 1881, Metz.
4707 Cogniel, Jules, 2 mars 1886, Vic.
4708 Codloux, Louis, 17 sept. 1880, Aumetz.
4709 Colas, Lucien, 15 août 1873, Ley.
4710 Colin, Eugène, 17 mars 1884, Donnelange.
4711 Collin, Charles, 22 oct. 1888, Chambrey.
4712 Colson, Eugène, 24 mai 1877, Marthil.
4713 Coutures, Aimé, 4 déc. 1893, Pettoncourt.
4714 Couré, Joseph, 28 févr. 1883, Mustapha (Algérie).
4715 Cottenel, Émile, 19 déc. 1886, Vergaville.
4716 Croise, Edmond, 10 déc. 1879, Torcheville.
4717 Croize, Émile, 24 mars 1886, Chambrey.
4718 Cueillette, Edmond, 14 août 1884, Moyenvic.
4719 Cuny, Henri, 2 août 1891, Vic.
4720 Dalmar, Victor, 31 mars 1874, Salonnes.
4721 Darignat, Charles, 16 févr. 1886, Lémoncourt.
4722 Dauphin, Prosper, 20 févr. 1883, Haboudange.
4723 Deckeur, Émile, 20 mai 1887, Montdidier.
4724 Deiss, Jules, 30 mai 1889, Dieuze.
4725 Deiss, Victor, 4 oct. 1891, Dieuze.
4726 Delacour, Justin, 29 mars 1891, Colligny.
4727 Demange, Joseph, 16 août 1890, Vergaville.
4728 Demange, Louis, 22 janv. 1892, Vergaville.
4729 Denis, Eugène, 18 avril 1872, Ommeray.
4730 Desgranges, Léon, 5 août 1889, Lémoncourt.
4731 Dessez, Charles, 18 déc. 1894, Kerprich.
4732 Derter, Joseph, 3 avril 1873, Salmbach.
4733 Dick, Louis, 16 avril 1886, Bischwiller.
4734 Dietrich (de), Frédéric, 24 mai 1883, Niederbronn.
4735 Dimofsky, Pierre, 11 juill. 1889, Hazembourg.
4736 Dirie, Auguste, 26 mai 1889, Dambach.
4737 Doudot, Nicolas, 1er févr. 1877, Laning.
4738 Dulzo, Marie-Jos., 11 juin 1889, Montdidier.
4739 Dulzo, Paul, 14 janv. 1895, Montdidier.
4740 Dupuncel, Alphonse, 16 sept. 1878, Ars.
4741 Durand, Mathieu, 20 mars 1894, Forbach.
4742 Duwa, Jean-Bapt., 18 août 1894, Reichshoffen.
4743 Eber, Louis, 19 mars 1892, Oberbronn.
4744 Eidmann, Frédéric, 6 janv. 1884, Rothbach.
4745 Eiffer, Julien, 10 févr. 1888, Diderfing.
4746 Engel, Jacques, 9 mars 1878, Riche.
4747 Erards, Léon, 11 déc. 1886, Landroff.
4748 Ehrard, Alfred, 28 déc. 1883, Knutange.
4749 Erzinger, Jacques, 9 mai 1885, Gumbrechtshoffen.
4750 Eye, Jules, 13 avril 1895, Bischwiller.

4751 Even, Alphonse, 21 mars 1890, Destry.
4752 Falatin, Joseph, 2 juill. 1881, Mulcey.
4753 Fasne, Joseph, 29 avril 1883, Many.
4754 Faubel, Aimé, 3 juin 1883, Fonteny.
4755 Fehrentz, Jean, 30 janv. 1886, Forbach.
4756 Ferry, Lucien, 20 juill. 1890, Fonteny.
4757 Fickler, Lucien, 27 sept. 1891, Macheren.
4758 Finikel, Désiré, 2 déc. 1891, Amélécourt.
4759 Fischer, Eugène, 21 févr. 1886, Bischwiller.
4760 Fizelert, Charles, 26 sept. 1879, Morville-sur-Nied.
4761 Fizelert, Louis, 30 juill. 1882, Morville-sur-Nied.
4762 Fix, Alphonse, 6 nov. 1883, Guenestroff.
4763 Folmer, Christophe, 23 janv. 1890, Lelling.
4764 Folmer, Nicolas, 24 sept. 1893, Lelling.
4765 Forfer, Louis, 17 nov. 1892, Lindre-Basse.
4766 Forgeon, Charles, 5 mai 1886, Dieuze.
4767 Foul, Georges, 2 déc. 1888, Gerbécourt.
4768 Fourre, Charles, 31 oct. 1880, Vic.
4769 François, Estel, 26 juin 1879, Mulcey.
4770 François, Xavier, 25 nov. 1887, Hannocourt.
4771 Frankenhauser, Edmond, 15 déc. 1883, Meisenthal.
4772 Frey, Michel, 12 mai 1892, Racrange.
4773 Friser, Charles, 13 avril 1873, Maison-Neuve.
4774 Fritz, Guillaume, 20 janv. 1878, Bischwiller.
4775 Froehlich, Louis, 10 déc. 1886, Lemberg.
4776 Fromont, Léon, 30 sept. 1879, Kerprich.
4777 Gangloff, Paul, 9 mai 1892, Rohrbach.
4778 Gaquière, Joseph, 9 avril 1877, Dieuze.
4779 George, Alphonse, 9 déc. 1882, Lubécourt.
4780 Gerling, Alphonse, 23 déc. 1880, Dauendorf.
4781 Germain, Émile, 28 mars 1894, Lindre-Haute.
4782 Germain, Lucien, 24 oct. 1877, Metz.
4783 Gérôme, Albert, 30 oct. 1877, Faulquemont.
4784 Gillet, Georges, 18 févr. 1894, Château-Voué.
4785 Girard, Joseph, 24 févr. 1884, Marange.
4786 Girard, Juste, 25 déc. 1883, Guéblange.
4787 Girard, Juste, 25 déc. 1885, Guéblange.
4788 Girardin, Lucien, 30 sept. 1887, Liéhon.
4789 Gobert, Pierre, 27 sept. 1891, Mulcey.
4790 Godfrin, Félix, 18 avril 1880, Failly.
4791 Goetz, Émile, 16 janv. 1895, Bischwiller.
4792 Goetzmann, Frédéric, 15 avril 1886, Niederbronn.
4793 Goeury, Louis, 25 janv. 1874, Ottange.
4794 Gonsantier, Max, 17 avril 1884, Carling.
4795 Gornis, Paul, 5 mars 1886, Bassing.
4796 Gotté, Charles, 1er sept. 1885, Château-Salins.
4797 Gouceau, Lucien, 23 mars 1889, Dédeling.

4798 Gourceaux, Paul, 14 févr. 1882, Gravelotte.
4799 Grandjean, Albert, 31 déc. 1883, Saint-Médard.
4800 Grandmongin, Jean, 5 mars 1877, Lagarde.
4801 Grenewald, Victor, 4 janv. 1878, Dieuze.
4802 Grino, Eugène, 19 févr. 1880, Berwiller.
4803 Grob, Louis, 19 juin 1876, Wœrth.
4804 Grosdemange, Lucien, 12 janv. 1891, Dieuze.
4805 Groshens, Edmond, 21 déc. 1882, Rothau.
4806 Grosse, Alfred, 17 sept. 1877, Insming.
4807 Gross, Jean, 17 juin 1874, Himeling.
4808 Gruel, Joseph, 4 mai 1876, Mulcey.
4809 Guebel, Étienne, 27 janv. 1883, Puttelang.
4810 Guerbert, Émile, 5 juin 1881, Val.
4811 Gueret, Jules, 27 févr. 1892, Château-Salins.
4812 Guerné, Joseph, 2 sept. 1891, Puttelange.
4813 Guerre, Pierre, 14 sept. 1883, Puttelange.
4814 Guerret, Paul, 29 sept. 1879, Château-Salins.
4815 Guthmann, Alfred, 25 sept. 1886, Bischwiller.
4816 Haas, Jacques, 19 avril 1881, Folsperwiller.
4817 Hagemann, Léon, 25 oct. 1881, Styring-Wendel.
4818 Hagen, Jules, 17 mars 1886, Nancy (Fr.).
4819 Ham, Jean, 19 mai 1873, Basse-Ham.
4820 Hamel, Charles, 6 oct. 1888, Baronwiller.
4821 Hausberger, Aloyse, 13 mai 1889, Dambach.
4822 Hausberger, Vendelin, 20 oct. 1895, Dambach.
4823 Hecht, Charles, 20 juin 1880, Reichshoffen.
4824 Hector, Jean, 1er nov. 1873, Grosbliderstroff.
4825 Heideier, Aloyse, 21 nov. 1891, Auenheim.
4826 Heiliq, Louis, 16 févr. 1887, Niederbronn.
4827 Hein, Léon, 23 mars 1870, Vergaville.
4828 Heinrich, Georges, 25 sept. 1891, Oberhofen.
4829 Heintz, Eugène, 2 oct. 1887, Bischwiller.
4830 Heintz, Godefroid, 30 nov. 1887, Bischwiller.
4831 Heintz, Charles, 14 janv. 1886, Londonvillers.
4832 Helten, Julien, 30 août 1884, Metz.
4833 Hemmerlé, Édouard, 11 déc. 1889, Nelling.
4834 Hemmerlé, Édouard, 16 nov. 1877, Petit-Rohrbach.
4835 Henriot, Émile, 7 oct. 1882, Ozy.
4836 Hentzien, Jean, 2 mars 1884, Altroff.
4837 Heusch, Henri, 3 janv. 1873, Bischwiller.
4838 Heydorf, Lucien, 5 sept. 1880, Goetzenbruck.
4839 Hilger, Ferdinand, 31 juill. 1882, Metz.

4840 Him, Jean, 9 févr. 1876, Œutrange.
4841 Hocquel, René, 9 févr. 1895, Château-Salins.
4842 Hocquel, Sébastien, 18 déc. 1891, Château-Salins.
4843 Hoffert, Louis, 21 avril 1876, Donnelay.
4844 Hoffmann, Georges, 13 févr. 1882, Rening.
4845 Hoffmann, Jean, 1er déc. 1880, Himeling.
4846 Holzer, Jules, 31 juill. 1880, Conthil.
4847 Honig, Eugène, 21 sept. 1894, Bischwiller.
4848 Honor, Édouard, 7 août 1878, Burlioncourt.
4849 Hossan, Aloyse, 28 nov. 1897, Salmbach.
4850 Houpert, Jules, 23 nov. 1876, Morville-lès-Vic.
4851 Houpert, Michel, 21 avril 1881, Insming.
4852 Houver, Jean, 2 janv. 1874, Lemberg.
4853 Huegenell, Émile, 3 juill. 1891, Rauwiller.
4854 Humbert, Émile, 22 juin 1878, Morville-lès-Vic.
4855 Husson, Eugène, 21 févr. 1882, Gueblange.
4856 Iltis, Jean, 12 juill. 1895, Niederbronn.
4857 Imhoff, Jean, 16 sept. 1879, Grening.
4858 Imhoff, Nicolas, 30 nov. 1876, Grening.
4859 Jacques, Louis, 20 avril 1880, Metz.
4860 Jacques, Prosper, 20 oct. 1887, Dedeling.
4861 Jacques, Adrien, 12 juin 1895, Puzieux.
4862 Jacquot, Louis, 16 mai 1889, Vic.
4863 Jaunez (de), Max, 9 mars 1873, Sarreguemines.
4864 Jean, Aimé, 8 juin 1892, Eschen-sous-Forêt.
4865 Jean, Eugène, 21 juill. 1836, Albestroff.
4866 Jessel, Jacques, 14 févr. 1891, Dieuze.
4867 Jeunesse, Georges, 22 avril 1880, Vic.
4868 Jodel, Paul, 23 janv. 1882, Lixing.
4869 Joerger, Aloyse, 20 juin 1883, Rœdern-Bas.
4870 Jund, Georges, 9 déc. 1876, Gundershofen.
4871 Jung, André, 19 août 1880, Zetting.
4872 Jung, Bernard, 31 août 1881, Lemberg.
4873 Junker, Émile, 13 mars 1885, Paris (Fr.).
4874 Kastegner, Jules, 21 sept. 1873, Metz.
4875 Kahn, Ernest, 20 mars 1878, Bliesbruck.
4876 Kaiser, Charles, 21 juin 1886, Bischwiller.
4877 Kaiser, Léon, 26 janv. 1886, Réchicourt-le-Château.
4878 Kandel, Antoine, 27 sept. 1894, Dauendorf.
4879 Keller, Émile, 12 juill. 1881, Riche.
4880 Keller, Jean, 17 févr. 1875, Lemberg.
4881 Kieffer, Jean, 6 janv. 1877, Burtoncourt.
4882 Kiffer, Paul, 25 juill. 1880, Thionville.
4883 Kiffert, Stanislas, 27 août 1892, Lidrezing.
4884 Kim, Joseph, 21 mars 1881, Haguenau.
4885 Kirchdoerfer, Philippe, 30 avril 1895, Soufflenheim.

4886 Knochel, Frédéric, 1er avril 1882, Lening.
4887 Knoerr, Adolphe, 4 juin 1882, Mouterhouse.
4888 Kremer, Clément, 18 oct. 1886, Rodalbe.
4889 Kremer, Joseph, 26 janv. 1892, Rodalbe.
4890 Krick, Prosper, 23 sept. 1873, Haboudange.
4891 Krommenacker, Joseph, 15 mai 1877, Foulcrey.
4892 Kober, Jean, 14 sept. 1879, Cheminot.
4893 Kohler, André, 30 nov. 1885, Dauendorf.
4894 Kuechler, Baptiste, 5 mars 1882, Sablon.
4895 Kugler, Charles, 20 juill. 1876, Bischwiller.
4896 Lambinet, Nicolas, 4 oct. 1881, Linstroff.
4897 Landure, Joseph, 21 nov. 1881, Jouy-aux-Arches.
4898 Lang, Alexandre, 25 oct. 1889, Hottwiller.
4899 Lang, Chrétien, 16 nov. 1893, Hottwiller.
4900 Lang, Jean, 4 juill. 1896, Hottwiller.
4901 Laperlé, Georges, 19 janv. 1897, Eglise-Blanche.
4902 Lapierre, Alphonse, 22 juin 1879, Remilly.
4903 Larchez, Auguste, 27 déc. 1877, Edange.
4904 Lasilier, Alphonse, 3 nov. 1878, Lixing.
4905 Lavoil, Charles, 30 sept. 1887, Jallaucourt.
4906 Laviolette, Georges, 4 sept. 1896, Vic.
4907 Laurent, Albert, 31 août 1883, Metz.
4908 Leclerc, Jules, 13 avril 1884, Vallières.
4909 Lecomte, François, 19 févr. 1884, Raville.
4910 Leichnam, Félix, 20 avril 1892, Dieuze.
4911 Leichnam, Charles, 1er déc. 1890, Dieuze.
4912 Leibenguth, Michel, 19 déc. 1883, Dauendorf.
4913 Leifer, Jacques, 2 mai 1870, Pfaffenhofen.
4914 Lejaille, François, 16 déc. 1876, Fleury.
4915 Léonard, Charles, 19 oct. 1873, Harraucourt-sur-Seille.
4916 Lévy, Hayem, 10 août 1878, Kœnigsmacker.
4917 Lévy, Henri, 5 déc. 1886, Niederbronn.
4918 Lévy, Raymond, 13 nov. 1890, Hellimer.
4919 L'Huillier, Edouard, 26 mars 1887, Mallaucourt.
4920 Libot, Émile, 10 nov. 1874, Bassing.
4921 Linder, Eugène, 12 mai 1876, Gumbrechtshoffen.
4922 Lonoy, Louis, 8 juill. 1888, Vergaville.
4923 Louis, Paul, 5 déc. 1892, Lubécourt.
4924 Ludmann, Joseph, 8 déc. 1885, Kirwiller.
4925 Maguin, Ferdinand, 10 mars 1888, Peltre.
4926 Mahou, Adolphe, 19 déc. 1884, Ferme Sainte-Marie.
4927 Mahout, Adrien, 6 nov. 1883, Landroff.
4928 Maire, Claude, 6 août 1883, Hemilly.
4929 Mallinger, Pierre, 28 févr. 1881, Basse-Yutz.
4930 Mansuy, Paul, 17 janv. 1896, Arricourt.

4931 Marbach, Hubert, 27 sept. 1881, Zommange.
4932 Marc, Charles, 5 août 1887, Xocourt.
4933 Marc, Nicolas, 13 avril 1883, Xocour.
4934 Marchal, Eugène, 24 juill. 1882, Étange.
4935 Marchal, Joseph, 25 févr. 1892, Hacrange.
4936 Marchand, Antoine, 19 nov. 1895, Sarreguemines.
4937 Marchand, Victor, 2 avril 1882, Richemond.
4938 Marchant, Nicolas, 6 mars 1876, Mulcey.
4939 Marc, Nicolas, 11 sept. 1887, Forbach.
4940 Martignon, Eugène, 20 août 1883, Château-Bréhain.
4941 Martin, Célestin, 15 janv. 1882, Thionville.
4942 Martin, Paul, 25 mai 1892, Bourgaltroff.
4943 Mauss, Vendelin, 18 avril 1888, Liederscheid.
4944 Marx, Jean, 15 avril 1882, Buding.
4945 Marx, Charles, 28 juin 1874, Reichshoffen.
4946 Mary, Jean, 28 oct. 1869, Courcelles.
4947 Meckler, Martin, 28 sept. 1869, Oberseebach.
4948 Meder, Charles, 25 janv. 1874, Thionville.
4949 Médéric, Eugène, 25 févr. 1897, Vaxy.
4950 Mengin, Joseph, 26 mars 1877, Jallaucourt.
4951 Messein, Aimé, 19 févr. 1870, Pettoncourt.
4952 Metz, Prosper, 4 janv. 1890, Kerprich.
4953 Meyer, Antoine, 24 sept. 1876, Metzing.
4954 Meyer III, Edmond, 28 août 1879, Longeville-lès-Metz.
4955 Meyer, Marzoff, 7 nov. 1892, Herlisheim.
4956 Michel, Félix, 30 sept. 1877, Buding.
4957 Michel, Léon, 11 avril 1891, Hampont.
4958 Midon, René, 29 oct. 1894, Gelucourt.
4959 Millet, Émile, 17 juill. 1877, Niederbronn.
4960 Minel, François, 24 août 1871, Château-Salins.
4961 Mockers, Charles, 23 mai 1880, Bischwiller.
4962 Morot, François, 24 avril 1879, Fèves.
4963 Morquin, Louis, 28 janv. 1891, Jallaucourt.
4964 Motel, Marcel, 2 nov. 1889, Morhange.
4965 Muel, Jules, 10 oct. 1878, Vic.
4966 Muller, Camille, 18 déc. 1880, Drusenheim.
4967 Muller, Jean, 3 avril 1890, Oeting.
4968 Muller, Louis, 17 oct. 1885, Sarralbe.
4969 Munier, Eugène, 6 sept. 1885, Bourdonnaye.
4970 Nagel, Auguste, 28 août 1890, Dambach.
4971 Nagel, François, 10 août 1872, Dambach.
4972 Noingot, Nicolas, 6 août 1885, Basse-Guénange.
4973 Nazin, Joseph, 23 avril 1884, Jallaucourt.
4974 Nazin, Victor, 24 mars 1892, Jallaucourt.
4975 Neveux, Arthur, 4 avril 1886, Paris (Fr.).
4976 Nicolas, François, 25 août 1894, Tincry.
4977 Nicolas, Louis, 25 sept. 1879, Metz.
4978 Nist, Gustave, 1er juill. 1886, Neufvillage.
4979 Nosbaume, Charles, 29 mai 1879, Zemming.
4980 Olyger, Xavier, 18 nov. 1879, Donnelay.
4981 Oster, Émile, 17 nov. 1890, Forbach.
4982 Oster, Jules, 25 juin 1885, Gelucourt.
4983 Ostertag, Louis, 15 mai 1884, Bischwiller.
4984 Oury, Edmond, 27 janv. 1891, Guenestroff.
4985 Paradeis, Albert, 24 juin 1886, Florange.
4986 Parant, Eugène, 28 oct. 1887, Lixing.
4987 Parant, Joseph, 11 juin 1890, Lixing.
4988 Parisot, Firmin, 6 nov. 1886, Saint-Médard.
4989 Paquant, Henri, 5 juill. 1888, Vic.
4990 Paulin, Henri, 30 avril 1879, Destry.
4991 Pécheur, Hubert, 7 sept. 1892, Chambrey.
4992 Pede, Christophe, 12 août 1882, Berthelming.
4993 Peiffer, Jules, 15 août 1883, Bermering.
4994 Peiffert, Alex., 12 févr. 1890, Bacourt.
4995 Pelatonne, Paul, 2 mai 1892, Tragny.
4996 Perrin, Charles, 11 mars 1887, Dieuze.
4997 Perrin, Léon, 22 juin 1877, Corny.
4998 Peter, Jules, 13 nov. 1882, New-York.
4999 Petitpas, Albert, 19 mai 1885, Nancy (Fr.).
5000 Petitpas, Gaston, 11 oct. 1886, Repaix (France).
5001 Petitpas, Paul, 22 sept. 1882, Nancy (France).
5002 Peton, Lucien, 14 mars 1882, Dieuze.
5003 Pfaadt, Henri, 28 avril 1891, Bischwiller.
5004 Pfeiffer, Jean, 27 juill. 1877, Veckerswiller.
5005 Pfersdorf, Guillaume, 15 mars 1891, Bischwiller.
5006 Philipp, Joseph, 10 déc. 1875, Bining.
5007 Picard, Émile, 7 nov. 1890, Nancy (Fr.).
5008 Picard, Ernest, 22 mars 1889, Jallaucourt.
5009 Picard, Henri, 22 janv. 1889, Altroff.
5010 Pierre, Jules, 19 déc. 1883, Ancy.
5011 Pierron, Joseph, 9 mars 1882, Bourgaltroff.
5012 Pilchen, Théophile, 14 avril 1881, Virming.
5013 Pomppe, Eugène, 16 déc. 1894, Bischwiller.
5014 Port, Michel, 8 juill. 1881, Sarralbe.
5015 Probst, Jules, 4 mars 1879, Jallaucourt.
5016 Rack, Charles, 26 juill. 1877, Montterhouse.
5017 Rambur, Charles, 18 juin 1893, Bischwiller.
5018 Rambur, Louis, 19 sept. 1894, Bischwiller.
5019 Reb, Georges, 14 janv. 1871, Insming.
5020 Reb, Charles, 6 juill. 1873, Insming.
5021 Riblet, Paul, 22 mars 1884, Machereu.
5022 Richard, Adolphe, 6 mars 1887, Gélucourt.
5023 Richy, François, 9 août 1896, Guenestroff.

5024 Riff, Jean, 29 oct. 1884, Saint-Jean-Rohrbach.
5025 Rigot, Édouard, 15 août 1883, Levallois (France).
5026 Rinokel, Henri, 4 mai 1892, Bruschwickersheim.
5027 Ritzinger, Victor, 21 juill. 1871, Ritzing.
5028 Robert, Eugène, 4 avril 1892, Zarbeling.
5029 Robert, Hippolyte, 11 juill. 1880, Burlioncourt.
5030 Rock, Mathieu, 25 août 1891, Klang.
5031 Rongieux, Georges, 30 oct. 1896, Vic.
5032 Roster, Eugène, 22 janv. 1877, Chesny.
5033 Rostoucher, Jean, 17 sept. 1877, Altroff.
5034 Rostoucher, Joseph, 12 févr. 1893, Altroff.
5035 Roth, Aloyse, 15 déc. 1886, Dambach.
5036 Roth, Ernest, 17 mai 1892, Bischwiller.
5037 Roth, Jacques, 3 août 1880, Climbach.
5038 Roth, Paul, 27 oct. 1892, Vergaville.
5039 Rott, Charles, 2 juill. 1895, Haguenau.
5040 Roussé, Eugène, 3 juin 1886, Destry.
5041 Rousselot, Eugène, 19 févr. 1871, Obreck.
5042 Royet, Henri, 2 oct. 1893, Offendorf.
5043 Salzmann, Nicolas, 8 oct. 1874, Valett.
5044 Schaeffer, Adrien, 14 sept. 1885, Gerbécourt.
5045 Schaeffer, Charles, 3 nov. 1893, Herlisheim.
5046 Scharff, Édouard, 10 mai 1883, Baronville.
5047 Schatz, Henri, 4 août 1882, Sarreguemines.
5048 Scheffer, Paul, 3 nov. 1879, Zemming.
5049 Scheuer, Jean, 19 janv. 1877, Lunéville (France).
5050 Scheyer, Georges, 10 avril 1895, Obreck.
5051 Schmesser, Eugène, 12 août 1883, Marly.
5052 Schmitt, Frédéric, 15 juill. 1894, Gumbrechtshofen.
5053 Schmitt, Gaston, 3 mars 1877, Metz.
5054 Schmitt, Louis, 23 févr. 1882, Hattigny.
5055 Schmitt, René, 23 juill. 1886, Sarrebourg.
5056 Schneider, Eugène, 4 janv. 1878, Marimont.
5057 Schneider, Charles, 4 mai 1875, Marimont.
5058 Schneider, Paul, 15 déc. 1883, Bischwiller.
5059 Schneider Victor, 12 mai 1884, Bourgaltroff.
5060 Schoen, Henri, 24 mars 1880, Drachenbronn.
5061 Schoeffer, Édouard, 8 déc. 1880, Gerbécourt.
5062 Schreiber, Albert, 31 mars 1891, Oberbronn.
5063 Schreiner, Pierre, 8 mai 1874, Rimling.
5064 Schuller, Louis, 20 juill. 1878, Durrenbach.
5065 Schultz, Charles, 9 avril 1884, Metz.
5066 Siegel, Alfred, 26 mai 1896, Sarrebourg.
5067 Simon, Bernard, 2 nov. 1879, Gumbrechtshofen.
5068 Simon, François, 22 sept. 1875, Basse-Lindre.
5069 Sohn, Philippe, 1er janv. 1892, Schweighouse.
5070 Sommer, Auguste, 31 mai 1878, Nouvelle-Verrerie.
5071 Souchon, Joseph, 27 avril 1882, Landroff.
5072 Souchon, Charles, 1er janv. 1877, Rombas.
5073 Spiess, Philippe, 21 août 1873, Gumbrechtshofen.
5074 Staffer, Émile, 24 juill. 1886, Colligny.
5075 Stark, François, 19 déc. 1895, Nousseville.
5076 Stasser, Louis, 1er oct. 1887, Hayange.
5077 Staub, Justin, 6 juill. 1881, Villerwald.
5078 Steil, Jean, 22 sept. 1879, Heltange.
5079 Stein, Joseph, 23 nov. 1888, Goetzenbruck.
5080 Steinberger, Jacques, 19 mai 1878, Appenzell.
5081 Steinmetz, François, 9 déc. 1889, Herbitzheim.
5082 Storck, Meyer, 8 déc. 1894, Schirrhofen.
5083 Storck, Léon, 14 janv. 1886, Mertzwiller.
5084 Strohmenger, Émile, 7 juin 1879, Pfaffenhofen.
5085 Strohmenger, Louis, 3 juill. 1882, Pfaffenhofen.
5086 Thiam, Hippolyte, 17 nov. 1897, Obreck.
5087 Thiery, Jules, 9 sept. 1877, Dieuze.
5088 Thil, Pierre, 11 mars 1893, Imeldange.
5089 Thinesse, Victor, 5 avril 1891, Lening.
5090 Thiry, Émile, 21 mars 1880, Willerwald.
5091 Thomas, Henri, 7 janv. 1894, Guéblange.
5092 Thomas, Charles, 5 févr. 1887, Norroy-le-Veneur.
5093 Thomas, Charles, 7 nov. 1896, Moussey.
5094 Thomas, Paul, 28 sept. 1882, Gélucourt.
5095 Thomassin, Pierre, 12 déc. 1879, Styring-Wendel.
5096 Traschler, Henri, 28 août 1882, Bistroff.
5097 Tressel, Jean, 11 mars 1887, Sarralbe.
5098 Trébout, Charles, 10 mars 1883, Delme.
5099 Trimbour, Pierre, 12 août 1888, Aubecourt.
5100 Tutelaire, Charles, 15 déc. 1878, Cheminot.
5101 Vagner, Victor, 13 oct. 1887, Mulcey.
5102 Vagneur, Joseph, 8 nov. 1889, Fremery.
5103 Vaster, Ernest, 17 août 1887, Saint-Médard.
5104 Vautrin, Joseph, 21 mai 1891, Gélucourt.
5105 Vautrin, Vincent, 28 déc. 1880, Bacourt.
5106 Venjin, Léon, 8 juin 1862, Lixing.
5107 Vernaude, Joseph, 3 déc. 1871, Mulcey.
5108 Vetzel, Louis, 24 sept. 1888, Momestroff.
5109 Viard, Joseph, 26 mai 1872, Chambrey.
5110 Vigneul, François, 21 août 1872, Metz.
5111 Vilmint, Gustave, 20 oct. 1875, Château-Bréhain.
5112 Vincent, François, 17 avril 1872, Rombas.
5113 Vogelsberger, Louis, 14 déc. 1884, Durrenbach.
5114 Vogin, Lucien, 8 déc. 1892, Lezey.
5115 Vuillaume, Alphonse, 6 févr. 1888, Tincry.
5116 Vuillaume, Dominique, 24 mai 1876, Juville.

5117 Wacker, Louis, 1er mai 1898, Durrenbach.
5118 Wackermann, Jules, 3 déc. 1884, Reichshoffen.
5119 Wahl, Ferdinand, 25 mars 1880, Lostroff.
5120 Wahl, Louis, 26 août 1884, Inswiller.
5121 Wahrheit, Pierre, 21 juill. 1873, Folperswiller.
5122 Walter, Michel, 4 mai 1881, Bischwiller.
5123 Wanner, Charles, 22 déc. 1896, Bischwiller.
5124 Wanthier, Louis, 18 nov. 1877, Thionville.
5125 Waroquy, Émile, 15 janv. 1874, Grand-Moyeuvre.
5126 Watrin, Louis, 1er janv. 1875, Ajoncourt.
5127 Weber, Édouard, 21 oct. 1883, Dauendorf.
5128 Weber, Frédéric, 16 juin 1876, Dauendorf.
5129 Weber I, Henri, 16 déc. 1880, Thionville.
5130 Weber, Michel, 15 sept. 1881, Marspich.
5131 Weber, Barthélémy, 13 mai 1880, Nouvelle-Verrerie.
5132 Weibel, Joseph, 10 août 1889, Durrenbach.
5133 Weil, Maurice, 9 oct. 1891, Forbach (Lorraine).
5134 Weiland, Nicolas, 28 nov. 1877, Amanviller.
5135 Weinand, Adrien, 11 août 1874, Liocourt.
5136 Weishaar, Joseph, 4 janv. 1891, Schœnenbourg.
5137 Weiss, Eugène, 14 févr. 1882, Niederschæffolsheim.
5138 Weisse, Gustave, 4 févr. 1891, Mulcey.
5139 Weisslinger, Pierre, 16 mai 1875, Saint-Jean-Rohrbach.
5140 Weiten, Jacques, 9 nov. 1886, Marange-Silvange.
5141 Wetzel, Eugène, 5 juin 1872, Varize.
5142 Wierderhold, Pierre, 23 sept. 1883, Gundershofen.
5143 Will, Auguste, 24 févr. 1879, Dieuze.
5144 Wilhelm, François, 20 juill. 1885, Puttelange.
5145 Wimphen, Henri, 8 sept. 1874, Thionville.
5146 Wirich, Nicolas, 27 déc. 1882, Dieuze.
5147 Wittmann, Jean, 18 févr. 1879, Lemberg.
5148 Zimmer, Gustave, 11 déc. 1882, Louvigny.
5149 Zimmermann, Jacques, 21 janv. 1883, Ingwiller.

Liste n° 13.

28 mars 1917.

5150 Arbogast, Charles, 24 janv. 1880, Sand.
5151 Banitz, Henri, 15 avril 1881, Sainte-Marie-aux-Mines.
5152 Barb, Joseph, 2 avril 1883, Wasserbourg.
5153 Barthlen, Henri, 9 mars 1891, Uffholz.
5154 Baudry, Charles, 21 févr. 1879, Cernay.
5155 Bauer, Alphonse, 9 oct. 1873, Soultz.
5156 Bauer II, Alphonse, 18 oct. 1880, Hunawihr.
5157 Baumann, Frédéric, 24 déc. 1885, Riquewihr.
5158 Baumann, Joseph, 26 sept. 1869, Zimmersheim.
5159 Berdillon, Joseph, 11 avril 1880, Colmar.
5160 Berger, Paul, 10 déc. 1887, Mulhouse.
5161 Berthier, Lucien, 14 déc. 1893, Dornach.
5162 Bertrand, Jacques, 4 juin 1878, Walk.
5163 Betterich, Joseph, 26 déc. 1892, Issenheim.
5164 Biechy, Édouard, 16 juin 1890, Buhl.
5165 Biehler, Henri, 15 avril 1872, Uffholz.
5166 Billig, Ernest, 10 déc. 1886, Herlisheim.
5167 Binder, Alfred, 25 juin 1870, Mulhouse.
5168 Block, Adolphe, 26 déc. 1888, Bischheim.
5169 Bloch, Benoit, 12 sept. 1882, Wintzenheim.
5170 Bober, Auguste, 23 janv. 1870, Wuenheim.
5171 Boeckler, Henri, 8 juin 1878, Soultzmatt.
5172 Boehrer, Alphonse, 13 oct. 1873, Mulhouse.
5173 Boetsch, Albert, 24 mai 1895, Guebwiller.
5174 Bohrer, Eugène, 25 janv. 1886, Mulhouse.
5175 Brendlin, Adolphe, 30 juill. 1886, Kingersheim.
5176 Bruenner, Joseph, 10 mars 1871, Dornach.
5177 Buetterlin, Armand, 24 oct. 1889, Strasbourg.
5178 Dennefeld, Charles, 2 mai 1839, Zellwiller.
5179 Diebold, Michel, 27 janv. 1885, Furdenheim.
5180 Ebersolt, Georges, 27 déc. 1877, Hœnheim.
5181 Ebstein, Félix, 26 juin 1891, Wintzenheim.
5182 Ebstein, Ferdinand, 7 janv. 1886, Wintzenheim.
5183 Ebstein, Henri, 1er mai 1881, Wintzenheim.
5184 Ebstein, Julien, 7 mars 1888, Wintzenheim.
5185 Edel, François, 31 mai 1890, Troyes (France).
5186 Egelus, Georges, 29 déc. 1819, Gries.
5187 Egely, Albert, 18 mai 1884, Bischwiller.
5188 Eichholtzer, Louis, 8 oct. 1883, Turckheim.
5189 Elbel, Xavier, 30 oct. 1892, Iltenheim.
5190 Empinat, Germain, 21 févr. 1893, Colmar.
5191 Erlé, Charles, 30 sept. 1889, Munster.
5192 Faller, Jacques, 18 sept. 1888, Jebsheim.
5193 Feucht, Paul, 19 nov. 1887, Strasbourg.
5194 Fleck, Joseph, 4 août 1887, Oberhergheim.
5195 Florentz, Louis, 5 nov. 1881, Sainte-Marie-aux-Mines.

5196 Foeck, Pierre-Paul, 22 juill. 1886, Loch p. Schlestadt.
5197 Fritsch, Alphonse, 29 juin 1879, Durningen.
5198 Fritsch, Gustave, 2 avril 1889, Munster.
5199 Gall, Victor, 12 sept. 1877, Soultz.
5200 Gass, Eugène, 10 août 1876, L'Allemand-Rombach.
5201 Gebus, Paul, 2 nov. 1893, Strasbourg.
5202 Gisselbrecht, Édouard, 3 sept. 1884, Strasbourg.
5203 Guillemain, Louis, 18 août 1874, Colmar.
5204 Harrer, Charles, 4 nov. 1882, Colmar.
5205 Hauck, Charles, 28 avril 1877, Robertsau.
5206 Hausherr, Théophile, 28 sept. 1889, Equisheim.
5207 Dr Hausknecht, Paul, 27 juin 1890, Strasbourg.
5208 Heiler, Michel, 25 nov. 1883, Robertsau.
5209 Herrmann, Charles, 10 avril 1883, Jebsheim.
5210 Heymann, Gustave, 28 sept. 1880, Lingolsheim.
5211 Hildebrand, Frédéric, 28 mai 1890, Bouxwiller.
5212 Hoffmann, Georges, 18 juin 1876, Strasbourg.
5213 Hohlinger, Gustave, 2 août 1890, Ribeauvillé.
5214 Holz, Ernest, 29 août 1885, Strasbourg.
5215 Huegel, Joseph, 11 oct. 1895, Châtenois.
5216 Hummel, Ernest, 22 déc. 1895, Dambach.
5217 Jacob, Aron, 7 déc. 1878, Benfeld.
5218 Johe, Charles, 24 avril 1885, Saint-Louis.
5219 Ittel, Albert, 3 janv. 1883, Wihr-en-Plaine.
5220 Keller, Florian, 12 mars 1889, Colmar.
5221 Kitzinger, Adolphe, 16 févr. 1889, Bischheim.
5222 Knoblauch, Armand, 16 juin 1895, Mulhouse.
5223 Koehl, Albert, 25 déc. 1879, Strasbourg.
5224 Kugler, Édouard, 22 févr. 1893, Buhl.
5225 Lachapelle, Henri, 22 oct. 1884, Strasbourg.
5226 Landwerlin, Modeste, 23 oct. 1873, Orschwihr.
5227 Lang, Joseph, 21 mars 1891, Dingsheim.
5228 Lang, René, 7 nov. 1883, Sainte-Marie-aux-Mines.
5229 Lauth, Ferdinand, 4 sept. 1879, Massevaux.
5230 Leiber, Jacques, 16 janv. 1887, Munster.
5231 Levy, Marcel, 12 août 1878, Strasbourg.
5232 Lippmann, Lucien, 8 août 1884, Horbourg.
5233 Litolf, Henri, 30 oct. 1890, Dornach.
5234 Luttringer, Bernard, 7 janv. 1894, Goldbach.
5235 Lutz, Émile, 11 févr. 1897, Mulhouse.
5236 Malaisy, Adolphe, 19 juill. 1893, Sainte-Marie-aux-Mines.
5237 Mammossen, Joseph, 22 nov. 1880, Soulz-sous-Forêts.
5238 Martin, Herman, 3 juin 1895, Thannwiller.
5239 Marty, Henri, 28 déc. 1887, Mulhouse.
5240 Martz, François, 11 oct. 1889, Willgottheim.
5241 Maurer, Émile, 16 nov. 1889, Wissembourg.
5242 Maurer, Frédéric, 9 avril 1890, Ingersheim.
5243 Méjnin, Camille, 10 avril 1838, Mulhouse.
5244 Meyre, Charles, 1er mars 1875, Uffholz.
5245 Mehr, Édouard, 17 août 1890, Niedermorschwiller.
5246 Mensch, Louis, 24 janv. 1890, Mulhouse.
5247 Metz, Louis, 15 juin 1889, Monswiller.
5248 Meyer, Louis, 11 avril 1887, Bischwiller.
5249 Moock, Eugène, 27 nov. 1891, Soultz.
5250 Moser, Joseph, 3 mars 1895, Maison-Neuve.
5251 Muller, Joseph, 14 oct. 1895, Dambach.
5252 Muench, Robert, 10 sept. 1889, Saint-Amarin.
5253 Munier, Alfred, 11 oct. 1885, Metzeral.
5254 Pairis, Jean-Baptiste, 12 nov. 1883, Sainte-Croix-aux-Mines.
5255 Picard, Joseph, 3 oct. 1889, Colmar.
5256 Pierre, Jules, 30 janv. 1882, Strasbourg.
5257 Pierry, Jean, 3 nov. 1889, Sainte-Marie-aux-Mines.
5258 Pfister, Paul, 4 janv. 1895, Rotheu.
5259 Redelsperger, Édouard, 1er avril 1883, Sainte-Marie-aux-Mines.
5260 Rich, Henri, 30 juin 1884, Buhl.
5261 Ritty, Auguste, 18 mai 1889, Mulhouse.
5262 Roffin, Eugène, 23 avril 1881, Colmar.
5263 Rosswog, Charles, 9 oct. 1888, Ingersheim.
5264 Schaaf, Joseph, 10 janv. 1889, Strasbourg.
5265 Scheibling, Alphonse, 16 juill. 1895, Châtenois.
5266 Schmidt, Fortuné, 15 août 1871, Hirsingen.
5267 Schmidt, Victor, 9 août 1896, Mulhouse.
5268 Schmidt, Joseph, 22 oct. 1876, Sainte-Marie-aux-Mines.
5269 Schmitt, Charles, 17 déc. 1889, Strasbourg.
5270 Schmuds, Joseph, 17 oct. 1897, Cernay.
5271 Schneider, Joseph, 31 août 1889, Ribeauvillé.
5272 Schnell, César, 28 juin 1879, Blotzheim.
5273 Schneller, Charles, 9 nov. 1879, Vogtlinshofen.
5274 Schrepel, Albert, 10 févr. 1882, Saverne.
5275 Schropf, Alphonse, 4 août 1895, Mulhouse.
5276 Schuhmacher, Joseph, 3 juin 1894, Wingersheim.

5277 Schuller, Eugène, 4 oct. 1872, Hirsingen.
5278 Schwaller, Nicolas, 10 déc. 1889, Lautenbach-Zell.
5279 Schwartz, Joseph, 7 janv. 1889, Schlestadt.
5280 Schwendemann, Robert, 3 avril 1889, Wuenheim.
5281 Schwendemann, Théodore, 6 mai 1895, Murbach.
5282 Seiler, Charles, 2 mars 1895, Hantzenheim.
5283 Sichler, Émile, 10 juin 1882, Lièpvre.
5284 Sieber, Alphonse, 2 déc. 1877, Strasbourg.
5285 Simon, Aloyse, 16 sept. 1886, Attenschwiller.
5286 Simon, François, 4 nov. 1877, Rouffach.
5287 Simon, Louis, 7 avril 1883, Rouffach.
5288 Singer, Henri, 11 juin 1897, Cernay.
5289 Sobler, Paul, 20 juin 1888, L'Allemand-Rombach.
5290 Sonntag, Alfred, 21 nov. 1871, Lautenbach.
5291 Spaenlein, Paul, 31 juill. 1888, Burzwiller.
5292 Spettel, Émile, 26 avril 1876, Ammerschwihr.
5293 Spettel, Jules, 7 nov. 1880, Ammerschwihr.
5294 Spira, Salomon, 6 oct. 1882, Thann.
5295 Spitz, Maurice, 16 sept. 1883, Strasbourg.
5296 Spony, Émile, 10 mai 1886, Mulhouse.
5297 Straub, Édouard, 27 août 1888, Strasbourg.
5298 Trunzer, Émile, 3 août 1892, Strasbourg.
5299 Ulmer, Charles, 12 juin 1891, Rosneim.
5300 Vitalis, René, 7 mars 1886, Strasbourg.
5301 Walter, Émile, 3 août 1878, Ingersheim.
5302 Weil, Éphraïme, 6 déc. 1884, Wintzenheim.
5303 Weil, Robert, 2 sept. 1885, Strasbourg.
5304 Weil, Sylvain, 30 mai 1872, Muttersholz.
5305 Weil, Bernard, 12 nov. 1885, Haguenau.
5306 Weil, Paul, 14 août 1881, Guebwiller.
5307 Weiss, Charles, 20 nov. 1892, Mulhouse.
5308 Welcklen, Charles, 27 mars 1893, Willer.
5309 Wentzo, Frédéric, 6 mars 1880, Munster.
5310 Wermelinger, Joseph, 22 déc. 1877, Sengern.
5311 Wermelinger, Charles, 3 déc. 1886, Sengern.
5312 West, Jules, 14 juill. 1888, Heiteren.
5313 Wetllé, Jean, 28 mars 1890, Gunsbach.
5314 Weyrauch, Victor, 11 oct. 1889, Lutzelhouse.
5315 Wied, Charles, 15 août 1886, Strasbourg.
5316 Wilhelm, Gustave, 16 juill. 1875, Riedisheim.
5317 Willig, Jean, 6 mars 1872, Heimersdorf.
5318 Winter, Aloyse, 11 janv. 1885, Ottrott.
5319 Wirrmann, Xavier, 15 févr. 1876, Gunstett.
5320 Wissler, Jean, 22 juill. 1898, Mulhouse.
5321 Witt, Jean-Bapt., 24 juin 1894, Altkirch.
5322 Witt, Charles, 22 oct. 1875, Bergheim.
5323 Woelfel, Émile, 25 nov. 1891, Mulhouse.
5324 Wolf, Lazare, 8 févr. 1878, Lingolsheim.
5325 Wolff, Henri, 31 août 1885, Strasbourg.
5326 Wuerth, Adolphe, 18 avril 1871, Guebwiller.
5327 Zimmermann, Joseph, 7 avril 1876, Bourgfelden.
5328 Zimmermann, Joseph, 14 sept. 1890, Hartmannswiller.

RECTIFICATIONS AUX LISTES DÉJA PARUES

(*Reichs-Anzeiger* du 16 janvier 1917.)

Ont été cités par erreur :

1° N° 688, sur la liste II. — Uhlerich, Antoine-Léon, né le 11 avril 1879, à Ergersheim.
2° N° 885, — III. — Gruetzner, Oswald-Herman, né le 31 oct. 1883, à Schiltigheim.
3° N° 1332, — IV. — Lemale, Henri-Auguste, né le 14 nov. 1878, à Château-Salins.
4° N° 1390, — IV. — Thiry, Pierre, né le 23 nov. 1877, à Willerwald.
5° N° 2124, — VI. — Kreider, Ferdinand, né le 2 mars 1870, à Paris.
6° N° 2296, — VI. — Schmuck, Adolph, né le 8 févr. 1875, à Bischheim.
7° N° 91, — B. — Oury, Joseph, né le 14 avril 1851, à Thionville.

Liste I. — *Au lieu de* Gantz, Édouard, né le 2 févr. 1894, à Banzenheim, *lisez* Balzenheim.
Liste I. — *Au lieu de* Gantz, Eugène, né le 21 janv. 1892, à Banzenheim, *lisez* Balzenheim.
Liste IV. — N° 1368. — *Au lieu de* Reeb, Frédéric-Henri, né le 17 oct. 1874, à Herbitzheim, *lisez* Reeb, Henri, né le 17 oct. 1879, à Herbitzheim.
Liste IV. — N° 1377. — *Au lieu de* Schneider, Marcel-Fréd., né le 30 avril 1891 à Hof, *lisez* Schneider, Eugène-Marcel, né le 30 avril 1891 à Maladrei.
Liste V. — N° 1712. — *Au lieu de* Missemer, André-Joseph, *lisez* Missmer, André-Joseph.
Liste VI. — N° 1909. — *Au lieu de* Barth, Aug.-Edmond, né le 5 févr. 1885, *lisez* Barth, Aug.-Edmond, né le 4 févr. 1885.
Liste VI. — N° 1927. — *Au lieu de* Beringer, *lisez* Berenger.

Liste VI. — N° 2031. — Au lieu de Georgin, né le 21 sept. 1891, lisez Georgin, né le 21 sept. 1890.
Liste VI. — N° 2133. — Au lieu de Lallement, né le 25 juin 1876, lisez Lallement, né le 27 juin 1876.
Liste VI. — N° 2184. — Au lieu de Mathies, lisez Mathis.
Liste VI. — N° 2234. — Au lieu de Perrin, lisez Perin.
Liste VI. — N° 2320. — Au lieu de Thienes, lisez Thines.
Liste VI. — N° 2336. — Au lieu de Tonnen, lisez Tonnon.
Liste VII. — N° 2419. — Au lieu de Clément, Achène, lisez Clément, Arsène.
Liste VII. — N° 2449. — Au lieu de Geoffrey, Léon, né le 20 mai 1897, à Azoudange, lisez Geoffrey, Léon-Aug., né le 20 mai 1897, à Arricourt.
Liste VII. — N° 2450. — Au lieu de Grandpierre, Louis, né le 11 juill. 1890, lisez Grandpierre, Louis, né le 10 juill. 1890, à Ars-sur-Moselle.
Liste VII. — N° 2504. — Au lieu de Mangin, Paul-Joseph, né le 29 oct. 1893, à Ars-sur-Moselle, lisez Mangin, Paul-Joseph, né le 29 oct. 1885, à Ars-sur-Moselle.

Selon le n° 4 de la *Correspondance de Strasbourg* les noms suivants ont été par erreur et à tort compris dans les listes de retraits de nationalité publiées jusqu'ici.
Groetzner, Oswald-Hermann, né le 31 oct. 1883, à Schiltigheim.
Schnuck, Adolphe, né le 8 févr. 1875, à Bischheim.

Strasbourg, 11 janvier 1917.

Le Ministre de l'Intérieur,
Baron von TSCHAMMER,
Secrétaire d'État.

DÉCISION CONCERNANT LES RETRAITS DE NATIONALITÉ

En vertu du paragraphe 27 de la loi d'Empire sur la nationalité du 22 juillet 1913 (folio 583 du Journal officiel), les personnes dont les noms ci-dessous, qui n'ont pas donné suite à l'invitation de l'Empereur du 1er février 1916 (Journal officiel, page 83) de rentrer en Alsace-Lorraine, sont déclarées déchues de leur nationalité d'Alsaciens-Lorrains en tant qu'elles la possèdent encore.

Strasbourg, le 18 avril 1916.

Ministère pour l'Alsace-Lorraine,
Section de l'Intérieur.

Vicomte DE TSCHAMMER,
Secrétaire d'État.

Liste A.

18 avril 1916.

1 Achener, Emma, née Hoffmann, le 1er janv. 1848, à Brumath, en dernier lieu à Strasbourg.
2 André, Joseph, né le 11 août 1883, à Hersbach, étudiant, en dernier lieu à Schirmeck.
3 Arbogast, Adolphe, né le 2 mars 1870, à Strasbourg, et sa femme Sophie, née Riebel, le 14 août 1872.
4 Berna, Marie-Joseph-Lucien, né le 22 oct. 1879, à Wintzenheim (Colmar), directeur de fabrique, en dernier lieu à Châtenois, avec sa femme Georgette, née Blum, le 15 févr. 1880, et sa fille Marie-Eugénie, née le 1er déc. 1913, et son fils Henri, né le 8 janv. 1909.
5 Blumenthal, Daniel, né le 25 janv. 1860, à Thann, ancien maire et député de Colmar, en dernier lieu à Strasbourg, avec sa fille Jeanne, née le 9 mai 1896, et son fils André, né le 3 mars 1898.
6 Blumenthal, Lydie, née le 17 mars 1888, à Mulhouse, en dernier lieu à Colmar.
7 Boeckel, Jules, docteur-professeur, né le 26 oct. 1848, à Strasbourg, médecin praticant, en dernier lieu à Strasbourg, avec sa femme Mathilde, née Lodts.
8 Bohn, Joseph (fils de Antoine), né le 7 mai 1903, à Châtenois, en dernier lieu à Châtenois.
9 Boll, Eugénie, née Schiffmann, le 29 déc. 1855, à Ribeauvillé, en dernier lieu à Strasbourg.
10 Boll, Marie, née le 16 avril 1886, à Ribeauvillé, en dernier lieu à Strasbourg.
11 Boll, Jeanne, née le 2 févr. 1892, à Ribeauvillé, en dernier lieu à Strasbourg.
12 Brion, Paul, architecte, né à Strasbourg, le 27 juill. 1866, et sa femme, née Vuagnieux ; leur fils, Yvan-François, né le 11 mars 1897, leurs filles, Madeleine, née le 2 nov. 1898, et Élise, née le 20 nov. 1901.
13 Dansler, Jules-Adrien, né le 5 mars 1868, à Steige, en dernier lieu à Roggens-

bach, avec sa femme Philomène, née Antoni, le 20 janv. 1881, et son fils René, né le 7 déc. 1903.

14 D' Dollinger, Ferdinand, médecin, né le 5 oct. 1872, à Wasselonne, et sa femme, née Thérèse Schren; leurs fils, Alfred, né le 9 juin 1902, Philippe, né le 1ᵉʳ déc. 1904, et Albert, né le 3 sept. 1909.

15 Dollinger, Léon, propriétaire à Strasbourg, né le 4 avril 1870, à Wissembourg, sa femme, née Marianne Hatt; leur fils, François, né le 29 mars 1901, leurs filles, Nicole, née le 13 déc. 1904, et Ginette, née le 31 juill. 1906.

16 Franck, Myrtil, âgé de 47 ans, né à Itterswiller, fabricant de gants, en dernier lieu à Willer.

17 Gaillard, René, né le 10 avril 1875, à Saales, en dernier lieu à Saales, avec sa femme Marie, née Groozdlemange, le 10 avril 1876, et son fils Henri, né le 29 oct. 1904, sa sœur Germaine, née le 11 févr. 1900, et Thérèse, née le 17 févr. 1902.

18 Ganier, Henri-Marie, artiste-peintre, de Strasbourg, né le 27 juill. 1845, à Lunéville, en dernier lieu à Strasbourg.

19 Grünewald, Louis, architecte, de Strasbourg, né le 29 mars 1873, et sa femme, née Lise Ottmann; leurs fils, Marius, né le 10 nov. 1904, Alfred, né le 23 juin 1912 et leur fille, Marie-Louise, née le 13 avril 1907.

20 Guepard, Arthur, marchand de vin, de Strasbourg, né le 24 nov. 1841, et sa femme, née Marguerite Mülheisen.

21 Guer, Louis, dentiste, de Strasbourg, né le 26 juin 1869.

22 Haas, Marie, rentière, de Strasbourg, née le 16 déc. 1852.

23 Hartmann, Jacques, né le 10 oct. 1862, à Isenheim, près Guebwiller, notaire, en dernier lieu à Schirmeck, et sa femme Marie, née Hommel, le 6 févr. 1873.

24 Holzingen, Marie, née Feck, le 23 févr. 1870, à Mittelbronn, avec son fils Léon, né le 17 mai 1910, et sa fille Marie-Clémence, née le 12 oct. 1911.

25 Jaudel, Armand, commerçant, de Strasbourg, né à Benfeld, le 27 mars 1873, et sa femme, née Fanny Braunschweig; leur fille, Dionyse-Marcelle, née le 1ᵉʳ avril 1907, leur fils Jean-Manuel, né le 6 janv. 1910 (¹).

26 Kiffel, Charles-Émile, retraité, de Saales, né le 29 nov. 1862, à Strasbourg.

27 Veuve Klein, Catherine, née Leipp, de Strasbourg, née le 3 mars 1840, à Breuschwickersheim.

28 Koeberlé, Elsa, de Strasbourg, née le 2 août 1881.

29 Kraft, Émile, né le 19 août 1877, à Urbeis, près Thann, en dernier lieu à Schlestadt.

30 Laugel, Anselme, né le 3 avril 1851, à Strasbourg, en dernier lieu à Saint-Léonard, près Boersch, avec sa femme Marie, née Herré, le 1ᵉʳ mai 1861.

31 Levy, Abraham, de Strasbourg, né le 8 juill. 1831, à Wolfisheim.

32 Levy, Jérôme, voyageur, de Strasbourg, né le 5 août 1877, à Wolfisheim.

33 Levy, Jacques, commerçant, de Strasbourg, né le 7 juin 1869, et sa femme, née Claire Wolff, le 30 oct. 1850; leur fille Marie, née le 11 juin 1910.

34 Levy, Auguste, rentier, de Strasbourg, né le 7 oct. 1851, à Sarrebourg, et sa femme, née Camille Deutsch.

35 Lévy, Michel, commerçant, de Strasbourg, né le 28 janv. 1842, à Sarrebourg, et sa femme, née Lucy Levy, le 14 févr. 1834 (¹).

36 Levy, Rose, née Ruff, rentière, de Strasbourg, née le 14 avril 1850, à Blotzheim.

37 Mathieu, Paul, né le 23 juill. 1871, à Saales, avec sa femme Marie, née Wolbrete, le 2 nov. 1878, et ses fils Fernand, né le 2 déc. 1899, Gaston, né le 25 janv. 1906, Gilbert, né le 31 déc. 1911, Roger, né le 20 oct. 1903, sa fille Paule, née le 8 mars 1901.

38 Mesmer, Paul-Jean-Baptiste, né le 25 juin 1865, à La Broque, catholischer Pfarrer, en dernier lieu à Lutzelhouse.

39 Mismer, Xavier, né le 27 nov. 1859, à Weiler, en dernier lieu à Steige.

40 Noël, Charles, né le 14 juin 1870, à Saales, avec sa femme Marie, née Simonin le 15 déc. 1870, et ses filles Gabrielle, née le 7 juill. 1901, Maria-Marie, née le 29 avril 1904.

41 Peck, Julien, né le 20 avril 1863, à Michelbrunn, avec sa femme Élise, née Philibert, le 19 nov. 1864.

42 Peck, Élise, né le 10 avril 1891, à Michelbrunn.

43 Peck, Clémence, née le 5 avril 1894, à Michelbrunn.

44 Peck, Louis, né le 9 avril 1872, à Mittelbrunn, avec sa femme Victorine, née Hommel, le 4 avril 1876 et ses filles Marie, née le 1ᵉʳ mars 1900, Suzanne, née le 13 déc. 1902, ses fils, Paul-Louis, né le 15 juill. 1906, Robert, le 7 août 1910, André le 28 nov. 1911.

45 Quirin, Marie-Barbara, née Werwer, le 6 nov. 1881, en dernier lieu à Steige, avec son fils Joseph-Henri, né le 4 août 1908, et sa fille Marie, née le 13 mars 1911.

46 Reisser, Guillaume-Charles, rentier, de Strasbourg, né le 12 juin 1860.

(¹) Les n°⁵ 25 et 35 ont été retranchés ensuite dans une liste rectificative.

47 Reybel, Eugène, comptable, de Strasbourg, né le 18 sept. 1859, et sa femme, née Eugénie Rabold, le 19 nov. 1863.
48 Dr Riff, Alfred, médecin, de Strasbourg, né le 6 août 1861, à Breuschwickersheim, et sa femme, née Holl, le 18 oct. 1872; leur fille Catherine, née le 10 août 1895.
49 Dr Scheffer, Alfred, médecin, de Strasbourg, né le 24 déc. 1856, à Jägerthal, et sa femme, née Emma Rebout, le 17 juill. 1868.
50 Scheffer, Edith, de Strasbourg, née le 30 mars 1895.
51 Scheffer, Mathilde, de Strasbourg, née le 29 août 1893.
52 Schmittbühl, Adrien, médecin, de Schirmeck, né le 30 avril 1866, à Strasbourg, et sa femme, née Georgette Kiefer, le 19 avril 1869; leur fils, Robert, né le 29 sept. 1898.
53 Schmittbühl, Suzanne, née le 28 août 1894, à Schirmeck.
54 Simonin, Louis, né le 25 juill. 1868, à Saales, avec sa femme Élise, née Mathieu, le 11 oct. 1868, et ses filles, Madeleine, née le 11 déc. 1895, et Marguerite, née le 2 déc. 1902.
55 Simonin, Marie, née le 24 avril 1894, à Saales.
56 Spies, Jean-Baptiste, né le 15 févr. 1860, à Schlestadt, commerçant.
57 Spies, Octave, né le 1er janv. 1875, à Steige, et sa femme Marie, née Quirin, le 27 juill. 1875; ses filles, Octavie, née le 11 janv. 1903, Juliette-Thérèse, née le 15 mai 1913, et son fils Louis, né le 27 avril 1904.
58 Thomann, Louis, marchand de vin, de Strasbourg, né le 26 août 1868, à Cernay, et sa femme, née Mathilde Finck, le 19 avril 1870; leur fille, Constance, née le 11 oct. 1900.
59 Thomann, Marie-Louise, de Strasbourg, née le 10 oct. 1894, à Cernay.
60 Weill, Élie, commerçant, de Strasbourg, né le 16 sept. 1838, à Bischheim, et sa femme, née Dreyfus, le 15 oct. 1847.
61 Weill, Marcelle, de Strasbourg, née le 8 juill. 1875.
62 Weill, Suzanne, de Strasbourg, née le 27 déc. 1888.
63 Weill, Berthe, de Strasbourg, né le 25 sept. 1885.
64 Weil, Théod., commerçant, de Strasbourg, né le 15 janv. 1850, et sa femme, née Élise Blum, le 7 sept. 1850.
65 Veuve Wertheimer, Adèle, née Weil, le 8 sept. 1863, de Strasbourg, à Herlisheim.
66 Wertheimer, Adrienne, de Strasbourg, née le 20 avril 1895, à Rosheim.
67 Wertheimer, Lucie, de Strasbourg, née le 10 déc. 1892, à Rosheim.
68 Wolff, Jules, commerçant, de Strasbourg, né le 21 juin 1850, à Lingolsheim.

Liste B.
7 juin 1916.

69 Anovazi, Bernard, né le 8 sept. 1875, à Valorta, domicilié à Montois-la-Montagne; sa femme, Juliette Destermme, née le 2 août 1887, et ses fils, Jean-Joseph, né le 31 mai 1904, Bernard, né le 19 sept. 1906, Louis, né le 19 oct. 1907.
70 Cahen, Lazard, né le 19 août 1862, à Ay, domicilié à Metz; sa femme, Claire Daltroff, née le 23 janv. 1868, et son fils, Gaston, né le 27 août 1899.
71 Collin, Henri, né le 27 juill. 1853, à Bourges, curé de Metz.
72 Erhard, Anne, née Guépratte, le 24 mai 1855, à Ancy, rentière.
73 Ehrhard, Eugénie, née Schutzenberger, le 21 nov. 1865, à Schiltigheim, et ses fils, Serge-Robert, étudiant, né le 2 oct. 1897, et Hubert-Aug., né le 24 mai 1904.
74 Elchinger, Charles, né le 15 janv. 1865, à Soufflenheim et sa femme Madeleine, née Kelhofner, le 30 oct. 1870; son fils Ernest, né le 8 avril 1898; sa fille Madeleine, née le 2 juin 1899.
75 Geiger, Benoît, né le 31 mars 1859, à Ingersheim, fabricant, et sa femme, née Schweighofer.
76 Gimpel, Ernest, né le 9 avril 1874, à Sainte-Marie-aux-Mines, fabricant, et sa femme, née Jeanne Roche de La Tour.
77 Herzog, Paul, né le 20 juill. 1863, à Neuchâtel, établi à Waldersbach; sa femme Sophie, née Perregaux, le 19 févr. 1871; sa fille Gabrielle, née le 7 juin 1898.
78 Heymann, Lucien, né le 27 févr. 1869, à Sarreguemines, négociant; sa femme, Blanche Lehmann, née le 10 sept. 1876, ses fils, Marc, né le 29 janv. 1899, Abraham, né le 1er mai 1900, sa fille, Rose-Élise, née le 10 déc. 1907.
79 Huter, Eugène, docteur en médecine, né le 29 mai 1854, à Phalsbourg, domicilié à Strasbourg; sa femme, Lydie Kuhlmann, née le 17 sept. 1867.
80 Huter, Élisabeth, née le 28 nov. 1845, à Phalsbourg, domiciliée à Strasbourg.
81 Kalt, Jacques, né le 25 mai 1846, à Kentner, et sa femme Catherine, née Meyer, le 2 juin 1852.
82 May, Cécile, née Meyer, le 8 oct. 1855, à Strasbourg.
83 Meyer, Eugène, né le 7 janv. 1853, à Riquewihr, directeur de banque à Strasbourg, et sa femme, née Julie Sattler.
84 Michelang, Georges-Charles, né le 12 mars 1848, à Sainte-Marie-aux-Mines, rentier, et sa femme, née Adrienne Comard.
85 Michelang, Aumette, née le 4 mars 1893,

à Sainte-Marie-aux-Mines, sans profession.
86 Moïse, Ferdinand, né le 1er mai 1854, à Forbach, domicilié à Imling.
87 Moïse, Germaine, née le 7 janv. 1895, à Imling.
88 Moudou, Jacques-Justin, né le 31 mars 1851, à Ancy; sa femme, Marg. Pierre, née le 24 juin 1850.
89 Moïse, Samuel, né le 1er oct. 1863, à Fontoy, négociant, domicilié à Metz; sa femme, Léonie Blum, née le 20 janv. 1873; ses fils, André, né le 9 oct. 1899, Pierre, né le 17 déc. 1903.
90 Oster, Thérèse, née Weckel, le 6 août 1860, à Walck.
91 Oury, Joseph, né le 14 avril 1851, à Thionville, rentier et agent général.
92 Pierot, Victor, né le 26 déc. 1835, à Corny, rentier.
93 Pierot, Louise, née le 17 févr. 1869, à Corny, rentière.
94 Pierson, Adolphe, né le 6 août 1857, à Talange, cultivateur; sa femme, Clotilde Muller, née le 26 févr. 1880, sa fille, Marie-Eugénie, née le 14 août 1909.
95 Prêcheur, Julien, né le 14 janv. 1867, à Mulhouse, directeur d'usine, dernier domicile à Petite-Rosselle, et sa femme, née Anne Zabische; ses fils, Maurice, né le 7 sept. 1896, et Jean, né le 11 nov. 1897.
96 Rohmer, Madeleine, née le 17 mai 1863, à Boisenheim; dernier domicile à Strasbourg.
97 Schisselé, Alfred, né le 6 juill. 1867, à Saverne, en dernier lieu à Saverne, et sa femme, née Henriette Bourgon; son fils, René, né le 29 sept. 1899; ses filles, Marie, née le 15 janv. 1901, Madeleine, née le 15 mai 1905.
98 Setz, Jenny, née le 28 mars 1854, à Strasbourg.
99 Weil, Maurice, né le 3 juin 1840, à Reichshoffen, en dernier lieu à Strasbourg, avec sa femme, née Weill, le 14 janv. 1848.
100 Weil, Madeleine, née le 12 janv. 1872, à Strasbourg.
101 Weil, Laure, née le 23 mai 1875, à Strasbourg.
102 Weil, Anne, née le 10 mai 1877, à Strasbourg.

Liste C.
7 septembre 1916.

103 André, Marie, née Virion, le 11 janv. 1859, à Metz, veuve, rentière, en dernier lieu à Metz.
104 André, Émilie, née le 16 nov. 1880, à Metz, sans profession, en dernier lieu à Metz.
105 Baudinot, Alphonse, né le 21 mars 1863, à Mulhouse, en Alsace, dessinateur, en dernier lieu à Mulhouse, et sa femme, née Élise Winkler, le 27 mars 1857.
106 Baudinot, Germaine, née le 29 mai 1893, à Mulhouse, en Alsace, sans profession, en dernier lieu à Mulhouse.
107 Beck, Édouard, né le 2 mai 1869, à Ruelisheim (près Mulhouse), cultivateur, en dernier lieu à Ruelisheim.
108 Bernheim, Jeanne, née May, le 11 janv. 1869, à Strasbourg, rentière, en dernier lieu à Mulhouse.
109 Bernheim, Sylvain, né le 2 janv. 1839, à Mulhouse, négociant, en dernier lieu à Mulhouse, et sa femme, née Valérie Halff, le 24 juill. 1858.
110 Bernheim, Armand, né le 20 févr. 1846, à Mulhouse, fabricant, en dernier lieu à Mulhouse, et sa femme, Valentine May, née le 29 sept. 1861.
111 Bloch, Benoît, né le 1er juin 1867, à Mulhouse, voyageur, en dernier lieu à Mulhouse, et sa femme, Reine Lévy, née le 25 août 1865, et sa fille Alice, née le 6 mars 1900.
112 Bloch, Constant, né le 23 sept. 1868, à Soultz, près Guebwiller, boulanger, en dernier lieu à Soultz.
113 Bollach, Émilie, née Nordmann, le 22 mai 1847, à Hegenheim, près Mulhouse, veuve, en dernier lieu à Sierenz, près Mulhouse.
114 Bulfer, Paul, né le 1er janv. 1852, à Thann, maître peintre, en dernier lieu à Mulhouse.
115 Chenet, Marie, née le 18 déc. 1851, à Sarreguemines, institutrice privée, en dernier lieu à Strasbourg.
116 Clad, Joseph, né le 23 mai 1870, à Orschwihr, près Guebwiller, tourneur sur fer, en dernier lieu à Guebwiller.
117 Debenath, Charles, né le 5 déc. 1860, à Linthal (Guebwiller), scieur, en dernier lieu à Linthal; sa femme, Élisabeth, née le 13 juill. 1856, et sa fille, Marie-Juliette, née le 26 mai 1902.
118 Deruntz, Édouard, né le 19 janv. 1869, à Linthal, scieur, en dernier lieu à Linthal; sa femme Ernestine, née le 14 mai 1880; ses fils, Adolphe, né le 2 juin 1899, et Achille, né le 14 sept. 1904, et sa fille, Marie-Stéphanie, née le 4 févr. 1907.
119 Dietz, Georges, né le 16 juin 1863, à Munster, ancien avocat, en dernier lieu à Mulhouse.
120 Dogor, Alfred, né le 20 nov. 1861, à Mulhouse, fabricant, en dernier lieu à Mulhouse, et sa femme, Aurélie Thierry, née le 3 mars 1863.
121 Dogor, Irené, né le 1er nov. 1889, à Mulhouse, sans profession.
122 Ehrhart, Fanny, née Hatt, le 13 sept. 1845, à Strasbourg, veuve, dernier domicile Strasbourg.

123 Feuerstein, Xavier, né le 21 juin 1854, à Lautenbach-Zell, menuisier, en dernier lieu à Linthal, et sa femme, Françoise, née le 9 janv. 1895.
124 Fillinger, Thérèse, née le 19 déc. 1853, à Niederezen, sœur religieuse, en dernier lieu à Sengern (Guebwiller).
125 Frank, Bernhart, né le 7 oct. 1854, à Sengern, aubergiste à Sengern, et sa femme, Marie Mark, née le 23 août 1863.
126 Frossard, Marie, née Stocklé, veuve, rentière, née le 25 nov. 1855, à Thann, en dernier lieu à Mulhouse.
127 Frossard, Rose, née le 8 janv. 1878, à Thann, sans profession, en dernier lieu à Mulhouse.
128 Gibo, Anne, née Loetscher, le 6 juin 1867, à Mulhouse, veuve, rentière, en dernier lieu à Riedisheim.
129 Goldschmitt, Benjamin, né le 26 mai 1846, à Dornach, négociant, en dernier lieu à Mulhouse; sa femme, Mathilde Dreyfus, née le 14 sept. 1858, et sa fille, Georgette, née le 13 oct. 1897.
130 Haas, Jacques, née le 9 nov. 1860, à Sierenz, rentier, en dernier lieu à Sierenz (Alsace), et sa femme, Justine Wolf, née le 10 déc. 1883.
131 Haas, Marie, née le 29 avril 1892, à Sierenz, sans profession.
132 Haeffelé, Alice, née le 11 oct. 1862, à Mulhouse, rentière.
133 Haeffelé, Paul, né le 29 juill. 1868, négociant à Colmar, dernier domicile à Mulhouse, et sa femme, Élise Walterné, née le 13 juill. 1877.
134 Hanhart, Georges, né à Mulhouse le 11 avril 1860, négociant; sa femme, Hélène Linhart, née le 12 févr. 1875; ses fils: Pierre-Georges-Théodore, né le 7 sept. 1899; Roger-Gaston, né le 30 janv. 1907, et sa fille Odile-Hélène-Andore, née le 3 oct. 1912.
135 Helmer, Paul, né le 6 janv. 1874, ancien avocat à Colmar; sa femme, Lucie Christia, née le 6 août 1885; ses fils: Paul, né le 18 déc. 1908, et André, né le 23 sept. 1911.
136 Hensler, Joseph-Auguste, né le 13 juin 1849, à Mulhouse, entrepreneur à Mulhouse; sa femme, Anne Stebelin, née le 12 déc. 1865, et sa fille, Marie, née le 26 mai 1899.
137 Hindermann, Albert, né le 6 sept. 1850, à Mulhouse, ingénieur à Mulhouse; sa femme, Line Ortlieb, née le 14 mai 1857.
138 Hindermann, Louise, née le 12 mars 1879, à Mulhouse, sans profession.
139 Hirtzmann, Ignace, né le 25 mai 1860, à Rinhau (Erstein), scieur; dernier domicile: Mulhouse.
140 Hommel, Marie, née le 27 janv. 1854, à Paris, rentière; dernier domicile: Strasbourg.

141 Kappler, Émile, médecin, né le 17 juin 1872, à Strasbourg.
142 Knoll, Armand, né le 10 déc. 1873, à Hegenheim (Mulhouse), électricien, en dernier lieu à Mulhouse.
143 Kruegelt, Alphonse, né le 22 sept. 1860, à Strasbourg, inspecteur d'assurance à Strasbourg, et sa femme, Louise Wessteimer, née le 5 août 1860.
144 Kruegell, Marguerite, née le 11 janv. 1891, à Strasbourg, sans profession; domicile: Strasbourg-Kœnigshofen.
145 Lalance, Auguste, né le 1er sept. 1830, à Beauchamp (France), ancien ingénieur à Mulhouse.
146 Lallemand, Marty-Louise, née le 9 août 1851, veuve; dernier domicile: Colmar.
147 Lang, née Schubert, Henriette, née le 6 mai 1886, à Sainte-Marie-aux-Mines, veuve; dernier domicile: Sainte-Marie-aux-Mines.
148 Lantz, Émile, né le 8 mai 1853, à Mulhouse, négociant, et sa femme, Alice Ullmann, née le 8 juill. 1860.
149 Laurher, Maurice, né le 17 déc. 1850, à Soultz, près Guebwiller, veilleur de nuit à Soultz.
150 Lazard, Joseph, né le 28 juill. 1880, à Vigy, près Metz, négociant à Vigy; sa femme, Caroline Cerf, née le 8 mars 1871; sa fille, Madeleine, née le 22 juin 1899, et son fils, Paul, né le 19 août 1904.
151 Lippert, Bernhard, né le 23 sept. 1864, à Lautenbach-Zell, scieur; dernier domicile: Lautenbach-Zell, près Guebwiller.
152 Lœffler, Alphonse, né le 7 juill. 1858, à Lautenbach, près Guebwiller, contremaître de fabrique à Lautenbach-Zell; sa femme, Marie Knester, née le 2 févr. 1860; ses filles: Madeleine, née le 6 mars 1896, et Léa-Marie-Louise, née le 18 avril 1900.
153 Lœffler, Georgette, sans profession, née le 9 févr. 1888, à Lautenbach; dernier domicile: Lautenbach-Zell.
154 Luck, Louis-Hen., né le 7 juill. 1864, à Illkirch-Grafenstaden, directeur de fabrique à Illkirch-Grafenstaden.
155 Mark, Valentin, né le 28 janv. 1856, à Sengern, scieur; dernier domicile: Linthal, près Guebwiller, et sa femme, Adelheid, née le 18 déc. 1855.
156 Meier-Hilfiger, Marthe, veuve, née le 11 févr. 1881, à Mulhouse; ses filles: Claude, née le 17 juin 1907, et Marie, née le 13 févr. 1910.
157 Meyer, François, né à Mulhouse, curé de Hartmannswiller.
158 Minery, Ignace, jardinier, né le 31 juill. 1865, à Hésingen; dernier domicile: Hésingen, près Mulhouse.
159 Muelhaupt, Émile, né le 28 mars 1862, à Blotzheim, marchand de vins à Blotzheim, près Mulhouse; sa femme, Caroline Pixion, née le 9 oct. 1875; ses

filles : Marie, née le 3 nov. 1897 ; Alice, née le 20 nov. 1900 ; Émilie, née le 28 févr. 1902.

160 Reichart-Vogel, Jeanne, veuve, née le 1er nov. 1851, à Lyon ; dernier domicile : Mulhouse.

161 Reichard, Flore, née le 30 déc. 1883, à Mulhouse, sans profession, à Mulhouse.

162 Reibel, Joseph, né le 3 sept. 1883, à Hüttenheim, près Erstein, tisserand à Mulhouse, et sa femme, Marie Rosalie Scherer, née le 4 févr. 1851.

163 Reisacher, Émile, né le 13 avril 1867, à Haguenau, entrepreneur à Haguenau ; sa femme, Antoinette Walz, née le 2 mars 1871, et son fils, Victor, né le 6 sept. 1905.

164 Risser, Victor-Emmanuel, né le 15 mars 1868, à Sengern, scieur à Sengern, près Guebwiller.

165 Rotempflug, Xavier, né le 27 mars 1874, à Soultz, scieur à Mulhouse.

166 Sautier, Jacques, né le 25 juin 1851, à Ensisheim, fabricant à Ensisheim ; sa femme, Marie Stehelin.

167 Sautier, Eugène, né le 2 janv. 1853, à Ensisheim, fabricant à Ensisheim ; sa femme, Marie, née Rohr.

168 Sautier, Jeanne, née le 7 août 1885, à Ensisheim, sans profession, à Ensisheim.

169 Schaub, Ferdinand, né le 22 févr. 1860, à Mulhouse, négociant à Mulhouse, et sa fille, Violette, née le 28 août 1896.

170 Schaub, Élise, née le 4 avril 1891, à Mulhouse, sans profession, à Mulhouse.

171 Schmitt, Armand, né le 5 mai 1875, à Riedisheim, négociant à Mulhouse ; sa femme, Gabrielle Malzac, née le 10 sept. 1880, et son fils, Georges, né le 15 déc. 1904.

172 Schmitt, Gustave, né le 29 juin 1861, à Mulhouse, journalier à Mulhouse.

173 Schneider, Charles, né le 5 avril 1872, à Wittelsheim, sans profession, à Lutterbach (Mulhouse) ; sa femme, Henriette, née le 6 nov. 1881 ; sa fille, Jeanne, née le 26 sept. 1899.

174 Schoch, Émile, né le 18 oct. 1872, à Mulhouse, dessinateur à Mulhouse ; sa femme, Marguerite Renner, née le 8 juin 1881.

175 Schuber-Gérard, Marie, née le 11 oct. 1861, à Sainte-Marie-aux-Mines, veuve, rentière, à Sainte-Marie-aux-Mines.

176 Schubert, Jeanne, née le 6 juin 1894, à Sainte-Marie-aux-Mines, sans profession.

177 Schultz, Joseph, né le 24 nov. 1886, à Brunstatt, aubergiste à Mulhouse.

178 Schwartz, Auguste, né le 4 déc. 1861, à Mulhouse, fondeur.

179 Schwartz, Raphaël, né le 21 août 1860, à Erstein, marchand de légumes à Mulhouse.

180 Schwartz, Eustolie, née le 25 nov. 1874, à Dauendorf, sœur d'école à Walheim.

181 Schweitzer, Jean-Baptiste, né le 12 juin 1883, à Guebwiller, journalier à Guebwiller.

182 Steger, Joseph, né le 3 mars 1873, à Soultz, cordonnier à Guebwiller.

183 Stern, René, né le sept. 1866, à Thann, pharmacien à Mulhouse ; sa femme, Alice Didisheim, née le 22 juill. 1868 ; sa fille, Marguerite, née le 20 déc. 1899, et son fils, François-Albert, né le 21 avril 1904.

184 Stern, Charlotte, née le 20 mai 1895, à Mulhouse, sans profession.

185 Stich, Joseph, née le 20 févr. 1890, à Steinbrunn-le-Bas, ouvrier de fabrique à Mulhouse ; sa femme, Mélanie Scholin, née le 7 déc. 1872 ; ses filles : Marie-Alphonsine, née le 2 juill. 1898, et Thérèse-Marguerite, née le 24 janv. 1902.

186 Tournier, Théodore, né le 13 août 1861, à Steinseltz, négociant à Mulhouse ; sa femme, Jeanne Reichenegger, née le 1er sept. 1872 ; ses filles : Jacqueline, née le 26 juill. 1897 ; Geneviève, née le 26 oct. 1899, et Rose, née le 23 sept. 1905.

187 Ullmann, Eugène, né le 11 août 1869, à Wasserbourg, près Colmar, ouvrier de fabrique à Lautenbach-Zell.

188 Wallach-Picard, Henriette, veuve, rentière, née le 9 janv. 1858, à Rochester, domiciliée à Mulhouse.

189 Wehrlin, Alphonse, né le 1er mai 1850, à Iwanowo, rentier à Mulhouse ; sa femme, Gabrielle Schorn, née le 31 oct. 1878, et sa fille, Claude, née le 11 juin 1896.

190 Welter-Baumgartner, Gabrielle, veuve, rentière, née le 22 juill. 1852, à Ribeauvillé. Dernier domicile : Riedisheim, près Mulhouse.

191 Wenning, Alfred, né le 26 févr. 1851, à Mulhouse, ingénieur à Mulhouse.

192 Wenning, Hélène, née le 16 juin 1894, sans profession, à Mulhouse.

193 Wetterlé, Émile, né le 2 avril 1861, prêtre, ancien député, à Colmar.

194 Wurth, Jacques, né le 4 nov. 1872, à Hégenheim, près Mulhouse, mécanicien à Hégenheim ; sa femme, Schrepler, née le 19 mars 1873 ; ses filles : Joséphine, née le 22 octobre 1896 ; Hulda, née le 6 janv. 1898 ; Eugénie, née le 6 janv. 1898, et Lucie, née le 4 mai 1901.

Liste D.

13 décembre 1916.

195 Baffrey, Robert, 25 mars 1868, Cosmanos (Bohême).

196 Bayer, Charles, 21 janv. 1851, Niederwambach (Luxembourg).
197 Bertrand, Elmire, née Haeffely, 16 mars 1856, Mulhouse.
  Son fils, Jean, 9 août 1899.
  Sa fille, Marcelle, 31 juillet 1896.
198 Blum, Henri, 20 nov. 1850, Husseren (Thann).
  Sa femme, Élise Spira, 25 déc. 1864.
  Sa fille, Jeanne, 5 août 1896.
199 Bonaventure, Frédéric-Victor, 15 mai 1862, Metz.
  Sa femme, Marie Membré, 30 juin 1863.
200 Courtois, Édouard, 20 juill. 1872, en dernier lieu, à Vic (Lorraine).
  Sa femme, Marie Engel, 4 juill. 1880.
  Sa fille, Eugénie, 16 juin 1900.
201 Dassenoy, Paul, 29 juin 1871, en dernier lieu à Vic (Lorraine).
202 Diemer, Michel, ancien notaire, 23 nov. 1852, Ittenheim.
203 Dreyfuss, Lucien, fabricant, 25 avril 1856, Altkirch.
  Sa femme, née Karpeles, 27 oct. 1851.
204 Eccard, Élise, née Steinbrenner, 24 avril 1843, Mulhouse.
205 Gerum, Henri, 9 nov. 1874, Steinbach.
  Sa femme, née Jungen, 4 juill. 1872.
  Son fils, Alphonse, 2 mai 1898.
  Son fils, Gilles, 28 nov. 1899.
206 Grisenwald, Frédéric, 23 sept. 1844, Pfaffenhofen.
207 Grosdemange, Prosper, 12 févr. 1870, Haraucourt-sur-Seille.
  Son fils, Lucien, 26 janv. 1896.
  Son fils, Paul, 17 déc. 1898.
208 Gury, Joseph, 9 nov. 1866, Grafenstaden.
  Sa femme, née Mayer, 15 avril 1872.
209 Haas, Marie, 19 févr. 1850, Sierenz.
210 Hanriot, Louis, 3 juin 1857, en dernier lieu à Vic.
211 Hesse, Dominique, 28 mai 1858, en dernier lieu à Château-Salins.
212 Hugelin, Auguste, 4 avril 1874, Altkirch.
  Sa femme Marguerite, née Gilardoni, 9 mars 1877.
213 Hujot, Victor-Baptiste, 9 déc. 1850, Paris, en dernier lieu à Metz.
  Sa femme, née Vérique, 7 févr. 1857.
214 Jeandeville, Eugène, 22 juill. 1855, en dernier lieu à Bourdonnaye.
215 Lemblé, Joseph, 24 déc. 1858, Cernay, avec sa femme Elise, née Bollinger, 14 juillet 1872.
216 Meyer, Emma, née Hitschler, 27 nov. 1844, Mulhouse.
217 Meyer, Mathilde, née North, 5 févr. 1862, Brumath, en dernier lieu à Strasbourg.
218 Moncel, Charles-Victor, 28 févr. 1863, en dernier lieu à Château-Salins.
219 Musculus, Marie-Louise, née Klein, 30 janv. 1850, Strasbourg.
220 Musculus, Jeanne, 20 janv. 1882, Strasbourg.
221 Palez, Auguste, 3 oct. 1862, en dernier lieu à La Grange.
222 Pernet, Victor, 1er oct. 1872, en dernier lieu à Vic.
223 Potré, Nicolas, 24 déc. 1867, Remeling.
224 Prugnon, Louis, 26 nov. 1859, en dernier lieu à Vic.
225 Roll, Joseph, 25 déc. 1852, Mulhouse.
  Sa femme, née Élise Fromm, 30 nov. 1862.
226 Roll, Georgette-Antoinette-Jeanne, 20 juill. 1887, Mulhouse.
227 Roll, Joséphine-Thérèse-Madel., 9 mars 1891, Mulhouse.
228 Roser, Sophie, née Rœber, 5 mars 1859, Strasbourg.
229 Roser, Jeanne, 12 mai 1894, Mulhouse.
230 Spettel, Robert, 27 mars 1868, Dornach.
  Sa femme, née Granger, 27 juill. 1858.
231 Spettel, Marie-Berthe, 19 sept. 1895, Lutterbach.
232 Stambach, Georges-Théophile, 12 avril 1867, Ingolsheim, pharmacien à Colmar.
  Sa femme, née Nitschelm, 30 juill. 1870.
  Sa fille, Salomé-Blanche, 16 juill. 1900.
  Son fils, Georges-Pierre, 30 mars 1909.
233 Thomas, Robert, 5 déc. 1867, Stuttgard.
  Sa femme, née Duffort, 23 mai 1867.
  Son fils, Jacques, 28 mai 1898.
  Son fils, François, 24 mars 1903.
  Sa fille, Jeanne, 3 nov. 1902.
234 Weill Émile, 15 déc. 1848, Wattwiller.
235 Weill, Rose, 29 janv. 1858, Wattwiller.
236 Wetzel, Ignace-Camille, 1850, Bernwiller
  Sa femme, Eugénie-Henner, en 1852.

Liste E.

21 mars 1917.

237 André, Marie, veuve, née Runge, 3 juin 1855, La Broque, en dernier lieu à Schirmeck.
238 André, Suzanne, 13 déc. 1883, Schirmeck.
239 Blum, Lazare, 15 oct. 1861, Quatzenheim, en dernier lieu à Strasbourg.
  Sa femme, née Lucie Blum, 6 mai 1878.
240 Borel, Lydie, veuve, née Wachter, 17 oct. 1861, Mulhouse.
241 Borel, Yvonne, 14 juin 1892, Mulhouse.

242 Brossard, Simon, 20 févr. 1864, Cours
(Rhône), en dernier lieu à Schirmeck.
Sa femme, Caroline Dey, 6 juin
1874.
Sa fille, Geneviève, 4 févr. 1903.
Sa fille, Germaine, 26 janv. 1901.
243 Dietsch, Claire, veuve, née Streissgut,
8 mai 1846, Sainte-Marie-aux-Mines,
en dernier lieu à Liepvre.
244 Gibo, Suzanne-Jeanne, 5 sept. 1894,
Dornach, en dernier lieu à Mulhouse.
245 Haeffely, Louise, 7 juin 1853, Mulhouse.
246 Hartmann, Jean, 2 mai 1847, Mulhouse.
Sa femme, née Zimmermann, Élise.
247 Heissler, Pierre, 6 avril 1848, Moosch,
en dernier lieu à Mulhouse.
Sa femme, Barbe Sonntag, veuve
Lachner, 3 févr. 1858.
248 Hugues, Ernest, 1er avril 1855, Valenciennes (France), en dernier lieu à Vic.
Sa femme, née Marie Bournique.
249 Lentz, Henri, 3 mars 1847, Paris, en dernier lieu à Mulhouse.
Sa femme, née Batine Wenning, 1er nov. 1856.
250 Metzger, Justine, veuve, née Lang, 3 févr. 1886, Paris, en dernier lieu à Colmar.
251 Meyer, Alphonse, 25 avril 1863, Sand, en dernier lieu à Mulhouse.
Sa femme, née Mathilde Mueller, 20 août 1871.
252 Meyer, Clarisse, née Zuendel, 21 nov. 1849, Moscou, en dernier lieu à Mulhouse.
253 Rey, Joseph, 12 janv. 1861, Maystatt-le-Bas, curé d'Hégenheim.
254 Rietsch, Sabine, veuve, née Renker, 15 août 1848, Zaehring, en dernier lieu à Sainte-Marie-aux-Mines.
255 Staedelin, Célestine, 16 mai 1850, Kembs.
256 Wagner, Marie, veuve, née Haebig, 6 mars 1850, Ensisheim, en dernier lieu à Schlestadt.
257 Wagner, René, 9 févr. 1887, Schlestadt.
258 Wagner, Marie-Thérèse, 24 janv. 1884, Schlestadt.
259 Wuerth, Jean-Julien, 29 avril 1846, Mulhouse.
Sa femme, Élise Bloesch, 18 mai 1853.

Liste F.
5 septembre 1917.

260 Ackermann, Cécile, née le 16 juin 1877, à Lutterbach; domicile Mulhouse.
261 Ackermann, Eugène, né le 11 juill. 1850, à Mamsheim; domicile Mulhouse, dessinateur.
Sa femme, Thérèse, née Ehrhardt, 21 janv. 1855.
262 Battenberg, Andrée, née le 18 oct. 1851, à Mulhouse; domicile Mulhouse.

263 Bernheim, Moïse, né le 16 janv. 1856, à Kembs, domicile Mulhouse.
Sa femme, Henriette, née Lévy, 23 sept. 1858.
264 Buecher, Alice, née le 22 févr. 1888, à Mulhouse, domicile Riedisheim.
265 Cade, Marie, née le 2 oct. 1858, à Guebwiller, domicile Mulhouse.
266 Chappel, Émile, né le 10 oct. 1863, à Hégenheim, domicile Hégenheim.
Sa femme, Caroline, née Weilert, 10 févr. 1857.
267 Chappel, Hilda, née le 21 nov. 1893, à Hégenheim, domicile Hégenheim.
268 Doll, Albert, né le 6 oct. 1851, à Hégenheim, domicile Colmar.
Sa femme, Marie, née le 27 févr. 1854.
269 Dreyfus, Alphonse, né le 6 août 1862, à Hégenheim, domicile Colmar.
270 Dreyfus, Élise, née Bloch, 18 oct. 1849, à Guebwiller, domicile Mulhouse.
271 Dreyfus, Hermance, née le 9 mars 1888, à Réguisheim, domicile Mulhouse.
272 Dreyfus, Irma, née le 13 févr. 1891, à Réguisheim, domicile Mulhouse.
273 Dreyfus, Joseph, né le 18 mai 1858, à Habsheim, domicile Mulhouse.
274 Favre, Hélène-Laure, née le 21 avril 1853, à Mulhouse, domicile Mulhouse.
275 Favre, Hélène-Laure-Paulette, née le 8 mars 1890, à Mulhouse, domicile Mulhouse.
276 Favre, Louise, née Kuneyl, 20 oct. 1884, à Mulhouse, domicile Mulhouse.
277 Geiger, Mario, né le 11 août 1847, à Steinbrunn-le-Bas, domicile Mulhouse.
278 Goehrig, Charles, né le 10 août 1849, à Saint-Louis, domicile Hégenheim.
Sa femme, Madeleine, née Bund, 25 avril 1857.
279 Goutard, Georges, né le 24 févr. 1862, à Harqicourt (Fr.), domicile Mulhouse.
Sa femme, Eugénie, née Goetz, 23 sept. 1873.
Sa fille, Suzanne-Thérèse, née le 22 sept. 1899.
280 Hecker, Henriette, née Picard, 15 nov. 1857, à Guebwiller, domicile Guebwiller.
281 Heitz, Cécile, née Hohmatter, 21 nov. 1857, à Bartenheim, domicile Mulhouse.
282 Hoch, Auguste, né le 11 déc. 1843, à Obersoultz, domicile Mulhouse.
Sa femme, Louise, née Fuchs, 20 avril 1856, à Obersoultz.
283 Jacob, Jérôme, né le 30 sept. 1867, à Obersoultz, domicile Turkheim.
Sa femme, Véronique, née Hug, 26 mai 1870, à Obersoultz.
284 Jaeger, Jules, né le 11 août 1854, à Soultz, domicile Mulhouse.
Sa femme, Fanny, née Wegelin, 15 oct. 1860, à Soultz.
285 Kahn, Alexandre, né le 3 avril 1844, à Kolbsheim, domicile Kolbsheim.

Sa femme, née Frieda Guenzburger, 3 avril 1850.
286 Keller, Ernest, né le 25 mars 1846, à Pfastatt, domicile Illzach.
287 Kraenner, Mathieu, né le 1er sept. 1868, à Erstein, domicile Thann.
288 Krafft, Lucien, né le 8 janv. 1861, à Heimsprung, domicile Mulhouse.
289 Kuebler, Jacques, né le 2 mai 1865, à Vieux-Ferrette, domicile Saint-Louis.
Sa femme, Anna Bertschin, née le 22 juill. 1850, à Vieux-Ferrette.
Sa fille, Rose, née le 17 juin 1900, à Vieux-Ferrette.
290 Kuchner, Emma, née Roth, 18 juin 1846, à Wolfisheim, domicile Strasbourg.
291 Kullmann, Pierre, né le 28 nov. 1855, à Mulhouse, domicile Thann.
Sa femme, Nathalie-Marie Schlumberger, et ses enfants mineurs.
292 Lamy, Claude, né le 1er févr. 1857, à Huningue, domicile Mulhouse.
Sa femme, Berthe Bouquet, née le 5 mars 1857.
293 Lamy, Marie-Marguerite, née le 7 déc. 1894, à Huningue, domicile Huningue.
294 Lauber, Mathilde, née le 30 avril 1853, à Dornach, domicile Mulhouse.
295 Lazarus, Myria, née le 21 févr. 1855, à Markolsheim, domicile Mulhouse.
296 Mechling, Yvonne, née le 27 janv. 1892, à Mulhouse, domicile Mulhouse.
297 Metz, Catherine, née Hans, 10 janv. 1848, à Eckbolsheim, domicile Eckbolsheim.
298 Meyer, Hortense, née le 8 juill. 1854, à Mulhouse, domicile Mulhouse.
299 Muller, Emma-Virginie, née le 12 mai 1896, à Mulhouse, domicile Saint-Louis.
300 Muller, Victor, né le 30 juill. 1866, à Mulhouse, domicile Saint-Louis.
Sa femme, Caroline, née Calame, 31 janvier 1871.
301 Ostermann, Marie, née Gasser, 12 janv. 1878, à Embermenille, près Paris, domicile Schiltigheim.
Son fils Oscar, né le 13 mars 1902.
302 Pasquay, Anne-Marie, née Duffort, 2 déc. 1864, à Bischwiller, domicile Wesselnheim.
303 Riegert, Jean-Baptiste, né le 21 févr. 1868, à Bischwiller, domicile Turkheim.
304 Rust, Jeanne, née le 24 juin 1883, à Heimsprung, domicile Heimsprung.
305 Scherrer, Alfred, né le 6 mars 1866, à Illzach, domicile Mulhouse.
Sa femme, Irma Kaltenbach, née le 4 sept. 1877.
306 Schlumberger, Camille, né le 11 nov. 1864, à Strasbourg, domicile Ribeauvillé.
Sa femme, née Steiner, née le 16 mai 1872.

Son fils, Jean-Godefroy, né le 10 mai 1901.
307 Schlumberger, Laure, née Thierry-Mieg, 29 juill. 1852, à Mulhouse.
308 Schoen, Daniel, né le 24 avril 1842, à Mulhouse, domicile Mulhouse.
Sa femme, Emilie Schmidt, née le 18 févr. 1848.
309 Schoen, Gustave-Adolphe, né le 23 sept. 1848, à Mulhouse, domicile Mulhouse.
Sa femme, Mathilde Lambling, née le 21 déc. 1850.
310 Schoen, Henriette, née le 16 mai 1852, à Mulhouse, domicile Mulhouse.
311 Schoen, Suzanne, née le 14 juin 1893, à Mulhouse, domicile Mulhouse.
312 Schuhmacher, Agnès, née le 21 janv. 1892, à Mulhouse, domicile Mulhouse.
313 Schuhmacher, Marie, née Gschwind, 16 sept. 1854, à Hochstetten, domicile Mulhouse.
314 Schwarz, Lucie, née Lambling, 28 mai 1859, à Bischwiller, domicile Mulhouse.
315 Schweitzer, Alice, née le 20 sept. 1894, à Mulhouse, domicile Mulhouse.
316 Wahl, Florine, née le 9 avril 1856, à Réquisheim, domicile Mulhouse.
317 Wahl, Lucien, né le 24 juin 1869, à Issenheim, domicile Mulhouse.
Sa femme, Céline Loeb, née le 18 sept. 1879.
Ses filles, Gertrude-Germaine et Suzanne-Nanette.
318 Wahlmann, né Hauser, 28 oct. 1850, à Mulhouse, domicile Mulhouse.
319 Walther, Anne, née le 27 mai 1860, à Niederroedern, domicile Mulhouse.
320 Walther, Julie, née Walther, 30 août 1853, à Niederroedern, domicile Mulhouse.
321 Weill, Delphine, née Weill, 28 déc. 1850, à Le Thillot (France), domicile Mulhouse.
322 Weille, Rose, née le 2 févr. 1858, à Wattwiller, domicile Mulhouse.
323 Wohlschlegel, Emma, née Holzmann, 2 févr. 1863, à Mulhouse, domicile Mulhouse.
324 Zanolli, Augustino, né le 6 avril 1868, domicile Colmar.
Sa femme, Dominiqua Fra Sisto, née le 1er juin 1872.
Son fils, Auguste, né le 12 mai 1902.
Ses filles, Alphonsine, Élise-Jeanne et Joséphe-Marie.
325 Ziegler, Emile, né le 4 déc. 1845, à Mulhouse, domicile Mulhouse.
Sa femme, Marie-Louise, née Zengerlin, 25 août 1851.
326 Zuber, Jaqueline-Émilie, née le 14 avril 1881, à Mulhouse, domicile Mulhouse.
327 Zuber, Jeanne, née Matter, 21 janv. 1851, à Strasbourg, domicile Mulhouse.

TABLE DES MATIÈRES

	Pages
Avertissement de l'auteur	v
Avant-Propos	vii
L'entrée des troupes françaises en Alsace et en Lorraine et les représailles allemandes	1
Les Alsaciens-Lorrains sous les armes pendant la guerre	38
L'Alsace-Lorraine sous le joug allemand	69

ANNEXES

Alsaciens-Lorrains poursuivis et condamnés par les conseils de guerre et tribunaux allemands	113
I. — Pour haute trahison	114
II. — Pour aide et incitation à la désertion	120
III. — Pour délit de germanophobie	124
IV. — Pour désertion	143
Alsaciens-Lorrains déchus de leur nationalité allemande	165

www.ingramcontent.com/pod-product-compliance
Lightning Source LLC
Chambersburg PA
CBHW072030170426
43200CB00025B/2282